아동심리치료에서
파트너로서의 부모

임 상 가 를 위 한 가 이 드

Parents as Partners in Child Therapy

아동심리치료에서 파트너로서의 부모

임 상 가 를 위 한 가 이 드

강은주 옮김

Σ시그마프레스

PARIS GOODYEAR-BROWN

아동심리치료에서 파트너로서의 부모 : 임상가를 위한 가이드

발행일 | 2022년 11월 10일 1쇄 발행

지은이 | Paris Goodyear-Brown
옮긴이 | 강은주
발행인 | 강학경
발행처 | (주)시그마프레스
디자인 | 우주연, 김은경
편 집 | 윤원진, 김은실, 이호선
마케팅 | 문정현, 송치헌, 김미래, 김성옥

등록번호 | 제10-2642호
주소 | 서울특별시 영등포구 양평로 22길 21 선유도코오롱디지털타워 A401~402호
전자우편 | sigma@spress.co.kr
홈페이지 | http://www.sigmapress.co.kr
전화 | (02)323-4845, (02)2062-5184~8
팩스 | (02)323-4197

ISBN | 979-11-6226-411-9

Parents as Partners in Child Therapy: A Clinician's Guide

＊ 책값은 책 뒤표지에 있습니다.

갈등과 회복, 슬픔과 감사,
이 모든 것들을 통해 부모가 되는 방법을
나에게 가르쳐 준 나의 세 아이들,
샘, 메디슨 그리고 니콜라스에게

힘든 일들을 함께해 준 나의 남편에게

그리고 가족의 치유과정을 내가 함께 걸어갈 수 있도록
허락해 주신 파트너인 부모님들께

당신들은 모두 나의 스승입니다.

역자 서문

이 책은 제목에서 이미 예상할 수 있듯이 아동의 심리치료에서 부모의 참여를 강화하고 충분히 좋은 부모로서의 역할을 수행할 수 있도록 돕는 구체적인 활동을 소개하고 있습니다. 다양한 상담 이론과 기법을 상담사례와 잘 엮어서 내담자를 깊이 이해하고 각 사례에 적합한 접근방법을 보여줍니다. 특히 저자는 Nurture House에서의 사례를 위주로 외상을 입은 내담자의 경험세계를 더 깊이 이해할 수 있는 기회를 제공합니다. 또한 책의 전반에 병렬과정을 지속적으로 강조하면서 치료자가 부모에게, 부모가 다시 자녀에게 마치 물이 위에서 아래로 흐르듯 돌봄, 이해, 적정 수준의 반응이 이루어지는 것에 초점을 유지하고 있습니다. 병렬과정은 비단 내담자뿐만 아니라 상담자에게도 해당하는 것으로 슈퍼바이저, 슈퍼바이지, 상담자의 원가족이나 과거 경험을 탐색하는 것이 중요함을 언급하고 있습니다.

시리즈 편집자 노트에서 보여주듯이 이 책은 창조적 예술과 놀이치료 시리즈 중 하나입니다. 이 시리즈에는 미술치료, 놀이치료, 트라우마 치료, 음악치료, EMDR치료, 춤과 동작치료에 대한 책들이 속해 있으며, 일부는 국내에 번역 소개되고 있습니다. 이 책은 시리즈 내에 있는 다양한 치료접근과 아울러 애착이론을 바탕으로 한 개인의 역사에 대한 이해 및 부모자녀관계 평가, 다중미주신경이론을 포함한 여러 신경생리학 및 신경생물학적 접근, 아이와 함께 보며 정서를 이해하고 표현할 수 있도록 돕는 이야기책의 활용, 노래와 미술활동, 정서적 공명을 일으키도록 돕는 여러 만트라 그리고 세 아이의 엄마인 저자 본인의 삶의 경험도 공유하고 있습니다.

책을 번역하는 동안 최대한 저자의 언어와 그 안에 담긴 뉘앙스와 의도를 따라가고자 노력했습니다. 글에서 느껴지는 저자는 건강하고 밝고, 문화와 세대의 변화에 열려 있을 뿐 아니라 솔직한 모습이었습니다. 글의 중간중간 나타난 감탄사나 소망, 만트라 등을 보며 처음에는 생소하다는 느낌을 받기도 하였으나, 차츰 저자의 표현에 익숙해지면서 사례를 깊이 이해하고 정서적 공유가 이루어지는 과정을 느낄 수 있었습니다.

저자는 상담 실제에 활용될 수 있는 자원을 탐색하고 새로운 자료들을 끊임없이 연구하고 창조하고 있습니다. 이 책에서는 그 결과물인 유인물과 워크시트, 동화책 목록, 노래, 쉽게 활용할 수 있는 양육서, 미술활동, 템플릿 등을 소개하고 있으며, 자료는 복사하여 활용할 수 있도록 공유하고 있습니다.

책에서 언급되는 전문용어들 중 몇몇은 국내에서 아직 번역되지 않아 본 책의 내용과 가장 적합하다고 여겨지는 용어로 번역하거나 실제 영어 발음 그대로 담기도 하였습니다. 역자 주에 이와 같은 내용을 기술하여 두었으며, 저자가 소개하는 자료를 찾을 수 있는 웹사이트도 함께 실어 두었습니다.

책을 번역하면서 상담자로서 그리고 엄마로서 안전한 보스, 이야기지킴이, 양육자로서의 나를 돌아보기도 하고 내담부모를 만날 때 병렬과정의 중요성을 다시금 떠올리기도 하였습니다.

이 책을 접하는 독자들도 상담자로서 그리고 개인의 나로서 너와 나의 삶에 더 깊은 이해와 공명을 경험하는 기회가 되길 바랍니다.

2022년 여름
역자 강은주

창조적 예술과 놀이치료 시리즈

Cathy A. Malchiodi, David A. Crenshaw
시리즈 편집자

이 시리즈는 미술, 놀이, 음악, 춤/동작, 드라마 및 관련 양식들을 활용하는 활동 기반의 치료접근방식에 강조를 두고 있다. 경험이 많은 전문가들이 최근의 사례와 연구를 강조하면서 창조적 예술과 놀이치료가 모든 연령대의 개인에 대한 전반적인 치료에 어떻게 통합될 수 있는지 보여준다. 이 시리즈의 책들은 자기 조절과 회복력을 지원하는 것뿐만 아니라 트라우마, 애착문제, 기타 심리적 어려움을 해결하기 위한 지침과 기술을 풍부하게 제공한다.

Creative Arts and Play Therapy for Attachment Problems
Cathy A. Malchiodi and David A. Crenshaw, Editors

Play Therapy :
A Comprehensive Guide to Theory and Practice
David A. Crenshaw and Anne L. Stewart, Editors

Creative Interventions with Traumatized Children,
Second Edition
Cathy A. Malchiodi, Editor

Music Therapy Handbook
Barbara L. Wheeler, Editor

Play Therapy Interventions to Enhance Resilience
David A. Crenshaw, Robert Brooks, and Sam Goldstein, Editors

What to Do When Children Clam Up in Psychotherapy :
Interventions to Facilitate Communication
Cathy A. Malchiodi and David A. Crenshaw, Editors

Doing Play Therapy :
From Building the Relationship to Facilitating Change
Terry Kottman and Kristin K. Meany-Walen

Using Music in Child and Adolescent Psychotherapy
Laura E. Beer and Jacqueline C. Birnbaum

Parents as Partners in Child Therapy :
A Clinician's Guide
Paris Goodyear-Brown

창 조적 예술과 놀이치료 시리즈의 공동 편집자로서 우리는 그동안 정말 필요로 했던 이 책을 Paris Goodyear-Brown에 의해 마무리 짓게 되어 참으로 기쁩니다. 자료들에 따르면, 부모가 아동심리치료에 참여하고 노력을 기울이는 것이 치료결과를 향상시킨다고 합니다. 부모가 자녀의 치료과정에 참여하는 것이 치료결과를 향상시킨다는 연구들은 이를 분명히 밝혀주고는 있으나, 부모의 참여와 노력을 지속하기 위한 방법은 구체적으로 명시되지 않은 경우가 대부분입니다. 이 책은 그 부족한 부분을 채워주는 것입니다.

이 시리즈를 만드는 데 기여한 저자들과 편집자들은 심리학에서부터 미술치료, 놀이치료, 음악치료, 드라마 치료, 안구운동 민감소실 및 재처리 요법(EMDR), 춤과 동작치료 분야의 훈련을 담당하는 대표적인 분들입니다. 이 책에서, Paris는 애착이론 연구, 신경생물학 연구, 놀이치료, 부모훈련, EMDR치료, 트라우마 연구, 트라우마 치료라는 실들을 잘 엮어서 하나의 유용하고 유익한 태피스트리로 잘 짜 놓았습니다. 그녀는 하나의 이론적 우산 아래 모든 것들을 개념화해 버리는 유혹을 거부합니다. 고(故) Salvador Minuchin은 가족치료사 훈련 시 문제를 정의 내릴 때 가족 안에 복잡하게 얽혀있는 것들을 찾아보고 그 가족의 좁은 시각을 들여다보는 노력을 기울여야 한다고 충고했습니다. Paris는 부모들에게 조언하고 가이드하고 상담할 임상가들을 위해 이 일을 하고 있습니다.

치료자의 자아(self) 사용은 치료과정 동안 항상 중요한 변수가 됩니다. Paris는 이를 격려하며, 예시를 통해 전쟁에서 패하고 전투에 지친 가족들을 위한 새로운 희망을 보여줍니다. 부모들은 자폐증, 정신장애, 또는 특별한 도움이 필요한 아이들의 성장과 발달을 촉진하기 위해 참고 견뎌야 할 몫을 인식하지 못한 채 자녀의 강한 성격, 충돌되는 기질, 반항적인 태도, 논쟁적인 성향 등으로 인해 지칠 수 있습니다. 이 책은 부모들이 스스로를 "나는 틀렸어."라고 하는 부정적인 감정과 태도에 대응할 수 있는 방법과 보람을 느낄 수 있는 새로운 길을 보여줍니다.

이 책은 치료과정에서 부모를 격려하는 데 활용될 수 있는 창조적인 전략 세트 그 이상의 것입니다. 부모와의 치료 작업에서의 중요한 요소에 관한 포괄적인 가이드를 제시하고 있으며, 주 호소에 대한 심리 교육을 포함하고 있습니다. 3장 끝부분에 Paris는 혼란, 투쟁, 그리고 치유의 다양한 단계가 모래상자에 표현된 한 가족의 아름다운 이야기를 소개합니다. 부모의 자원이 아들의 폭력문제에 압도되어 패하고 지쳐 백기를 드는 것에서부터 부모와 아들이 힘을 합쳐 성공적으로 도전을 극복하며 결말을 축하하는 모습까지 나타나 있습니다.

이 책은 다양한 창조적 표현방식을 사용하여, 부모 및 가족들과 함께 무력감을 극복할 수 있는 방법을 우리에게 보여줍니다. 책 전반에, 부모들의 혼란스러움을 도울 수 있도록 그들의 인식과 초점을 전환시키는 기술적인 방법들이 다양한 예시로 제시되어 있습니다. 50년이 넘게 아이들 그리고 가족들과 함께 작업하면서, 우리는 대부분의 부모가 좋은 의도를 갖고 있다는 것을 배웠습니다. 하지만 부정적인 면이 그들을 역기능적 가족 패턴으로 가두어 버렸을 때, 그 고통은 엄청납니다. 이 책은 부모들을 돕기 위해 존경과 공감의 자세로 접근하고 있습니다. 부모들은 더 이상 평가가 필요한 대상이 아닙니다. 그들에겐 더 많은 격려가 필요합니다.

이 책은 또한 희망적이고 자유로운 언어의 사용을 소개하고 있습니다. 예를 들어 부모가 자녀를 훈육하기에 앞서 아이들의 '선택할 수 있는 마음상태(Choosing Minds)'에 관해 살펴보라고 권합니다. 만약 아이가 과민성 편도체의 지배하에 있거나 자신을 통제하지 못하는 상황에 놓여있다면, 논리나 판단, 설득이 아무런 효과가 없을 것입니다. 신경과학 개념과 뇌 발달의 '상향식(bottom-up)' 기능에 대한 이해는 부모들로 하여금 엄청난 슬픔과 화로부터 벗어나도록 도울 수 있습니다. 전 세계 가정에서는 매일 슬픔으로 이어지는 부질없는 힘겨루기가 이루어지고, 그 이튿날과 그다음 날들까지 반복되는 경우가 적지 않습니다. 언어는 아주 강력한 힘을 가지고 있습니다. 그 때문에 우리는 고 Karyn Purvis 박사의 연구를 토대로 하여, 힘든 일을 겪고 '트라우마와 깊은 상실의 역사를 가진 아이들'을 들여다보는 Paris의 작업을 사랑합니다. '외상을 입은 아이'라는 말 대신에 그 용어(트라우마와 깊은 상실의 역사를 가진 아이)를 쓰는 것은 개인보다는 맥락에 강조를 두기 위한 것입니다.

이 책은 부모들을 진정으로 돕는 데 필요한 복잡한 작업과 기술들을 반영적 애착에 관해 다루며 기술하고 있습니다. 부모가 예상하지 못할 만큼 자주 미해결된 자신의 트라우마가 촉발된다면, 그때는 고도로 잘 다듬어진 어떠한 기법도 별 소용이 없을 것입니다. 저자는 빠른 치료적 효과를 선호하는 최근의 쉬운 방법으로 접근하는 것을 원치 않습니다.

4장에서는 부모가 안전한 태도로 함께 작업할 수 있도록 돕는 방법인 '수용의 창(Window of Tolerance)' 개념을 기술하고 있습니다. 한 가지 연습을 제시하면서, 저자는 수용의 창 활동에 가장 적절히 머물 수 있도록 하기 위해 부모들이 무엇을 필요로 하는지 얘기하도록 격려하는 방법을 설명하고 있습니다. 또한 최적의 각성 수용 수준을 만들고 유지하는 데 무엇이 필요한지 치료사들이 정확히 찾아내는 작업을 함께 할 수 있는 효과적인 연습 또한 포함하고 있습니다. 아이들 그리고 가족들과 함께 하는 작업은 정서적으로 부담스럽고 힘들기는 하지만, 비교할 수 없을 만큼 보람된 일이기도 합니다. 우리 자신의 스트레스 수준에 대한 자가 모니터링과 자기돌봄은 필수적입니다.

마지막 장에서 Paris는 SOOTHE라고 불리는 기술과 자녀의 마음을 진정시키고 아이가 강한 감정과 과각성상태를 조절하도록 돕는 파트너로서의 부모 능력을 강화하는 놀이 기반 전략들을 가르쳐 주고 있습니다. 이 전략들은 임상 세팅에 있는 대부분의 아이들에게 유용하지만 그중에서도 특히 트라우마로 인해 심한 조절문제를 가진 아이들에게 더 도움이 됩니다. 이 책의 후반부에 다루는 다른 주요한 주제들은 아이를 기쁘게 받아들이는 방법과 아울러 애착, 유대감, 돌봄에서 중요한 특성 그리고 감각 처리의 어려움을 인식하고 이해하는 방법들입니다. 또한 Paris는 임상가들이 부모가 자녀들과 경계(boundary)를 세우는 것을 돕도록 안내합니다. Daniel Siegel의 *Parenting from the Inside Out*에 따르면, 그녀는 임상가들에게 부모들이 자신의 '후크(hooks)' 즉 그들 안에서 강한 감정 반응을 일으키는 아이들의 행동을 탐색해 보도록 권고합니다. 저자는 책을 통해 임상가들에게 이러한 후크를 창조적이고 놀이적인 방법으로 탐색할 수 있는 많은 연습, 유인물, 활동들을 제공하고 있습니다.

우리는 초심가와 전문가 모두 이 책에서 많은 가치 있는 접근과 전략들을 찾을 수 있

을 것으로 확신합니다. 이 획기적이고 효과적인 방법들은 숙련된 치료자인 저자의 수
년간의 경험이 깃든 것이며, 임상가들과 부모들이 아이들의 삶을 개선하기 위한 파트
너십을 발견할 수 있도록 돕는 로드맵을 제공하고 있습니다.

David A. Crenshaw, PhD
Cathy A. Malchiodi, PhD

저자 서문

이 책은 저와 함께 훈련하는 임상가들이 "부모들을 자녀의 치료과정에 언제 그리고 어떻게 참여시킬 수 있을까요?"라고 던진 질문에 대한 대답을 통해 발전해 왔습니다. 25년간의 임상경험 결과, 나의 대답은 다음과 같습니다. 임상적으로 안전하다고 판단된다면 부모를 파트너로 초대하는 것이 좋습니다. 이는 과학적으로 입증되고 있습니다. 치료과정에 부모를 초대하는 것은 치료 효과를 극대화할 수 있습니다. 하지만 치료과정 중 언제, 어떻게 해야 할까요? 이것은 치료의 예술이 요구되는 부분입니다. 즉 "무엇이 그 체계를 유지하도록 할까?"라는 질문에 대한 답을 찾으면서 그 체계의 다양한 부분들을 유동적으로 옮겨가며 작업하는 호기심 많고 온정적인 임상가들의 민감한 반응이 요구됩니다. 저는 트라우마와 애착장애를 치료하기 위한 트라우마플레이(TraumaPlay)를 개발하였습니다. 이 모델은 유연하게 접근하는 순차적 놀이치료 모델입니다. 트라우마플레이 치료사는 가족과 함께 세 가지 역할 기능을 합니다. 안전한 보스(Safe Boss), 이야기지킴이(Storykeeper), 양육자(Nurturer)(이 글에서 설명될 용어들입니다). 우리는 항상 부모들이 치료의 전 과정에서 이 역할들로 성장할 수 있도록 돕고 있습니다. 대부분의 사례에서, 부모들이 아이의 행동문제에 대한 인식을 바꾸고, 힘든 이야기들을 담을 수 있는 능력을 넓히고, 조율을 통해 아이의 조절을 도와주는 기술을 습득하며, 아이들과 더 자주 즐거운 시간을 갖게 되면 치료의 효과는 극대화됩니다. 양육자들이 자녀의 치료에서 이러한 역할을 담당하기 이전에 부모 자신을 위한 지지 작업이 많이 필요한 경우도 있습니다. 때론 슬프게도, 양육자가 아이의 치료에 도움이 되는 방법으로 참여할 수 없거나 참여하기를 원치 않는 경우도 있습니다. 트라우마플레이의 중요한 핵심은 아이들의 요구에 따르는 것입니다. 우리가 이 방법을 가족에게 적용할 때는 그 체계의 요구에 따라 작업하고 있습니다. 이를 위해서는 아이와의 개별 세션, 부모와의 개별 세션, 부모 한 명과 아이의 상호작용 세션 그리고 전체 가족 세션들을 상황에 따라 유연하게 가지는 민감성이 필요합니다. 광범위한 정신건강문제를 가진 아이들의 치료 작업에 부모를 포함시키는 것이 도움이 된다는 점에 관해 다양한 문헌에서 언급하고 있지만, 그중에서도 트라우마와 애착장애에서의 특정 치료에 부모를 포함시킬 때 효과가 높다는 연구결과들이 압도적으로 많습니다.

저희에게는 테네시주 프랭클린에 Nurture House라 부르는 치료센터가 있습니다. 가족들과 아이들의 치유를 돕기 위한 많은 안전한 공간들을 제공하고자 새롭게 단장한 단독주택입니다. Nurture House 부속기관으로 트라우마플레이 연구소(TraumaPlay Institute)가 있습니다. 우리는 Nurture House의 치료실에서 임상가들의 현장실습을 하고 있으며, 지속적인 온라인 교육 그리고 전 세계에 여러 훈련 프로그램을 제공하고 있습니다. 트라우마플레이 모델은 증거 기반 치료요소들을 모두 아우르는 우산과 같습니다. 구체적으로 설명하자면, 지시적 · 비지시적 개입 모두에 적용되며, 발달적 접근에도 민감하며, 힘든 일을 경험한 가족들의 치유를 돕는 데도 적용됩니다. 트라우마플레이 치료 흐름도는 그림 P.1에 나와있습니다.

이 흐름도는 선형적으로 제시되지만, 연습생들에게는 그림 P.2와 같이 핀볼기계 안에 목표의 틀을 짜는 그래픽으로도 제공됩니다. 그 이유는 치료과정 중 아동의 요구에 따라 미묘하게 선택의 차이가 생길 수 있으므로 이 모델의 유동적인 특성에 따라 임상가가 그에 맞는 선택을 할 수 있도록 하기 위함입니다. 트라우마플레이 모델은 다른 교재(Goodyear-Brown, 2010, 2019)에 깊이 있게 다루었습니다. 이 교재에서는 부모가 자녀의 치유과정에 파트너가 될 수 있는 방법에 초점을 맞추고 있습니다. 생리적인 반응을 진정시키는 데 초점을 맞춘 트라우마플레이에는 두 가지 하위 분류들이 있습니다. 첫 번째는 아이의 자기 조절을 향상시키는 것이지만, 두 번째 분류에서는 아이를 진정시키는 파트너로서의 부모의 역할을 향상시키는 것을 포함합니다. 5장에서는 자녀의 조절을 돕는 부모의 능력을 키우기 위해 부모들에게 제공하는 SOOTHE 전략들에 대해 자세히 다루고 있습니다. 치료에서 부모가 중요하게 담당하게 되는 또 다른 역할은 이야기지킴이가 되는 것입니다. 임상가들은 단지 일정 기간 동안 아동의 삶에 함께할 뿐이기 때문에 가족 내에서의 어려움과 관련한 일관성 있는 기술이 이루어져야 한다는 점을 알고 있습니다. 부모들은 치료의 중요한 모든 요소에 환영받고 초대될 수 있습니다. 가족과 함께 진행하는 임상가의 역할은 부모가 치료에 참여할 준비가 되었는지를 판단하는 것입니다. 그들이 이야기를 담을 수 있을 만큼 충분히 큰 그릇인가? 그들은

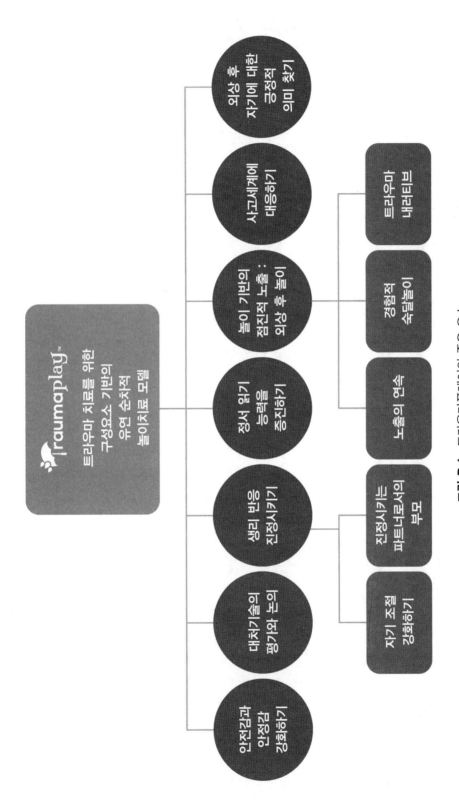

그림 P.1 트라우마플레이의 주요 요소

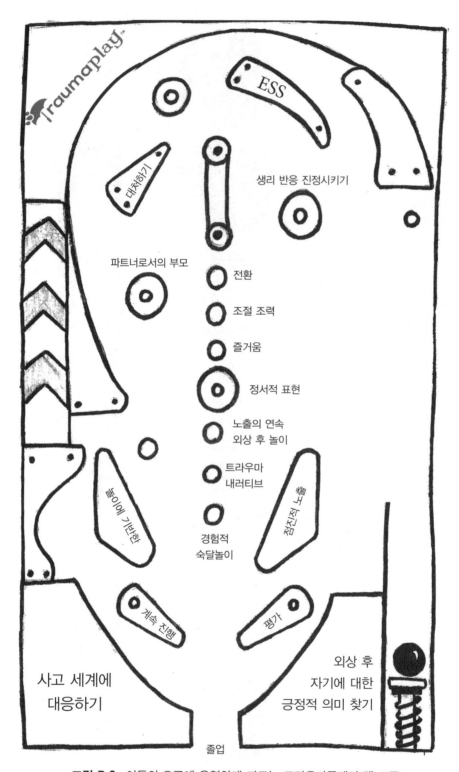

그림 P.2 아동의 요구에 유연하게 따르는 트라우마플레이 맵 도구

스스로 조절이 가능한가? 주어진 세션에서 아동의 교정적 정서체험을 도울 수 있는가? 상호작용 세션은 언제가 가장 좋으며, 그 가족체계에 즐거움을 가져다줄 가장 효과적인 방법으로 가족 세션은 언제 가지는 것이 좋을까? 우리는 부모코칭 및 성찰 세션, 아동 또는 청소년 세션, 부모와 아동이 함께 하는 **실제(in vivo)** 세션의 통합을 제시합니다.

이 모든 질문들은 Nurture House에서 슈퍼비전을 통해 다루어지며, 부모들은 자녀와의 세션에 꽤 자주 유연하게 참여하기도 하고 나오기도 합니다. 또한 우리는 수많은 부모코칭 세션과 부모와 함께 하는 반영적 애착 작업(Reflective Attachment Work, RAW) 세션을 가집니다. 우리 팀은 다양한 고통을 가진 가족들을 만납니다. 우리는 복잡한 트라우마 역사를 지닌 아이들을 양육하는 입양가정을 만나기도 합니다. 우리는 불안한 아동, 이혼가정 아동, 충동성과 집중에 문제가 있는 아동을 양육하는 데 최선의 방법을 찾고자 노력하는 부모들을 만납니다. 경우에 따라서는 특정 기술을 세팅하는 것이 필요할 수도 있으나, 부모들로 하여금 자녀들과 함께 뭉쳐서 어려운 일들을 극복해 낼 수 있다는 인식의 변화를 돕는 것이 우선적으로 필요하다는 점을 우리는 발견하곤 합니다.

부모는 세상에서 가장 힘든 직업이며… 가장 보람된 직업이기도 합니다. 부모들이 어린 자녀에게 없어서는 안 될 가치 있는 존재임을 발견하도록 돕는 것이 저의 가장 큰 기쁨 중 하나입니다. 부모들은 종종 그들을 믿어주고 자녀의 치유와 성장을 도울 힘을 불어넣도록 도와줄 누군가를 필요로 합니다. 그들과 함께 이 길을 걷는 것은 우리에겐 큰 영예입니다.

이 책을 활용하는 방법

책 전반에 걸쳐, 저는 부모들이 만들어 가야 할 중요한 인식의 변화에 강조를 둘 것입니다. 세션에서 즉시 활용될 수 있는 유인물들도 제공할 것입니다. 또한 사례도 전체적으로 엮어볼 것입니다. 저는 특정 성별이나 젠더에 대한 편견을 피하기 위해 책 전반에 걸쳐 가능하면 성 중립적이거나 성 포괄적인 언어를 사용하고자 합니다. 또한 힘든 상황에서 때론 엄마가 되기도 하고, 때론 아빠가 되기도 하며 매일 돌봄을 제공하는 다양한 모습들이 있다는 점을 알고 있기 때문에 유인물 자체에도 성 중립적인 언어를 사용하고자 합니다.

대부분의 부모훈련 작업에서 우리는 부모들이 가지고 가서 활용해 볼 수 있는 유인물들을 제공하면서 좌우반구의 상호작용을 촉진하는 지지 기반 연습을 세션에 포함하고 있습니다. 이것들은 아이들과 함께 기쁨과 즐거움을 나누는 성공경험을 시작한 곳인 치료적 공간에서부터 성공적인 경험을 하기에는 훨씬 어렵게 여겨지는 가정환경으로 연결될 수 있도록 도와주는 중간대상(transitional object)이 될 수 있습니다.

부모들의 치료과제를 지원하기 위해 유인물과 같은 구체적인 도구들을 사용하는 것은 여러 목적에 도움이 됩니다. 이 경우 다음과 같은 이점이 있습니다.

1. 부모들을 위해 고안된 연습들은 그들이 인식체계의 변화를 만들어 내는 데 정말 중요한 부분이라는 점을 전달하는 데 도움이 됩니다.
2. 유인물들로 제공되는 연습활동들은 부모와 함께 하는 임상가들의 작업에도 도움이 됩니다.
3. 어떤 유인물들은 심리 교육과 중요한 인식변화를 제공하기 위한 것이기도 합니다.
4. 일부 유인물들은 부모들이 다른 상황에서도 일반화할 수 있는 긍정적인 작은 실천을 권장함으로써 새로운 적응기술을 연습할 수 있도록 도와줍니다.
5. 유인물 중 일부는 관심과 온정이 가득한 임상가들과 함께 부모 자신의 애착과 관련된 역사를 돌아보면서 부모로서 교정적 정서체험을 할 수 있도록 돕는 데 초점이 맞추어져 있습니다.
6. 세션 내에서 연습한 반응 패턴을 외부에서도 실천할 수 있도록 일정 수준의 책임을 부여하기도 합니다.
7. 부모들이 이루어 낸 힘든 작업을 치료사들이 축하해 주는 장을 마련하기도 합니다.

부모들은 어린 자녀의 삶에 가장 중요한 영향을 미치는 존재이며, 그 영향력을 잘 감당해 낸다면 아이의 전 생애 발달에 중요한 보이스로 남게 됩니다. 완벽하게 조절하는, 완벽하게 친절한, _____ (부모들이 이상적인 부모라고 여기는 무엇이든 적어보십시오) 그런 부모란 불가능하다는 점을 인정하고 온정적인 공간에서 부모들과 함께 시작하는 것이 정말 중요합니다. 그것은 치료의 전 과정 동안 우리가 부모들에게 긍정적인 역할을 부여할 수 있도록 도움을 줄 것입니다. 아이들을 담아줄 수 있는 능력을 키우고, 더욱 민감한 조절 조력자(co-regulator)가 되고, 아이들의 힘든 이야기들을 연민의 마음으로 보듬을 수 있도록 부모들을 도와줌으로써 따뜻한 문화가 가족에서 가족으로, 공동체에서 공동체로, 더 나아가 지구촌에 스며들 수 있게 작은 역할을 해나가겠다는 것이 저의 변치 않는 깊은 희망입니다.

차례

| CHAPTER **8** | 부모가 바운더리를 정하고 큰 행동들을 다룰 수 있도록
돕기 • 209 |

| CHAPTER **9** | 부모가 자녀의 더 강한 이야기지킴이가 되도록
돕기 • 245 |

CHAPTER 1

부모의 성장 돕기
천천히 인식을 변화시키기

부모는 세상에서 가장 힘든 직업이다. 부모가 된다는 것은 자신의 몸 밖으로 심장을 내어놓고 사는 것이다. 나는 세 아이의 엄마다. 이 글을 쓰고 있는 지금, 나의 아이들은 18세(샘), 14세(메디슨), 10세(니콜라스)이다. 나는 나의 아이들이 모든 상처로부터 보호되길 원한다… 하지만 때론 그 상처가 나에게서 비롯되기도 한다. 이런 힘든 진실을 마주하는 것은 부모들에겐 고통스러운 일이다. 가족과 가까이 함께 머무르는 온정적이고 놀이성이 풍부한 임상가의 도움을 통해 부모들은 지지받고 충격을 이겨내곤 한다. 이 책은 부모와 자녀의 심한 대립상태를 초래하는 양육태도를 최소화하면서, 부모로 하여금 자녀에게 안전한 보스, 이야기지킴이, 조절 조력자가 되는 놀라운 힘을 극대화하기 위해 필요한 부모의 인식변화를 임상가들이 도울 수 있도록 준비하는 데 도움이 될 것이다. 부모는 어린 자녀의 삶에서 가장 강한 영향력이 있는 존재이다. 하지만 부모들은 자신의 힘을 모르거나 믿지 않는 경우가 많다. 113킬로그램이나 되는 거구의 풋볼선수인 아빠가 세 살짜리 아들의 성질 앞에선 어쩌지 못하고 무력해진다는 표현을 하기도 한다. 자신이 선택한 분야에서 성공을 거둔 강한 엄마가 열 살짜리 딸의 침묵 앞에선 어찌할 바를 몰라 하기도 한다. 조절문제를 가진 아동과 작업하는 치료사들은 부모들과의 작업에서 이 두 가지 역할의 균형을 유지하는 노력을 기울인다. 우리는 부모들에게 좋은 상호작용 능력을 북돋우어 아이들을 충분히 더 잘 돌볼 수 있는 힘을 실어준다. 부모들은 이미 그 자체로 슈퍼히어로다. 대다수의 부모들은 자녀들을 잘 키우기 위해 온 힘을 다하고 있다는 것을 아이들에게 보여주길 원하지만 어찌해야 할지를 모를 뿐이다. 부모들은 자신들이 양육된 방식 그대로 또는 그와 정반대의 방식으로 양육하는 경향이 있다(특히 어린 시절 학대를 당했거나 가혹한 벌을 받았던 경우에 더욱 그러하다). 과거 부모의 어린 시절이 현재의 생활에서 드러나지는 않지만, 우리가 아이만큼이나 부모들에 대해서도 돌봄과 친절로 함께 그 부분을 다룬다면 성장의 기회로 그들을 초대할 수 있다. 부모들과 함께 하는 작업의 대부분은 교정적 정서체험, 강한 인식 전환, 부모와 아이가 다시 서로 즐겁게 지내는 실제(in vivo) 순간들이 함께 이루어지는 병렬과정이다. 아마 나의 견해를 기술하는 것이 가장 분명한 방법인 듯하다. 나의 생각은 부모가 아이에게 쏟아부어 주기를 원하는 것을 부모에게 부어주는 돌봄의 물줄기 작업을 하는 것이다.

이것이 목표라면, 우리는 부모 자신이 더 크고 더 강하고 더 지혜롭고 친절한 존재임을 알 수 있도록 상호작용해야 한다. 부모에게도 양육의 시간이 필요하다. 이것은 양육자로서의 부모의 성숙도나 책임감, 능력들을 깎아내리려는 의미가 절대 아니다. 단지 부모도 양육이 필요하고 그들의 혼란과 불안을 이해받고 현재의 양육상태와 연관된 자신의 원가족과의 이슈와 양육태도를 돌아볼 수 있는 안전한 공간이 필요함을 우리가 기억해야 한다는 의미이다. 또한 부모라 불리는 불가능한 이 직업을 해내는 과정 속에서 이루어 낸 작은 승리와 부모 자신의 성장을 함께 축하해 줄 수 있는 누군가가 부모에겐 필요하다.

체계적으로 작업하기란 단순하지가 않다. 치료의 연속과정 속에서 부모와 아이 모두의 경험에 주의를 기울이며 이중 돌봄을 유지하는 것이 필요하다. 부모와의 접수면접에서 우리가 보기엔 사소하다고 여겨지는 아이의 행동을 부모가 문제행동으로 특징지으려 하거나, 그렇게 보이지 않는 것에 대해서 그것이 행동의 동기라고 말한다면, 그것을 통해 우리는 아이에 관해 부모가 매일 어떠한 경험을 하고 있는지를 이해하는 데 도움받을 수 있다. 트라우마플레이 모델(Goodyear-Brown, 2010, 2019)에서 우리는 접수면접 시 아이 없이 부모와만 만나 평가를 실시한다. 가능하다면 접수면접에 바로 이어 부모-자녀 상호관계 평가 세션을 2회 가진다. 아이들에게 Nurture House를 소개하는 과정을 가지는데, 그곳이 장애를 규정하고 치료를 진행하는 곳이 아님을 알려준다. 우리는 이것을 Nurture House 부모자녀관계 평가(Nurture House Dyadic Assessments, NHDAs)단계라 부르고, 이 단계에는 치료실로 가는 데 협의하는 방식, 아동이 주도하는 놀이, 부모가 주도하는 놀이, 부모가 주도하는 정리시간을 가지도록 한다. 그리고 부모들에게 양육의 특정 차원들(구조, 개입, 양육, 도전)을 제공하게 하는 작업카드를 주고, 이를 수행하는 부모와 각 차원을 경험하는 아이를 동시에 관찰한다(Goodyear-Brown, 2019). 그다음 우리는 아이와의 2~3회 개별 세션을 가진다. 이 세션들이 진행되는 동안, 우리는 아이들이 주도하는 놀이에 참여하면서 아이의 세계에 들어가려 노력한다. 세션의 반은 구체적인 놀이 위주의 평가로 이루어진다. 이를 통해 우리는 아이의 정서표현방식과 대처행동을 개념화할 수 있으며, 가족역동에 대한 인식을 발견할 수 있다. 그 후, 또다시 아이 없이 부모 피드백 세션을 가지면서 종합 평가 내용을 나누는 시간을 가진다. 또한 이러한 체계적 사례 개념화에 기초하여 치료 계획을 함께 세운다.

임상가들이 충분히 확장된 평가단계를 가질 수 없는 환경들이 많긴 하다. 이 책에 있는 도구들은 평가단계 동안 관찰된 바에 따라 가족들의 요구에 기초하여 발전되어 왔다. 이 도구들은 접수면접을 어떻게 구조화했는지에 상관없이 작업단계에서 유용하게 쓰일 것이다. 내가 우리의 모델을 다른 임상가들과 공유하면, 이 평가과정을 내담자들이 참을성 있게 잘 따라와 주었냐는 질문을 받곤 했다. 확실히 그런 일들이 종종 생기기도 한다. 하지만 많은 가족들은 우리가 치료 제안을 하기 전에 구체적인 가족역동을 이해하기 위한 노력을 성실히 수행하고 있다고 느낀다. 또 하나 기억해야 할 것이 있다. 우리가 부모와 아이들에게 치료의 첫 단계에서 수행하도록 요구하는 각각의 과제는 단순한 평가만은 아니다. 각각은 개입으로서의 평가이다. 부모와 아이가 잠시 멈추고 일상적으로 흔히 하지 않는(신체적 양육행동하기, 겪어온 힘든 일들에 대한 이야기들을 말해보기와 같은) 상호작용들을 정해진 방식에 따라 함께 해보도록 하는 것이 바로 일종의 개입이 된다. 부모와 아이 둘 다 일상생활 속에서 시간과 에너지가 없었고 한쪽으로 치우쳐 있었던 자신들의 관계를 경험하고 돌아보게 된다.

내 남편과 나, 그리고 세 아이들은 모두 타이틀복싱이라는 곳에서 함께 복싱을 한다. 그것은 정말 격렬한 운동이고 혼자보다는 함께 하는 것이 더 즐거운 활동이다. 하지만 하고 나면 손목 보호대가 냄새나고 더러워진다. 빨래하는 날, 나는 보호대 전부를 빨래망에 넣기로 했다(그랬기 때문에 그것들이 세탁기 중앙에서 다른 빨래를 다 묶어버리지는 않았다). 난 내가 정말 똑똑하다고 생각했다. 하지만 그건 잘못된 생각이었다. 보호대를 꺼내려고 지퍼를 열었을 때, 나는 끈의 끝을 찾을 수가 없었다. 그것들은 엉망으로 엉켜있었다(그림 1.1을 보시오).

엉킨 것을 푸는 30분 동안 이것이 바로 우리가 아이들 그리고 부모들과 함께 하고 있는 작업이라는 생각을 했다. 우리는 두 가지 질문에 대해 고려해 보아야 한다. 이 부모

그림 1.1 뒤엉킴

의 자녀가 된다는 것은 어떤 것인가? 이 아이의 부모가 된다는 것은 어떤 것인가? 이 둘을 동시에 생각해 보아야 한다. 엉킴이 어떻게 일어났는지, 가족 내 스트레스는 어떻게 쌓이게 되었는지, 풀기 위해 어떻게 시작해야 할지를 분석하고 알아보는 것이 가족 내에서 해야 할 작업의 핵심이다. 부모와 아이 둘 다 그들이 돌봄받고 있고 가치 있고 행복하다는 감정을 느낄 수 있도록 돕는 것이 매우 중요하다. 부모와 아이가 가족생활 내의 문제 중 자신이 해야 할 일을 책임지고, 더 효과적으로 자신의 요구를 표현하고, 부적응적이고 역기능적인 반응 패턴에 도전해 보는 것 또한 중요한 작업이다. 부모-자녀 또는 가족체계 내에서 작업하는 임상가들은 종종 한 번에 여러 접시들을 돌리고 있는 것 같은 느낌을 받을 수 있다.

정보 과부하

부모들은 보통 5~10권의 양육서 첫 장을 읽고 일정 기간 여러 전략을 시도해 보다가 여전히 홀로 표류하고 있는 느낌을 가진 채 나의 상담실을 찾아온다. 대인관계 신경생물학(IPNB)에 기반을 둔 임상가들은 연결, 조율, 공유된 마인드사이트(mindsight)[1], 조절 조력으로 정의되는 관계가 가장 주요한 변화의 매개라는 점을 이해한다. 놀이치료사로서 나는 아이들과의 놀이와 표현예술 작업을 통하여 이 모든 차원들을 아이들과 함께 만든다. 나는 부모들이 자녀들과 노는 방법을 배우도록 하여 그 과정 속에서 둘 간의 관계가 깊어질 수 있도록 돕는다. 외상을 입은 아이들을 위한 유연한 순차적 놀이치료 접근인 트라우마플레이는 아동이 부모가 함께하길 원하는 시점에 부모를 치료에 초대한다. 트라우마플레이에는 일련의 주요 구성요소들이 있는데, 그중 하나로서 아이를 진정시키는 파트너로서의 부모역할을 향상시키는 내용이 구체적으로 나와있다. 트라우마플레이 실무자들은 아이의 치유를 도울 수 있는 방식으로 부모의 인식이 전환되거나 아이가 겪은 힘든 일들에 대한 이야기를 부모가 담아줄 수 있을 때 '이제 해내었구나.'라고 생각한다. 아이의 트라우마 이야기에 일관성을 갖도록 돕기 위한 작업에 참여하기 위해 부모가 준비되어 있는지를 치료기간 동안 신중하고 지속적으로 평가한다. 그리고 부모들은 이야기를 담아줄 큰 그릇으로 성장하는 동안 (묘사하자면) 치료사에게 붙들려 있게 된다. 이와 관련해서는 9장의 이야기지킴이 강화하기에서 더 다루어 볼 것이다.

　이 책의 모든 부분에서, 우리는 아동의 삶에서 헌신적인 성인 보호자로 믿고 지지할 만한 대상을 모두 '**부모**'라는 단어로 나타낼 것이다. 양부모와 입양부모, 친척 양육자, 손주를 양육하는 할머니 그리고 수많은 안전한 보스들이 '**부모**'라는 표현에 모두 포함된다. 테네시주 프랭클린에 있는 우리의 아동·가족 치료센터인 Nurture House에서는 내담자가 아동일 경우 부모는 내담자 체계의 필수 부분이 된다. 어떤 아동치료사들은 "잠깐만요."라며 논쟁적인 태도로 "심한 정신적 갈등에 놓여있는 부모와 함께 작업하라는 말인가요?"라고 물어볼 수 있다. 당연히 아니다… 우리가 필요할 때를 제외하고 말이다. "아동치료사가 부모의 어린 시절 분노의 뿌리를 돌아볼 수 있도록 도와야 한다는 말인가요?" 물론 아니다… 우리가 필요할 때를 제외하고 말이다. "아동치료사가 부모 자신의 트라우마를 기술하도록 도와야 한다는 말인가요?" 물론 아니다… 우리가 필요할 때를 제외하고 말이다. 체계 지향적이면서 애착에 초점을 맞추고 트라우마에도 정통한 아동치료사 역할이란 정말 복잡하고 어려운 일이다. 우리는 부모 자신의 개인

---

[1] 역자 주 : 자신의 생각과 마음을 들여다보는 것. 자신의 정신적 과정에 대해 인식하는 것.

적인 치료과정으로 대체하자고 주장하는 것이 아니다. 다만 자신이 원했던 부모의 모습이 되기 위해 도움이 필요한 엄마와 함께 부모코칭을 시작하는 동안 아동치료사들이 "엄마가 행복하지 않으면, 누구도 행복하지 않다."라는 오래된 격언을 마음속에 새기자는 것이다. 이 과정의 일부는 부모 자신의 애착 역사, 원가족의 패턴, 트라우마였을 수 있는 경험들을 돌아보도록 돕는다.

부모가 겪고 있는 세계가 어떤가에 관해 공감적인 경청, 유머, 호기심 가득한 태도로 부모에게 작은 정보들을 적절히 제공하는 과정을 통해 그들이 우리와 함께 하는 작업에 안정감을 쌓을 수 있다는 점을 나는 종종 발견한다. 코칭과 새로운 기술 모델들이 충분히 들어가 있는 약간의 심리 교육은 가정 내에 발생한 불을 끄기 위해 과다한 정보에 소방 호스를 대는 것보다 더 도움이 될 수 있다. 이 깊이 간직한 믿음은—부모들이 자녀에게 쏟고 싶은 마음과 지식, 기술을 담아 우리가 가족을 따라 걸으면 부모들은 새로운 모습으로 상향식 통합을 통한 성장을 할 수 있다—이 책에 요약된 병렬과정에 영향을 미친다. Nurture House는 우리가 부모들을 만나는 다양한 방법을 시도해 보았던 혹독한 장이었다. 도중에 수많은 실수들이 있었다. 나의 초기 임상 작업들을 생각하면 움찔하기도 한다. 결혼 직전과 나의 세 아이들이 나를 가르치고 화나게 하기 훨씬 전에, 한 부모가 자녀의 구체적인 '문제 영역'에 관해 알아보러 나를 찾아왔다. 나는 임상 초기에 부모가 아이의 엄지손가락 빠는 문제를 가지고 오면, 내 개인 캐비닛을 뒤져서 엄지손가락 빨기에 관한 일반적인 내용 파일을 열어 몇 가지 전략들을 부모에게 주곤 했다. 아⋯ 처음 몇 년 동안 내가 돌본 부모님들이 어떻게 보고 들었을지 자신이 없다. 지금 나는 의심할 여지 없이, 당신은 당신이 받은 것만을 줄 수 있다는 점을 안다. 임상가들은 부모들이 이전에 경험해 보지 못한 것을 줄 수 있는 특권을 가진 위치에 있다. 아이로 하여금 부모가 보고 듣고 있음을 느끼는 경험을 돕는 가장 첫번째 중요한 방법은 부모 자신이 누군가가 보고 듣고 있음을 느끼는 경험을 갖도록 하는 것이다. 그 누군가는 바로 당신이다. 임상 초기에 나는 부모들에게 아이들과 더 많이 놀고 그들을 더 많이 안아줘야 한다고 말하곤 했다. 그들은 멍하니 그러나 공손하게 고개를 끄덕이며 미소를 짓고 나서 집에 가서는 변화 없이 원래 하던 그대로 했다. 왜냐하면 당시 필요했던 것은 부모들의 새로운 능력을 성장시키는 교정적 정서체험과 새로운 양육기술을 지지하는 연습들이었기 때문이다.

아마도 당신이 임상현장에서 이미 경험했겠지만, 부모가 자녀를 치료에 데리고 올 때 그들은 지치고 부서지고 절망적인 상태이다. 그들은 아이들이 무지 싫을 것이다. 그리고 그들 자신도 무지 싫을 것이다. 부모들은 아이들과 함께 치료의 연속과정을 따라 움직이면서 스스로를 지지하고 조절하고 용기를 북돋우며 축하해 줄 필요가 있다. 어떤 부모들은 자신의 실패로 인해 아이들의 문제가 발생했다는 공포를 갖고 치료에 온다. 또 다른 부모들은 자녀가 완전히 망가져 버렸다는 공포를 갖고 온다. 또 어떤 부모들은 아이가 원하는 것을 들여다볼 수조차 없을 정도의 깊은 고통 속에 빠진 채 오기도 한다. 또 어떤 부모들은 아이의 발달 수준보다 훨씬 높은 기준을 가지고 있기도 하다. 이런 경우에 치료사는 즉시 파고들어 심리 교육을 제공하고 싶은 마음이 들 수 있다. 중요한 것은, 우리가 부모의 성장을 돕고 싶다는 것은 아이의 성장을 원하는 것과 평행하다는 것이다. 상향식 뇌 발달에 대한 내용들을 이해하면, 내담아동의 상향식 뇌 발달을 지지하는 것과 같은 방식으로 부모의 상향식 뇌 발달도 지지해야 한다는 점을 알 수 있다. 이 과정이 어떻게 보이는가? 부모들은 종종 과민상태이거나 저각성상태로 치료에 온다. 많은 경우, 임상가의 첫 임무는 부모가 마침내 아이의 조절 조력자가 되듯이 부모의 조절 조력자가 되는 것이다. 우리는 심리 교육 내용이 신중하게 계획된 치료 세션 경험을 가지고, 위기에 처한 부모들을 만난다. 대기실에서 만난 화가 나 있는 부모의 모습을 인식하고 불필요한 심리 교육의 리스트 대신에 부모의 조절 능력을 키우도록 도와주는 것은 그들의 고통을 마주하고 그들의 이야기지킴이가 되는 시작이다. 이는 우리가 그들이 아이들의 고통을 마주하고 아이들의 이야기지킴이가 되어주길 원하는 것과 같은 맥락이다. Nurture House 대기실에서 이루어지는 이러한 만남은 주방 느낌이 나는 치료실에 부모를 초대해서 그들이 속상한 아침에 관해 이야기하는 것을 들으며 따뜻한 음료를 준비해 주는 것과 같은 모습일 수 있다. 종종 따뜻한 커피 한잔을 손에 쥐여줄 때쯤이면 부모는 임상가가 자신을 보고 있고 듣고 있고 지지하고 있다고 느낀다. 부모들은 그들이 처음 왔을 때에 비해 보다 현실적이고 조절 능력이 생긴 모습을 보이게 된다. 신경생물학적 관점에서 볼 때, 이러한 보살핌이 있은 후에 그들은 생각하는 뇌에 접근하는 것이 더 가능해진다. 치료 계획은 차후 다시 수정될 수도 있다. 하지만 부모의 조절을 돕도록 작지만 가치 있는 정보를 제공하고 새로운 기술을 연습해 보는 것은 소화하지 못할 정도의 내용을 전체 세션 동안 설명하는 것보다 더 중요하다.

우리는 접수 세션 만큼이나 빨리 부모의 인식변화를 시작할 기회가 있다. 첫 통화 시에 우리가 어떠한 얘기를 하느냐에 따라 치료에 대한 부모의 기대를 설정하는 데 차이를 둘 수 있다. 즉 가족 맥락 안에서 보고, 행동을 변화시켜야 한다는 부모의 목표에서 벗어날 수 있도록 하고, 충족되지 않은 근본적인 욕구에 관심을 갖도록 하는 것이다. 나는 가능한 한 상담 초기부터 아이의 행동에 대한 부모의 판단에 수정을 가하기 시작한다.

트라우마플레이 치료사들은 자신들을 홀더의 홀더(holders of the holder)로 여긴다. 우리는 부모가 자녀의 큰 감정들, 이야기들, 신체적 욕구의 주요 홀더임을 안다. 우리가 부모들과 상호작용하는 방법은 풍부한 토양에 씨앗을 심는 기회를 제공하는 것이다. 즉 부모가 아이에게 씨를 뿌리길 우리가 원하는 것처럼 우리도 부모에게 씨를 뿌리는 것이다.

언어 바꾸기로의 초대

부모가 아동치료의 파트너가 되도록 돕기 위해 시작하는 방법 중 하나는 자녀들에게서 그들이 관찰한 힘든 부분들로 인한 고통에 관해 이야기하는 방식을 바꾸도록 돕는 것이다. 부모와의 첫 평가 세션에서 다음과 같은 얘기를 들은 적이 있는가?

"그는 병적인 거짓말쟁이예요."
"그 아이는 오직 자기 생각만 해요."
"걔는 정말 영악해요."

익숙히 듣던 얘기인가? 당신이 오랫동안 임상을 해왔다면, 상담실에 와서 이런 말을 하는 부모들을 보았을 것이다. 부모가 이러한 언어로 표현한다면, 임상가들은 곡예를 하는 줄 위에서 균형을 잡는 것처럼 부모의 이야기 아래에 깔려있는 큰 감정을 신중하게 살펴보고, 그와 동시에 아이의 행동을 바라보는 다른 시각을 제시할 필요가 있다. 부모의 인식이 자녀를 진정 잘 보고 조절을 도울 수 있는 변화의 움직임이 시작되는 동안, 우리는 그들이 있는 바로 그 자리에서 부모들을 만나는 것이 필요하다. 곡예 줄을 타듯이 다음과 같은 이야기를 나눌 수 있다.

부모 : 그 아이는 도둑이에요. 걔는 거의 매일 학교에서 도둑질을 해요.

치료사 : 도둑질이요. 그럼, 아이가 학교에서 물건들을 가지고 온다는 건가요?

부모 : 예. 매일이요.

치료사 : 그걸 어떻게 다루셨나요?

부모 : 음. 아이에게 오늘 학교에서 뭘 가져왔는지 물어요. 아이는 "아니."라고 말하
는데 나중에 물건이 나와요.

치료사 : 그럼 부모님이 물어봤을 때 아이가 진실을 말하지 않는다는 건가요? 제가
이해하기론 아이가 스스로 뭔가 가져온 사실을 알고 있으면서 그것에 대한 직접
적인 질문이 오면 머릿속에서 위험 감지 신호가 뜨나 보네요. 아마도 아이는 갈등
을 피하기 위해 반사적으로 "아니."라고 말하는 것이겠죠.

부모 : 아마도요. 하지만 아이의 말을 하나도 믿을 수가 없다는 게 제 포인트예요.

치료사 : 정말 받아들이기 힘들겠군요. 어느 누구도 자식을 불신하고 싶진 않지요. 아
이가 뭔가를 가져올까 봐 항상 레이더를 세워놓는 일에 지쳐버린 걸로 보이네요.

부모 : (웃음) 네. 음, 그러곤 저는 죄책감을 가져요. 저는 아이를 심문하는 데 제 삶
을 다 써버리는 것같이 느껴요. 그건 정말 저를 미치게 만들어요.

치료사 : 지금 현재 부모님이 아이를 신뢰하긴 정말 어렵고, 아마 아이도 자신을 신
뢰하기 정말 어려울 거예요.

부모 : (잠시 생각하는 시간을 가짐) 어, 네. 그리고 나면 아이가 정말로 기분이 나빠
보여요. 하지만 저는 아이가 자신이 잘못했다고 여기는 게 아니라 곤란한 상황에
빠져서 그런다고 생각을 해요.

치료사 : 그럼, 그것이 아이를 힘들게 하고 부모님도 힘들게 하겠군요. 무엇이 도움
이 될지 궁금하네요. 학교에 물건을 되돌려 보내는 건 지금 아이에겐 정말 힘든
일일 것 같아요. 그건 강박적인 행동으로 보이는군요. 그리고 아이는 자기 자신으
로부터 스스로를 보호하기 위해 부모님의 더 적극적인 도움을 필요로 할지도 모
르겠어요.

부모 : 아이가 그걸 조절할 수 없다고 생각하시는 건가요?

치료사 : 제 생각엔 아이는 당신의 이해와 공감을 필요로 할 거예요.

부모 : 음, 제가 어떻게 그렇게 하죠?

치료사 : 당신은 아이의 이야기지킴이예요. 당신은 아이가 물건들을 훔친 모든 시간

들의 역사를 알고 있어요. 당신은 아이의 삶에서 가장 중요한 사람이에요. 그리고 아이가 그 행동에 빠져있는 것도 보고 있고요. 일정 기간 동안 당신이 구명보트가 된다면, 그 행동문제와 서로 간의 관계에도 도움이 될 거예요.

부모 : 하지만 그 정도 나이면 아이는 스스로 그 행동을 멈출 수 있어야 해요.

치료사 : '해야 한다'는 강력한 단어랍니다. "걘 멈출 수 있어야 해!"라고 생각할 때 기분이 어떠세요?

부모 : 좌절스럽고… 정말 짜증이 나요.

치료사 : 네. 맞아요. '해야 한다'는 건 아이가 멈출 수 있는데 그걸 하지 않는다고 생각한다는 의미예요. 우리는 아이가 고의로 복종하지 않는다고 믿으면 정말 미친 듯이 화가 나지요. 아이의 능력에 관해 생각을 해보면 어떨까요? '아이가 학교에 모든 물건을 다시 가져가는 건 지금은 너무 힘들구나.'라는 생각을 해보시는 거지요.

부모 : 정말 힘드네요… 느끼는 거. 음, 만약 그게 사실이라면 아이에게는 도움이 필요했겠군요.

치료사 : 당신이 아이의 문제에 도움을 주지 않은 채 아이가 매일 물건을 집에 가지고 온다고 가정해 본다면, 그건 강박행동이에요. 그리고 당신이 직접적인 질문을 한다면, 이미 아이는 당신에 의해 도둑질에 더해 거짓말까지 하도록 만들어지는 거지요. 하지만 아이에게 부모님이 구조화를 잘 시킬 수 있으면, 아이를 자신으로부터 구할 수 있답니다. 오늘 집에 가서 아이와 함께 앉아 이렇게 말해보세요. "잘 들어, 얘야. 학교 물건을 도로 가져다주는 게 지금은 네게 너무 힘든 일이란 걸 알게 되었단다. 그래서 내가 도와줄 거야. 우리 하루를 마칠 때 힘을 합쳐보자. 너희 선생님과 나는 일과가 끝나는 시간에 너와 만나는 둘만의 장소를 알아볼 거야. 네가 학교를 나오기 전에 우리는 너의 가방과 주머니를 확인할 거야. 그리고 다시 되돌려줘야 하는 것이 들어있으면 하교 전에 반납할 거야. 아무 일도 일어나지 않으니 괜찮아. 단지 학교 물건을 그대로 두고 가는 법을 배우도록 돕는 거란다. 우리는 그것이 더 이상 어려운 일이 아닐 때까지 매일 이렇게 할 거야."

부모 : 어휴. 정말 힘든 일이네요. '해야 한다'는 것을 하지 말아야 한다니… 그래요. 그래요… '해야 하는'을 멈추는 거.

치료사 : (부모와 함께 웃으며) 우리 자신을 위해 해야 하는 것과 우리 아이들을 위해

해야 하는 것이요. 까다로운 일이지요. "지금 네가 그렇게 하는 건 너무 힘들겠다는 걸 내게 알려주고 있구나." 이런 말을 하면 어떤 느낌이 들까요?

부모 : 저도 아이도 더 좋아질 것 같아요. 우리가 했던 건 효과가 없었던 게 분명하네요.

치료사 : 어떤 부모님들은 이러한 기본 언어를 잘 활용한답니다. 또 다른 부모님들은 이런 방식의 대화를 구조화하는 데 도움이 되는 대본을 좋아하기도 해요. 어떤 게 좋으신가요?

부모 : 대본이 좋을 거 같아요. 수정해서 내 걸로 만들 수도 있구요. 그런 게 없으면 올바른 언어를 잊어버릴지도 몰라요.

위의 대화에서 일차적인 치료목표는 현재 이 순간 아이의 발달 수준에 맞는 행동 수행을 위한 기준을 부모가 재설정하거나 조정할 수 있도록 돕는 것이다. 내가 희망하는 인식의 전환은 아이의 문제행동을 아이가 선택한 거라고 보는 것보다는 아이가 성장해야 하는 부분이라고 부모가 보기 시작하는 것이다. 행동 조절을 위해 내적인 기준을 자연적으로 성장시키는 것은 부모가 아이의 발달과정에 더 연민 어린 마음을 가지는 것이다. 우리는 부모의 감정을 인정하고 아이에 대해 깔려있는 판단을 조심스럽게 다루어 보아야 한다. 우리가 인식 전환을 바로 시도하는 또 다른 예는 접수면접에서 부모가 아이가 부모를 조종한다고 얘기할 때이다. 우리는 끊임없이 통제력을 갖고 싶어 하는 아이의 양육이 부모에게 얼마나 힘들지 그 마음을 이해한다. 이때 우리는 "아직 충족되지 않은 근본적인 욕구가 무엇인가요?"와 같은 질문을 통해 '조종한다'라는 단어를 바꾸어 보도록 요청하기 시작한다. "나는 너한테 이게 정말 힘들다는 걸 알아."라고 부모가 말하도록 돕는 것은 부모에게 연민의 감정이 다시 열리도록 함과 동시에 비판적인 언어 사용을 피하게 한다.

방금 시나리오에서 언급했듯이, 아이들이 말하는 어떤 것도 부모가 믿기 힘들어한다면, 부모는 그 관계가 안전하지 않다고 느끼고 부적절감을 가지게 된다. 성장하는 것은 신뢰다. 진실을 말하기 힘들어하는 아이가 있다면, 그 아이의 성장이란 진실을 말하는 위험을 감수하는 데 있다. 부모와 아이는 둘 다 관계를 다시 조정해야 하는 어려운 문제에 직면해 있다. 이러한 대화를 위한 나의 마지막 목표는 치료과정에서 부모가 얼마나 중요한 존재인지를 반영해 주는 것이다. 부모들은 슈퍼파워를 가진다. 하지만 치료에 올 때쯤이면 그들은 학습된 무기력이나 육아상황에 대한 혐오감, 즉 '슈퍼'가 아닌 다른 것을 느끼고 있는 것이다. 우리가 그들에게 조절 조력자와 역사지킴이, 안전한 보스, 즐거움의 대상으로서의 크나큰 자신들의 가치를 볼 수 있도록 도와준다면, 우리는 우리의 일을 아주 잘 해낸 것이다.

우리 문화는 종종 부모를 폄하한다. TV 프로그램들은 주로 부모들은 서투르고 통제적이거나 양육을 소홀히 할 정도로 너무 바쁘거나, 엉뚱하거나, 양육역할을 충분히 할 수 없을 정도로 자녀와 친구가 되는 것에 지나치게 신경을 써서 자녀들에게 인기가 없는 모습(예를 들자면 여왕벌처럼)으로 그려진다. 엄마가 딸과 함께 특유의 메이크업에 즐거워하고 재미를 나누며 아이가 필요할 때 틀린 부분을 고쳐주고 상처를 안아주고 있는 그 엄청난 영향력을 지지할 수 있을 때가 되면, 나는 엄마 자신이 힘이 있고 중요한 존재라는 것을 느끼며 숨을 쉬기 시작하는 것을 보곤 한다. 트라우마 치료사들이 매우 소중하게 여기는 돌봄의 물줄기에서는, 엄마에게 쏟아부어지는 것은 딸에게 다른 방식으로 쏟아부어지는 결과를 낳는 것 같다. 딸에게도 역시 그녀가 힘이 있고 중요한 존재라는 것을 보여주면서 말이다. '평온을 구하는 기도'에서는 말한다. "허락하소서. 내가 바꿀 수 없는 것을 받아들일 수 있는 평안함을, 내가 받아들일 수 없는 것을 바꿀 수 있는 용기를, 그리고 그 차이를 알 수 있는 지혜를 주소서." 중독 회복 프로그램의 특징 또한 부모에게 중요한 기도의 주문이 될 수 있다. 부모로서의 자신의 역할을 바라보는 방식을 전환하는 과정을 거치는 동안 특히 더 그러하다. 나에게는 아이들이 엄마란 무엇인지를 정의 내려준 명판이 있다. 거기에는 "엄마 : 20명이 해야 할 일을 공짜로 해 주는 사람"이라고 적혀있다. 이 정의는 내가 하는 모든 것들에 대한 농담이자 감사의 표현을 의미하는 것이지만, 만약 그것이 내가 엄마로서 살아온 삶에 대한 정의라면 나는 씁쓸하고 억울할 것 같다. 양육자의 인식 전환을 시도할 때 우리가 가장 먼저 해야 할 것은 바로 부모가 자신의 양육역할을 어떻게 정의하고 있는지를 탐색하는 것이다. 그래서 Nurture House에서 부모와 연습해야 할 것 중 하나는 현재 부모들이 자녀들과 최근에 함께 하고 있는 역할을 분명히 표현할 수 있도록 돕는 것이다.

육아역할 분리하기

지난 여름, 아일랜드에서 강연 여행을 하는 동안 우리 가족은 아보카 계곡을 방문하는 혜택을 누리게 되었다. 우리는 모직공장의 공정에 매료되어 몇 시간을 보냈다. 양모가 아름다운 빛깔로 염색되었지만, 엉키고 까끌까끌했다. 가닥을 나누어 각 가닥이 실이 될 수 있도록 충분히 분리하는 것이 그 일을 맡은 사람의 일이다(그림 1.2를 보시오).

이것은 지루하고 많은 시간이 걸리는 일이지만, 고르고 분류하는 작업이 끝나기 전까지는 전혀 아름답지 않다. 우리는 부모들이 현재의 양육역할들을 뚫고 나와 개인 내적 변화의 과정을 시작할 수 있도록 초대하고, 아이의 부모로서 할 수 있는 모든 다양한 역할들을 살펴보며 어떤 역할은 버리고 어떤 역할은 유지하고 싶은지 그 목표를 정하는 것에서부터 출발한다. 그런 다음 부모들이 변화시키고자 하는 역할에서 계속 과중하거나 기능적이지 못한 영향을 주는 부모역동을 점검해 보도록 도와준다. 우리는 가족을 돕는 데 필요한 치료의 실마리를 풀기 위한 노력을 한다.

좋은 것이든 나쁜 것이든 부모로서 채우길 원하는 역할을 구분하도록 하는 한 가지 방법은 '부모가 할 수 있는 역할들'(그림 1.3)이라고 적힌 워크시트를 완성하는 것이다. 이것은 현재 부모가 자신을 어떻게 정의하고 있는지 찬찬히 찾아보는 첫 번째 방법이다.

부모들에게 워크시트를 주고 부모로서 채워가고 있는 모든 역할들에 ○ 표를 하도록 한다. 또한 부모의 가치관에는 맞지 않거나 절대 해서는 안 된다고 생각하는 역할에는

그림 1.2 분류하기

부모가 할 수 있는 역할들

아래에 있는 단어들 중 당신의 주된 양육역할에 ○ 표를 하세요.
당신이 절대 하지 않을 역할에는 × 표를 하세요.
가장 자주 하는 역할에 대해 당신의 치료사와 함께 이야기 나누어 보세요.
성장시키고 싶은 역할에 마커를 사용하여 강조 표시를 하세요.

친구   형사

멘토

선생님   요리사

운전기사

절친   보스

노예   간호사

하인

모델   양육자

제한 주는 사람   안전한 안식처

가이드   바운더리 관리자

경찰   비전 캐스터

그림 1.3 부모가 할 수 있는 역할들

× 표 하여 지우도록 한다. 이는 부모와 마주 앉아 좋은 부모역할과 나쁜 부모역할에 대해서 부모가 어떻게 생각하고 있는지 풍부한 이야기를 나누어 볼 수 있도록 해준다. 그리고 인식의 전환을 도울 수 있는 부모의 위치와 신념체계에서의 강점에 대해 임상가가 파악할 수 있도록 해준다. 한 가지 더 추가할 것은 부모가 성장하길 원하는 역할들에 강조를 두면서 그들을 초대하는 것이다.

예를 들어 만약 우리의 역할이 무슨 수를 써서라도 아이들을 보호하는 것이라고 믿는다면, 부모들의 탐색 작업을 지지하는 데 어려움을 느낄 수도 있다. 예를 들어, 한 아버지가 자녀를 성장시키고 뛰어나게 만들기 위해 푸시하는 코치로서의 역할을 원한다면, 그는 아이가 실패했을 때나 약점을 인정하고 수용이 필요할 때 안전한 안식처가 되는 것이 어려울 수 있다. 우리는 부모로서 최고의 역할들을 탐색하기 위해 워크시트를 사용한다. 우리는 이것들을 함께 확인한 후에, 각 역할에서 우리 자신이 생각하는 장단점들에 관해 호기심 어린 대화를 나누어 볼 수 있다.

모직공장 이야기로 다시 돌아가서, 거칠거칠한 부분이 제거되고 실이 풀리고 매끈해지면, 그것들은 담요를 만드는 데 사용할 패턴으로 짜인다. 그 패턴은 방직공의 눈으로 충분히 여러번 검수 작업을 거친다. 건강한 아이로 키우기 위해서는 다양한 부모역할과 육아행동이 계속 수반되어야 한다. 양육역할이 정리되고 도움이 되는 역할들이 받

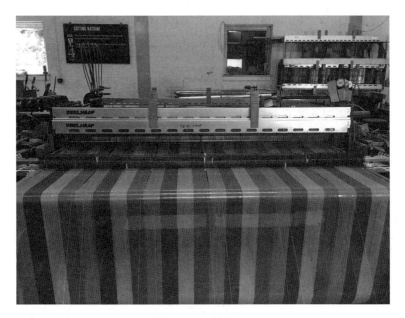

그림 1.4 패턴 짜기

아들여지면, 부모들은 자녀와 함께 풍부한 양육 태피스트리를 짜기 시작할 수 있다. 치료의 전 과정 동안, 아동치료사들은 부모들이 언제 어떻게 다른 양육역할에 발을 들여놓을지 찾도록 도와준다. 그리고 가장 최고의 시나리오는 부모가 양육 패턴에 대한 감각과 각각 필요한 양육역할에서 충분히 기능하는 아름다운 모습으로 치료를 떠나는 것이다.

나는 그 큰 기계 앞에서 짜인 새 담요가 겹겹이 쌓이는 것을 보며 서있었는데, 갑자기 기계가 멈추어 버렸다. 삐걱거리거나 쾅쾅거리거나 속도가 느려지는 것도 없이 그냥 갑자기 멈춘 것이다. 갑작스러운 적막으로 귀가 멍할 정도였다. 기술자 중 한 명이 금방 기계가 멈춘 것을 알아차렸다. 그 후 작업자가 와서 기계에 재료를 공급하는 실뭉치 앞에 쪼그리고 앉아 살펴보더니 한 가닥이 끊어져 있는 것을 발견했다. 방직공은 양쪽 끝을 찾아서 묶었고 기계는 다시 리듬감 있는 작업을 시작했다. 실이 끊어지는 것과 부모-자녀 애착관계에 분열이 생기는 것 사이의 깊은 유사성에 대해 생각하며 나는 부모들이 자녀와의 애착관계를 보호하도록 도울 수 있는 새로운 힘을 발견하게 되었다. 즉, 필요에 따라 조율하고 고쳐주며 어린 시절의 태피스트리가 부모의 사랑스러운 영향을 계속 받을 수 있게 하는 것이다.

돌봄의 물줄기 부어주기

트라우마가 주된 문제인 가족과의 상담경험에서 나는, 아이와 함께 치료를 받으러 올 때쯤에는 지쳐서 아이들의 행동에 혐오감을 느낄 정도에 이르러 있는 부모들의 모습들을 본다. 부모와의 치료를 시작할 때 나의 목표는 간단하다. 부모의 마음속에 있는 아이에 대한 연민을 다시 여는 것이다.

여기에는 두 가지 하위 목표가 있다. 첫 번째는 부모들이 아이들에게 제공하여야 한다고 생각하는 바로 그것을 힘들고 지친 부모들에게 듬뿍 제공하는 것이다. 부모들에게 교정적 정서체험을 할 수 있도록 하라. 그리고 당신이 부모와 아이들의 관계에서 바라는 방식과 똑같이 당신도 그 부모와 관계를 맺어라. 그러기 위해서는 그들의 경험들을 깊이 있게 들어야 한다. "그 아이는 작은 괴물이에요." 또는 "걔는 정말 나쁜 애예요."라는 부모의 말에 깔려있는 그들의 고통과 두려움, 분노에 판단 없이 관심과 애정으로 귀 기울이는 것이다. 부모가 이런 말을 할 때 임상가는 마음속으로 부모를 판단하여 부모가 문제라고 생각하기 쉽다. 우리가 이야기를 바꾸거나 진실에 도전하려 하기 전에 부모의 이야기와 진실을 잘 듣고 담아줄 필요가 있다. 만약 우리가 부모들의 인지 왜곡을 발견하자마자 그에 대해 언급하기 시작하면 그들은 문을 닫아버릴 것이다. 그들은 웃으며 공손하게 고개를 끄덕이겠지만, 방어적 태도를 취할 뿐 진정한 변화는 일어나지 않을 것이다. 임상가들은 자녀에게 트라우마 인지 양육(trauma-informed caregiving)[2]에 대해 부모가 인식하고 변화할 수 있도록 알려주는 지적인 정보나 '이론적' 지식을 많이 가지고 있다. 심리 교육은 강력한 도구지만, 부모들이 있는 그대로 듣고 보고 받아들여야만 비로소 전달될 수 있다. 신뢰와 안전의 확고한 토대가 있어야 딥러닝과 진정한 변화가 일어날 수 있다. 우리가 그들의 이야기를 잘 듣고 심리적으로 붙들어 주며 부모들이 자신의 부끄러운 모습을 우리에게 보여주는 것을 허락하는 것을 통해 가능해지는 것이다. 만약 우리가 부모들의 이야기 안에서 그들을 마주하지 못하고 나쁜 부분만을 드러낸다면, 부모로 하여금 아이들과의 관계에서 잘 듣고 붙들어 주도록 기대할 수 있을까? 우리가 그들 곁에 꼭 붙어서 그 과정을 함께 할 것이라는 믿음이 없다면, 그들은 자신의 고통과 불안에 대한 부적응적 대처와 방식 그리고 아이들과의 관계에 영향을 미치는 자신의 성격적 특성을 보려 하지 않을 것이다. 우리는 이것을, 부모로 하여금 아이에게 주길 원하는 것을 우리가 부모에게 주는 것, 즉 '돌봄의 물줄기'라고 부른다.

내러티브 뉘앙스

부모의 연민의 우물을 다시 열게 하는 두 번째 하위 목표는 복잡한 트라우마를 가진 아이를 부모가 양육하고 있을 때 특히 더 중요하다. 아이의 이야기와 부모의 깨진 조각을 맞추도록 돕는 것은 이 경우 아주 중요하다. 우물은 누군가 물이 보일 때까지… 자원이 발견될 때까지… 땅을 깊이 파고 또 파고 또 파는… 시간을 가져본 곳에서만 존재할 수 있다. 조절문제를 가진 아이와 부모가 내원할 때 그들은 행동자원을 보는 눈을 잃어버린 상태로 종종 온다. 경계를 무너뜨리는 일들과 또 다른 힘든 순간들이 겹겹이 쌓여서 이제는 마치 먼지가 쌓여 단단하게 포장된 점토로 굳어버린 것 같은 모습이다. 임상가

---

[2] 역자 주 : 정신적인 외상을 인지한 상태에서 양육하는 것.

당신의 연민 우물을 가득 채울 수 있도록
당신과 자녀에 관한
문장, 만트라, 진실들을 적으세요.

그림 1.5 연민의 우물

들은 부모가 행동자원을 볼 수 있도록 돕기 위해, 부모의 굳어버린 심장이나 아이에 대한 현재의 왜곡된 시각을 뚫고 들어가는 작업을 한다. 아이의 스토리—자궁에서 일어난 아주 초기의 경험부터 시작해서—를 다시 말해보는 것은 부모의 연민 우물을 다시 잘 여는 데 오래도록 도움이 된다.

　나는 양부모와 함께 종종 이 역동을 알아본다. 그들은 세상의 모든 희망을 가지고 아이를 집으로 맞이했다. 입양 후 아이는 화가 난 모습으로 소파에 매직으로 낙서하는 행동을 계속한다. 그러곤 그들의 친자녀가 가장 좋아하는 치마를 잘라버리고 어린 동생에게 부적절한 언어를 가르친다. 부모의 마음속에 있는 바운더리들을 무너뜨리는 행동들이 많아지고 결국 부모는 무력감을 느끼게 된다. 무력감은 원망을 낳는다. 원망은 분노를 일으키고 애정의 철회로 이어진다. 부모에 대한 무조건적 수용과 아이의 스토리를 새롭게 다시 말해보는 것은 그들의 보살핌 속에 있는 아이에 대한 연민의 우물을 다시 열고 궁극적으로는 인식 전환의 토대를 마련하기 위한 것이다. 내 생각에, 부모들에게 인식의 변화가 일어나도록 돕는 것이 진정한 승리이다. 부모코칭에서 단단한 벽을 깨는 터치다운인 것이다. 인식의 변화는 머리로 아는 지식과 심장으로 아는 지식 둘 다의 변화를 나타낸다. 그리고 부모의 신체적 경험과 감정적 삶, 사고적 삶에 영향을 미치는 방식으로 신경생물학적으로 인식의 전환이 암호화되는 것이다.

　아이의 스토리에 대해서 충분히 이해한다는 것은 초기의 트라우마가 아이의 뇌 발달에 미치는 신경생리학적인 영향까지도 이해하는 것을 포함한다. 2장은 신경생물학적인 렌즈를 통해 부모가 안전에 대한 과학적 이해를 할 수 있도록 돕는 방법을 다룰 것이다. 그림 1.5는 부모들의 연민 우물을 다시 열도록 돕는 데 사용하는 유인물이다. 그들은 우물에 있는 각각의 선에 자녀와 계속 연결될 수 있도록 도와주는 아이의 스토리나 만트라(mantra)[3]를 적는다.

수치심이 변화를 방해하다

부모의 인식변화를 일으키는 데 가장 큰 장벽은 무엇인가? 바로 수치심이다. 여기에서 기술하는 것은 병렬과정의 또 다른 형태이다. 자신의 감정 조절에 어려움을 겪는 부모

---

[3] 역자 주 : 기도나 명상 때 외는 주문.

들에겐 종종 수치심이 작동되곤 한다. 그들은 그들의 분노폭발이 일어나는 걸 좋아하지 않고, 아이들 이름을 부르는 것도 좋아하지 않고 자녀로부터 자신의 감정을 철회하는 것도 좋아하지 않는다. 그렇지만 그들은 자신의 행동을 바꾸는 데 무력감을 느끼곤 한다. 우리는 수치스러움을 느끼면 거의 항상 파멸을 생각한다. 수치심에 대한 최고의 연구자 중 한 명인 Brene Brown은 그녀가 수치심에 빠질 때 자신이 다른 사람들에게 위험한 존재가 된다는 점을 알게 되었다(Brown, 2015). 자신의 이런 점을 이해하면서 그녀는 자신을 위한 특별한 규칙을 만들었다. 수치심이 일어날 때는 전화나 이메일에 답을 하지 않고, 수치심을 유발한 경험에 대해 나눌 수 있는 안전한 대상을 찾는다. 부모 코칭 맥락에서 보면, 우리는 부모들이 약해졌을 때 필요한 안전한 사람이다. 그들이 우리를 찾았을 때 "아이에게 소리치는 건 좋지 않아요."라는 말이나 판단을 내리는 태도를 취한다면, 이미 우리는 그들에게 더 이상 안전한 대상이 되지 못한다. 부모가 있는 그 자리에서 만나라. 그들의 스토리를 이해하기 위해 노력하라. 무조건적인 긍정적 관심을 기울여라… 이 개념들은 우리가 실제 가족들에게 이 기본 원칙들을 적용하기 전까지는 우리가 익히 알고 있는 것이다. 하지만 막상 실제에서는 적용하기가 쉽지 않다.

　전이와 역전이는 임상가들로 하여금 아이를 보호하려 하거나 심지어 부모를 괴물로 보도록 만들 수 있다. 나는 이 함정에 빠져 첫 번째 세션에서 부모와의 관계가 회복될 수 없을 정도로 멀어질 뻔하기도 했다. 한 사례에서, 한 아빠(내가 정말 존경하게 된 분이다)가 딸이 장시간 분노표출을 하는 상황을 묘사했다. 그는 아이가 간담이 서늘해지도록 비명을 지를 때 아이를 진정시키거나 아이가 화내는 것을 중단시키기 위해 시도한 많은 전략들에 관해 이야기했다. 그는 딸이 격렬한 감정상태를 보일때, 절망스러운 심정이 되어 딸에게 물을 뿌렸다고 자백했다. 그는 그러면 안 된다는 것을 알았다. 하지만 그 행동으로 인해 딸이 놀라서 소리 지르는 것을 멈추게 되었다. 그는 딸과의 관계에서 힘든 부분 중 이렇게 매우 수치스러운 것들을 내가 보듬어 주길 원했지만, 나는 그 얘기에 자극을 받아 판단적으로 반응하였다. 내 반응은 "제가 당신을 내담자로 맞이하기 전에, 저는 당신에게 다시는 딸의 얼굴에 물을 뿌리지 않을 거라는 다짐을 받고 싶네요. 그건 정말 믿을 수 없이 무례한 행동이에요. 전 그런 행동을 용납할 수가 없네요."였다. 나는 그 반응을 엄청나게 후회한다. 그리고 내가 그렇게 빨리 이 상처받은 부모에게 그런 반응을 하게 만든 내 자신의 상처의 기원에 관해 좀 더 호기심과 연민의 마음으로 들여다보았으면 어땠을까 하는 생각이 든다. 그는 자신의 행동이 나빴다고 나에게 이미 말했었다. 그는 그것을 알고 다르게 행동하는 법을 알기 위해 도움을 요청하고 있는 것이었다. 당시 나에게 던져진 것은 그 아버지의 감정과 묘사하는 단어의 내용 간 불일치였다. 그는 물을 뿌린 것에 대해 말하는 동안 웃고 있었다. 아버지가 딸을 이런 식으로 다시 훈육할까 봐 두려웠던 나는 뇌의 사고 기능에 합선을 일으켜 편도체 반응이 촉발되었던 것이다. 나의 반응은 수치심을 불러일으켰다. 내담자에게도 그리고 나 자신에게도. 물을 뿌리기 직전에 그가 느꼈을 무력감과 절망을 내가 표정과 몸으로 반영해 주었더라면 충분히 함께 머물 수 있지 않았을까? 밑에 깔려있는 감정을 반영해 주는 것만으로도 부모는 자신의 이야기를 상담자가 보고 있고 듣고 있다고 느끼기에 충분하다. 나는 아이에게 수치심을 유발할 수 있는 것들에 관해 안전에 대한 바운더리를 정하고 연습해야 한다는 것을 말하는 것이 아니다. 오히려 부모의 이야기와 수치심을 보듬어 주면서 더 중요한 인식 전환을 촉진하기 위한 연결 포인트가 되는 통로를 만들라는 것이다.

다행히도 이 아버지는 이미 혼자서 많은 작업들을 해내었고, 나의 말이 그에게 얼마나 영향을 미치는지에 대해 매우 즉각적으로 나에게 말해줄 수 있었다. 나는 그 순간 그를 판단하고 놓쳐버린 것에 대해 나 자신도 진정으로 슬프다는 표현을 하였고, 그가 파괴적인 행동을 하긴 했지만 입양한 딸과 계속 잘 지낼 수 있는 여러 가지 방법에 관해 이야기를 나누었다. 상황을 바로잡고 내가 진심으로 존경하고 존중한다는 것을 그가 알고 난 후에야 우리는 앞으로 나아갈 수 있었다.

'해야 한다'가 만드는 수치심

우리는 부모의 수치심이 그들의 양육방식을 어떻게 바꾸는지에 대해 살펴보기 위해 많은 시간을 투자했다. 왜냐하면 수치심은 우리가 배우고 수용력을 확장시켜서 유머와 희망을 갖고 우리 자신과 행동 패턴을 직면할 수 있도록 하는 능력을 차단해 버리기 때문이다. 수치심을 가지게 하는 것은 부모의 성장과정에 좋은 목적이 되지 못한다. 부모의 수치심을 악화시키는 근본 메커니즘 중 하나는 사람들이 지니는 '해야 한다'라는 생각이다. 우리는 모두 어떻게 행동해야 하는지, 무엇을 느껴야 하는지, 무엇을 생각하고 무엇은 생각해선 안 되는지에 관한 몸에 밴 믿음들을 가지고 있다. 동시에 우리 삶 속에 있는 타인에 대해서도 해야 한다에 대한 일종의 뿌리박힌 생각들이 있다. 부모들에

해야 한다 더미

2분 동안 당신이 할 수 있는 한 많이
해야 한다(should)를 적어보세요.
자신을 검열하지 마세요!

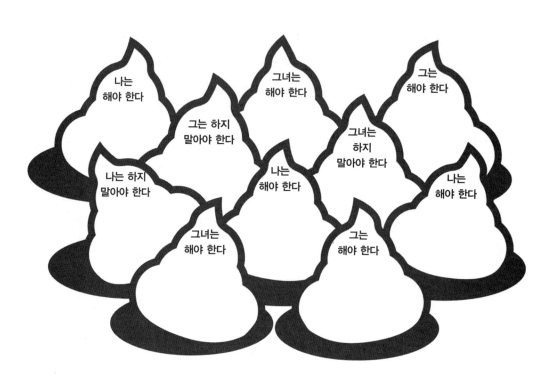

그림 1.6 해야 한다 더미

게 있어서 자신의 육아 파트너가 생각하고 느끼고 해야 하는 것 등등의 해야 한다들은 매우 많다. 그 '해야 한다'는 아이들에 대해서도 동일하다. 즉, 우리 아이는 이렇게 생각해야 한다, 이렇게 느껴야 한다, 이렇게 행동해야 한다는 것이다. 해야 한다는 것은 판단적이고 실현 불가능한 것이다. 그것들은 실제 현실보다 더한 완벽의 이상을 요구한다.

부모들의 수치심이 작동되는 것을 멈추도록 돕기 위해서, 임상가들은 부모들이 그들 자신과 양육 파트너, 그리고 자녀를 판단하는 방식으로서 '해야 한다'는 시각을 가지고 있지 않은지 돌아보도록 도와야 한다. 이를 위해, 우리는 '해야 한다 더미'라는 유인물을 만들었다(그림 1.6을 보시오). 우리는 부모들에게 2분의 시간을 주고 타이머를 맞춘 뒤 그들이 자신과 가족 구성원들에게 기대하는 해야 한다들을 최대한 많이 적도록 한다. 그다음 치료자는 부모들로 하여금 해야 한다가 충족되지 않았을 때 어떻게 수치심이 유발되는지 그리고 그것이 양육상황에서 매일 어떻게 작동되는지를 살펴보도록 돕는다. 예를 들어, 이 도구는 특히 엄마가 COW(Crisis of the Week, 한 주의 위기) 세션을 가질 때 유용하게 활용될 수 있다. 아이가 숙제를 하나도 하지 않았다거나 거짓말을 했다고 하자. 부모는 아이와 부딪치고 그로 인해 내뱉은 말 때문에 관계가 깨지게 되었다. 저글링하듯—나 자신에 관해, 자녀에 관해, 그리고 가족 구성원들에 관해 개입해야 했던 것, 하지 말아야 했던 것들 사이에서—모든 해야 한다들을 부모가 돌이켜 보는 2분의 시간을 가짐으로써 토론을 재구조화하고 엄마의 내적 성찰로 초점을 이동시킬 수 있다.

*Parenting from the Inside Out*이라는 획기적인 저서를 쓴 Daniel Siegel은 바운더리 균열과 독이 되는 균열 간의 차이에 대해 이야기한다(Siegel & Hartzell, 2013). 바운더리 균열은 부모와 아이가 설정된 제한으로 인해 연결이 끊어져 버렸다고 느낄 수 있는 순간들이다. 아이스크림 2개를 먹었는데 하나를 더 먹겠다고 하는 아이에게 당신이 "안 돼."라고 했다면, 순간 아이는 그 바운더리로 인해 당신으로부터 분리되어 버렸다고 여길 것이다. 아이가 원하는 것에 대해 당신은 "안 돼."라고 얘기했지만, 그 대신에 당신은 잠자리에 들기 전에 재빨리 이야기책을 읽어주고 아이는 당신 품에 파고들어 다시 연결됨을 느낀다. 독이 되는 균열들은 회복되지 않은 애착관계의 균열로 인해 나오는 것이다. 종종 이것은 부모의 수치심으로 인해 생긴다. 한 싱글맘이 겨우 생계를 유지하며 살아가고 있다고 해보자. 10대인 딸이 금요일 밤에 영화를 보러 간다며 20달러

를 달라고 한다. 그 엄마는 "안 돼."라고 답한다. 딸은 무례한 태도로 엄마는 자신이 즐거워하는 일들을 아무것도 못 하게 한다며 계속 20달러를 내놓으라고 요구한다. 엄마는 줄 돈이 없다는 수치심에 몸부림치며(하지만 이것이 그녀의 내적 몸부림인 것은 자각하지 못한다) 결국 폭발해서 "넌 이기적인 년이야! 당장 방으로 들어가."라고 말한다. 10대 딸은 화가 나서 위층으로 올라가 문을 쾅 닫고 화를 삭이기 위해 음악을 튼다. 엄마 또한 화가 나서 방으로 들어가 문을 쾅 닫고는 침대 끝에 앉아 운다. 지금 그녀는 해결되지 않은 수치심의 여러 층들을 마주하고 있다. 딸을 위해 아무것도 해줄 수 없다는 수치심, 이성을 잃고 딸을 추한 말로 불렀다는 수치심 말이다. 몇 시간이 흐른 후, 엄마는 이성을 유지하고 더 잘할 거라 스스로 다짐하며 부엌으로 돌아가 저녁을 준비한다. 한 시간이 지난 후, 그녀는 딸에게 방에서 나와 TV 보며 저녁을 먹자고 제안한다. 그들은 그렇게 하고 반쯤 연결된 느낌으로 잠자리에 들지만, 균열과 엄마의 모진 말과 행동에 대해선 결코 처리하거나 다루지 않았다. 이런 일이 처음 일어나면 연결되어 있던 안전한 관계의 기반에 금이 생기게 된다. 해결되지 않은 균열들이 누적되는 부모-자녀 관계에서 작은 금이 틈으로 벌어지고, 결국에는 부모와 자녀 둘 다 어떻게 서로를 마주해야 할지, 어떻게 사랑으로 연결해야 할지 알 수 없게 된다.

행동하는 부모, 회피하는 부모, 더 이상은 못 하겠다는 부모

부모가 된다는 것은 어렵다. 부모들이 자녀와 함께 임상적 도움을 청할 때쯤이면, 그들은 자신의 양육에 대해서 매우 부정적인 자기 대화(self talk)를 한다. 이 부정적 자기 대화와 수치심으로 인해 부모들은 몇 가지 자기 보호 전략을 쓰게 된다. 그것은 행동하는 부모, 회피하는 부모, 더 이상은 못 하겠다는 부모이다.

행동하는 부모

이 부모들은 종종 그들 삶의 다른 영역에서 높은 성취를 거두는 사람들이다. 그들은 많은 책을 읽고 많은 팟캐스트를 들으며 부모역할을 실행했다. 그들은 무엇이 좋은 부모를 만드는지에 관해 꽤 확고한 생각을 가지고 있다. 어떤 이들은 애착 육아에 강한 공감을 하고, 다른 이들은 '당장 복종'해야 한다는 사고방식에 강한 공감을 한다. 그들 모두는 그들의 접근방식이 아이를 사회에 도움이 되는 성인으로 키우는 데 가장 최선의 방법이라고 믿는다. 강한 육아 전략을 사용하였으나, 아이가 침대에서 잠자기를 두려워하거나 바운더리를 계속 넘으려 하거나 분노와 슬픔, 공포 등의 정서를 계속 표출하면서 그 전략이 제대로 작동하지 않는다는 것이 증명된다면, 그들은 대안을 찾아 나선다. 그들 곁에는 육아 관련 책들이 쌓일 것이다. 그들은 뛰어들어 요점을 파악하고 일정 기간 강한 원칙을 적용해 보고는 그다음 접근방법으로 넘어간다. 이 부모들은 자신의 특별한 아이와 관계를 맺는 대신 '건강한' 모습에 대한 자신들의 관점에 자녀를 맞추기 위한 전략을 찾고 있기 때문에, 자녀와 연결되는 데 어려움을 겪을 수 있다. 행동하는 부모들에게는 아이들이 자리하고 있는 그곳에서 만날 수 있도록 지지해 주면 도움이 될 것이다. 단지 자녀와 '함께 있는' 방법을 아는 것이 이들 부모에게는 가장 중요한 성장의 한 부분이 될 수 있다. 이 가족들에게는 5분에서 15분 정도의 아동주도 놀이 경험을 할 수 있는 보호된 시간을 가지도록 하는 것이 유용한 출발이 될 수 있다. 처음에는 치료사의 지원이 있는 치료실에서 시작하지만, 나중에는 가정에서도 이루어질 수 있도록 한다.

회피하는 부모

이들은 자녀와의 작은 균열에 대해 책임을 지는 것이 자신이 가치 없다는 점을 인정하는 것이라고 느낄 정도로 심한 수치심과 부정적인 자기 대화를 가지는 부모들이다. 그래서 그들은 자신들이 느끼는 감정의 원인을 아이에게로 돌린다. "네가 우유를 엎지르지 않았더라면 난 소리치지 않았을 거야. 너한테 방을 치우라고 700번이나 얘기하고 있느라 난 참을성을 다 잃어버렸어." 감정을 폭발시키고 난 후 그 원인이 아이 때문이라고 비난하는 부모의 자녀는 그 비난을 받아들이고 사죄하는 것을 학습하거나, 폭발과 비난의 반복되는 순환 속에서 이리저리 흔들리기 시작한다. 이들 부모-자녀 상호관계에서 가정 전체의 문화가 바뀌어야 한다. 첫 번째 기본 치료목표는 관계에서 사람들이 각각 그들의 감정과 행동에 대한 책임을 지도록 돕는 것이다. 가족 내에서 이 과정을 구조화할 수 있는 도구가 아래에 제시되어 있다.

  몇 년 전, 분노에 가득 찬 빅토리아라는 딸을 데리고 온 부모를 만났다. 접수면접에서 엄마가 대부분 이야기하였고, 아빠에 비해 가정환경을 분명 더 잘 관리하고 있었다. 하지만 두 분 다 애착 육아에 대한 철학을 가지고 있었다. 애착 기반 치료사로서 나는 애착 육아에 대해서 많은 부분을 수용한다. 하지만 이 부모는 빅토리아에게 완전한 자율성을 제공해 주어야 한다는 관점으로 양육 철학을 해석하고 있었다. 하지만 아빠는 이 부분에서 어려움을 겪고 있었다. 왜냐하면 그는 재택근무를 하였으며 그의 홈 오피스 장소는 다이닝 룸 테이블이었는데 바로 그곳이 빅토리아가 요새를 짓는 데 '필요한' 장소로 쓰였기 때문이다. 빅토리아는 자기 방, 거실, 이제는 다이닝 룸에 요새들을 지었지만, 엄마는 어른들의 요구를 우선시하고 빅토리아의 목소리는 다른 사람들보다 덜 중요하다고 가르치는 것은 아이의 정신을 해칠 것이라고 여겼다. 엄마는 딸의 목소리를 짓누르는 것에 대한 공포가 있었는데 그것은 엄마 자신의 어린 시절 경험에서 나온 것이었다. 그녀는 어린 시절 자기주장을 못한 채 아예 침묵하고 지내곤 했던 것이다. 이런 상황에서 임상가에게 던져지는 질문은 다음과 같다. 부모들이 자녀에게 피해를 주는 것에 대한 두려움을 억제하면서 새로운 전략을 시도할 수 있도록 인식의 전환을 만들어 낼 방법이 있을까? 우선, 우리는 부모가 있는 그 자리에서 만나야 한다. 우리는 그러한 양육방식을 형성하게 된 그들의 인생경험과 침묵 관련 사건들에 대해 이해하기 위해 노력해야 한다. 마지막으로, 이 책의 4장에 소개되는 반영적 애착 작업(RAW)이 도움이 될 것이다.

더 이상은 못 하겠다는 부모

이 부모들은 내적 자원이 완전히 고갈되어 양육의 과정을 단순히 체크하는 것으로 대처한다. 아마도 아이가 소리를 지나치게 크게 지르면, 그들은 "쉿."이라고 말하긴 하겠지만… 아마도… 아이를 그냥 내버려 둘 것이다. 그들은 전자기기 사용시간, 취침시간, 건강한 식사, 아이들이 갈 수 있는 장소 등등에 대해 바운더리를 정해주지 않는다. 이 부모들은 치료를 찾아갈 것 같진 않지만, 만약 찾는다면 무엇이 이들을 동기화했는지 알아보는 것이 중요하다. 작은 아이가 성장하기 위해서 그들의 양육역할이 무엇을 의미할 수 있는지에 대한 깨달음이 생기기 전까지는 그 체계가 변하지 않을 것이기 때문이다.

우리는 부모들이 '내 아이와 나에게' 연습을 통해 자녀에 대한 정서적 반응을 어떻게 다루고 있으며, 자녀에 대해 어떻게 생각하고 있는지를 살펴볼 수 있다(그림 1.7을 보시오). 내담자에게 충분한 시간을 주어 이 워크시트를 작성하게 하고 답한 내용에 따라 상담을 진행하라.

내 아이와 나에게

내 아이에 대해 생각하면, 나는 _____ 을 느낀다.

내 아이는 나에게 _____ 을 생각나게 한다.

내 아이가 _____ 을 하지 않을 때 화가 난다.

내 아이가 _____ 을 할 수 없을 때 슬프다.

내 아이가 _____ 때 행복하다.

내 아이가 _____ 때 혼란스럽다.

내가 _____ 때 좋은 부모라고 느낀다.

10년 뒤에 아이가 어디 있을까 생각하면 나는 _____

_____ 생각이 든다.

10년 뒤에 아이가 어디 있을까 생각하면 나는 _____

_____ 느낌이 든다.

나는 내 아이가 _____ 하길 원한다.

가장 부끄럽게 여겨지는 양육행동은 _____

_____ 이다.

내 아이는 나의 _____ 이 필요하다.

내 아이는 _____ 을 좋아한다.

내 아이는 _____ 을 싫어한다.

내 아이와 함께 하는 것 중 내가 좋아하는 한 가지는 _____ 이다.

내 아이와 함께 하는 것 중 내가 싫어하는 한 가지는 _____ 이다.

나는 내 아이를 _____ 하기 위해 도움이 필요하다.

그림 1.7 내 아이와 나에게

판단 중지 구역

몇 년 전, 나는 내 아이와 손을 잡고 내슈빌 시내의 보도를 걷고 있었다. 나는 아이를 짓누르고 있는 무거운 것에 대해 말을 꺼낼 수 있었고, 보도 한가운데 멈춰 서서 "좋아, 우리 가족 안에서 새로운 걸 한번 해보자. 때론 아이들은 정말 말하기 어려울 때가 있어. 아이들은 곤란해지거나 부모의 마음을 상하게 할까 봐 두려워서 말을 못 할 때가 있지. 지금부터 그럴 땐 판단 중지 구역(Judgment-Free Zone, JFZ)을 만들 거야."라고 말했다 (그림 1.8을 보시오). 아이는 강한 호기심을 보이며 "판단 중지 구역이 뭐예요?"라고 물었다. "그건 안전한 장소를 말해. 그 안에 있는 동안 넌 무엇이든 말할 수 있고 곤란해지는 경우는 없을 거야."라고 분명히 해주었다. "분필로 시작하는 곳을 표시할까요?"라고 아이가 물었다. 나는 그때 분필이 없어서 막대기와 긴 풀잎을 이용해 보도의 사각형 두 칸을 '무엇이든 말하기' 구역으로 정하고 경계를 표시했다. 두 칸짜리 보도에 서서 아이는 전에는 하지 않았던 이야기들을 나에게 하기 시작했다. 의도적으로 경계 지은 이 공간은 두 가지 의미, 즉 서로 나눌 수 있는 곳으로의 초대와 곤란해지지 않을 것이라는 확신으로 전달되어 아이의 가슴에서 무언가 꺼낼 수 있도록 도와주었다. 우리는 가벼운 마음으로 산책을 계속했다. 그 후 아이가 "엄마, 나 지금 판단 중지 구역이 필요해요."라고 말한 적이 두어 번 더 있었다. 나는 이것을 아이가 내게 뭔가 할 말이 있다는 뜻으로 알아들었지만, 그뿐만 아니라 아이가 곤란에 빠지지 않을 거라는 점에 대해 미리 '괜찮

그림 1.8 판단 중지 구역

다(OK)'라는 확신이 필요하다는 의미로도 이해했다. 나는 두 번 모두 깊은 심호흡을 하고 최선을 다해 집중해서 엄마인 나 자신을 가장 잘 조절할 수 있도록 해준 이 방법에 감사했다. 나는 부모들이 이와 같은 판단 중지 구역을 제공할 수 있기를 희망한다.

그림 1.9는 부모들에게 자녀를 향한 부정적인 감정들을 표현할 수 있도록 허락하는 유인물이다. 이것은 아동의 특정 행동 앞에서 부모가 경험할 수 있는 무력감이나 혼란의 감정을 되돌아볼 수 있도록 도와준다. 부모가 느끼는 저항적인 생각과 감정들은 자녀와의 상호작용을 왜곡시키고 가장 좋은 부모 자아가 나오는 것을 더 어렵게 만들 수 있다.

"우리가 알고 있는 것이 무엇인지 관심을 기울이기 전에, 우리가 관심을 가지는 것이 무엇인지 알아야 한다."라는 오래된 격언은 부모의 수치심이 작동될 때 임상관계에서의 상황을 정확히 설명하는 내용이다. 나는 이탈리아계 4세이다. 나의 이탈리아 가족은 강한 감정표현에 익숙하다. 이런 강한 방식의 감정표현을 배운 나로서는 다듬어지지 않은 표현들에 익숙하다. 이러한 표현들(목소리 높이기, 거친 몸짓, 다른 사람에게 퍼붓는 욕설, 문을 쾅 닫는 것 등)을 사용하는 것은 그러한 행동이 건강한 것이라는 무언의 믿음인 것이다. 즉 모든 것을 털어놓는 것이 힘든 감정을 제거하는 최선의 방법이라는 것이다. 그러나 아이들은 우리 사회의 가장 가치 있는 구성원들이고, 그들은 우리가 말하는 것을 스펀지처럼 흡수한다. 아이가 문 닫는 것을 잊었을 때 "이 멍청한 녀석."이라고 몇 번을 반복해서 들으면, 아이들은 이 말을 내재화하고 자신이 실수를 저질렀을 때 스스로를 멍청이라고 부르기 시작한다. 부모의 목소리는 아이의 자기 대화에 깊이 박히게 된다. 이건 문제가 된다. 그럼, 우리는 무엇을 해야 하나? 이 질문은 배우 Bob Newhart의 정말 웃기는 치료사 연기를 떠올리게 한다. 그의 만트라는 간단히 "멈춰."였다. 이상하게도, 이것은 TV 속 그의 내담자에게는 효과가 없었다. 부모들에게 자녀들을 향한 부정적 감정을 느끼는 것을 멈추라고 말하거나, 그 감정을 표현하는 것을 멈추라고 말하는 것은 대개 성장에 별 도움이 되지 못한다. 부모들에게는 두려움, 혐오감, 한 줄기 빛에 대한 희망 등의 복잡한 감정들을 드러낼 수 있는 공간이 필요하고 안전한 타인에게 그것들을 이해받는 경험이 필요하다. 그것은 치료사로서 우리가 부모를 위해 할 수 있는 역할 중 하나이다.

이를 위해, 우리는 표현예술활동과 짝을 이룰 수 있는 임상가들을 위한 유인물을 만들었다. 인간은 끊임없이 스토리를 만들어 낸다. 우리들은 우리의 모든 경험에 대한 스

부모를 위한 판단 중지 구역

내 아이는 정말 _____

_____.

내 아이가 소리를 지르면 나는 _____

_____ 하고 싶다.

내 아이가 _____

_____ 할 때 나는 참을 수가 없다.

나는 때때로 _____

_____를 소망한다.

내 아이가 _____

_____ 할 때 나는 감정에 압도되는 걸 느낀다.

아이에 대해 한 가지를 바꿀 수 있다면, 나는 _____

_____.

내 아이가 _____

_____ 할 때 넌더리가 난다.

나는 정말 내가 _____

_____ 할 수 있기를 바란다.

나는 내가 _____

_____ 때 내 자신이 싫다.

그림 1.9 판단 중지 구역 부모 워크시트

토리를 만든다. 그리고 부모들은 자녀의 행동과 감정에 대한 스토리들을 계속 만들고
있다. 어머니는 그것을 명확히 표현하기 전에는 머릿속에서 그 스토리를 바꾸는 것이
쉽지 않다. 이것이 바로 이 도구가 부모들을 도울 수 있다는 의미이다. 우리는 그것을
판단 중지 구역이라고 부른다. 이것은 부모가 자녀와 관련된 나쁜 생각과 감정들을 투
영할 수 있도록 경계 지어진 공간을 말한다. 어떤 부모들은 **실제** 연습을 할 때 이것으
로 작업할 수 있을 것이다. 화이트보드나 칠판이 주어지면 치료사는 각 문장 시작자를
큰 소리로 언어화할 수 있다. 부모는 보드에 문장을 완성하고 치료사에게 보여줄지 말
지 선택할 수 있으며 그러고 나서는 즉시 지우기를 할지 그와 관련하여 작업할지를 선
택하게 된다. 부모의 나쁜 생각과 감정들을 당신과 함께 다루어 보고 그 모든 '증거'를
지울 수 있기 때문에 부모들에게는 안전하게 여겨진다. 어떤 부모들은 워크시트에 문
장을 완성하는 것을 더 선호할 수 있다.

　많은 다른 부모용 연습처럼, 이 연습은 병렬과정 수준에서 작업하도록 되어있다. 치
료사는 부모들에게 진심/생각/두려움/절망—추한 내용조차도—을 함께 나누는 안전
한 그릇이 된다. 그리고 치료사는 그들을 담아준다. 부모는 연습을 하고 난 후 안도를
하기도 하고 감정/생각이 힘을 잃거나 산만해질 수도 있다. 이 작업이 의도하는 바는
부모들이 이 연습을 마친 뒤에 치료사들이 그들에게 반영적 대화를 안내하는 것이다.
"그것들을 적는 게 어땠나요? 큰 소리로 그것들을 말하는 것이 어땠나요? 다른 사람에
게 그 생각/감정을 들려주는 것은 어땠나요?" 이 대화를 통해 부모들은 자녀의 힘든 감
정들을 완화하도록 도울 수 있는 판단 중지 구역 안에서 아이의 그 큰 감정들을 담아줄
방법을 더 깊이 이해하는 눈을 가지게 된다. 우리가 알아주든 알아주지 않든 간에 그 감
정과 생각들은 거기에 존재한다. 우리가 그것들을 규정해 버리면, 안으로만 숨기다가
감정과 생각들이 더 커져버려 비밀스러운 수치심이 올라와 자신을 해치게 된다.

슈퍼부모

자녀의 치료 성공에 필요한 부모의 인식변화를 방해하는 양육 수치심을 발견하게 되
면, 우리는 부모 자신을 위한 목표를 세울 수 있도록 돕는다. 트라우마플레이 연구소는
부모 자신이 가진 개인적인 힘을 더 잘 이해할 수 있도록 돕기 위한 유인물들을 개발해
왔다. 우리는 그들로 하여금 그들이 되고 싶은 슈퍼부모를 디자인해 보게 한다. 놀이성

이 있는 치료목표를 정하는 과정에 부모들을 초대함으로써 부모와의 다리가 연결된다. 뒤에 나오는 그림 1.10은 그들의 강점, 약점, 성장하고자 하는 방식에 관해 돌아봄으로써 부모들이 희망적인 길을 찾도록 하는 도구이다. 부모가 자신의 슈퍼파워를 사용하면 그들은 가족을 변화시킬 수 있다. 어떤 부모들은 부정적 행동의 기저에 깔려있는 욕구를 볼 수 있는 투시력을 가지길 원한다. 투시력이 있는 부모들은 팔짱을 끼고 눈을 굴리고 있는 아이의 불안이나 충족되지 않은 욕구를 볼 수 있다. 부모의 강점은 무엇일까? 어떤 부모들에게 이것은 한 번에 두 명의 아기를 안고 다닐 수 있다는 것을 의미한다. 다른 부모들에게는 한 시간이 걸리더라도 아이와 함께 수학 숙제를 하는 것을 의미한다. 나는 원더우먼의 굴레에 대해 생각한다. 사실 우리는 아이들에게 진실을 말하도록 만들 수는 없지만, 진실을 말해도 될 만한 안전한 분위기를 만들 수는 있다. 우리는 그림 1.10에 제시된 유인물을 부모에게 주고 자신이 이미 가지고 있거나 성장하길 원하는 파워를 표현하는 슈퍼부모를 디자인하는 활동을 해보도록 한다. 그리고 그들 자신의 약점이 그들이 최고가 되는 데 어떻게 방해되는지 주의를 기울여 보도록 한다. 행동을 수정할 때, 친절함을 유지하는 능력을 키워야 할 필요가 있을까? 질문 괴물을 꼼짝 못 하도록 누르면서 반영 능력을 성장시킬 필요가 있을까? 우리는 몸 주변에 몇 가지 상징들을 넣어두었다. 바로 망토, 마스크, 올가미 밧줄, 방패, 칼이다. 이들 각각은 슈퍼히어로에게 필요한 추가 능력을 제공한다. 따라서 부모들은 필요한 것을 골라 선택할 수 있다. 망토가 아이들의 실수를 우아하게 덮는 데 필요할 수도 있고, 혹은 (망토가 그들을 날 수 있게 해준다고 가정한다면) 성질부리는 아이들 위로 날아올라 그다음 양육 선택을 무엇으로 할지 볼 수 있는 충분한 거리를 유지하는 데 필요할 수도 있다.

　슈퍼히어로들은 모두 비밀스러운 신분을 가지고 있고, 우리가 가장 사랑하는 많은 슈퍼히어로들은 히어로가 되기 이전에 이미 초기 인생경험을 가지고 있다. 슈퍼맨의 부모는 그의 고향 행성이 폭발하면서 그를 홀로 우주로 쏘아 올려 탈출시키고 난 뒤 죽었다. 배트맨 마스크 뒤에 있는 진짜 사람인 브루스 웨인은 눈앞에서 부모가 살해되는 것을 지켜보았다. 우리가 치료하는 부모들 중 일부에게는 이와 똑같은 끔찍한 트라우마 경험이 있었다. 모든 부모는 자신의 부모가 정한 기대 목록과 변화하기 어려운 관계 패턴들, 그리고 원가족 내에서 따뜻하게 환영받거나 완전히 수용받지 못한 느낌을 간직한 채 자랐다. 치료사들은 부모들을 반영적 애착 작업(RAW)을 통하여 치료로 안내하면서 이러한 모든 잠재적 상황들을 탐색할 것이다. 이 연습은 그들이 이미 가지고

있는 강점을 북돋아 주고 재미있게 약점을 파악하여 그들이 성장하기를 원하는 만큼
의 목표를 설정하도록 돕는다는 의미이다. 예를 들어, 부모의 원가족에서 엄마의 어머
니가 딸이 시험을 잘 못 봤을 때 못마땅해하며 애정을 철회하고 차갑게 대했다면, 그것
이 현재 엄마 자신의 양육태도에 다양하게 드러날 수 있다. 그녀는 자신의 어린 시절로
부터 나온 역기능적 패턴의 잔재로 인해 딸에게 높은 기대를 걸 수 있다. 이 경우, 그녀
는 슈퍼부모 유인물을 통해 유난히 높은 이 기대들을 약점으로 감지하고 식별할 수 있
었을 것이다. 같은 방식으로 그녀는 실망에 대처하는 법을 발전시킬 수 있게 되고, 딸
이 기대에 못 미쳤을 때 애정을 철회해 버리는 자신을 돌아볼 수 있게 되었다. 한편, 그
녀는 딸에게서 결코 애정을 철회하지 않을 거라 결심했을 것이다. 이것은 딸에게 책임
을 물어야 하는 순간에도 계속 연결되어 나타날 수 있다. 하지만 그것은 딸과 냉담해지
는 결과를 초래할 수 있는 갈등상황을 피하려고 최소한의 학업 성취 기준에 대한 기대
치에 선을 긋지 않는 경향으로 보일 수도 있다. 나는 여러 부모들과 이 연습을 해보았
는데, 어떤 부모들은 '철회하는 사람'이나 '폭발하는 사람'으로 보이는 자신의 가장 어
려운 부분들을 더 쉽게 파악하게 되었다. 즉 애정을 철회하거나 화를 내는 경향이 그들
이 원하는 부모의 모습이 되는 데 방해가 된다는 것을 인식하게 되는 것이다.

　부모들이 자신의 자기 보호적인(그리고 잠재적으로 자기 파괴적인) 행동들을 인식하
기 시작하면, 그들은 스트레스 상황에 놓였을 때 의도적으로 다른 대안적 대처방법들
을 만들어 내기 시작할 수 있다. 유인물에서 슈퍼부모의 약점은 부모의 반응을 촉발시
키는 구체적인 아동의 행동일 수 있다. 나는 부모들에게 다음과 같은 것들을 찾아보도
록 하였다. 아이가 눈을 굴릴 때, 자기가 바보 같다고 느끼며 깊은 한숨을 쉴 때, 숨죽
인 소리로 혼자 중얼거릴 때, 대기하고 있는 차에 늦게 올 때, 아이에게 자러 가라고 말
했는데 30분 뒤에도 불빛이 켜져있는 것을 보았을 때 등등. 많은 부모가 발견할 수 있
는 아이의 촉발행동 하나는 가족 내에서 한 아이가 다른 아이를 때리거나 다치게 할 때
이다. 특히 맞은 아이가 때린 아이보다 더 어리거나 약하다면 더욱 그렇다. 9세 아들이
7세 딸에게 나쁜 말을 하면 금방 격분하는 한 아빠는 자신을 '폭발하는 사람'으로 명명
했다. 격분해서 고함치는 아빠의 목소리를 듣고 두 아이들은 겁에 질렸고, 행동수정을
위한 학습이 일어나는 데 아무 도움이 되지 못하도록 뇌의 편도체를 무장시켰다. 그는
그 상황이 되었을 때 자신의 분노를 조절하는 다른 방법을 찾아야 한다는 것을 깨달았
다. 그리고 촉발행동들을 되짚어 보고는 매번 이런 일이 일어날 때마다 고치는 연습을

하고 시행할 수 있었다. 더욱이, 그는 아들이 여동생에게 부정적인 말을 할 때마다 동생에 관해 좋은 점 세 가지를 문장으로 표현하도록 요구하기 시작했다. 아들의 행동은 빨리 교정되었고, 그동안 여동생은 이전에 비해 오빠에게 긍정적인 피드백을 더 많이 주었다.

슈퍼부모의 약점은 또한 그들의 사고 패턴, 행동 패턴, 또는 정서들 같은 내적 과정과 관련이 있을 수 있다. 엄마는 자녀의 행동이 자신을 불안하게 만들었을 때, 그 감정이 자제력을 잃게 해서 아이를 통제하도록 만든다는 점을 알게 되기도 한다. 아빠는 분명한 바운더리를 정해둘 때 잠시 자신의 결정에 자신감을 느끼지만, 곧바로 자기 의심이라는 내적인 테이프가 작동하기 시작해서 자신이 지나치게 가혹하거나 비판적이진 않았는가 하는 걱정을 하기도 한다. 부모들은 '슈퍼부모 계획하기 가이드'(그림 1.10)를 작성하는 것으로 시작한다. 그림 1.11과 그림 1.12는 슈퍼부모의 남성용과 여성용 버전이다.

이 장은 이 책의 나머지 부분을 위한 기초에 해당한다. 임상가들이 부모들의 인식을 전환하고 수용력을 키울 수 있도록 돕는 기본 원칙으로서 돌봄의 물줄기 방식을 수용하면, 부모에 대한 공감과 친절함을 지속적으로 유지하는 임상가로서의 임무에 승선할 수 있다. 우리는 부모들이 최고의 양육 자아가 아니었을 때의 힘들고 상처받기 쉬운 이야기들을 안아주면서 부모에게 긍정적인 의도를 부여하고 육아 수치심을 다루기 위해 공을 들인다. 우리가 부모들로 하여금 자녀의 힘든 이야기들을 보듬어 주도록 요구하기 전에, 부모들은 지지받고 수용받는 경험을 통한 담아주는 모델을 필요로 한다. 우리는 부모들의 인간적인 모습을 인식하고 수용하면서, 우리의 돌봄 속에 있는 각각 또는 모든 부모 안에 있는 슈퍼(super)를 찾는다. 이 모든 연습들은 부모의 안전감을 만드는 데 도움이 된다. 신피질 기반 학습이 일어날 수 있으려면 부모에게 안전성에 대한 신경 인식이 필요하다(이것은 자녀에게도 마찬가지로 필요하다). 당신은 이 책에 있는 다양한 전략, 도구, 연습들을 시도해 보면서 저항에 부딪칠 수도 있다. 저항을 극복할 수 없을 것 같은 시점이 되면, 이 첫 장으로 돌아와 부모들과 함께 하는 이러한 기초 방식들이 자신 안에 존재하는지 아닌지를 확인해 보라. 치료사의 역동과 우리 자신의 존재 상태에 대한 지속적인 성찰, 우리 자신에 대한 연민의 우물을 개방하는 것은 트라우마플레이 치료사들이 갖추어야 하는 필수적인 가치이며, 부모와의 관계에서 돌봄의 물줄기를 만드는 데에도 필수적인 것이다.

슈퍼부모 계획 가이드

아이를 효과적으로 양육하는 데 필요하다고 믿는 슈퍼파워 세 가지를 쓰시오. 다음 빈칸을 채우고 각각 이 필요한 상황을 설명하시오.

아이와 있을 때 _____(여기에 슈퍼파워를 적으시오)_____ 가 언제 필요하나요?

_____

_____

아이와 있을 때 _____(여기에 슈퍼파워를 적으시오)_____ 가 언제 필요하나요?

_____

_____

아이와 있을 때 _____(여기에 슈퍼파워를 적으시오)_____ 가 언제 필요하나요?

_____

_____

모든 부모는 화가 나거나 실망하거나 두려울 때조차도 아이 안에 있는 최고의 자아를 볼 수 있는 능력인 투시력을 필요로 합니다. 당신에게 자녀를 보는 투시력이 정말 필요할 때는 언제입니까?

_____

_____

_____

당신의 약점 하나는 무엇입니까?

_____

_____

_____

원가족에서의 비밀이 있습니까? 많은 슈퍼히어로들의 경우, 과거의 힘겨웠던 투쟁이 현재에 드러납니다. 당신에게는 그 과거의 힘겨움이 무엇입니까?

_____

_____

_____

그림 1.10 슈퍼부모 계획하기 가이드

당신이 되고 싶은 **슈퍼부모**를 디자인해 보세요.

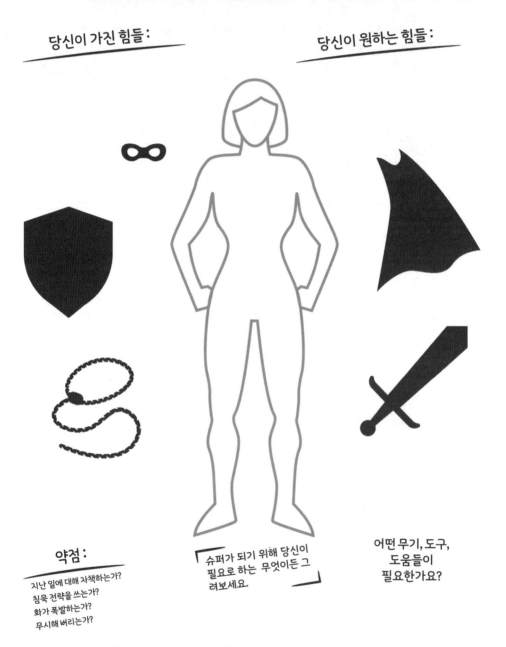

당신이 가진 힘들:

당신이 원하는 힘들:

약점:

지난 일에 대해 자책하는가?
침묵 전략을 쓰는가?
화가 폭발하는가?
무시해 버리는가?

슈퍼가 되기 위해 당신이
필요로 하는 무엇이든 그
려보세요.

어떤 무기, 도구,
도움들이
필요한가요?

그림 1.11 당신이 되고 싶은 슈퍼부모를 디자인해 보세요(여성)

당신이 되고 싶은 **슈퍼부모**를 디자인해 보세요.

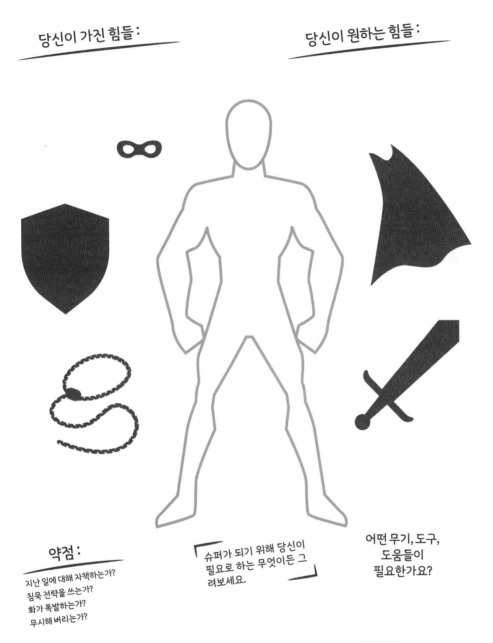

당신이 가진 힘들:

당신이 원하는 힘들:

약점 :

지난 일에 대해 자책하는가?
침묵 전략을 쓰는가?
화가 폭발하는가?
무시해 버리는가?

슈퍼가 되기 위해 당신이
필요로 하는 무엇이든 그
려보세요.

어떤 무기, 도구,
도움들이
필요한가요?

그림 1.12 당신이 되고 싶은 슈퍼부모를 디자인해 보세요(남성)

CHAPTER 2

부모가 자녀의 상향식 뇌 발달을 촉진할 수 있는 기준을 설정하도록 돕기

안전한 보스들 그리고 기준 설정하기

안전한 보스들은 그들이 이끄는 대상들에게 발달적으로 무엇이 적절한 것인지 안다. 슈퍼바이저로서 나는 첫 학기 인턴이 Nurture House의 한 가족에 대한 치료 전 과정을 효과적으로 계획할 수 있을 거라는 기대를 하지 않는다. 한편, 인턴들이 하기 힘들어 하는 부분을 도전해 보도록 했는지에 대해서 생각해 보곤 한다(인턴 프로그램을 시작할 때 항상 하는 것이다). 이 장은 아이의 발달 수준에 기초하여 부모들이 아이의 행동에 관한 기준을 설정하도록 돕기 위한 내용이다. 아동 임상가들의 일 중 하나는 각 영역별 건강한 발달 이정표를 부모들이 이해할 수 있도록 돕는 것이다. 그러나 전문가 양성을 위한 많은 석사 훈련 프로그램에는 아동 발달에 관한 과정이 포함되어 있지 않다. 따라서 훈련생들은 아동 발달의 기본 원리, 여러 이론가들, 발달단계들에 대해 깊이 있게 배우지 못해서 부모들에게 정확한 가이드를 하기 어려운 경우가 종종 있다. 임상가들이 아동의 정상 발달에 대한 지식을 쌓는 데 도움이 되는 좋은 자료들이 있다. *Ages & Stages : A Parent's Guide to Normal Childhood Development*(Schaefer & DiGeronimo, 2000)와 Dee Ray(2016)의 *A Therapist's Guide to Child Development*는 매우 좋은 교재이다. 이 자료들을 통해, 모든 아이들은 균형과 불균형의 시기를 겪는다는 것을 부모들이 이해하도록 돕고 그들을 안심시킬 수 있다. 갑자기 성질을 부리고 통제력이 떨어져 보이는 3.8세의 아이는 사실 정상 불균형 단계에 있는 것이다. 혼란은 예상되지만 새로운 발달 안정기를 재조정하기 위한 궁극적인 움직임인 것이다.

상향식 뇌 발달 이해하기

부모들이 자녀의 발달 기대치에 대한 인식을 전환할 수 있도록 돕는 한 가지 방법은 뇌 과학의 일부를 소개하는 것이다. 아동 및 가족 치료사들은 신경생물학적 정보를 가지게 되면 조절장애를 더 온정적으로 개념화하는 역량을 확대하게 된다(Hong & Mason, 2016). 행동에 대한 뇌 기반 이해는 부모가 자녀의 조절을 더 온정적인 태도로 도울 수 있도록 한다(Hughes & Baylin, 2012). 대부분의 임상가들이 상향식 뇌 발달에 대해 잘 알고 있으나, 대부분의 부모들은 잘 모르고 있기 때문에 이에 대한 노출이 필요하다. 이를 위해 우리는 임상가들이 부모에게 삼위일체의 뇌(MacLean, 1990)에 대해 소개할 수 있도록 그림 2.1과 같은 그래픽을 개발했다. 내가 가장 좋아하는 설명 중 하나는 의식훈련 모델(Conscious Discipline model)이다(Bailey, 2015). 이 모델에서 삼위일체 뇌의 각 부분은 유도질문과 함께 짝을 이룬다. 파충류 뇌간은 "나는 안전한가?"라는 질문을 한다. 변연계 뇌는 항상 "나는 사랑받고 있나?"라는 질문을 하고, 신피질은 항상 "나는 이것으로부터 무엇을 배울 수 있을까?"라는 질문을 던진다. 신피질, 즉 사고하는 뇌는 두 가지 다른 질문에 대해 예스(yes)라고 대답해야만 학습에 관심을 가질 수 있게 된다(Goodyear-Brown, 2019). 이러한 유도질문에 예스로 대답하려면 파충류 뇌간의 요구를 충족시킬 수 있는 안전한 보스들이 있어야 한다. 임상가들은 파충류 뇌가 자궁에서부터 발달하기 시작하고, 심박수, 호흡, 체온, 혈압을 담당한다는 설명부터 시작할 수 있다. 부모에게는 이 가장 낮은 뇌 부위가 조절을 위한 것이고 심박수, 호흡, 체온과 같은 자율신경과정을 책임진다는 것을 설명할 수 있다. 중간 뇌에 위치한 간뇌는 식욕, 수면 및 기타 각성 조절을 관리한다(Gaskill & Perry, 2014). 하부에 위치한 뇌 부위는 안전에 대한 감각 단계를 설정한다(Perry, 2000). 보통 이러한 과정들은 우리가 의식조차 하지 못한 상태에서 일어난다. 파충류 뇌간은 이러한 기본적인 기능들을 처리한다. 파충류 뇌의 꼭대기에는 변연계 뇌 또는 감정의 뇌가 자란다. 우리 뇌의 이 부분은 항상 다른 부분들과의 연결을 찾고 있다. 이미 다른 책에서 많이 언급했듯이(Goodyear-Brown, 2010, 2019) 편도체 경보는 변연계 뇌에 위치하고 있으며, 고조된 감정적 경험과 관련되어 있어서 체감각적 기억의 자리에 속한다. 무섭거나 압도당한 사건과 동시에 보거

삼위일체의 뇌

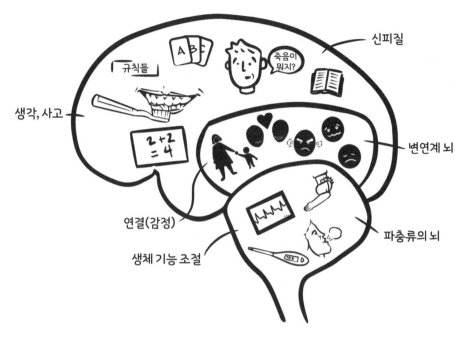

그림 2.1　삼위일체의 뇌

나, 냄새 맡거나, 들었던 것들은 그것을 연상하게 하는 시각, 후각, 청각적 상황을 접하게 될 경우 이 감각적 자극이 들어와서 편도체의 경보 반응이 일어나게 된다. 이와 관련된 구체적인 예들은 SOOTHE 전략에서 다루도록 하겠다. 다만 여기서 간단히 언급하자면, 편도체가 꽤 엉성한 프로세서이고 아이가 견디어 오고 있는 이전의 위협적인 경험과, 현재의 환경과 사건으로부터 오는 위협적이지 않은 감각 입력 간에 혼동이 생길 수 있다는 점을 부모가 이해하는 것이 중요하다(Gaskill & Perry, 2012; Goleman, 2006). 이를 위해, 항상 우리는 행동 반응이 트라우마와 관련이 있는지 없는지 살펴보기 위해 부모가 탐정역할을 할 수 있도록 돕고 있다. 마지막으로, 변연계 뇌에서 자라는 신피질은 생각하는 뇌라 불리며 출생 시에는 매우 미숙한 상태이다.

　발달에 대한 기대는 지금까지 아이가 경험한 것들을 고려해야 한다. 아이의 발달사에서 트라우마 경험이 있다면, 조절 능력과 연결 능력 그리고 학습 시스템의 건강한 발달은 모두 손상되었을 수 있다(Perry, 2006, 2009; Schore, 1996, 2001; van der Kolk, 2005). 또한 부모들은 매일 아이를 키우면서 "내가 삼위일체의 뇌 중 지금 어느 부분을 키우고 있는 거지?"라는 질문을 해보는 것이 도움이 될 수 있다. 예를 들어, 아이가 배가 고프거나 피곤해한다면, 가장 적절한 양육 반응은 음식을 먹이거나 낮잠을 재우는 것일 수 있다. 신피질이 꺼져있을 때, 생각하는 뇌와 대화를 시도하는 것은 부모와 아이에게 좌절감을 안겨주는 것일 뿐이다(Siegel & Bryson, 2011). 만약 아이가 외로움을 느낀다면, 현명한 부모는 서로 연결되어 있는 시간 동안 아이의 사랑 탱크를 채울 것이다. 부모들이 삼위일체의 뇌 그래픽을 사용하도록 도와줌으로써, 아이들 뇌의 어느 부분이 지원을 필요로 하는지를 그들이 이해하고 돌보도록 도울 수 있다.

트라우마 인지(Trauma-informed) 발달 기대

우리가 Nurture House에서 보는 대부분의 가족들은 트라우마 경험이 있다. 그리고 많은 부모들이 복잡한 트라우마 역사를 가진 아이들을 입양했다. 모든 부모들이 자신의 행동이 자녀의 행동을 촉발시킬 수 있다는 사실을 이해하는 것은 중요하지만, 그것은 힘든 역사를 가진 아이를 양육하는 것을 비난하는 결과를 초래할 수도 있다. 앞에서 나는 간략하게 편도체에 대해 언급했다. 이와 아울러 트라우마플레이 자격과정에서 임상가들이 편도체 경보에 관해 부모들을 대상으로 교육할 때 활용할 수 있는 스크립트들을 제공하고자 한다(자세한 내용은 www.TraumaPlayInstitute.com 참조). 편도체에 경보가 울리면, 생각하는 뇌는 더 이상 부모에게 이성적이지 않다. 아이의 행동이 부모의 마음에 들지 않을 때, 아이를 조절할 수 있도록 돕는 구체적인 전략들은 5장에서 소개하도록 하겠다.

다중미주신경 동물원

트라우마를 경험한 아이와 청소년의 발달적 요구와 행동적 반응을 설명할 수 있는 또 다른 유용한 방법은 다중미주신경이론(polyvagal theory)의 렌즈를 통한 것이다. 행동신경과학자이자 정신의학과 인간발달 분야 교수인 Stephen Porges 박사는 이 분야의 선구자이다(Porges, 2009, 2011). 1994년, 그는 세 부분의 신경회로에 관해 보다 강력하고 정확한 설명을 제공하는 이론으로 '다중미주신경이론'을 소개하였다. 그의 연구는 심리치료사들이 트라우마, 불안, 만성 스트레스, 우울증, 주의력 장애를 이해하고 치료하는 방법에 변화를 일으키고 있다. 그의 이론을 이해하기 위해서는 그가 만든 용어인 신경지(neuroception)[1]를 알아야 한다. 우리는 매일 신경계 반응을 하고 있다. 신경계 반응을 한다는 것은 '감지하는 것'을 의미한다. Porges 박사는 우리가 주변의 환경에 대해 항상 세 가지를 살핀다고 한다. 즉 안전, 위험, 생명의 위협이다. 그리고 우리 몸은 이에 반응한다고 한다. 이것은 우리 뇌의 가장 원시적인 부분에서 무의식적으로 일어난다. 우리는 아침에 의식적으로 "오늘은 뇌의 성숙한 부분을 사용하여 모든 환경을 안전이나 위험에 대해 스캔할 것입니다."라며 일어나지는 않는다. 대신, 우리의 신경계가 우리를 위해 이 작업을 한다. 우리 몸 안에는 다른 신경망을 구성하는 수십억 개의 신경세포가 있다. 우리가 알아야 할 중요한 신경은 '미주신경(vagus nerve)'이다. 그것은 뇌에서부터 내장으로 뻗어나가는 우리 몸의 가장 긴 신경이다. 그것은 뇌와 주요 장기들 사이의 무전기와 같다. 예를 들어, 폐에 숨을 쉬라고 말하고, 심박수를 조절하고, 뇌에 신경전달물질을 내보내서 우리가 너무 흥분하면 진정시키라고 하기도 한다.

뇌에 연결되는 미주신경과 신체의 다른 신경망 덕분에, 뇌에서 일어나는 일은 신체에 영향을 미치고 신체에 일어나는 일은 뇌에 영향을 미친다. 이제, 우리의 초점을 자율신경계로 돌려보자. '부교감신경계(parasympathetic system)'에는 두 가지 다이얼 또는 브레이크 기능이 있다. 이 기능 중 하나는 '사회 참여 시스템'이라 불린다['배쪽 미주신경(ventral vagal complex)'으로도 불린다]. 이 시스템은 안전하다고 느끼면 활성화된다. 이것은 우리가 대부분의 시간 동안 연결되어 있기를 원하는 기능인 '스윗 스팟'[2]이다. 당신이 현실감을 느끼고 관계 속에서 연결되어 있으며 차분한 상태였을 때를 생각해 보자. 그 순간, 당신의 배쪽 미주신경은 연결을 위해 전화를 건다. 때론 우리 스스로 조절을 하도록 돕기 위해서 '풋 브레이크'라고 부르기도 한다. 이 기능이 활성화되면, 우리는 휴식을 취하고 충분한 에너지를 생성한다. 하지만 이 기능이 트라우마와 만성 스트레스의 결과로 인해 장악되어 버리기도 한다.

---

[1] 역자 주 : 인식 없이 환경 속에서 위험을 평가하는 신경 프로세스.

[2] 역자 주 : 타자가 야구공을 맞히는 최적의 지점 또는 음악을 감상할 때 가장 중심에서 최적의 밸런스로 들을 수 있는 위치를 말함. 이 글에서는 안전감을 감지하고 신경계의 균형이 잘 맞아떨어지는 상태를 의미함.

두 번째 브레이크 기능은 위급 브레이크와 같다. 그것은 '등쪽 미주신경(dorsal vagal complex)'이라 불린다(그림 2.2를 보시오). 이 기능은 생명을 위협하는 위험에 직면했을 때 활성화된다. 이것은 투쟁 도피 반응(fight or flight response)[3](이 내용은 나중에 다룰 것이다)이 아니다. 이는 얼어붙어 꼼짝도 못 하는 반응이다. 이것은 죽은 것처럼 보일 수도 있고 또한 느리고, 멍하고, 수치스러워하고, 철수되어 버리는 것처럼 보일 수도 있다. 만약 당신이 기절하거나 완전히 셧다운되었다고 느낀 적이 있다면, 그것은 등쪽 미주신경 에너지가 작동되었기 때문이다.

또한 당신에게는 '교감신경계(sympathetic nervous system)'가 있다. 이것은 당신이 위협이나 위험을 감지했을 때 활성화되는 가속페달 또는 각성 시스템이다. 여기서 키워드는 '감지한다'이다. 당신이 트라우마를 경험했거나 만성적인 스트레스를 안고 산다면 이 시스템은 종종 무의식적으로 과잉 활성화된다. Porges는 트라우마가 해결되지 않은 채로 남아있거나 치료되지 않은 불안과 스트레스가 지속적으로 높게 유지된 채 지내면 '잘못된 신경지'가 발달된다고 한다. 그것들은 안전한 환경에서는 위험을 감지하고 심지어 정말 위험한 환경에서는 안전함을 감지하게 한다. 다중미주신경이론에 대한 내용을 흡수하기 위한 정보들이 포함되어 있는 다양한 그래픽 표현들은 너무나 많다. 부모들은 그 개념들의 복잡성에 압도당하는 느낌을 받을 수도 있다. 최소한 이것만 기억하자. 우리는 세 가지 분리된 시스템을 가지고 있다. 그것은 안전함을 감지할 때 활성화되는 사회적 참여 시스템(social engagement system), 교감신경계와 연결되어 있으며 위험을 감지했을 때 활성화되는 동화 시스템(mobilization system), 생명의 위협을 감지했을 때 활성화되어 부교감신경 반응이 스펙트럼의 끝으로 치우쳐 버리는 부동화 시스템(immobilization system)이다. 다중미주신경이론에서 배운 내용 중 부모에게 적용할 수 있는 한 부분은 자녀가 사회적 참여 시스템에서 최적의 시간을 보내도록 도울 수 있는 유일한 위치에 있는 대상이 부모라는 점이다. 미주신경은 입, 귀와 연결된 뇌의 기저부에 붙어있다. 부모의 얼굴이 자녀에게 기쁨과 안전을 전달할 때에는 멜로디 톤, 미소, 응시하는 부드러운 눈빛을 통해 안전을 감지하게 된다. 부모가 거친 어조로 말하거나 이를 악물거나 화가 나서 눈썹을 치켜올리거나 째려보고 있다면 아이는 위험을 감지하기 시작하고 도피 반응을 일으킬 수 있다. 생부가 소리를 지르고 뺨을 때렸던 경험

----

[3] 역자 주 : 교감신경계가 작용하여 생긴 에너지를 소비해서, 긴급상황 시 빠른 방어행동 또는 문제 해결 반응을 보이기 위한 흥분된 생리적 상태를 말함.

다중미주신경 동물들

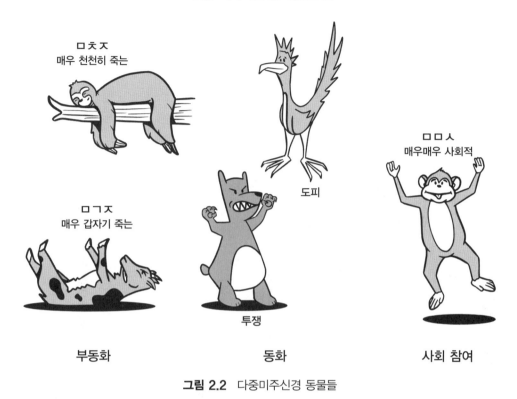

그림 2.2 다중미주신경 동물들

이 있는 입양아는 양부의 목소리 톤이 강해질 때 생명 위협의 반응으로 부동상태가 되어버리곤 한다.

이러한 개념들은 완전히 이해하기는 어렵다. 그래서 우리는 부모와 아이들이 그들 주변의 세상에 대한 그들의 신경지를 더 잘 이해할 수 있도록 돕기 위해 Nurture House 의 다중미주신경 동물원을 만들었다. 이 그래픽에서, 배쪽 미주신경 시스템(사회 참여)은 매우 어리석은 원숭이로 묘사된다. 등쪽 미주신경 시스템, 즉 죽은 것처럼 보이는 부동 반응(긴장성, 경직성 반응 패턴 또는 기절, 늘어짐, 느린 반응 패턴)은 기절하는 염소(매우 갑자기 죽는)와 나무늘보(매우 천천히 죽는)로 묘사된다. 투쟁 도피의 형태를 취하는 동화 시스템은 성난 곰과 로드러너[4]로 묘사된다(그림 2.2를 보시오). 이러

---

[4] 역자 주 : 뻐꾸깃과의 새. 시속 24킬로미터로 빠르게 뛰며 벌레를 잡아먹고 사는 새.

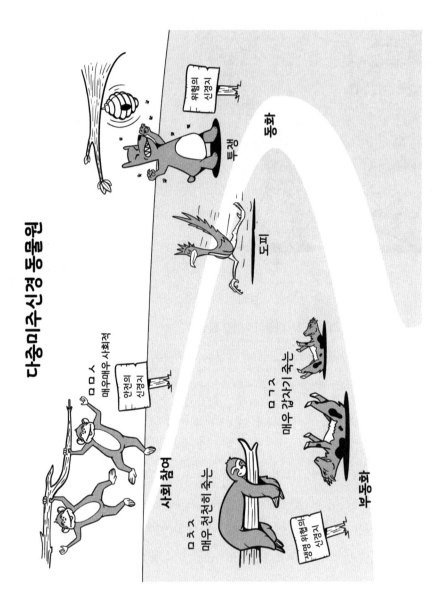

그림 2.3 다중미주신경 동물원 (Stephen Porges와 Deb Dana의 연구에서 각색)

한 놀이성이 있는 동물들은 임상가가 가족 간의 상호작용 방식을 배우기 시작할 때 부모-자녀 상호작용에서 볼 수 있는 반응 패턴을 특징짓는 방법으로 사용될 수 있다. 그림 2.3은 동물들을 환경 맥락 내에 두고 있다. 이 그림은 부모, 자녀 또는 양쪽 모두의 반응 패턴을 더욱 구체화하는 데 활용될 수 있다.

　우리는 치료를 위해 Nurture House에 오는 양육자와 아이들의 대부분에게 역동 평가를 실시한다. 이 맥락 안에서 부모와 자식 간의 상호작용을 관찰하면 부모-자녀 상호작용이 시스템 내에서의 조절을 증가시키거나 감소시키는 방법에 대한 틀을 제공할 수 있다. 또한 이 역동 평가는 임상가들이 신경생리학 및 뇌 발달에 대한 심리 교육의 어떤 측면들이 필요한지에 대해 결정하는 데 도움을 줄 수 있다. 예를 들어, 만약 역동 평가를 하는 동안 아이가 끊임없이 공을 튕기고 있어서 엄마가 그만하라고 하지만 아이는 멈추지 않고 계속 하고 있고 엄마는 점점 더 화가 올라오는 상황이라면, 이 부모에게는 파충류 뇌의 조절 및 운동감각적 요구와 관련된 심리 교육이 도움이 될 수 있다.

부모가 기준을 너무 높게 설정했을 때

다음은 MIM(Marschak Interaction Method)(Booth & Jernberg, 2010; Martin, Snow, & Sullivan, 2008) 과제 중 하나이다. 성인이 그림을 그리고 난 후 아이에게 같은 그림을 그리라고 말한다. 또 다른 과제는 성인이 블록 만들기를 하고 나서 아이에게 "내가 만든 것처럼 너도 하나 만들어 봐."라고 말하는 것이다. 부모가 아이에게 비현실적으로 높은 그림 그리기 실력을 기대하는 것은 드문 일이 아니다. 샐리는 현재의 가정에 오기 전에 여러 번 양육자와의 이별을 경험한 6세 아동이다. 엄마와 아빠는 아이의 과잉 행동, 불필요한 힘을 극단적으로 사용하는 것, 지속적인 움직임, 분노에 대해 도움을 구하고 있었다. 아빠가 그림을 그리기 시작하자, 샐리는 아빠에게 집을 그리는지 물었다. 아빠는 대답하지 않고 계속 그림을 그렸다. 샐리는 몇 번 더 물어보고 나서 아빠의 그림이 점점 완성되는 것을 보며 "이건 너무 어려워."라고 말했다. 아빠는 "넌 할 수 있어!"라고 말했다. 그러고 나서 그는 새를 더 그려넣고 창문, 언덕, 굴뚝 그리고 웃는 표정까지 추가했다(그림 2.4를 보시오). 처음 그려진 집 그림에 대해 샐리가 한 말에서 이미 알 수 있듯이, 이미 그 그림의 수준은 높았고 그로 인한 불안으로 아이는 종이에 펜을 올리고 나서는 그림 2.5와 같은 그림을 그렸다. 수행 수준에 대한 부모의 기대와 아

그림 2.4 아빠의 그림

이의 능력 간의 큰 차이를 인식하는 것은 어렵지 않다.

나는 이 아이가 이미 불가능하다고 믿는 것을 시도해 보라고 요구받을 때 받는 스트레스로 인해 코르티솔이 분비되고 있었다고 생각한다. 아빠는 아이에게 그림을 그리도록 격려하면서 자신도 그림을 그렸는데, 왜 샐리가 자신이 원하는 것을 하길 거부하는지 이해할 수 없다며 그 좌절감을 치료사에게 표현했다. 샐리는 생활연령은 6세이지만, 발달적 트라우마로 인해 심각한 발달지연상태였다. 아이의 미세운동 기능은 다소 지연되어 있었고 그리기 능력 또한 걸음마기 수준이었다.

그렇다면, 딸의 마음에서 아빠를 안전한 보스의 위치로 성장시키기 위해서는 아빠가 어떤 반응을 해야 할까? 아이가 요청하는 질문에 답을 해주면 안전한 보스 상태를 만드는 데 도움이 된다. 샐리가 "집을 그리고 있어요?"라고 물었을 때, 아빠가 "그래."라고 대답할 수 있었다. 그러면 아마도 샐리는 "그건 너무 어려워요."라고 대답했을 것이다. 아빠가 "아가야, 네겐 정말 어려운가 보구나… 그럼 어떤 걸 따라 그릴 수 있겠니?" 또는 "너한텐 너무 어려운가 보구나. 아빠한테 말해줘서 고마워. 지붕을 그릴게… 이건 그냥 삼각형이야, 그리고 넌 그걸 그릴 수 있을 거야."라고 말해주었다면, 아빠는 삼각형을 그렸듯이 다른 모양도 하나하나 그리며 샐리가 그것을 따라 그리는 것에 기쁨을 표현하면서 그다음 모양을 추가할 수 있도록 작업을 이어갈 수 있었을 것이다. 샐리는

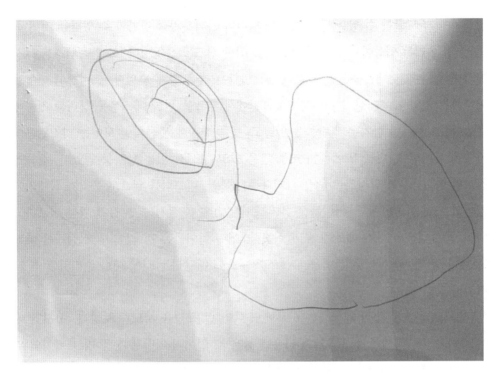

그림 2.5 샐리의 그림

안전한 보스의 격려를 통해 능숙도를 키우는 비계(scaffolding)[5]를 경험할 수 있었을 것이다. 보다 근본적으로는, 샐리에게 아빠라는 존재가 능숙도를 쌓는 경험을 제공해 주는 대상이 되었기 때문에, 아빠와의 유대감을 통해 긍정적인 애착이 형성되고 기쁨의 순간을 함께할 수 있었을 것이다. 10대들이 '그들을 이끌어 준다'라고 여겨지는 사람에게 끌리는 것과 마찬가지로, 그림 그리기에 대한 기대가 발달적으로 적절하였다면 아이는 아빠와 정서적으로 더욱 친밀한 안전감에 끌렸을 것이다.

기준을 재설정하기

부모와 자녀가 함께 세션에 참여함으로써 얻을 수 있는 또 다른 이점은 부모의 기대가

---

[5] 역자 주 : 자신의 근접 발달 영역에 따라 향상될 수 있도록 타인이 도움이나 힌트를 제공해 주는 행위를 의미함. Vygotsky는 성숙한 구성원과의 상호작용을 통해 발달이 일어난다고 믿었으며, 인지 발달을 위한 지원 단서를 제공하고 격려해 주는 비계를 설정하여 주어 아동이 독립적으로 성장 발달하도록 돕는다고 봄(한국교육심리학회, 교육심리학 용어사전, 학지사, 2000).

실제 아이가 도달할 수 있는 발달 기준에 얼마나 가까운지를 평가할 수 있다는 것이다. 몇 년 전 우리는 입양아와 그들의 부모들을 위한 캠프를 운영했다. 그 양육캠프를 디자인하면서, 우리는 대근육운동 세팅이 필요하다는 점을 알게 되었다. 조절장애 아동을 이해하는 지역 체육시설인 렛잇샤인체육관에서 캠프를 위한 체조운동 장비를 기증해 주었다. 그들은 방 한가운데 밧줄을 매달고, 밧줄 한쪽에는 산처럼 보이는 미끄럼틀에 바람을 불어넣고, 밧줄 밑에는 구조물 같은 크고 쿠션감 있는 상자를 놓았다. 캠프에 참여한 아이들은 상담자가 밧줄을 가져다주는 동안, 미끄럼틀 옆으로 올라가 꼭대기에 앉아있는 것을 좋아했다. 아이들은 용기를 내어 밧줄을 붙잡고 빈 공간 위를 점프하고 여러 번 그네를 타다가 매트에 쿵 떨어졌다. 어떤 아이들은 겁 없이 쉽게 점프를 하기도 했다. 반면, 한 아이는 위험을 무릅쓰고 밧줄에 매달리는 것에 대한 준비가 전혀 되어있지 않았다.

근긴장도가 낮은 9세 케니사는 하루에도 여러 번 스윙을 시도해 보았다. 하지만 아이는 미끄럼틀 꼭대기에 올라가 밧줄을 붙잡은 채 얼어버리곤 했다. 우리는 아이의 위험에 대한 접근방식과 그에 따른 보상을 적절히 유지하면서 캠프 대부분의 충돌활동을 아이와 함께 진행했다. 즉 천천히 걸음마하듯 성취경험을 하고 그로 인해 분비되는 도파민과 옥시토신에 대해서도 고려하면서 활동을 진행했다. 마지막 날 충돌과 추락 활동을 하면서, 두 명의 참가자가 케니사를 응원하고 있었고 그녀는 매트 위로 스윙하는 위험을 감수하는 용기를 낼 수 있었다. 충돌 매트 위에 우아하게 떨어지진 않았지만, 캠프의 전 과정 동안 이 힘든 투쟁을 지켜본 캠퍼들로부터 응원을 받았고 스태프들로부터는 승리의 함성을 들을 수 있었다. 이 격언이 그 어느 때보다도 통하는 순간이었다. "위험을 감수하지 않는 사람은 아무것도 얻지 못한다." 나는 수년 동안 이 만트라를 가슴에 안고 지내왔지만, 최근에 이것을 덧붙이게 되었다. "위험을 감수하지 않는 사람은 아무 이득도 얻지 못하고, 너무 많은 위험을 감수하는 사람은 너무 빨리 모든 걸 잃어버릴 수도 있다."

떨어졌을 때 착지할 수 있는 편안한 장소를 찾는 것이 좋다. 그러면 떨어졌을 때 느끼는 고통이 나쁘지 않아서 다시 시도해 보도록 격려할 수 있고 실제로 아이들은 종종 다시 시도해 볼 것이다. 그러나 시작점과 도착점 사이의 거리가 너무 멀어서 여러 번 추락을 반복해야 하거나 기준이 너무 높게 설정되어 있다면, 아이의 무능감과 부족감이 강화될 수 있다. 최근에 나는 한 형태의 운동(킥복싱)에서 다른 형태의 운동(번부트

캠프)으로 바꿨다. 정말 힘들게 운동을 한다… 계속할 수 없을 것 같은 느낌이 드는 운동이다. 하지만 그 프로그램에는 항상 나에게 깊은 인상을 남기는 심리학이 있다. 내가 더 이상 할 수 없다고 생각할 때, 내 능력의 한계에 다다랐지만, 나는 더 하고 있다. 때때로 이 운동은 10초밖에 남지 않았다고 옆에서 말해줄 누군가와 함께 해야만 한다. 항상 나는 내적 자원을 10초 정도만 더 파낼 수 있을 것만 같다. 나는 내 경계선을 설정하고 10부터 카운트다운을 하면서 10개의 버피, 푸시업, 또는 다른 고통스러운 운동을 한다. 트레이너가 요구하는 또 다른 운동 전략은 파트너와 짝을 만들어서, 내 파트너가 12회의 윗몸일으키기를 하는 동안 나는 그만큼의 삼두근운동을 하도록 하는 것이다. 갑자기 다른 사람과 짝을 이루게 되고, 내 행동이 파트너에게 영향을 미친다는 것을 알게 되면, 내가 할 수 있었던 것보다 더 열심히 그리고 더 빠르게 나를 항상 밀어붙이곤 한다.

이것이 바로 Lev Vygotsky의 근접 발달 영역(zone of proximal development)을 의미한다(Vygotsky & Cole, 1978). Vygotsky는 아이는 스스로 일정 수준의 역량을 발휘하지만, 다른 사람의 도움이 있다면 더 많은 것을 할 수 있다고 말한다. 그의 이론에 따라 나는 부모와 교사들에게 다음과 같은 질문을 스스로 해보도록 했다. "아이의 성장력은 어느 정도인가?" 이 질문이 함축하고 있는 것은 아이가 스스로 할 수 있는 것은 무엇인지 그리고 누군가의 도움을 받아 할 수 있는 것은 무엇인지에 대한 인식을 높이는 것이다. 이에 대한 좋은 예로 엄마와 입양아들이 함께 참여한 역동 세션이 있다. 내가 릴리와 그녀의 아들 보를 처음 만났을 때, 그는 엄마의 도움을 허락하지 않았다. 어려운 환경에서 자란 많은 아이들은 무슨 수를 써서라도 모든 것을 자신이 통제해야 한다는 핵심신념을 가지고 있기 때문에 타인에게 도움을 구하는 것도 도움의 손길을 받아들이는 것도 어려워한다. 그 회기는 이 상호관계를 위한 돌파구가 되는 세션이었다. 우리는 세션 초반에는 돌봄활동과 어린 시절의 내러티브 리허설을 하고 있었다. 엄마는 모래상자에서, 병원에 있는 병상에서 아이를 꺼내어 집으로 데리고 오는 장면을 재연했다. 그녀는 아기를 모래상자에 있는 아기침대에 넣고 담요로 둘러쌌다. 보는 유심히 지켜보다가 갑자기 놀이실을 가로질러 폼블록이 있는 곳으로 이동했다. 그는 엄마와 자신 사이에 탑을 쌓기 시작했다. 어떤 사람들은 그 탑을 벽이라고도 부를 수 있겠다. 엄마와 나는 서로 가까이 붙어있었고, 아이가 쌓은 구조물 가운데 부분에 블록 하나가 떨어질 것처럼 흔들리기 시작했다. 엄마는 손바닥을 벽 옆으로 살며시 올려서 블록을 안정시

그림 2.6 엄마가 탑을 잡아줌

켰다. 나는 큰 소리로 "엄마가 네 탑이 무너질 위험에 처한 걸 보고 무엇을 도와야 할지 아셨어."라고 말했다. 보는 조용히 미소 짓고는 건물을 계속 지었다. 아이를 돕고자 하는 엄마의 의지와 바람에 대한 언어적인 반영이 더 이루어진 후, 보는 엄마에게 도와달라고 부탁하기 시작했다(그림 2.6을 보시오). 결국, 함께 만들고 있는 것이 안정되도록 그들의 손가락이 서로 맞닿게 되었다.

내가 가지는 특권 중 하나는 부모로 하여금 현재 아이가 할 수 있는 것은 무엇인지 그리고 아이가 성공할 수 있으려면 어떻게 도울 수 있을지에 대한 내적 기준을 재설정하도록 돕는 것이다. 부모들은 이러한 상황에 영향을 미칠 수 있는 자기 존재의 힘을 과소평가하곤 한다. 아이들이 변화할 수 있는 지지를 받는 데 필요한 존재는 바로 부모 자신이다. 몇 년 전 나는 장성한 친자녀를 둔 엄마와 함께 작업한 적이 있는데, 그녀의 아이들은 '아주 기르기 쉽고 예의 바른 편'이었다고 했다. 부부는 가족을 확장하기를 원했으나 생물학적으로 더 이상 아이를 가질 수 없어서 입양을 결정했다. 그들은 클라우디오라는 이름의 어린아이를 외국에서 입양했고, 그의 두 번째 생일에 집으로 데리고 왔다. 나는 클라우디오가 6세가 되었을 때부터 그 가족을 만나기 시작했다. 당시 엄마는 클라우디오가 음식을 모으고, 가족들의 돈을 훔치고, 학교에서 친구들의 물건을 훔치는 행동을 해서 매우 좌절한 상태였다. 매일 오후, 아이를 학교에서 데려올 때, 그녀는 아이가 학교에 있는 동안 자기 것이 아닌 물건을 가져왔는지 묻곤 했다. 학교 안에 줄을 서있는 차 행렬 안에서 엄마가 물어보는 이유는 캠퍼스를 떠나기 전에 물건을 돌려줄 수 있도록 하기 위한 것이었지만, 아이의 대답은 항상 "아니요."였다. 그러나 적어도 일주일에 한 번 엄마가 그의 가방을 확인했을 때, 설명되지 않는 물건들이 안에 들어있었다. 예를 들어, 그가 살 수 없는 반짝이는 새 지우개, 그의 것이 아닌 멋진 시계 등이었다. 엄마는 그에게 그것들을 어디서 구했냐고 물었고, 그는 항상 훔쳤을 것이라는 의심을 하게 만드는 화려한 거짓말들을 하곤 했다. 그녀는 토요일 아침에 야드 세일에 가는 것을 좋아했고 그를 데려가곤 했다. 그녀는 그에게 원하는 것을 살 수 있도록 1달러를 주곤 했지만, 그는 그 돈으로는 살 수 없는 물건을 주머니에 넣어 오곤 했다. 나는 "무슨 물건을 가져왔니?" 또는 "어디서 이걸 가지고 왔니?"라는 질문은 아이에겐 아마도 심문처럼 받아들여질 것이고, 아이가 공포에 기반한 두뇌 작동을 가동할 것이라는 점을 설명했다. 두려움은 거짓말을 촉발시키고, 그 주위를 빙빙 돈다. 근접 발달 영역에 있는 주요 조력자로서의 엄마의 잠재력을 어떻게 높일 수 있을까? 엄마는 다음을 할 수 있다.

1. 아이의 이야기지킴이가 되기
2. 구조화를 더 만들어 주기
3. 아이와 꼭 붙어서 함께하기

구체적인 행동으로 설명해 보자면, 나는 그녀에게 다음과 같이 말하도록 격려했다. "난 네가 학교에서 물건을 가져오지 않는 것이 어렵다는 걸 알아. 그래서 하교 차량들이 줄을 서있는 동안 한 공간으로 가서 네 가방을 살펴보고 돌려줘야 할 물건들이 있는지 함께 알아볼 거야. 이 방법은 네가 무엇을 가져왔다고 해도 문제가 생기지 않게 할 거야. 우린 물건을 돌려주도록 너의 뇌를 훈련시킬 수 있을 거야." 그녀가 아이에게 구조화가 더 필요하다는 걸 알고는, 야드 세일에서 아이와 함께 걸으며 "네가 물건을 가져가지 않고 원하는 걸 눈으로만 보는 것이 얼마나 힘든지 난 알아. 그러니 우리 손잡고 쇼핑하면서 네가 가진 돈으로 무엇을 사면 좋을지 함께 고민해 보자."라고 말하기 시작했다. 하지만 결국 우리는 이것이 아이에겐 너무 힘든 일이라는 점에 동의했고, 그 이후 야드 세일에 아이를 데리고 가는 것은 그만두었다. 그녀는 야드 세일을 여전히 다녔으며, 그 대신 아이는 토요일 아침 그 시간에 '아빠와 도넛 먹기' 시간을 가지기 시작했다. 엄마는 아이가 무언가 훔칠지도 모른다는 불안감을 더 이상 감당할 필요가 없었다.

부모들이 '지금은 아이가 가끔 도둑질을 할 것이다'라는 짐작을 하고, 아이가 바람직한 새로운 행동을 시도하도록 도와줄 수 있는 방법을 알게 되면, 부모가 겪는 좌절의 상당 부분은 해소될 수 있다. 안전한 애착을 경험한 아이들에게는 거짓말을 하다가 걸리거나 도둑질을 하다 들켰을 때 느끼는 수치심이나 따끔한 결과들은 자신이 사랑받고 있고 좋은 사람이라는 바위 같은 단단한 믿음이 있기 때문에 빨리 완화될 수 있다. 힘든 일을 겪은 아이들은 자신이 사랑받고 있는 좋은 사람이라는 것을 안정적으로 느끼지 못한다. 따라서 안정 애착을 가진 아이들을 성장시키기 위해 가벼운 고통을 주는 전략들을 외상경험이 있는 아이들에게 적용할 경우, 그들의 편도체를 무장시켜 두려움을 증폭시키고 돌봄이 단절되어 버리는 결과를 초래할 수 있다(Purvis, Cross, & Sunshine, 2007; Purvis, Cross, Dansereau, & Parris, 2013). 거짓말과 도둑질은 둘 다 타인으로부터 진정한 자아, 진짜 아이 자신의 일부를 숨기는 행동이다. 그것은 독립과 고립, 이 두 가지의 표현이다. 우리는 행동이 연결될 수 있기를 바란다. 즉 문제행동을 알아차리고 새로운 방식의 상호작용을 지지하면서도 여전히 아이가 기쁨을 느낄 수 있도록 하는 것이다.

우리 대부분은 정직함을 중시하고 진실을 말하는 것이 숭고한 목표라고 믿는다. 부모가 어디에서건 자녀와 기쁜 마음으로 기준을 지키고 유지하도록 균형을 잡는다는 건 어려운 일이다. 나의 경험에 의하면, 부모가 옳고 그름에 대해 경직된 사고를 가지고 "우리 가족에게 거짓말은 있을 수 없다."라고 말할 경우, 정체성이 이러한 사고로 둘러싸인 아이들은 자신의 나쁜 모습에 홀로 고립되어 스스로 '나는 나쁜 아이'라는 느낌을 가질 수 있다. 나는 입양된 아이들에게 자신의 입양가족을 그려달라고 부탁했다. 그때 아이들은 자신을 다른 세상에서 온 외계인으로 그리곤 했다. 이 아이들은 자신의 집에 서조차도 참고 견디면서 연민의 감정을 느끼며 지낼 가능성이 있다. 만약 우리가 생각을 전환해서 이 아이들을 스스로 생존하고 자신의 욕구를 충족시킬 방법을 찾아온 똑똑하고 뛰어난 전사들로 보았다면 어땠을까? 아니면 아이들이 스스로 취약해질 위험을 감수하고라도 우리에게 욕구를 드러내고 있다고 보았다면 어땠을까?

비일관적인 양육이 아이들에게 지속적인 혼란스러움을 느끼게 하듯이, 아이들의 간헐적인 복종 또한 부모들에게 유사한 혼란을 경험하게 한다. 부모들은 왜 아이가 때론 잘 따라오다가 다른 때는 그러지 않는지 이해하지 못한다. 이를 이해하기 위해서는 부모로서의 우리 자신의 비일관적인 모습을 볼 필요가 있다. 상향식 뇌 발달에 대한 내용을 보면, 아이들에게서 나타나는 비일관성은 특히 트라우마를 가진 아이들을 이해하는 데 도움이 된다. 그림 2.7에 나오는 만화는 자녀에게 너무 높은 기대를 하고 있는 양육 부분, 즉 아이에게 실패할 가능성이 큰 기대치를 설정하고 있는 건 아닌지에 대해 재미있는 방법으로 함께 나누어 보며 작업하기 위해 제공된다.

그런 다음 우리는 부모들이 자녀에 대한 기대의 종류들에 관한 실제적인 활동을 해 볼 수 있는 별도의 유인물을 제공한다. 우리는 기대를 '요구(the ask)'라 말하고, 기준을 설정할 수 있는 세 단계의 높이를 정해두었다. 가장 낮은 기준은 '쉬운 요구'라 한다. 임상가는 부모에게 이렇게 말한다. "자녀가 주로 일상에서 마주하게 되는 기대 한 가지는 무엇입니까?" 신발끈 묶기나 이 닦기 등이 해당될 수 있다. 도움 없이 30분 동안 책을 읽거나, 빨래를 서랍에 밀어넣지 않고 잘 정리해 두는 것이 해당될 수도 있다. 그런 다음 '지지되는 요구'에 대해 언급하며, 부모의 지원이나 감독이 있을 때 아이가 충족시킬 수 있는 기대에 대해 부모가 찾아보도록 도와준다. 마지막으로, 부모가 아이에게 독자적으로 하도록 희망하지만 실제로는 그것을 수행할 수 있는 기대 수준에 이르기에는 발달을 위한 시간과 지지를 통한 연습이 필요한 '불가능한 요구'를 찾아본다. 임상적인 관점에서, 아동의 다양한 발달 영역에 대해 익히 잘 알고, 가족체계 내에 충분한 경험이 쌓이기 전까지는 이 유인물의 사용을 미루는 것이 현명하다. 가족이 준비가 되면 그림 2.8의 유인물을 사용하여 다음과 같은 대화를 구성할 수 있다. 부모들에게 기준선에 있는 각각의 '요구들'을 적어보도록 한다. 만약 부모 둘 다 참여하는 좋은 기회를 가졌다면, 발달 기대에 대해 부부간 의견차가 있을 수 있으므로 회기 내에서 '요구들'에 대한 각자의 생각을 나누어 보도록 하는 것이 좋다. 한 사람은 아이가 행동에 대한 기대 수준에 맞게 완전히 발달했다고 지각할 수도 있고, 다른 사람은 기대에는 아직 많이 미치지 못한다고 생각할 수도 있다. 이 경우, 서로 간의 차이를 발견하고 분명하게 명명하면서 발달적 적절성을 임상가의 관점에서 얘기해 주는 것이 가족에게 도움이 된다.

기준을 너무 높게 설정할 경우

그림 2.7 기준을 너무 높게 설정할 경우

성공을 위한 기준 설정하기

불가능한 요구

지지되는 요구

쉬운 요구

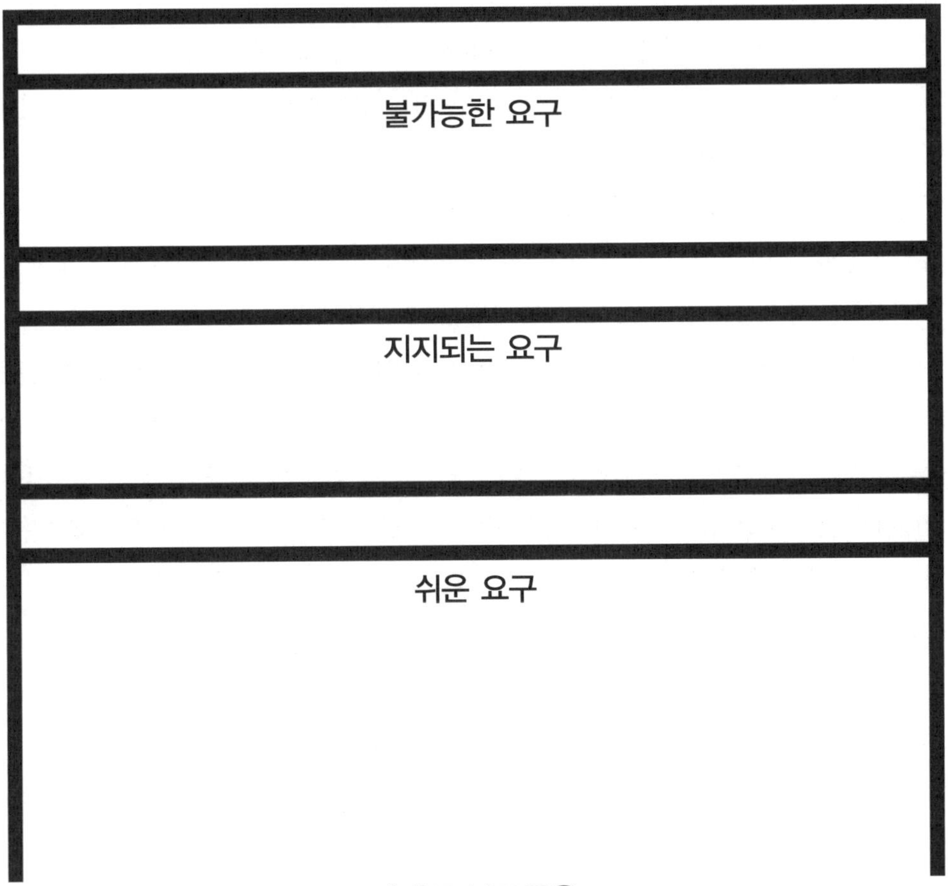

때때로 부모들은
자녀들이 아직 할 수 없는 일을 하라고 요구한다.

맨 아래 칸에서 자녀가 스스로 할 수 있는 것을 찾아보세요.
가운데 칸에서 자녀가 당신의 도움을 받아 수행할 수 있는 것을 찾아보세요.
맨 위 칸에서 자녀가 지금 일관성 있게 수행하기에는 너무 어려울 수 있는 것을
찾아보세요.

그림 2.8 성공을 위한 기준 설정하기

이것이 당신이 꼭 넘어야 할 언덕인가?

발달 기대의 맥락에서 행동에 대한 최종적인 생각 하나는 다음과 같다. 단지 아이가 주어진 행동을 완료할 수 있다는 것이 그들이 계속해서 그 행동을 유지할 것임을 의미하지는 않는다. 부모들, 특히 A유형의 부모들은 자녀에게 계속된 지시를 하는 데 자신의 에너지를 소비하곤 한다. 옷 주워라, 신발은 신발장에 넣어라, 공손하게 말해라, 이 닦아라. 아이들은 살아있는 존재이고, 살아있다는 건 주변을 어지럽히곤 한다. 우리가 즐거움과 철없음, 어린 시절의 마법을 수용하고자 한다면, 많은 지시가 요구되는 성장 관련 부분들에 대해서는 우리 스스로 일정 부분 조절해서 다루어야 한다.

게다가 부모들이 자녀의 행동에서 일관성이 유지되길 원하는 한두 가지로 초점을 좁힌다면, 그들이 보고 싶은 자녀의 행동변화를 얻을 가능성이 더 높다. 성공을 위한 기준을 설정하는 과정 — 쉬운 요구, 지지되는 요구, 불가능한 요구 — 을 통하며 부모들을 안내하는 것은 발달적으로 적절한 행동 영역에 대한 기대를 좁히는 데 도움이 된다. 그런 다음 그림 2.9의 유인물을 소개하고, 부모들에게 치료과정 동안 변화시키고자 하는 행동 하나(또는 둘)를 선택하도록 한다.

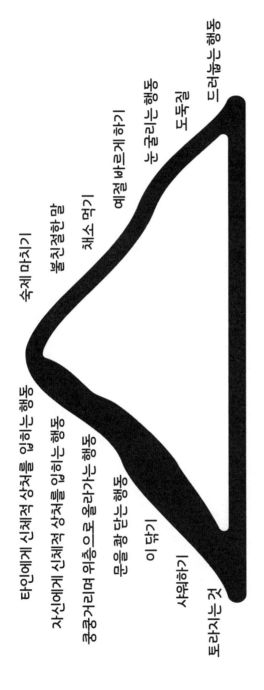

이 질문을 당신 스스로 해보세요.

타인에게 신체적 상처를 입히는 행동
자신에게 신체적 상처를 입히는 행동
쿵쿵거리며 위층으로 올라가는 행동
문을 쾅 닫는 행동
이 닦기
사워하기
토라지는 것

숙제 마지기
불친절한 말
채소 먹기
예절 바르게 하기
눈 굴리는 행동
도둑질
드러눕는 행동

이것이 내가 꼭 넘어야 할 언덕인가?

하나를 선택하세요. ——— … 그리고 하나가 더 있다면

그림 2.9 이것이 내가 꼭 넘어야 할 언덕인가?

CHAPTER 3

부모가 안전한 보스가 되도록 돕기
애착 그리고 돌봄의 물줄기

安전한 보스는 아이들이 두려워하는 것에 조금씩 다가갈 수 있도록 도움을 주는 대상이다. 이 장에서는 치료사들이 안전한 보스가 되는 방법과 부모나 교사가 아이들의 삶에 안전한 보스가 되는 방법에 대해 초점을 두고자 한다. 그런 다음 자기 진정(self-soothing) 능력의 발달을 위한 기초가 되는 애착관계에 대해 논의하고자 한다. 아이들의 삶에서 성인인 우리는 아이들이 인지하건 인지하지 않건 간에 안전에 대한 신경지에.있어 매우 중요한 대상이다. 신경생물학적인 닻 역할을 하는 것은 아이들에게 안전한 보스로서 해야 할 역할 중 하나이다. 아이들이 방임, 학대, 보호시설에 수용되었던 경험을 가지고 있다면, 그들은 우리가 '안전한 보스'라고 정의하는 것에 대한 경험 자체가 부족할 것이다. 사실, 어른들로부터 깊은 상처를 경험한 아이들의 마음 속에서 안전(safe)과 보스(boss)라는 두 단어는 정반대의 의미를 가질 수 있다. Nurture House의 우리 팀은 안전한 보스라는 존재의 의미를 부모에게 안내해 나가면서 함께 성장하고 있다. 안전한 보스에게는 보편적인 자질이 있다. 이에 대해서는 놀이실 내에서 다루어지긴 하지만, 대기실에서 아이를 처음 만나는 순간부터 시작하여 상처받은 아이를 돌보는 부모들에게로까지 확대되어야 한다.

안전한 보스 역할을 위한 다양한 방법들

나는 애착에 관한 부모 교육을 진행할 때, 안전의 원(Circle of Security) 프로젝트 (Hoffman, Cooper, Powell, & Benton, 2017; Powell, Cooper, Hoffman, & Marvin, 2007,

2009) 개발자들이 제작한 아름다운 그래픽을 종종 활용한다. 프로젝트의 기본 그래픽은 두 개의 반원으로 구성되어 있다.[1] 원의 왼쪽에는 한 쌍의 손이 있다. 하나는 안전기지로서의 부모를 나타내며 원의 꼭대기에 연결되어 있다. 다른 하나는 부모를 안전한 안식처로 나타내며 원의 바닥에 연결되어 있다. 부모가 안전기지 역할을 할 때 그들은 자녀의 탐험을 지원한다. 부모들이 안전한 안식처 역할을 할 때, 그들은 고통을 겪고 있는 아이를 다정하게 맞이해 준다. 구체적인 역할은 아이가 원의 꼭대기에 있는지 바닥에 있는지 여부에 따라 다르지만, 항상 적용되는 원칙 하나는 '더 크고, 더 강하고, 더 지혜롭고, 친절하라'는 것이다. 지혜와 친절 없이 더 크고 강해지기만 하는 것은 아이들에게 안전감이 결여되는 결과를 낳는다. 아이들은 그들의 양육자들이 자녀가 가진 큰 감정과 행동을 안아주고 경우에 따라 제한을 설정할 수 있는 신체적으로나 정서적으로 충분히 강한 존재라는 사실을 알아야 한다. 즉, 안전한 보스는 안전기지와 안전한 안식처 두 가지 역할을 모두 하는 양육자를 의미한다.

다음은 실제 적용 시 기술적인 접근이 필요한 경우이다. 원의 꼭대기나 바닥을 적용할 때, 우리는 지금까지 삶의 경험 전체가 혼합된(원가족 내에서의 애착 패턴, 다른 관계경험, 교육 또는 문화적 맥락을 포함한) 바탕 위에 각자 다른 안전감을 느낀다는 점을 고려해야 한다. 다시 말해, 우리는 안전기지가 되어 아이들의 탐험을 지원하는 것이 더 편하게 느껴질 수도 있고, 아이가 고통 속에 있을 때 안전한 안식처가 되어 그들을 다정히 맞이하는 것이 더 편할 수도 있다. 트라우마플레이의 병렬과정의 관점에서 임상가에게 다음과 같은 첫 번째 질문이 이루어진다. "당신에게 원의 어느 쪽이 더 편하게 느껴지나요?" 분명히 말해, 원의 어느 쪽도 다른 쪽보다 더 좋거나 나쁘지 않다. 하지만 만약 임상가로서 내가 내담자의 탐험을 지지하는 것이 더 편하다면, 나는 내담가족들에게 특정 치료 개입을 제안할 것이다. 임상가로서 내가 고통 속에 있는 내담자를 따뜻하게 맞이하는 것이 더 편하다면, 나는 내담자가 가진 큰 감정들을 잘 담아줄 수는 있겠지만, 내담자가 독립적으로 시도해 보면서 치료적 관계의 지지에서 분리되어 스스로 양육역할을 해낼 수 있도록 격려하게끔 도와주지는 못할 것이다. 우리는 놀이치료자이기 때문에 안전기지와 안전한 안식처로서의 부모역할을 안내하는 데 필요한 연습을 찾아보는 것뿐 아니라, 반구가 교차되어 연습될 수 있는 방법도 제공한다. 간단히

---

[1] 역자 주 : https://www.circleofsecurityinternational.com 참조.

말해, 우리는 부모가 언어적인 작업을 통해서만 개념들을 배우도록 제한하지 않는다는 것이다. 우리는 상징적인 표현을 위한 매체를 제공하고 부모들이 가진 지식 습득의 다른 방식들에 접근하기도 한다. 트라우마플레이 모델에서, 치료자를 통해 반영 연습을 한 양육자는 이미 그에 대한 훈련이나 슈퍼비전을 경험하였다. 병렬과정에 대한 우리의 믿음은 Nurture House에 전체적으로 퍼져있다. 우리는 우리 자신이 경험해 보지 않은 연습을 부모에게 요구하는 걸 원치 않는다. 더욱이, John Bowlby로부터 시작된 안전기지와 안전한 안식처의 이 원리는 부모자녀관계를 훨씬 넘어 확장된다. 당신이 아직 자녀가 없는 임상가라면, 다른 가족, 동료 및 친구와 함께 이 역할들 중 하나 또는 둘 다를 채울 수 있는 방법을 찾아보길 바란다.

연습 자체는 매우 간단하다. 우리는 안전기지와 안전한 안식처 행동의 예들을 제시하면서 두 역할들을 설명한다. 나는 공원에서 놀고 있는 엄마와 3세짜리 아들의 그림을 그리는 것으로 시작한다. 그 아이는 정글짐 사다리의 두 번째 줄에 위태롭게 앉아있다. 엄마는 바로 뒤에 서있다. 어린아이는 땅으로부터 멀어지는 상황에 위험을 느끼기 시작하면서 세 번째 줄까지 올라가고 싶은 욕망과 안전한 곳에 머물고 싶은 욕망 사이에 갈등하게 된다. 아이는 어깨 너머로 엄마를 돌아본다. 엄마는 그가 붙잡아 주길 원할 경우를 대비해서 손을 번쩍 들고는 격려하며 미소 짓는 표정으로 말한다. "넌 할 수 있어, 아가야! 네가 필요할 땐 난 바로 여기 있단다." 아이는 심호흡을 하고 다음 층 사다리까지 힘겹게 올라가곤 온몸을 가득 채우는 유능감을 경험한다. 엄마도 그것을 채워준 한 부분이었다. 엄마는 그의 안전기지였다. 엄마는 아이의 탐험을 지지했고 아이가 엄마를 필요로 할 경우를 대비해 가까운 곳에 머물면서 아이의 독립을 격려했다. 이것은 부모의 안전기지 행동에 대해 내가 생각하는 전형적인 시나리오이다. 우리 모두는 탐험을 지원해야 하지만, 때론 아이들이 지치거나 다치거나 겁먹거나 슬프거나 배고플 때 부모에게 돌아오곤 한다. 이 순간 부모가 해야 할 일은 고통을 겪는 아이를 따뜻하게 맞아주는 안전한 안식처가 되는 것이다. 대부분의 부모는 아이가 힘들 때 보듬어 주길 원하고, 어떤 종류의 고통은 다른 것들에 비해 쉽게 지각되기도 한다. 아이가 무릎에 피를 흘리면서 밴드를 붙여달라고 울면서 달려올 때, 대부분의 부모가 아이의 고통을 알아보고 안전한 안식처가 되어주는 것은 쉽다. 하지만 입양한 12세 아이가 욕설을 하며 "당신은 내 엄마가 아니야. 난 당신 얘기를 들을 필요가 없어."라고 한다면, 이 아이가 겪는 고통은 같지만 그 상처를 인지하는 것은 더 어렵다. 이것은 아동이나 청소년의 무례하거나 버릇없는 행동 밑에 깔려있는 충족되지 않은 욕구가 무엇인지를 볼 수 있는 중요한 상황이다. 원의 상단과 하단의 역할은 동일하다. 두 가지 역할 모두 어른은 아이를 보호하고, 돕고, 기쁘게 받아들이는 것이다. 안전기지와 안전한 안식처 행동 사이의 가장 큰 차이점은 이것 하나이다―아이의 감정을 정리할 수 있도록 돕는 것. 안전의 원 팀의 애착 연구를 보고 이 간단한 관점을 처음 접했을 때, 나는 "그래, 바로 이거야."라고 생각했다.

Nurture House에서는 접수면접 시 부모의 훈육방식이 어떠한지 물어본다. 부모들은 어린 아들이 비명을 지르며 떼를 쓸 때 주된 훈육방식으로 타임아웃을 한다고 말한다. 이때 나는 원 주변에 있는 아동의 욕구를 찾아 분석하는 것이 특히 유용하다고 생각한다. 안전한 안식처 개념을 설명할 때, 나는 고통의 또 다른 형태인 5세의 통제불능상태를 예로 든다. 아이가 조절장애를 가지고 있을 때 보듬어 주어야 하는 상황에서 아이 자신의 감정을 정리하도록 돕는 것이 우리의 우선된 임무라 믿게 되면, "지금 당장 네 기분을 정리하려면 도움이 필요하다는 걸 알아. 하지만 난 네가 저기 가서 타임아웃을 하며 너 스스로 감정을 조절하길 원해. 기분이 다 풀리고 나면 나한테 오렴."이라고 말하게 되고 결국 우리가 할 수 있는 건강한 역할은 약화되고 만다. 아이들은 속상할 때 우리를 더 많이 필요로 한다.

우선 우리는 안전기지와 안전한 안식처라는 두 가지 개념을 분석해 본 뒤, 각 교육생에게 종이접시, 점토, 모루끈, 플레이도, 마커를 제공한다. 아이가 심한 고통을 겪고 있을 때, 특히 이미 애착 트라우마를 경험한 아이에게 우리가 무시 전략을 사용한다면, 아이의 외로움은 더 강화된다. "나의 가장 힘든 부분을 보여주고 있는데 내 부모는 나와 함께 꼭 붙어있어 줄까?"라는 질문에 "아니요."라는 답을 내리게 되는 것이다. 우리는 다음과 같은 활동을 진행한다. "타인에게 안전기지로서의 역할을 하는 자신을 보여줄 수 있는 상징을 만들어 보세요. 그리고 타인에게 안전한 안식처로서의 역할을 하는 자신을 보여줄 수 있는 상징을 만드세요." 그런 다음 교육생들을 소규모 그룹으로 나누고 안전기지와 안전한 안식처에 대한 경험을 공유한 뒤 다음과 같은 질문을 깊이 생각해 보도록 한다. "어떤 것이 당신에게 더 편하게 다가오나요?" 여기에 판단을 하지는 않는다. 우리가 임상가들에게 요구하는 것은 그들이 가장 쉽게 기능할 수 있는 역할이 무엇인지 스스로 잘 알아챌 수 있도록 하여 원 반대편의(덜 기능하는) 자기 존재를 의식적으로 키우게 하는 것이다. 그림 3.1은 두 명의 임상가가 만든 점토 상징이다. 여기

그림 3.1 안전기지/안전한 안식처 상징 표현

서 우리는 각 역할이 그들에게 의미하는 것은 무엇인지, 다른 사람들은 각각의 역할에 있어서 그 임상가를 어떻게 인식하는지, 원 주변에 있는 내담자들을 보듬어 성장을 돕기 위해 이 모든 것이 의미하는 것은 무엇인지 살펴본다. 일단 임상가들이 직접 이 연습을 경험하게 되면, 그들은 아동 내담자들의 부모들과 이것을 사용해 보고 싶어 한다.

무엇이 옳고 그르다는 상징적 표현은 없다. 연습 자체를 통해 성장과 변화를 도울 수 있는 자기 성찰의 수준을 높이는 것이다. 3세짜리 아이가 변기에 응가를 하러 갈 때는 응원을 해주지만 엄마가 출근할 때 다리를 붙잡고 매달리는 행동에는 마음이 불편해지는 엄마에게, 아들이 힘들어하며 엄마를 찾는 상황보다 아이가 세상을 탐험하는 것을 격려해 주는 편이 엄마에게 더 쉬운 일이라는 점을 이해하도록 하는 것이 도움이 된다. 그녀에게 안전기지 행동은 안전한 안식처 행동보다 더 자연스러운 것이다. 다시 말하지만, 이러한 자기 성찰과 관련하여 판단은 하지 않는다. 단지 인식을 높여줌으로써 부모와 임상가들이 덜 편안해하는 역할에 기능할 수 있는 능력을 의도적으로 성장시키는 것이다.

안전한 보스가 필요한가?

간단히 말해 "그렇다." 아이들은 책임자가 누구인지 알 필요가 있다. 안전한 보스는 그 역할을 남용하지 않는 사람이고, 이해가 되는 선에서 자녀와 힘을 공유하는 사람이다. 하지만 아이가 부모의 직접적인 지시에 "아니야!"라고 말한다면, 이것은 조절문제가 있는 것이다. 아이들은 자신이 책임을 지기에는 삶의 경험, 지혜, 힘이 없다는 것을 직감적으로 안다. 그래서 가족체계 안에서 부적절한 힘을 얻게 되면 안전에 대한 그들의 신경지는 방해를 받게 된다. 책임을 진다는 것과 부모보다 더 커진다는 것은 아이들에게는 두려운 일이다. 안전한 보스 역할을 하는 부모는 힘을 공유하는 것과 동시에 안전하게 제한을 설정하는 방법도 안다.

몇 년 전, 나는 매일 소리를 지르며 통제불능상태를 보이는 폴리라는 입양아와 부모 참여 세션을 가진 적이 있다. 이때 폴리는 엄마에게 물건을 던지고 엄마를 때리곤 했다. 엄마는 폴리를 달래다가 실패하면, 아이가 진정될 때까지 다치지 않기 위해 옷장에 들어가 있었다. 결국 그녀는 폴리가 가장 고통스럽고 엄마를 필요로 할 때 아이 곁을 떠나있었던 것이다. 아이가 엄마와 더 가까이 있기를 원할 때 엄마는 없어진 것이다.

그림 3.2는 폴리가 엄마와의 관계를 표현하기 위해 만든 놀이표현이다. 선택된 각 상징들은 아기들이다. 폴리는 5세 때 입양되었다. 아이가 수행을 잘할 때는 엄마는 충분히 아이 곁에 있었다. 아이가 무례해지자, 엄마도 아이처럼 되었다. 이 가족을 위해 해야 할 작업 중 일부는 부모가 수용력을 키우도록 도와서 아이로 하여금 엄마를 정서적 성숙이 같은 수준에 머물러 있는 또래로 지각하지 않고 안전한 보스로 보도록 하는 것이다. 나는 이 역동을 보면서 엄마가 딸의 안전기지가 되는 것은 매우 편하다는 점을 분명하게 알게 되었다. 그녀는 상담시간에 와서 딸의 수학 만점, 새로운 피아노곡에 대한 숙달, 혼자서 머리 땋는 능력을 좋아하며 얘기했다. 독립은 엄마에게 편하고 기쁜 일이었다. 하지만 힘들어서 도움을 요구하며 우는 폴리의 반항을 지켜보면 엄마는 꼼짝하지 못했다.

내가 종종 부모들의 욕구와 마주하기를 분석하다 보면, 원 주변의 작업 중 부모들에게 무엇이 더 쉽고 더 어려운지 분명하게 보인다. 우리 자신의 경험들—부모역할을 해온 방식, 교육, 기질, 성격, 경험된 트라우마가 암호화되어 있는 방식 등이 포함된—이 혼합되어 아이들이 독립하려 하거나 도움을 필요로 할 때 더 크고, 더 강하고, 더 지혜

그림 3.2 누가 보스인가? 똑같은 기울기의 시소

롭고, 친절해지는 우리의 능력에 영향을 미칠 수 있다. 사실 예상컨대, 우리는 각자가 원의 꼭대기에 있는 것(탐험을 지지하는 것)이 더 편할 수도 있고, 원의 바닥에 있는 것(아이가 고통으로 힘들 때 부모에게 돌아오는 것을 기꺼이 받아주는 것)이 더 편할 수도 있다. 이로 인해 반대편에서 이루어져야 하는 작업은 더 어려워질 수 있다. 어떻게 하면 아이들의 고통을 돌보는 우리의 능력을 기를 수 있을까? 한 가지 좋은 점은 우리가 자신의 성향에 대해 인정하게 되면, 우리가 보살피는 아이들이 다른 부분들을 요구할 때 그에 대한 반응성을 의식적으로 기를 수 있다는 것이다. 경우에 따라, 위탁부모나 입양부모로 하여금 자신의 애착 이력을 이해하도록 돕는 것은 인식의 전환을 만드는 열쇠가 될 수 있다(Siegel & Hartzell, 2013). 우타는 그런 어머니 중 한 명이다.

우타는 면담 시 친절하고 조용한 태도를 보인 입양모이다. 그녀는 집에서 종종 분노가 폭발하는 양아들보다 자신이 '더 큰' 능력이 있다는 점에 의구심을 자주 표현하곤 했다. 그녀는 아이의 불손한 태도에 참거나 격한 분노로 반응하곤 했지만, 아이를 변화시키는 데 항상 무력감을 느꼈다. 나는 그녀에게 나와 함께 그녀 자신의 애착 이력을 살펴볼 의향이 있는지 물었다. 먼저 우리는 타임라인을 만드는 데 함께 시간을 보냈다. 그녀는 2세 때부터 9세 때까지 외국에서 할머니와 살았고, 할머니와 함께 미국으로 와서 짧은 기간 동안 엄마와 지냈다. 그녀의 엄마는 그녀가 10세 때 결혼해서 외국으로 갔다. 그녀에게 생애 첫 2년에 대해 알고 있는 것이 있느냐고 물었을 때, 그녀는 그 기간에 관한 어떠한 이야기도 할 수 없었다. 정보가 없다는 것 그 자체가 우리를 슬프게 했고, 생애 첫 2년에 관해 그녀가 알고 있는 것이 없다는 것을 깨닫고 그녀는 몹시 흔들렸다. 그녀는 자신의 어린 시절이 일관적이지 못했던 점을 돌아보기 시작했다. 우타는 이 시기의 자신에 대해 이야기해 줄 이야기지킴이가 존재하지 않는다는 점을 알게 되었다. 성인애착인터뷰(AAI)에 있는 내용 중 하나를 선택해서 질문하자, 그녀는 또다시 정보 부족이라 답했다.

질문 내용은 유아기(5~12세) 동안 부모와의 관계를 표현하는 5개의 형용사를 말하도록 하는 것이었다. 우타는 어떻게 대답해야 할지 몰라 하며, 할머니와 보낸 시간(5~9세)을 얘기해야 할지 엄마와 보낸 시간(9~11세)을 얘기해야 할지 물어보았다. 우리는 그 두 기간 모두를 얘기하기로 결정했다. 우리는 우타가 엄마와 보낸 2년의 기간에 대해 먼저 시작했다. 두 사람 간의 관계에 대한 그녀의 첫 번째 표현은 '공손한'이었다. 서로 간에 소리를 지르거나 화를 내지 않았으며, 그녀 자신도 매우 예의 바르게 행동했다고 설명했다. 그다음으로는 '괜찮은'이라고 말했다.

우타에게 자신의 어머니와의 관계에 대한 형용사 5개를 말하도록 한 뒤, 각 형용사를 설명할 수 있는 구체적인 예시가 무엇인가에 대해 질문하였다. 나는 "엄마와의 관계에서 '괜찮은'이라는 표현에 해당하는 예를 들어볼 수 있을까요?"라고 물었다. 우타는 한참 동안 침묵하다가 "사실… 아무것도 떠오르지 않아요. '괜찮은' 대신에 '공허한'이라고 해야 할 것 같아요."라고 말했다.

결국, 우타는 그녀의 엄마가 결혼하여 외국에서 새로운 삶을 시작했다는 것을 내게 말할 수 있었다. 몇 년 만에 갑자기 나타난 딸을 설명하기 어색해서 그녀의 엄마는 자신을 이모인 척 대해달라고 했다고 한다. 나와 함께 이 경험을 돌아보면서, 그녀는 자신의 어머니가 실제 애착대상이었을지 아닐지에 대한 의문을 갖기 시작했다. 우타는 우리가 이전에 함께 살펴보았던 안전의 원을 완전히 새로운 시각으로 보게 되었다. 그녀는 자신의 엄마가 딸이 '스스로' 탐험하거나 무엇을 성취할 때 격려하고 칭찬해 주었지만, 도움이 필요할 때나 힘들 때 엄마가 함께했던 의미있는 순간들에 대해서는 아무런 기억이 없다는 점을 분명히 보게 되었다.

나는 그녀가 두려움을 느낄 때 엄마가 도와준 적이 있는지 물었다. "우리가 살았던 동네에는 케이블카가 있었어요. 케이블카를 타러 갔을 때가 기억나요. 난 아홉 살이었어요. 엄마와 새아빠, 그리고 내가 같이 갔어요. 각 칸에 두 명씩만 탈 수 있었는데, 엄마는 혼자 타는 것을 무서워해서 아빠와 함께 탔고 저는 혼자 탔어요." 우타는 늘 강하고 독립적이어야 한다는 걸 배웠다. 초기 애착관계에서 아이들에게 필요한 두 가지 기본 방식에 관해 다시 생각해 보자. 그것은 바로 탐험을 지지하는 것(환경을 탐험하기 위해 우리 품을 떠나는 것과 같은)과 힘들어서 다시 돌아오면 반겨주는 것이다. 우타에게는 힘들다는 표현이 허락되지 않았다. 이건 그녀에게 다른 기억은 없다는 의미일까? 두렵거나 슬프거나 힘들었을 때를 기억할 수 있겠냐는 질문에 악몽을 꾸었을 때 딱 한 번 엄마 침실의 바닥에서 잠을 자도록 허락받았던 일이 기억난다고 하였다. 그러곤 "모든 것은 잔잔하고… 고요했고… 뭔가 비어있었어요."라고 말했다. 안전의 원 용어를 빌려 얘기하자면 '우리(우타와 그녀의 엄마)'는 아이가 도움을 요청하고 의존하는 것을 불편해했기 때문에, 그녀는 자신의 욕구를 감추는 법을 배웠다.

최악의 시나리오의 경우, 욕구를 숨기기 위한 방법으로 도움을 필요로 한다는 것을 혐오하게 되기도 한다. 이것은 우리에게 필요한 도움을 감당해 주지 않는 양육자와의 관계가 유지되게 하기도 한다. 임상 작업의 한 부분으로서 AAI와 같은 도구를 통해 양육자에게 성찰 능력을 높이고, 안전감, 경청, 타인의 존재를 붙드는 것에 대한 자기 연민을 성장시킬 수 있도록 격려하여 결국 안정 애착을 가지도록 도울 수 있다. 우타의 사례에서 볼 수 있듯이, 때때로 아동기 때 충분히 수용받지 못한 고통을 재경험하거나 (처음으로) 충분히 경험해 봄으로써, 성찰과 감정들을 마음에 담아보게 된다. 그녀는 아들과 함께 무의식적으로 춤춰왔던 방식에서 한 걸음 뒤로 물러서서 볼 수 있게 되었으며, 엄마로부터 경험한 양육방식 중 어떤 부분들이 지속되길 원하는지 결정할 수 있었다. 이와 아울러 그녀가 변화하길 원하는 패턴을 인식하는 능력이 성장했다는 점 또한 중요하다. 그녀의 엄마가 그녀에게 보낸 메시지는 **"난 너의 큰 감정을 받아주지 않을 거야. 난 그렇게 할 수 없고 네가 나한테 그런 요구를 하는 건 공평하지 않아."**였다. 어른이 되어 아이를 입양한 엄마인 지금의 우타는 아이가 뭔가 큰 행동을 보이거나 큰 감정을 나누려고 하면 똑같은 메시지를 보내고 있었다는 걸 알아차렸다. 이 중요한 세션이 끝난 후, 그녀는 아이 숙제를 돕기 위해 집으로 갔다. 부모가 새로운 공감을 만들면 아이는 새로운 위험을 감수한다는 것은 심오한 진리다. 아니면, 이전에는 이해되지 못했던 위험을 감수할 수도 있다. 그녀가 아들과 함께 큰 소리로 책 읽기를 할 때, 아이는 여자 운동선수에 대한 내용을 읽다가 갑자기 멈추고 엄마를 올려다보며 "엄마만큼 힘이 세?"라고 물었다. 우타는 이 말을 예전과는 달리 들었다. 아이가 엄마에게 도전하려 한다고 여기는 대신, 다음과 같이 들었다. "엄마, 나를 위해 이렇게 강해지세요. 이 말은, 난 무섭고 의지할 곳이 필요하단 뜻이에요." 그녀는 나에게 그들이 읽고 있던 페이지의 사진을 보냈다. 그녀 자신의 애착사를 이해하면서, 예전과는 다르게 더 크고, 더 강하고, 더 지혜롭고, 친절하길(안전의 원 만트라) 바라는 아이의 요구가 들린 것이다. 결핍된 자신에게 연민을 갖고 욕구를 충족하지 못한 자신의 슬픔을 경험하면서, 그녀는 자녀에 대한 연민을 느끼고 슬픔, 분노, 실망의 경험을 보듬어 주고 찢어진 상처를 회복시켜 주는 능력을 키우게 되었다.

'안전한 보스 신념'(그림 3.3)이라는 제목의 유인물은 구체적인 부모 역량 강화에 초점을 맞추어 시작하거나 실행기술을 기르는 작업을 할 때 출력해서 사용할 수 있다. 예를 들어, 부모가 명확한 한계 설정을 할 수 없다고 느낀다면, 안전한 보스의 역할들 중 하나로 이것을 개념화하여 제한 설정에 대한 구체적인 양육 절차들을 진행하는 데 도움이 된다. 이 신념은 부모가 부모역할을 하면서 더 깊은 호흡이 필요할 때면 언제든지 읽고 참고하며 리허설하도록 냉장고에 붙여둘 수 있다. 때때로 베이비시터 역할을 하게 되는 큰오빠나 형, 누나, 언니가 가족 내에서 어린 동생을 대할 때 이 역할의 일부를 흡수하여 사용하는 가족들도 있다.

나와 함께 작업하는 어떤 부모들은 이 신념을 출력해서 영적 수행을 하는 것처럼 조용한 시간에 리뷰한다. 안전한 보스는 그들이 돌보는 대상이 무엇을 할 수 있는지 그리고 성장하는 지점에서 그들을 격려하는 법을 안다. 달리 말해, 안전한 보스는 자녀에게 기준을 정하는 지점을 안다. 현재의 발달 수준에서 아이가 할 수 없는 것을 교사, 부모 또는 상담자가 아이에게 강요하는 것을 보면 안타깝다. "아이라면 이것을 '해야 한다.'"라는 암묵적인 판단은 관계에 독이 된다. 나는 아이들이 어려운 환경에서 살다가 지금의 입양가정으로 온 사례의 경우, 이와 같은 점들을 금방 발견하게 된다. 나는 보호시설로부터 아이를 입양한 많은 가족들과 함께 일한다. 거짓말이 생존에 필요한 기술이었던 고아원에서 아이가 10년을 자랐다면, 부모들은 처음에는 이러한 습관에 연민을 가지곤 한다. 하지만 머지않아 당황하거나 좌절하거나 혐오하기까지 한다. 아이가 안전하고 사랑이 있는 가정에 살고 있고 규칙과 가치를 명확하게 얘기해 주고 그에 대한 기대를 정해주었음에도 불구하고 왜 '아직까지도' 거짓말을 하는지 좌절스러운 심정으로 부모들은 물어볼 것이다. 나는 아이가 입양된 지 9개월에서 1년 사이에 해당하

안전한 보스 신념

안전한 보스는 권위를 가지기도 하고 내려놓기도 한다.

안전한 보스는 그들이 안내하는 대상에게 기쁨을 느낀다.

안전한 보스는 그들이 안내하는 대상에게 좋은 목적을 부여한다.

안전한 보스는 필요한 경우 명확한 한계를 정한다.

안전한 보스는 가능하다면 힘을 나눈다.

안전한 보스는 그들이 안내하는 대상을 보호하기 위해 힘을 사용한다.

안전한 보스는 그들이 안내하는 대상의 큰 감정들을 보듬어 줄 수 있다.

안전한 보스는 그들이 안내하는 대상의 힘든 스토리들을 보듬어 줄 수 있다.

안전한 보스는 필요한 경우 지침을 제공한다.

안전한 보스는 자신의 권한하에 있는 대상이 새로운 기술을 연습하도록 돕는다.

안전한 보스는 그들이 안내하는 대상의 삶을 말할 수 있는 권리를 가진다.

안전한 보스는 그들이 안내하는 대상이 가진 재능을 알아보고 그것들을 불러내는 방법을 안다.

안전한 보스는 그들이 안내하는 대상에게 문제나 고통, 혼란을 명확하게 표현하는 방법을 제공한다.

안전한 보스는 그들이 돌보는 대상이 무엇을 할 수 있는지 그리고 성장하는 지점에서 그들을 격려하는 법을 안다.

그림 3.3 안전한 보스 신념

는 경우 종종 이런 질문을 받곤 한다. 아이들이 통제 기반을 갖춘 후 신뢰 기반이 발달하는 데 얼마나 오랜 기간이 걸리는지에 대한 연구 가이드라인은 없다. 하지만 10년 동안 겪었던 이전의 경험을 대신하기에 1년이라는 기간은 충분치 않다고 나는 확신한다. 게다가 '대안적인 경험'이 무엇을 의미하느냐에 대해서는 차후 더 논의할 필요가 있다. 상처 입은 아이들이 변화와 새로운 행동을 시도할 위험을 무릅쓸 수 있으려면, 안전하다고 느껴야 한다. 그리고 안전에는 판단이 들어가서는 안 된다. 아이가 생존을 위해 협상해 온 방식을 고려하지 않고 양육자가 '해야 한다'를 요구하면 아이는 이해받지 못한다고 느끼고 안전에 대한 신경지를 경험하지 못할 가능성이 크다. 이 '안전하긴 한

데…'라는 감정은 새로운 행동을 시도하는 아이의 능력을 방해하게 된다.

거짓말은 이런 점에서 부모들에게 특히 어려운 행동인 것 같다. 부모들은 종종 다른 어떤 거짓말보다 가족 내에서 거짓말하는 것이 더 나쁘다고 아이에게 설명할 것이다. 이것은 안정 애착을 가진 가족 내에서는 꽤 효과가 있겠지만, 트라우마가 있는 아이들에게 이 구분을 요구하게 되면 공포에 기반한 뇌를 더 강화시킬 뿐이다. 거짓말은 스트레스에 대한 신경생리학적 반응으로 연결되는 반사 반응인 무릎반사행동 같은 것이다. 나는 고아원에서 10년을 자란 후 테네시 중부의 부유한 가정으로 온 토니라는 청년을 기억한다. 그 가족에는 어린아이들이 있었는데, 가족들은 그가 동생들에게 큰형의 역할을 할 것이라고 기대했다. 그는 종종 음식을 사재기했고, 부모에게 '사실상 중요하지 않은' 일이나 명백히 거짓이 탄로 나는 일에서조차 거짓말을 했다. 부모가 화장실에 다녀온 그에게 "손 씻었니?"라고 물어보면, 물을 틀지도 않았으면서 "네."라고 자동적으로 답하곤 했다. 그들은 그가 왜 계속 거짓말을 하는지 혼란스러워했다.

마침내, 토니와 나의 관계는 그가 안전하다고 느낄 정도로 발전했고 고아원에서 그가 겪은 경험을 나눌 만큼의 사이가 되었다. 나는 거짓말하는 아이들을 많이 본다고 했고 그들이 그렇게 하는 데는 그로 인한 이득이 있다고 설명했다. 이전 환경에서는 거짓말로 인해 도움이 된 부분이 있었다. 나는 토니에게 고아원에서 거짓말을 하면 자신에게 이득이 되는 것에 대해 그림을 그려볼 수 있는지 물었다. 그는 종이에 손을 그리고 나서 빨간색 마커로 줄을 그었다. 사진에 대해 말해달라고 하자, 그는 "고아원에서는 밤에 침대에서 나오거나 싸우면 나뭇가지로 손에 매를 맞았어요."라고 말했다. (토니는 여전히 영어를 배우고 있었고, 우리는 그가 말하는 것이 회초리나 작은 나뭇가지를 뜻한다는 것을 이해하게 되었다.) 그는 "침대 밖으로 나가면 10대, 도둑질을 하면 20대."라고 설명했다. 가장 많이 맞은 횟수가 얼마였는지 물어보았다. 그는 "50대… 내 손에서 피가 났어요."라고 말했다. 때론 매질을 피하기 위해 거짓말을 하기도 했고, 때론 또래의 신임을 얻기 위해 자기가 하지도 않은 일을 자기가 한 걸로 하여(또 다른 형태의 거짓말) 대신 혼이 나기도 했다. 그의 양부모는 고아원에서의 이런 경험들에 대해 전혀 몰랐다.

나는 그에게 그가 경험한 것들을 엄마와 나눌 수 있도록 도와주겠다고 제안했고, 나는 엄마의 얼굴에서 새로운 이해의 빛이 밝아옴을 보았다. 그가 거짓말을 하려 할 때 엄마는 재빨리 반응해 주었다. "여전히 우리는 네가 안전하다고 믿는 걸 배우는 중이라는

걸 알아. 내가 물어볼 때, 네가 하는 첫 번째 대답이 진실이 아닐 수 있다는 걸 이해할
게. 하지만 네가 거짓말을 깨닫고 진실을 말할 만큼 안전하다고 느끼면 그 즉시 또는 좀
늦게라도 말할 수 있도록 문이 열려있단다. 진실을 말해준 것에 정말 감사할 거고, 힘든
일을 해낸 네가 정말 장할 거야." 놀랍도록 그들 가정의 분위기가 바뀌기 시작했다.

진정시키기 : 타인에서 자아로의 여정

애착대상인 양육자는, 특히 어린아이의 닻이 되어 아이를 지지함으로써 우뇌의 조절
능력을 발달시키는 데 큰 역할을 한다는 점을 우리는 알고 있다(Bowlby, 1969, 1973,
1980, 1988). 다시 말해, 자신을 진정시킬 수 있는 것은 '다른 사람'에 의해 진정되는 것
을 통해 가능해진다. 애착관계가 아동의 감정 조절 발달에 중추적인 토대가 된다는 점
에 대해서는 일반적인 합의가 이루어졌다(Applegate & Shapiro, 2005; Hughes & Baylin,
2012; Fonagy, Gergely, Jurist, & Target, 2002; Schore & Schore, 2008). 아이가 화가 났
을 때, 양육자가 안정적이고 침착한 반응을 일관되게 반복하면 양육자는 더 예측 가능
한 방법으로 아이를 진정시키게 되며 건강한 계층적 뇌 발달을 최대화하는 애착관계의
발달이 더 안정적으로 이루어지게 된다(Cicchetti, Rogosch, & Toth, 2006; Fosha, 2003;
Hatigan et al., 2012; Siegel, 2020).

아기들은 스스로는 자신을 완전히 진정시킬 수 없는 자궁에서 나오게 된다. 아기들
은 자신들의 욕구를 충족시키기 위해 곁에 있는 안전한 보스에게 의존한다. 흥미롭게
도, 신생아의 시각초점은 얼굴에서 약 20~25센티미터 떨어진 지점에 있다. 얼마만큼
의 거리일까? 팔뚝 길이만 한 거리이다. 아기가 양육자의 품에 가까이 안기어 양육적
인 접촉을 하게 되면, 아기와 양육자는 서로가 서로를 알 수 있도록 돕는 소통의 순환
을 열고 닫을 수 있게 된다. 아기는 관심과 즐거움을 주고, 달래고 조절해 주는 엄마의
피드백에 의존하기 시작한다. 놀이는 애착행동의 기본 형태이다. 놀이는 부모와 자녀
간의 안전한 애착관계를 유지하게 하는 접착제이다(Kestly, 2015).

아기는 엄마와 연결되어 있던 자궁에서 나온다. 엄마의 품에 안기는 순간부터 아기
는 "아, 가, 구, 가"를 하고 엄마는 "아, 가, 가, 구, 야"라 반응한다. 바로 그때 아기는
자신이 소리를 낼 수 있고 자신은 중요한 존재이며 세상에 영향을 미칠 수 있다는 걸
배우게 된다. Schore와 Schore(2008, p. 14)는 양육자-아동 간 조율과 조절 능력을 증가

시키는 강력한 도구로서 '우뇌-우뇌 운율언어(prosodic communication)'에 관해 설명한다. 부모들은 아기의 생의 첫 몇 해 동안 수천 번의 기본적인 욕구를 마주한다. 아기는 배고프다 하고 엄마는 아기에게 밥을 먹인다. 아기는 기저귀를 적시고 아빠는 갈아준다. 불편함을 느끼는 순간마다 안전한 보스가 달래어 준다. 그러나 양육적이고 모험적이며 공감적인 어른과 불안하고 위축된 어른 간의 차이를 만드는 것은 아이의 요구를 마주하는 순간에 부모와 가지는 상호작용의 질이다.

어떤 양육자들은 우리가 '기계적 양육'이라 부르는 돌봄을 제공한다. 그들은 '처리해야 할' 일이라는 태도로 기저귀를 갈아준다. 반면 다른 부모들은 이 불쾌한 일을 까꿍 놀이나 간지럼 태우기, 발가락 따먹기 놀이로 활용하기도 한다. 아기는 기뻐서 꺅 소리를 지르고 이러한 아기의 반응은 부모에겐 보상이 되어 부모로 하여금 더 놀아주도록 만든다. 이러한 공생적 즐거움은 다른 사람과 관계를 맺는 건 즐거운 일이라는 기대를 하게 만들어 아기의 뇌를 점점 더 관계 지향적으로 연결해 준다. 한편, 엄마에게도 아기를 달래고 즐겁게 해줄 수 있는 유능감이 보상으로 주어진다. 이러한 순환은 부모와 자녀 간 긍정적인 감정의 신경화학적 줄기를 만들어 낸다. 그래서 아기들은 말을 하기 이전부터 즐거움을 알게 된다. 우리는 놀이를 통해 그들의 소중함을 보여줄 수 있다. 요구에 대한 수용을 수천 번 경험한 아기들은 달래어 주길 기대하는 걸 배운다. 내 아이들은 모두 이런 방식으로 발달했다. 그들이 아기였을 때, 비상경보 모드로 낮잠에서 깨서는 목이 터질 듯 소리를 지르며 울어대곤 했다. 나는 내가 위층으로 올라갈 수 있는 한 최대한 빨리 뛰어가서 아이를 들어 안아 흔들고, 달래고, 엄마가 왔고 곁에 있다고 말해주곤 했다. 그들은 나와의 친밀감을 통해 조절을 회복하고자 숨을 꿀꺽 삼키다가 마침내 안정감을 느끼며 작은 한숨을 내쉬곤 했다. 나의 세 아이들이 각각 6개월쯤 되었을때, 아이들은 낮잠에서 깨어나 울어대다가 내 발소리가 계단에서 들려오면… 달래주는 걸 예상하며 울음을 멈추곤 했다.

예기진정(anticipatory soothing)은 예기불안(anticipatory anxiety)만큼이나 현실처럼 지각된다. 실제로, 예기진정은 (대상영속성으로 암호화되어 있는) 무서운 것을 마주할 때 느끼는 아이의 고통을 완화시킬 수 있다. 아이가 충분히 좋은 양육을 받은 경우, 부모의 내재화된 작업 모델은 부모가 없는 상황에서도 강력한 진정 반응을 만들어 낼 수 있다. 양육자와 아기 간에 일어나는 조절댄스는 뇌간을 진정시키고 조절하는 방식으로 아기의 뇌 발달을 돕는다. 즉 변연계 공명(limbic resonance)을 일으키고 변연계 뇌로의 연결을 만들며, 신피질이 세상에 대해 인지적 호기심을 갖도록 한다. 진정되고 연결된 유아들은 놀라울 만큼 강한 집중력을 가진다. 아기들을 먹이고, 껴안고, 양육하면, 그들은 고요함과 집중력으로 엄마나 세상의 물체와 소리에 눈과 귀를 기울일 수 있게 된다.

　양육자가 자녀의 행동 관리자에서 조절 조력자로 인식을 전환하도록 돕기 위해, 나는 종종 내 딸이 2세쯤 되었을 때의 나와 딸의 사진 3장을 연속해서 보여준다. 우리는 매머드 동굴로 가기 위해 차에서 막 내리고 있었는데 아기가 빨대컵에 입을 쾅 부딪쳤다(그림 3.4, 3.5, 3.6을 보시오).

　이 일로 아이는 신체적 고통을 느꼈고 정서적으로는 화가 난 상황이었다. 그래서 나는 아이를 들어 안아 몸을 밀착하여 신체 접촉을 유지하며 마음을 가라앉힐 수 있도록 달래주었다. 그러자 아기는 조절을 시작했다. 그런 다음 아기는 손을 내 쇄골에 대고 엄지손가락을 입에 물고는 자신을 진정시키는 데 필요한 만큼 자신의 몸을 내게 고정했다. 나는 매디슨에게 생후 1년 동안 젖을 물렸다. 아기는 젖을 빠는 동안 내 쇄골에 손을 얹곤 했다. 젖을 뗀 후, 아기는 화가 날 때 내 쇄골에 손을 얹고 엄지손가락을 빨곤 했다. 6개월이 지나자 더 이상 내 쇄골에 손을 대지 않았다. 단지 스스로 진정하기 위해 엄지손가락을 빨았다. 그리고 6개월이 더 지나서는 더 이상 엄지손가락도 빨지 않았다. 아기는 자신을 달래는 능력을 내면화했지만, 타인이 자신을 수천 번 달래준 뒤에야 스스로를 진정시킬 수 있었다. 이 과정은 아이들이 스스로를 조절할 수 있는 기간이 길어지면서 일생 동안 계속된다. 즉, 타인으로부터 위로를 받고자 하는 욕구에서 완전히 독립하는 시기는 절대 오지 않는다. 나는 지금까지도 스트레스에 대한 나의 수용의 창을 벗어나면 엄마에게 전화를 한다. 유아기에 타인에 의해 달래지는 경험을 수천 번 반복한 아이들은 성인이 되었을 때 이런 신경통로를 얻지 못한 다른 성인들보다 최적의 각성 영역으로 더 빨리 돌아온다.

　아이들이 '충분히 좋은' 돌봄을 받지 못하고 스트레스에 대한 수용의 창을 넓히고 고통을 조절하는 방법을 가르쳐 주는 수천 번의 양육경험을 하지 못했다면, 그들은 스스로를 진정시키기 위한 신경 비계를 가지지 못한다. 이것이 바로 10세인 입양아가 변연계가 안정적일 때는 수학시험에서 만점을 받을 수 있을진 모르지만, 신체적으로나 사회적 또는 정서적으로 화가 나 있을 때는 유아기 퇴행과 분열 반응을 보이는 이유이다. 이 아이들은 이전에 조절 조력을 받아보지 못했기 때문에 내면화된 진정이 이루어지기가 어렵다. 아이들이 조절을 학습하는 데 도움을 주는 초기 애착대상의 중요성은 아무

그림 3.4 조절불능상태

그림 3.5 연결하기

그림 3.6 조절 조력하기

리 강조해도 지나치지 않다. 나는 아기가 태어나자마자 바로 입양가족의 품에 안기는 기쁜 순간을 경험한 많은 가족들과 함께 일한다. 어떤 경우에는 탯줄을 자르는 경험을 하기도 한다. 이 부모들은 자녀에게 어려움이 생기기 시작하는 것을 보았을 때 인식의 전환을 일으키는 데 아주 힘든 시간을 보냈다. 자신들의 '잘못된' 육아로 인해 아이가 통제불능상태를 보이는 건 아닌지에 대한 생각에 몰두하여 수치심이나 죄책감에 빠질 수 있다. 나는 그것이 그들이 인식을 변화시키는 데 방해가 된다는 것을 발견하고 아기가 경험했을 수 있는 태내 환경에서의 상처에 관해 내가 아는 정보들을 부모들에게 제공한다. 나는 종종 부모들에게 *The Secret Life of the Unborn Child*(Verny & Kelly, 1988)라는 책을 언급한다. 이 책은 잘 읽힐뿐더러 무엇보다도 자궁 내 경험이 일생의 조절 패턴에 얼마나 강한 영향을 미치는지에 대해 잘 설명하고 있다.

　나는 아기의 출산을 간절히 기다리는 엄마의 뱃속에서 자라고 있는 태아의 그림을 부모에게 그려준다. 태아가 흡수하는 첫 번째 전신 진동은 산모의 규칙적인 심장박동 리듬이다. 쿵, 쿵… 쿵, 쿵! 시간이 지나면서 아기의 심장박동은 엄마의 심장박동에 동시성을 가지고 따라하게 된다. 만약 산모가 임신 사실을 감추고 있어서 아기를 건강하게 키울 영양을 공급하지 못하거나 가정폭력을 겪고 있다면, 그녀의 심장박동은 예측하기 어려워서 때론 안정적이다가도 경주를 하듯 급하게 뛰기도 하며 엄청난 양의 코르티솔이 아기의 혈류로 흘러 들어가게 될 수도 있다. 엄마의 몸에서 분비되는 신경화학물질이 아기의 뇌를 목욕시키고 있는 것이다. 임신 6개월에 엄마와 아기는 신경화학적 정렬을 하게 된다. 만약 우울과 불안으로 인해 엄마의 세로토닌과 도파민 수치가 내려간다면, 이 신경생물학적 요인은 아기에게도 영향을 미칠 수 있다. 적어도 건강을 지켜주는 신경화학물질이 부족하면 아기의 뇌 발달을 위한 환경 결핍에 큰 영향을 미칠 수 있다. 신경생물학적으로 충분하지 못한 초기 환경의 경험은 결핍에 대한 주요 신체적 재경험 패턴으로 옮겨갈 수 있다. 이러한 태내 환경의 경험으로 인해 만들어지는 핵심신념은 "내겐 절대 충분히 주지 않을 거야."이다. 이러한 믿음은 신체적으로 암호화되어 이후 관계를 맺을 때 자기 방해 패턴을 만들 수 있다. 어떤 경우, 아무리 많은 사랑이나 양육이 주어지더라도 여전히 충분치 않다고 느끼고 어느 순간 그것조차 없어질 것이라 믿어버리게 된다.

　수많은 연구를 통해 우리는 태내기가 일생에 걸쳐 중추신경계를 형성하는 데 얼마나 중요한지를 새롭게 이해하게 되었다. 태내 호르몬 방출의 결정적인 시기는 이후 아이가 정서적, 생리적 스트레스를 조절하도록 설정하고 적응적인 양육을 위해 엄마의 뇌를 준비시킨다는 논의도 있다(Glynn & Sandman, 2011). 이 모든 정보를 통해 우리는 산모들을 위한 지원과 개입을 제공하는 것이 우리들이 가장 먼저 초점을 맞추어야 하는 부분임을 깨닫게 된다.

보이스의 부족

방임되거나 학대받은 아이에게 가장 중요한 경험 중 하나는 안전한 보스와의 친밀감과 신뢰감을 형성하는 것이다. 보살핌을 잘 받은 아기들은 자신이 가진 보이스의 힘을 안다. 불편함을 느끼면 아기들은 배고프고, 춥고, 축축하고, 외로운 것으로 인한 고통을 울음으로 표현하여 누군가를 부른다. 아기들은 울고 그 누군가는… 꽤 강력한 도움을 준다. 우리로 하여금 아기에게로 가도록 만드는 이 울음소리를 우리는 '혐오적 단서 제공'이라 부른다. 그 이유는 우리는 울음을 멈추길 원하고 그 불쾌한 경험이 끝나길 바라는 마음에 아기들에게 즉각적인 반응을 하게 되고 아기는 자신의 보이스가 가진 힘을 이용하는 요령을 알게 되기 때문이다. 하지만 아기가 울어도 어느 누구도 밥을 먹이거나 축축한 기저귀를 갈아주지 않는다면 어떻게 될까? 이 아기는 무엇을 배울까? 울어도 아무도 오지 않을 것이고 달라지는 것도 없으니 보이스는 중요하지 않다고 여길 것이다.

당대의 획기적인 연구(Provence & Lipton, 1962)는 75명의 시설 유아 그룹과 75명의 가정 양육된 유아 그룹을 추적하여 다양한 형태의 평가를 진행하였다. 압도적인 결과로, 모성적 돌봄이 없는 상태에서 자란 아기들이 부정적 영향을 경험하는 것이 발견되었다. 한 가지 의미 있는 발견은 아기들이 30~60일 동안 시설 환경에서 계속 울었다면 그들은 보이스를 잃어버린다는 것이다. 즉 그들은 그저 울음을 멈추어 버린다.

결국 포기해 버린다는 이 견해는 Ed Tronick의 연구, 특히 무표정 실험(Still Face Experiments)(Montirosso, Cozzi, Tronick, & Borgatti, 2012)을 통해 더 명확해졌다. 이 실험에서 연구자들은 엄마와 아기의 얼굴에 각각 카메라 한 대씩을 고정시킨 후 엄마에게 아기와 놀아보도록 하였다. 대개 엄마와 아기가 서로 옹알이를 하면서 킥킥거리고 말하며 즐거워하는 달콤한 춤을 추기 때문에, 이 영상들을 보며 미소 짓지 않기란 참 어렵다. 그러고 나서 연구자들은 엄마에게 표정 없이 아기를 멍하니 쳐다보는 식으로 엄마의 반응을 없앨 것을 요구한다. 처음에 아기는 혼란스러워하며 '아마도 엄마가 내 소리를 못 들었거나, 정신이 없었을 거야.'라고 생각하는 반응을 보인다. 때론 아기가 '난 엄마에게 가장 큰 기쁨인 거 다 알아요. 엄만 정신이 없었던 게 분명해요. 내가 가진 귀여움을 모두 보여드릴게요. 다시 보세요.'라고 한 후 또 한 번 꽥꽥 소리를 지르는 것만 같다. 아기는 처음엔 더 열심히 한다. 엄마가 아기의 신호로부터 떨어져 있는 것처럼 계속 무반응이면, 아기는 포기한다. 아기는 혼란스러워한다. 침을 흘리기 시작할 수도 있고, 팔다리의 균형을 잃을 수도 있으며, 울거나 벽을 쳐다볼 수도 있다. 아기는 구조화하는 상대가 없으면 혼란을 경험하게 된다. 이 연구는 민감하고 반응적인 양육이 중요함을 강하게 시사한다.

   도움을 받아보지 않은 아이들은 그들 자신의 고통을 무시하기 시작한다. 우리에게 필요한 것이 있음을 알리는 몸의 신호는 소중히 여기고… 주의를 기울이는 것이 마땅하다. 배가 고파서 꼬르륵대면, 나는 내 몸의 신호에 귀를 기울이고, 나에게 필요한 것을 알려주는 내 몸에게 감사함을 느낀다. 그러나 욕구가 충족되지 않을 때 그 욕구에 주의를 기울이는 것은 영혼을 병들게 하고 고통을 더 악화시킨다. 배고픔을 계속 겪는 아이들은 몸과 마음을 분리하는 방법을 배운다. 그들은 욕구와 그것을 표현하는 것을 약점으로 지각하기 시작한다. 표현된 욕구가 약점이라고 믿게 되면, 아이들은 자신의 욕구를 충족시키기 위한 선택을 거의 하지 않게 된다. 그들은 자기에게 필요한 것을 스스로 해결해야 한다. 이 아이들에게는 타인이 그들의 욕구를 충족시켜 주고 안전하게 돌봐줄 것이라는 신뢰가 없기 때문에, 그들은 모든 것을 스스로 통제해야 한다는 것을 배우게 된다. 이 통제는 타인을 통제하고자 하는 욕구로 표면화되어 나타날 수 있으며, 또는 스스로에게 엄격함을 요구할 수도 있다. 아이는 승화를 통해 힘든 감정에 대한 모든 표현을 통제하거나, 그 감정은 존재하지 않는 것인 양 처리해 버릴 수도 있으며, 덜 취약한 것으로 변형시켜 버리거나 따로 분류해 버릴 수도 있다. 우리는 욕구가 충족되지 않을 때, 욕구를 감추어 버리는 법을 학습하는 데 매우 창조적일 수 있다. 이러한 맥락은 음식을 몰래 먹거나 사재기하고 거짓말을 하고 훔치는 습관이 그 아이들에게 합리적인 선택이 될 수 있을 뿐만 아니라 가장 안전한 선택이 될 수 있다는 점을 이해하는 데 도움을 준다. 욕구를 감추는 것은(주로 무의식적으로 행해짐) 안전한 보스와의 관계를 포기하는 결과를 낳게 된다. 안전한 보스를 가진 아이들은 신뢰 기반이 발달한다(Erikson, 1993). 그들은 세상은 신뢰할 만하고 양육자들이 반응적으로 대해줄 것이라 믿는다. 안전한 보스를 경험하지 못한 아이들은 통제 기반이 발달한다. 나는 이 기반을 가진 아이들을 정말 많이 본다. 그들의 핵심신념은 "내가 무슨 수를 써서라도 모든 것을 통제해야 해. 아니면 죽을지도 몰라."라고 하는 것 같다. 통제가 상처받은 아이에게는 생존을 위한 필수임을 이해하게 되면, 아이가 좋아하는 선택권을 이미 가지고 있을 때도 항상 또 다른 선택권을 요구하는 이유를 더 잘 이해할 수 있다. 부모는 이렇게 말할 것이다. "너에겐 두 가지 선택권이 있어. 빨간색 셔츠와 파란색 셔츠 중 하나를 고를 수 있단다." 그러면 아이는 소리를 지를 것이다. "난 보라색 셔츠를 입고 싶어요." 그건 실제로는 보라색 셔츠에 관한 문제가 아니다. 그것은 안전한 보스와의 관계에 있어서 신뢰의 부족에 관한 것이다. 위탁아동과 입양아동에게 안전한 보스가 되어야 한다. 그리고 그렇게 되기까지는 엄청난 시간이 걸린다.

아동의 좋은 점을 강화해 주는 안전한 보스

수년 전, 나는 '굿앳 게임'이라고 불리는 활동을 만들었다(Goodyear-Brown, 2002). 당시 나는 시내에 있는 학교에서 일하고 있었는데, 한 아이에게 자신을 나타낼 그릇 모양의 용기를 만드는 활동을 해보도록 하였다. 그러곤 그릇 안에 보석을 가득 채운 뒤, 그가 잘하는 것을 큰 소리로 확인하면서 '자신(self)' 안에 있는 보석을 꺼내어 보도록 하였다.

나는 항상 큰 불안을 안고 사는 6세 소년 지미를 만나고 있다. 지미는 한 친구에 대해 부정적인 생각을 가지는 것은 나쁜 것이고 자기 자신을 다치게 할 수 있다고 생각한다. 그는 좌절, 슬픔, 분노와 같은 큰 감정은 나쁜 감정이고 그런 마음을 가지는 것은 자신이 나쁜 아이라는 것을 의미한다고 믿기 때문에, 그의 삶 속에서 행복한 감정들만 찾아낼 수 있다. 지미는 사람들과의 관계에서는 친절하고 긍정적인 태도를 취하기 위해 애쓰지만, 정작 자기 자신에 대해서는 친절하고 연민을 가지는 데 어려움을 겪는다. 그는 안전기지이자 안전한 안식처로서 양엄마에게 크게 의존하고 있다. 나는 지미에게 자신의 긍정적인 특성을 찾는 데 에너지를 쏟도록 요구하는 것은 그에겐 도전이고 어쩌면 불안을 조성하는 것일 수 있겠다고 이해했다. 그래서 나는 그의 엄마가 우리와 함께 작업하도록 초대하였다. 엄마는 함께 하는 것을 기뻐했고, 그녀의 그릇을 만든 후에 지미가 만드는 것을 도와주었다. 엄마는 플레이도로 만든 큰 공을 지미에게 주었는데, 지미는 "난 그냥 작은 걸 원해요."라고 말했다. 그들은 함께 작은 걸 만들었다. 그리고 나서 지미는 큰 돌 하나를 고르고는 "딱 맞을 거예요."라고 말했다. 구체적인 재료를 사용하고 긍정적 확신을 가질 수 있는 공간의 양에 관해 사실적으로 말하는 동안, 놀이 재료를 두고 협상하는 것과 동시에 자신의 좋은 점을 발견하기 위한 내적 갈등을 둘러싼 자신과의 끊임없는 협상이 같이 이루어졌다.

지미 엄마와 나는 먼저 게임을 했고, 번갈아 가며 돌멩이 하나하나에 우리가 잘하는 것들을 말하면서 지미가 게임의 아이디어를 관찰하고 그것에 익숙해지도록 하였다. 지미는 그의 돌에 대해 "난 좋은 친구다."라고 말하게 되었다. 하지만 즉시 테이블에서 뛰어내려 건너편 방의 골든너깃 쟁반으로 달려가 너깃들 사이로 손을 들어 올리기 시작했다. 지미 엄마와 나는 이 놀이가 지미에게 필요한 휴식과 조절을 가져다준다는 것을 이해하고 그와 함께 너깃 쟁반놀이에 참여했다. 그 방에서 몇 분 동안 놀이를 진행한 후, 엄마는 지미에게 다시 굿앳 게임을 하고 싶은지 물었다. 나는 그가 좋아하는 방식으로 게임을 바꾸어 보도록 하였다. 그의 얼굴이 밝아지면서 "저 알아요."라고 답했다. 그는 테이블로 돌아와 자신의 플레이도 그릇과 엄마의 그릇을 바짝 붙였다. 그러고는 엄마의 그릇 벽에 구멍을 내고 보석이 통과할 수 있을 만큼 충분히 큰지 확인하기 위해 매우 집중하며 작업했다(그림 3.7을 보시오).

나에게 이 사례는, 자신에 대해 긍정적인 것들을 탐구할 수 있는 안전기지인 이야기

그림 3.7 자신을 탐구하기 위해 함께 붙여둠

지킴이의 지원을 더 많이 필요로 하는 아이의 욕구가 표현된 아름다운 예이다. 엄마는 지미와 엄마가 함께 가지고 있는 엄마의 긍정적인 자질에 대해 이야기하고 나서 엄마의 그릇에 돌을 담고는 지미 그릇 쪽으로 굴러 들어가게 했다. 지미는 "그것이 나다." 라는 확신은 못 한 채, 엄마의 경험을 더 공유해 주길 원했다. "넌 친절한 마음을 가진 아이야."라고 말하는 대신 "우리는 친구들에게 친절하게 대합니다."라고 엄마가 말했다. 엄마는 지미의 이야기를 담아주면서 아이가 자기 연민으로 다가갈 수 있도록 전달자 역할을 했다. 이런 식으로 엄마와 함께 하는 것은 두려운 내용에 다가가는 고통을 덜어주었고, 자기 확신을 가지도록 하는 작업이 되었다.

힘든 스토리를 담아주는 안전한 보스

외상성 스트레스 장애는 불안에서 비롯된다. 입양된 아이들의 경우, 종종 가치와 관련된 핵심불안이 있을 수 있다. 가슴이 쿵쾅거릴 정도로 답하기 두려운 질문이 "나는 소속될 가치가 있는가?"라는 것이다. 이들 중 많은 아이들이 버려졌다는 느낌을 받고 있으며, 그들이 쓰레기라는 의미는 아닌지 걱정한다. 외상 후 스트레스의 특징 중 하나는 사람, 장소, 사물을 피하는 것이다. 놀이치료에서 놀이실은 회피와 씨름하는 축소판이 된다. 놀이실이라는 공간은 놀이에서의 상징들을 통해 내용을 '살짝 감추어 넣어서' 회피할 수 있는 기회와 함께 그 상징을 치료과정의 전반에 다룰 수 있는 독특한 기회를 제공한다. 외상을 경험한 아이들은 자신의 취약한 부분을 상기시키는 특정 상징들을 식별할 수 있다. 이것을 우리는 '자기-대상(self-object)'이라 부른다(Goodyear-Brown, 2010). 상징 자체는 아이 내부의 활동을 활성화하기 위한 닻을 내려주기도 하고 상징과 관련된 내용에 아이가 가까이 다가갔을 때 심리적으로 감정이 올라오는 것을 완화시켜 주기도 한다. 부모들의 이야기지킴이 역할을 증진시키도록 돕는 많은 방법들은 나의 책 *Trauma and Play Therapy*(Goodyear-Brown, 2019)에 소개되어 있다. 부모들의 이야기지킴이 역할을 증진시키는 더 많은 전략들은 이 책 9장에서 다룰 것이다.

부모들과 함께 안전한 보스 행동이 어떤 것인지 알아볼 때, 호버만의 구는 큰 감정을 담고 보유하는 개념을 시각적으로 보여주어 부모와 아이들 간의 관계에 대한 강력한 은유적 도구가 되곤 한다. 물론, 이 관계를 설명하는 은유의 힘을 나에게 보여준 사람은 한 아이였다. Nurture House에는 크고 작은 호버만의 구가 있다. 큰 구는 완전히 벌

그림 3.8 '엄마와 아이' 호버만의 구

리면 4세 아동이 충분히 들어갈 만큼의 크기가 된다(그림 3.8을 보시오).

　질리안은 만성질환을 가진 엄마에게서 자란 7세 여자아이였다. 질리안의 엄마는 활동이 가능할 때도 있었지만, 때론 면역질환이 심해져 침대에 누워있기만 할 때도 있었다. 엄마는 자신의 비일관적인 능력 때문에 생긴 불안정 애착을 발견하고 자신의 만성질환이 딸에게 미치는 영향을 해결하기 위해 딸을 데리고 놀이치료에 왔다. 두 번째 세션에 질리안은 그 구(그림 3.8)를 발견했다. 그녀는 큰 것을 골라 크게 벌렸다. 다음은 당시의 대화 내용이다.

　패리스(저자) : 크게 만들었구나.

　질리안 : 네! 가장 크게 만들었어요.

　패리스 : 최대한 크게 만들었구나.

　(질리안은 바구니에서 작은 구를 꺼내어 크게 벌어져 있는 큰 구 안에 그것을 넣는다.)

　패리스 : 작은 걸 큰 것 안에 넣었구나.

　질리안 : 네! 들어갈 공간이 있었어요.

　패리스 : 큰 구 안이 안전한지 궁금하네.

　질리안 : 보세요! (큰 구를 충분히 작아질 때까지 압축하여 작은 구가 더 이상 보이지

않을 정도로 단단히 둘러싼다.) 이건 안전해요!

패리스 : 오, 작은 것은 큰 것이 사방에서 가까이 감싸주었을 때 가장 안전하다고 느
　　　　끼는구나.

질리안 : 네… 하지만 때론… (다시 큰 구를 벌린다.) 이건 바로 굴러 나올 수 있어요.
　　　　(큰 구를 바닥에 펼쳐둔 후 큰 구 안에 있던 작은 구를 쳐서 떨어져 나오게 만든다.)

패리스 : 오, 작은 구가 밖으로 나왔네…

질리안 : 네. 큰 구가 그걸 찾으러 가기까지는 시간이 좀 걸릴지도 몰라요.

[질리안은 다양한 놀이 시나리오를 만들어 가며 놀이를 진행했다. 일부 내용은, '더
크고, 더 강하고, 더 지혜롭고, 친절한' 구가 작은 구를 붙들고 보호하는 것이었다.
다른 일부는, 작은 구가 미끄러져 혼자 있는 것이었다. 이 어린 여자아이의 놀이 속
에서 큰 것과 작은 것의 지속적인 변화가 나에게는 관계의 요요라는 인상을 강하게
갖게 하였다. 결국, 나는 내가 보고 있는 그 패턴에 관해 정말 궁금해지기 시작했다.]

패리스 : 때론 큰 구가 작은 구 바로 옆에 붙어있기도 하고, 때론 작은 구가 다른 곳
　　　　으로 굴러갈 수도 있는 게 보이는구나. 작은 구는 어떤 걸 가장 좋아할까?

질리안 : (고음의 소리를 내며 마치 작은 구가 말하는 것처럼) 저보다 더 커지세요!
　　　　그렇다고 너무 커지면 안 되고요!

이 세션이 끝난 직후, 나는 엄마와 함께 양육 세션을 가졌다. 엄마는 통증이 아주 심
해질 때, 그녀가 매우 커진다고 설명했다. 즉 질리언에게 매우 날카롭게 말하고 사소한
짜증에도 과민하게 반응한다고 하였다. 나는 질리언의 놀이 패턴을 설명했고, 중간쯤
되었을 때 이렇게 말했다. "음. 이걸 보여드리고 싶어요. 그 구를 좀 보시겠어요?" 그
녀는 정말 보고 싶어 하였고, 내가 큰 구 안에 작은 구를 넣고 꽉 눌러 감싸는 순간, 그
녀는 울기 시작하며 말했다. "제가 아이를 이렇게 보듬어 줄 수 있으면 좋겠어요." 그
리고 우리는 엄마가 통증이 심한 날에도 여전히 질리안을 잘 보듬어 주고 있다는 걸 아
이가 느낄 수 있는 방법으로 무엇이 있을까에 대해 이야기 나누었다. 몇 주 후 부모상
담시간에 온 엄마는 딸에게 **더 커지지만 또 지나치게 크지는 않은 그릇**이 되어 담아주는
그 시각적 이미지가 얼마나 중요했는지에 대해 말했다. 아동뿐만 아니라 부모들에게도
시각적 이미지의 중요성은 간과할 수 없다.

안전한 보스를 내재화하기

안전한 보스들은 자신이 돌보는 대상이 함께 있지 않아도 시간과 공간을 넘어서 애착을 키워 자신의 존재를 느끼게 할 수 있는 방법들을 찾는다. 트라우마와 가족 맥락에서, 방임되거나 학대당한 아이들은 내재화된 부모의 매우 흐릿한 도식을 가지게 된다. 이로 인해 때때로 분리불안이나 양가적인 애착이 나타난다. 아이는 "여기로 오세요, 저리 가세요."라는 식으로 요구를 하다가 금방 화를 내는 행동을 주기적으로 보여 부모를 혼란스럽게 한다. 나는 종종 양가적인 애착을 가진 아이가 부모에게 극단적으로 화를 내다가도 부모를 절실히 필요로 하는 등 어느 한쪽의 상태를 완전히 표현하지 못하는 점에 대해 언급하곤 한다.

한편, 아이들은 Piaget의 대상영속성 작업을 성공적으로 해내지 못할 수 있다. 혼자 자기 싫은 라마의 귀여운 난동(*Llama Red Pajama*)(Dewdney, 2015)은 내 아이들이 가장 좋아하는 베갯머리 책 중 하나였다. 엄마 라마가 아기 라마에게 하는 말 "내가 여기 있지 않아도 난 항상 가까이 있다는 걸 알지?"는 대상영속성을 아름답게 요약 설명한다. 이 경우에, 아이들이 중간대상(Winnicott, 1953)을 가지는 것이 도움이 될 수 있다. 그것은 아이가 학교에 갈 때나 부모가 출근하거나 출장을 갈 때에도 부모와 아이들 간의 관계를 단단하게 묶어줄 수 있다.

중간대상은 부모의 이혼으로 두 집 사이를 정기적으로 오가는 아이들에게 특히 중요할 수 있다. 트라우마플레이에서 생리적 수딩을 목표로 작업하는 동안, 우리는 중간대상을 사용하여 파트너로서의 부모의 역할을 더 강화하는 작업을 한다(Goodyear-Brown & Andersen, 2018). 이 대상들은 신체적으로 부재한 부모에 대한 안전감을 가지기 위한 닻이 되어준다. 부모가 신체적으로 부재한 경우에도 양육과 수딩의 감정을 연결하여 경험할 수 있도록 한다. 그림 3.9는 사랑연결장치의 한 예이다. 몇 년 전, 아들이 내게 이것을 가르쳐 주었다. 나는 36시간의 순회강연을 위한 짐을 꾸리고 있었다. 당시 유치원생이었던 니콜라스가 내가 짐 싸는 것을 지켜보다가 "우리 사랑을 이어주는 장치가 필요해요."라고 말했다. 그가 말하는 게 정확히 무슨 뜻이었는지는 몰라도 마음속에 깔려있는 욕구의 표현임을 이해하고 나는 "우리에겐 정말 사랑연결장치가 필요해. 가서 찾아볼까?"라고 반영해 주었다. 아이는 내 손을 잡고 소파에서 내려와 집안 곳곳을 돌아다녔다. 그리고 머리 고무줄이 있는 병 앞에 서서는 "여기 있어요!"라고 소리쳤

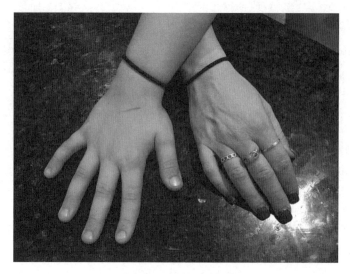

그림 3.9 사랑연결장치

다. 그는 병뚜껑을 열고 머리 고무줄 2개를 꺼내어 내 손목에 하나, 자기 손목에 하나를 끼우고는 만족스러워했다. 다음 날 아침 나는 그를 유치원에 데려다주었고 우리 둘의 손목에는 고무줄이 끼어있었다. 사랑연결장치(머리 고무줄)를 만지며 그는 "우리의 사랑연결장치 파워연결!"이라고 말했다. 출장기간 동안 우리는 몇 차례 영상통화를 하였다. 매번 그는 내가 사랑연결장치를 차고 있는지 화면에 보이게 해달라고 하여 함께 파워연결을 했다. 이 원고를 쓰고 있는 지금, 우리는 컴퓨터를 활용하여 일을 해야 하는 상황인 세계적인 팬데믹의 한 중심에 놓여있다. 스크린을 통해 사랑연결을 만들어 보도록 부모와 아이를 지지하거나, 물리적으로 떨어져 있지만 아이와 나의 관계를 단단하게 유지하는 연결장치를 만들어 보는 이러한 개입이 더없이 고맙다. 이 개입을 하는 또 다른 방법은 부모들에게 구슬과 끈(온라인 상담 중이라면, 마른 마카로니나 시리얼 등 뭐든 끈에 끼워볼 수 있는 것들)을 준비하도록 하는 것이다. 이 세션에서 아이와 부모가 같은 색깔의 구슬 2개를 찾아서 각자 자신의 목걸이에 하나씩 끼우도록 한다. 이때 그들이 공유하는 긍정적인 부분 하나를 말로 표현하면서 진행하도록 한다. 예를 들어, 엄마와 아이 모두 아름다운 갈색 눈을 가지고 있다고 하면, 둘이 함께 공유하고 있는 아름다움이 각자의 목걸이에서 기념될 수 있도록 하는 것이다. 그러면 아이가 다른 부모의 집에 가있는 동안 서로 이 목걸이를 착용하여 연결감을 가질 수 있다.

 아이에게 트라우마와 연관된 분리불안이 생기는 경우도 있다. 이전에는 매우 독립적이었던 아이가 부모에게 매달리기 시작할 수도 있다. 이런 경우 부모와 자녀 간의 작은 거리두기 놀이 연습을 해보는 것이 도움이 된다. Nurture House에는 부모-자녀 간 연습을 할 때 기초로 활용하는 파우치(*pouch*)라는 스윗한 책(Stein, 2009)이 있다. 이 책은 엄마와 조이에 관한 내용이다. 책을 읽은 후, 우리는 아이를 부모 바로 옆에 앉히고, 때론 엄마나 아빠의 품에 안기게도 하고, 아이를 파우치에 나오는 조이가 되어보게 한다. 그리고 나서, 큰 나무주사위를 굴리고 나온 숫자만큼 부모로부터 멀리 깡충깡충 뛰어가게 한다. 많은 숫자가 나오더라도 그만큼 멀리 가보는 것이다. 우리는 그 거리가 부모와 자녀 모두에게 얼마나 안전한지를 다 함께 경험해 본다.

안전한 보스와 가족들 안에서 긍정적인 성장 기념하기

나는 최근 매우 힘든 고통을 안고 Nurture House에 내방한 한 가족과 함께 작업을 했다. 아들인 애덤은 심한 조절장애로 인해 Nurture House에 들어오기조차 힘든 상태여서 차 안에서 여러 번의 세션을 가져야 했다. 내가 그 가족을 만날 당시, 애덤은 특성화 학교에서 나와야 하는 상황이었고, 집 밖으로 외출하는 것이 힘들었으며, 한두 시간 이상 조절이 불가능하였고, 시도해 본 정신과 약물들도 별 효과가 없었다. 우리는 안전감을 만들기 위해 여러 달 동안 걸음마를 시도했다. 우선 부모님과 내가 그와 함께 있는 것을 즐거워한다는 점을 그가 느낄 수 있도록 도왔다. 그와 동시에, 그가 통제불능상태일 때 다른 사람을 때리고 다치게 하는 문제가 일어나지 않도록 보호할 것이라는 점도 느끼도록 하였다. 이 걸음마는 부모가 애덤과 함께 새로운 한계를 설정하고 지키도록 돕는 것이었다. 부모는 애덤이 언제든 감정을 표현할 때마다 그의 약한 부분들을 받아주고 새로운 행동 패턴이 그에게 얼마나 힘든 것인지 이해하는 데 매우 능숙해졌다.

　아이의 폭력적인 행동이 없어지고 아이가 자신의 역량과 숙달감을 경험하고 새로운 학교 프로그램에 등록한 후, 나는 가족들에게 지금까지의 치료 여정을 보여줄 모래상자를 만들어 보도록 제안했다. 모래상자는 경계가 분명하고 작업에 함께 집중할 수 있도록 하며 우뇌의 의사소통을 촉진하기 때문에 가족에게 매우 안전한 공간이 된다(Carey, 1999; Homeyer & Sweeney, 2016). 가족 한 사람 한 사람이 얼마나 열심히 변화를 위한 작업과 노력을 해왔는지를 되돌아보는 것이 중요했다. 또한 우리는 진행 중인 작업의 목표에 초점을 맞추기를 원했다.

그림 3.10 백기를 흔드는 야수들

상자 한 구석에 엄마와 아빠가 그림 3.10과 같은 이미지를 만들었다. 엄마는 아이가 아기 같은 행동을 하며 퇴행하는 모습을 보고 무력감과 절망을 느꼈다고 묘사했다. 엄마와 아빠는 무릎을 꿇고 있는 모습이고 아빠는 머리가 없는 상태이다(이것은 세라믹 피규어인데 안타깝게도 떨어져 있었다). 내담아동은 그들 앞에 등을 대고 누워있는 아기로 표현된다. 엄마는 상자에 야수를 한 마리 놓았고, 치료를 시작했을 때 가족 전체가 느꼈던 것이 어땠는지에 대해 말했다. "아이가 생기면 당신의 심장은 몸 밖에 내어 놓아야 한다."라는 신념에 고개를 끄덕이며, 엄마는 아이의 고통이 멈출 수 없는 상황을 겪으면서 얼마나 상처받았는지를 얘기했다. 가장 오른쪽에는 백기를 흔들며 무릎을 꿇고 있는 병사가 있다. 엄마는 최악의 상황이었을 때를 회상하며, 자포자기하여 도움을 청하며 울부짖는 심정이었음을 얘기했다. 나는 가족에게 안식처가 없었던 게 아닌가 물어보았고, 엄마는 "그래요. 마치 거대한 자연의 힘에 휘둘려 우리가 사막의 한가운데 있는 것 같았어요."라고 동의했다. 내가 그녀에게 모래상자의 이 부분에 어떤 제목을 붙이겠는지 물어보자, 그녀는 '백기를 흔드는 야수들'이라고 명명했다(그림 3.10을 보시오).

모래상자 중앙에 엄마는 치어리더와 구조헬기를 놓아두었는데(그림 3.11을 보시오), 그 둘은 그들의 여정에 함께 있는 치료사(나)의 역할을 상징했다. 그녀가 가족과 함께

그림 3.11　안전한 보스 역할

상호작용하는 격려자이자 조력자로서 나를 보았다는 점이 기뻤다. 병렬과정의 관점에서 보면, 부모가 통제불능을 느끼고 아이에게 압도당했을 때 내가 격려하고 도움을 주었듯이, 그들은 새로운 방식으로 아들을 격려하고 돕기 시작했다. 나는 치료사로서 우리의 역할은 아이를 두 팔로 감싸는 부모들을 두 팔로 감싸주는 것이라고 생각한다. 아이들이 탐험을 할 수 있도록 지지해 주고 힘든 상황일 때 돌아오는 것을 반겨주는 안전한 보스의 두 가지 주된 임무가 부모에게 내면화되기 위해서는 치료자가 모델이 되어주는 것이 엄청난 도움이 된다. 부모들이 자신감을 가지고 양육에서 새로운 시도를 할 준비가 되면, 우리는 그들의 탐험을 지지한다. 그들이 힘겨워하며 되돌아오면, 우리는 그들의 위기와 그로 인한 결과들을 맞이하며 고통을 감싸 안아준다. 부모에게 이런 상호작용의 반복은 자녀에게 이와 같은 지지를 제공할 수 있도록 해준다. 또한 아들이나 딸이 그들을 필요로 할 때 더 많은 것을 해줄 수 있는 능력이 확장되었다고 알게 해준다.

　모래상자 한쪽에서, 나는 엄마가 현재 인지하고 있는 가족의 모습을 보여달라고 요청했다. 먼저, 엄마는 건강하고 '쿨하게 생긴 아이' 피규어를 골랐다. 아프리카계 미국인이었고 그들의 집 입구 왼쪽에 서서 미소를 짓고 있는 모습이었다. 그 여동생은 축구공을 가지고 있는 어린 소녀로 표현되었다. 엄마는 딸이 나이에 맞는 활동을 하는 시

그림 3.12   다시 세상 속으로

간이 더 많아졌고 지금은 가족이 더 건강한 생활 리듬을 가지게 되었다고 말했다(그림 3.12를 보시오). 엄마는 자신을 원더우먼으로 택했고 아빠는 배트맨으로 나타냈다. 그러고는 그녀와 남편이 힘든 시기를 헤쳐 나가기 위해 함께 사용한 힘(슈퍼인간의 힘)에 대한 감정들을 이야기했다. 또한 그녀는 슈퍼맨을 골라 모든 가족이 어떻게 초인적인 능력을 발휘하여 그들이 지금 여기까지 올 수 있었는지에 대해 이야기했다. 그들은 어디에 있는 걸까? 책에 제목을 붙이듯이 엄마에게 상자의 이 부분에 대해 제목을 정해 보라고 하자, 그녀는 '다시 세상 속으로'라고 부르겠다고 정했다. 그녀는 스스로 날 수 있기까지는 아직 갈 길이 멀다는 걸 깨달았지만, 그녀의 상자 안에는 희망이 있었다. 가족 구성원 각자가 계속해서 앞으로 나아가는 데 필요한 내적 자원들을 가지고 있다는 희망 말이다.

병렬과정으로서 안전한 보스

임상가는 자신이 돌보는 가족들을 위한 안전한 보스의 행동 모델이 될 수 있다. 돌봄의 물줄기는 아이들과 마찬가지로 부모에게도 기쁨을 주고, 분명한 한계를 설정하고, 힘을 나누고, 좋은 의도를 제공하고, 문제와 피드백에 대한 명확한 의사소통의 통로를 제공하는 것에서부터 시작한다. 치료사는 가족 내 관계체계의 한 부분이 될 수 있는 건강한 리더십의 모델이 된다. 치료사로서 우리는 치료의 다른 부분에서 안전한 보스의 또 다른 측면들을 보여줄 수 있다. 우리는 때론 치어리더이기도 하고, 때론 이야기를 담아주는 사람이 되기도 하며, 때론 다른 관점을 제공하는 사람이기도 하고 때로는 제한 설정자이기도 하다.

  Nurture캠프에서 찍은 사진인 그림 3.13은 어린 캠프 참여자가 자신에겐 휴식이 필요하다는 걸 우리에게 알게 해준 장면이다. 그녀의 친구 한 명이 이 어린 소녀가 쉴 수 있도록 베개와 무릎을 제공했다. 두 번째 친구는 무릎을 내어주고 있는 친구의 뒤에서 머리를 땋기 시작했고 양육을 제공하고 있는 그 친구를 양육했다. 캠프가 끝난 지 얼마 되지 않아 나는 이 사진을 발견했다. 나는 이 사진을 통해서 그동안 탐구해 온 병렬과정의 역동과 돌봄의 물줄기를 보여주는 아름다운 장면을 발견하게 되었다. 치료사로서 우리가 홀더(안아주는 사람)를 안아주면, 외상을 입은 아이들 또한 안게 되는 것이다.

그림 3.13 홀더(안아주는 사람)를 안아주기

CHAPTER 4

부모가 자녀를 이해하기 위해 자신을 이해하도록 돕기

만약 우리가 아이에게서 바꾸고 싶은 것이 있다면,
우리는 먼저 우리 자신이 더 잘 변할 수 있는 것은
아닌지 살펴보아야 한다.

−C. G. Jung, *The Integration of the Personality* (1939)

부 모도 사람이다. 사실, 그들은 부모가 되기 훨씬 전부터 한 인간으로서의 존재이 다. 그들이 아이를 치료에 데려오는 그 순간까지 경험한 모든 것들은 타고난 특 성과 양육 환경의 교차점을 찾아가는 일생을 나타낸다. 타고난 특성은 부모의 유전적 특성, 기질, 내향적/외향적 수준, 주된 애정표현, 신체건강을 포함한다. 양육은 부모 자 신이 받은 모든 보살핌 경험, 그들 자신의 어린 시절 부모와의 의사소통 관계, 현재의 양육 파트너이자 배우자로부터 받은 돌봄, Maslow의 욕구단계에 기초한 우선순위, 그 리고 그들이 받아온 학업 또는 관계에 관련된 교육을 포함한다.

부모들로 하여금 자신의 초기 애착관계와 현재 자녀들과의 애착관계를 연결하도록 돕는 것은 강력하지만 복잡한 작업이다. 부모에게는 좌뇌와 우뇌가 둘 다 작동하는 방 식으로 초기 경험의 통합을 촉진시키는 도구들이 제공될 수 있다. 성찰과정 동안 상징, 모래, 점토, 미술도구 등이 통합에 도움이 된다. 몇몇 치료사들은 아이들과의 치료와 부모들과의 치료 사이의 경계는 구분되어 있다고 믿는다. 하지만 나는 동의하지 않는 다. 이유는 그 선이 모호해서이다. 아이와의 지속적인 치료를 위해서는 부모가 가진 인 식의 전환과 새로운 양육기술의 연습, 담아주는 능력의 확장이 수반되어야 한다고 나 는 생각한다. 왜냐하면 그들은 자녀의 힘든 스토리를 담아주는 홀더가 될 것이기 때문이다. 자녀의 고통을 담아주기 위해서는 부모 자신의 고통과 접촉할 수 있어야 한다. 부모를 위한 심리 내적 작업과 외상 처리 작업이 필요하다면 우리는 부모를 개별 치료에 의뢰한다. 일부 사례에서 이 작업을 하게 되는데, 이는 아이들이 공동 치료 작업 시 부모의 큰 감정들에 더 이상 압도되지 않도록 하기 위함이다. 그러나 부모 자신의 치료에서 작업하고 있는 트라우마가 아이에게도 있는 것이라면, 그리고 특히 그것이 아이를 치료에 데리고 온 트라우마의 심리적·행동적 잔재라면, 사건에 대한 기술이 일관적으로 다루어지는 것이 치료 작업의 일부가 될 수 있다. 이를 위해 부모의 성찰 능력을 키우는 것이 도움이 되며, 부모가 받은 양육방식, 그러한 양육경험이 자녀와의 관계에 미치는 영향, 변화하거나 제거되었으면 하는 패턴들을 연결하는 것이 필요하다. 이것은 아동치료사인 당신과 함께 트라우마 내용을 다루는 작업이 수반되어야 함을 의미하는 것이다.

심리적으로 취약한 상태인 경우 이 작업에서는 제외된다. 우리 자신의 초기 애착관계와 그로 인한 혼란, 상처, 공포, 분노, 슬픔을 보는 것은 힘든 일이며 용기가 필요하다. 이 작업을 우리는 '부모를 대상으로 하는 RAW활동'이라 부른다. RAW는 반영적 애착 작업(Reflective Attachment Work)의 약자로, 모래상자 피규어와 미술도구 사용을 통해 우뇌활동을 유도하면서 성인애착에 대한 질문과 답을 하는 방식으로 언어적 표현을 확장시키는 것이다. 뇌의 반구 교차를 통한 외현화 과정은 두 가지 목적이 있다. 첫 번째 목적은 뇌 전체를 사용하여 부모가 할 수 있는 모든 알아가기 과정의 접근을 확장하는 것이다(Badenoch, 2008; Badenoch & Kestly, 2015; Homeyer & Sweeney, 2011). 두 번째 목적은 자녀의 치료과정을 오가며 짜일 상징적이고 은유적인 작업의 힘을 경험하도록 하는 것이다.

아동 임상가들이 가족체계에 개입하는 방법을 이해하기 위해서는 애착이론에 대한 충분한 이해가 있어야 한다. 애착 패턴에 대해 이해하기 위한 작업에 Ainsworth의 낯선 상황 실험(Ainsworth & Bell, 1970; van Rosmalen, van der Veer, & van der Horst, 2015; Main & Cassidy, 1988; Main, Hesse, & Kaplan, 2005)이 기초가 되었다. 아이에게 스트레스가 주어질 때 애착 시스템이 활성화되는 일련의 경험들을 종합해 본 뒤 아이와 부모가 스트레스에 어떻게 대처하는지 관찰했다. 만약 아이의 애착행동이 생존을 위해 부모와 가까이 있으려는 전략이라는 점을 먼저 이해하게 되면, 치료 작업에서 나타나는 패턴을 이해하게 되는 것이다. 실험에는 여덟 가지 상황이 포함되어 있었다. 부모와 아이는 낯선 방에 들어간다. 연구자들은 부모와 아이가 새로운 공간에 들어가서 길을 찾아가는 방식을 관찰할 것이다. 이후, 낯선 사람이 방에 들어간다. 낯선 사람이 안전하다는 것을 확인하기 위해 아이가 부모에게 체크해 보는지, 아이가 낯선 사람과 상호작용을 하는지 등을 연구자가 관찰할 것이다. 실험의 클라이맥스는 아이가 낯선 사람과 남겨지고 부모가 방을 떠날 때 일어난다. 일정 시간이 흐른 뒤 부모가 다시 들어가고 부모와 재회하는 아이의 행동이 관찰된다. 부모와 헤어지고 재회하는 동안 아이의 행동에 대한 세심한 관찰이 이루어진다.

　문화 전반에 걸쳐 일관적으로 나타나는 애착 유형이 있다. 나는 부모에게 이것을 설명하는 매우 간단한 방법을 알고 있는데, 그것을 설명할 때마다 돌아가기 시작하는 바퀴의 움직임을 보게 된다. 종종 부모들은 현재의 가족역동을 들여다보기 전에 자신의 원가족 애착역동을 돌아보곤 한다. 안정 애착을 가진 아이가 방에 들어와 부모와 함께 있게 되면 두 사람은 함께 공간을 탐색한다. 안정 애착을 가진 아이는 일반적으로 낯선 사람이 방에 들어가면 부모를 관찰한다. 만약 부모가 안전하다는 단서를 보여주면 낯선 사람과 상호작용을 할 수 있다. 아이는 부모가 떠나면 다소 힘들어하지만, 낯선 사람에 의해 달래지고 다시 진정된다. 부모가 방으로 돌아오면 아이는 달려가 안기고 싶어 하며 쉽게 다시 연결된다. 또한 부모가 없는 동안 자신이 무엇을 하였는지 보여주는 경우가 많다. 양가적 애착을 가진 아이는 부모에게 매달리고 부모가 방을 떠나는 것을 원치 않으며 부모가 없는 동안 대부분의 시간을 힘들어한다. 부모가 돌아오면 달려가서 안기길 원하기도 하지만, 부모를 밀치거나 때린다. 이러한 '여기로 오세요, 저리 가세요' 행동 패턴은 양가적 애착의 특징이다. 회피성 애착은 나에겐 눈으로만 관찰하고 이해하기가 어려운 패턴이다. 이 역동에서는, 부모와 아이가 함께 방에 들어가지만 아이는 마치 독립적으로 놀이하는 것 같고 부모와 아이 간의 연결은 끊어진 상태로 각자 따로 탐색하고 있는 것으로 보인다. 부모가 방을 나갈 때, 아이는 계속 놀고 있고, 부모가 나가는 것을 신경 쓰지 않는다. 부모가 돌아왔을 때에도 아이는 신경 쓰지 않고 계속 놀이를 한다. 하지만 심박수를 측정한다면, 분리되고 재회하는 순간에 아이의 심박수는 거칠게 움직이고 있을 것이다. 아이는 부모를 필요로 하는 것을 감추는 법을 배운 것이다. 왜냐하면 부모와 가까이 있는 것이 아이에겐 최선의 방법이 아니기 때문이다. 아이는 과거에 지금의 부모나 위탁부모 또는 양부모, 친부모 등으로부터 거절을 경험했을 수 있다. 아이가 도움을 필요로 할 때 반겨주지 않고 아이의 독립을 지지하는 것을 더 편하게 여기는 부모에게서 자란 입양아는 믿기 힘들 정도로 이와 같은 역동을 보인다. 회피성 애착을 가진 입양아들은 부모가 필요하지 않다고 생각한다. 그리고 대부분의 입양부모들은 아이의 독립성을 존중하길 원하며, 초기의 의존 욕구가 드러나도록 하지는 않는다. 왜냐하면 아이가 혼란스러워할 수도 있을뿐더러, 현재 아이가 보이는 독립적 행동에 부모가 더 쉽게 반응할 수 있기 때문이다. 마지막으로 혼란 애착 유형은 부모가 매우 불안정한 경우에 해당한다. 예를 들어, 부모가 학대하거나 중독상태이거나 심한 정신적 문제를 가진 경우에 아이는 양육자의 곁에 있을 때 일관적인 반응 전략을 조직화하지 못한다.

다섯 그리고 다이브 : 뇌 반구 교차

성인들이 자신의 어린 시절을 돌아볼 수 있도록 돕기 위한 강력한 성찰 연습 중 하나가 성인애착인터뷰(AAI)이다. Mary Main에 의해 만들어진 AAI는 성인이 그들의 초기 애착관계를 돌아볼 수 있도록 돕는 것을 목표로 하는 20개의 질문으로 구성되어 있다(George, Kaplan, & Main, 1985, 1996). 질문 중 하나는 부모가 초기 아동기(5~12세 기간) 때 자신의 엄마와의 관계를 표현하는 5개 형용사를 말하도록 하는 것이다. 이 질문을 할 때 나는 리스트를 작성하기 위한 적절한 시간과 장소를 정하고 빈 종이 한 장을 부모에게 제공한다. 많은 부모들은 2~3개는 쉽게 적는데 그 이후로는 일시정지 상태가 된다. 이 일시정지에 대해서는 이 활동을 한 바퀴 다 해본 다음 주의를 기울여 보는 것이 좋다. 일단 부모가 5개의 형용사를 적고 나면 나는 그 리스트를 큰 소리로 공유해 줄 것을 요청한다. 그리고 나서 원형 모래상자와 피규어들을 제공한 뒤, 부모에게 그 형용사를 표현하는 상징을 선택하도록 한다. 부모의 초기 아동기 주 양육자와의 관계에 대한 질문을 통해 분석하는 이 방법을 '다섯 그리고 다이브'라고 부른다. 이 간단한 활동은 논리적·언어적·선형적인 것에 집중되어 좌뇌에서 '그냥 그게 팩트야.'라고 생각하는 것으로부터 우뇌가 아는 방식으로까지 아우르는 것을 통하여 자신의 초기 경험을 표현하고 이해하는 방법을 확장하게 한다. 나는 이 작업을 할 때 원형 모래상자를 사용하는 것을 좋아한다. 왜냐하면 부모가 자신의 부모와의 애착관계에 대한 각각의 측면들을 순환적으로 경험하기 때문이다. 원형 모래상자를 사용하면 순서에 따라 피규어를 놓거나 위계적으로 구성하는 것 또는 특정 상호작용의 빈도에 의해 피규어를 배열하는 경향을 억제하게 된다. 우리는 세상의 길을 찾아가고 안전하게 머무르는 우리의 패턴들을 잘 유지하기 위해서는 불안정과 관련된 내용들을 양육적 돌봄에 대한 언급만큼 빈번하게 표현할 필요는 없다는 점을 알고 있다. 때때로 부모들은 원형 모래상자 작업을 하면서 자신의 부모와의 상호작용 패턴에 대한 새로운 깨달음을 가지곤 한다. 원형 모래상자가 없다면 모래가 가득 찬 종이접시를 사용하는 것도 좋다.

실제로, 모래가 담긴 종이접시는 훈련상황에서 잘 사용된다. 새로운 임상가들이 자신의 원가족 내에서의 애착역동을 탐색하는 것은 우리 훈련 프로그램 중 하나다. 트라우마플레이 치료사들은 병렬과정을 경험한다. Nurture House에서 일하는 치료사들은 부모를 가이드하는 데 요구되는 개입들을 치료사 자신이 경험해 본다. 그 이유는 우리가 자신을 탐구하는 어려움을 경험하는 것을 통하여 내담자에 대한 공명을 느낄 수 있기 때문이다. 최근에 나는 매우 능력 있고 따뜻한 치료사를 한 명 만났다. 그녀는 아동보호센터에서 일하고 있었으며, 트라우마플레이 훈련을 통하여 취약한 아동과 위탁부모, 입양부모의 치유를 돕기 위해 왔다. 고급 훈련과정이 끝나는 주말에, 그녀는 다음과 같은 내용이 있는 작은 카드를 하나 남겨주었다. "저의 $%@# 작업을 도와주셔서 감사해요." 다른 트라우마플레이 치료사들은 '트라우마플레이 : 당신의 $%@# 작업을 하는 곳'이라 쓰여있는 티셔츠를 나눠줘야 한다고 농담을 하곤 한다. 왜냐하면 우리는 우리 자신의 애착 역사, 감정을 촉발시키는 요인, 자원이 고갈되었을 때 연민의 우물을 다시 채우는 방법들을 찾는 훈련을 하는 데 시간을 보내기 때문이다. 트라우마플레이 슈퍼바이저들은 임상가의 초기 애착관계에 대한 각자의 개인 역사들을 가지고 있다. 그 개인 역사에는 원가족과의 관계와 현재 가족과의 관계 모두가 포함되어 있다. 따라서 이런 훈련을 통하여 임상가는 원가족 내에서 부모 자신이 경험한 애착관계에 대한 이야기를 담아주는 것을 배울 수 있고 자녀와의 상호작용에서의 변화를 안내할 수 있게 된다. 치료사가 한 사람으로서 직접 경험해 보는 것은 Nurture House에서는 정말 소중한 가치가 있는 작업이다. 이 작업은 일종의 교정적 정서체험을 제공한다. 임상가들이 훈련을 통해 내담가족의 이야기들을 담아주고 돌봄을 제공할 수 있기를 기대하며 이루어지는 작업이다. 또한, 임상가들에게는 자신의 초기 애착관계를 살펴볼 때 좌뇌의 선형적, 언어적 과정을 사용하여 돌아보기도 하고 우뇌의 상징적, 심상적, 체험적 앎의 방식을 사용하여 돌아보기도 하면서 서로 다른 학습의 질을 경험할 수 있는 시간과 공간이 주어진다. 그림 4.1은 한 임상가가 만든 다섯 그리고 다이브 모래상자이다.

그림 4.1 혼란과 보호

5개 형용사 리스트는 '**부재한, 혼란스러운, 양육하는, 재미있는, 모험적인**'이었다. 그 녀는 각 형용사를 표현하기 위해 다음과 같은 상징들을 선택했다. '**부재한**'에는 군인을 선택하였고, '**혼란스러운**'에는 종이 한가운데 물음표를 그렸고, '**양육하는**'에는 등 뒤에 아기를 보호하고 있는 백조를 선택했으며, '**재미있는**'은 나무를 타고 올라갈 것처럼 보이는 장난기 많은 어린 소년을 선택했고, '**모험적인**'은 외계에 대한 동경으로 자전거 바구니에 있는 E.T.를 선택했다(그림 4.1을 보시오). 그녀는 아버지(군인)가 부대에 배치되어서 집에 없을 때가 많았다고 설명했다. 또한 과거의 혼란스러웠던 감정을 표현하기 위해 그녀의 혼합가족역동에 대한 이야기를 했다. 그녀의 형용사들 중 몇 개는 초기 관계에서의 도전적인 역동(**부재한, 혼란스러운**)인 반면, 다른 형용사들(**양육하는, 재미있는**)은 모든 아이들이 부모와의 관계에서 갖길 원하는 부분이라는 점을 주목해야 한다. 관계에서의 긍정적인 측면과 부정적인 측면의 이러한 균형은 어린 시절에 애착이 안정적이었든 아니었든 간에 지금은 안정 애착을 가진 성인으로 성장했다는 것을 의미하는 특징 중 하나이다. 이 임상가가 말한 형용사와 그것에 관련된 이야기들을 듣다 보면 어떤 패턴이 나타나기 시작한다. 이러한 패턴들은 우리에게 치료나 훈련 중인 부모나 임상가가 경험한 초기 애착관계에 대해 알려준다. 이는 어린 시절 부모 자신이 경험한 애착 패턴이 자녀와의 현재 상호작용의 색깔을 띠는 것을 이해하게 해준다는 점에서 치료에 정말 중요한 부분일 수 있다.

초기 애착관계로 인한 긍정적 또는 부정적 속성들이 지나치게 많다는 것은 다 자란 아이가 어떤 식으로든 고착된 상태를 유지하고 있다는 지표이다. 5개의 형용사가 모두 강한 긍정의 표현이라면, 부모와의 초기 관계에서 힘들었던 점들을 들여다보기 정말 힘들다는 의미일 수 있다. 다 큰 아이가 여전히 부모에게 충성하고 있는 것일 수도 있고, 부모에 대해 부정적인 점을 말하면 부모를 무시하게 될까 걱정하는 것일 수도 있고, 원가족으로부터 오는 힘든 부분들을 들여다보는 것을 막는 방어기제가 계속 작동하고 있는 것일 수도 있다. 5개의 형용사가 모두 비난의 표현이라면, 다 자란 아이가 여전히 미해결된 과제를 갖고 있고 아직도 부모의 통제 안에서 완전히 분리되거나 벗어나지 못했다고 느끼고 있다는 것을 의미한다.

나는 내게 많은 것들을 가르쳐 준 한 아빠와 함께 작업을 했다. 그는 성인인 우리조차도 어린 시절 보살핌을 받았던 이야기 속에 또는 살아남기 위해서 자신에 대해 어떻게 표현해야 할지를 학습하여 만들어 낸 이야기들 속에 스스로 고착되어 버리는 방식을 알게 해주었다. 초등학생 두 딸과의 단절을 해결하고 싶어서 내원한 맷은 다섯 그리고 다이브 모래상자를 꾸몄다. 어린 시절 그의 어머니와의 관계에 관한 형용사는 '**따뜻한, 좋은, 재미있는, 친절한, 사랑하는**'이었다. 나는 그에게 어머니와의 관계에서 '사랑하는'의 경우에 해당하는 예를 말해달라고 했다. 길고 긴 침묵이 있었다. 그는 기억을 더듬는 듯하더니 마침내 다음과 같이 말했다. "음, 우리가 식료품 가게 주차장에 있었던 적이 있어요. 제가 차 앞으로 뛰어나가는 순간 엄마가 저를 잡아당겨 주었어요." 만약 이것이 맷이 기억할 수 있는 가장 '사랑하는'의 순간이었다면, 그 진술은 그의 어린 시절에 대해서 모든 것들을 긍정적인 것으로 믿고자 애쓰는 그의 욕구를 의미하는 것이다. 맷은 자신의 어린 시절 힘들었던 부분들을 인정하기 시작했다. 그런 그와 함께하는 작업은 보람 있는 일이었다. 그의 어머니는 쉼 없이 일했고, 그는 늘 외로웠다. 어머니의 부재로 인해 경험한 고통을 느끼기 시작하면서, 그는 자신의 자녀와 함께 머무를 수 있게 되었다.

부모를 위한 수용의 창 뇌 반구 교차 작업

대부분의 정신건강 전문가들은 '수용의 창(Window of Tolerance)'[1]에 익숙하다(Siegel, 2020; Ogden, Minton, & Pain, 2006). 그 개념은 스트레스에 대한 개인의 반응을 이해하는 기초가 된다. 이 내용은 외상이나 불안정 애착을 가진 가족과 작업할 때 특히 중요하지만, 모든 부모들을 대상으로 할 때도 유용하다. 부모-자녀 간의 소통에서 탐색 활동은 부모가 제공하는 자극과 아동의 조절 간의 상호작용, 그리고 자녀의 자극 반응과 그에 대한 부모의 반응 간의 상호작용을 말한다.

부모에게는 부담스러운 일이지만, 아이들은 끊임없이 무의식적인 신경지 반응을 한다는 점을 아는 것이 중요하다. 완벽한 세상에서, 아이들은 항상 그들의 보호자로부터 양육의 신경지를 경험할 수 있다. 모든 부모들은 매일 다양한 조절상태를 왔다 갔다 한다. 우리는 최적의 각성상태를 유지하려 노력하긴 하지만, 매일의 도전은 우리를 과하게 흥분시키기도 하고 심지어는 붕괴상태로 몰아갈 수도 있다. 애착댄스(attachment dance)는 아이들로 하여금 부모들을 신경생리학적으로 느끼도록 해준다. 그것을 통해 항상 부모와 가까이 머무르게 하는 가장 효과적인 전략을 가지도록 한다. 만약 엄마가 과민상태라면 자녀가 가지게 되는 신경지 반응은 조용해지고 더 순종적인 태도를 취하는 것이다. 또는 시간이 더 지나면 아이들이 과민상태가 될 수도 있다. 안전에 대한 신경지는 자신을 조절하는 부모의 모습을 통해 가장 효과적으로 습득된다. 최적의 정서 수용 범위를 벗어났을 때 어떻게 하는지뿐만 아니라 스트레스로 인한 수용의 창이 작동하는 방식들을 부모가 배우고 성찰할 수 있도록 돕는 것은 자신과 아이의 스트레스를 보는 방식에 대한 중요한 인식의 변화를 일으키게 한다. 놀이치료자로서 나는 반구 교차 작업을 통해 습득되는 지식과 이해를 중요하게 생각한다. 그래서 Nurture House에서 수용의 창과 관련된 심리 교육에 접근할 때는 뇌의 좌반구와 우반구로부터의 정보에 접속하기 위해 단어와 상징을 모두 사용한다. 이 장의 뒷부분에 수록된 그림 4.4는 부모 자신의 수용의 창 역동들을 탐색하도록 돕는 데 사용하는 스크립트이다. 부모

---

[1] 역자 주 : 인간이 적응적인 통합을 유지할 수 있는 감정적/생리적 각성의 범위를 말함. 즉 외부 자극에 대한 감정을 견딜 수 있는 범위를 일컬음. 수용의 창, 내성의 창, 관용의 창, 마음의 한계, 각성의 창, 감정 수용 범위 등으로 다양하게 번역되고 있음. 본 교재에서는 정서적인 각성을 견디어 내는 관점에서 주로 언급되고 있으므로 수용의 창으로 하기로 함.

당신은 수용의 창을 하고 있나요?

과민 반응	최고의 자기 양육	과소 반응
과각성	**최적의 각성 영역**	**저각성**
소리 지름	내 감정을 조절함	주의를 기울이지 않음
소리 지르며 지시함		애정을 기울이지 않음
문 쾅 닫음	명료하고 긍정적인 지시를 내림	지나치게 많이 잠
쿵쿵거리며 돌아다님		체크아웃함
비난함	분명한 한계를 정함	규칙을 유지하는 것을 포기함
자녀를 통제함	내가 원하는 것을 요청함	한숨을 많이 쉼
서성거림		반응이 흐릿하고 불확실함
우왕좌왕함	연민에 귀 기울임	

이 연습은 스트레스에 대한 당신의 수용의 창을 알아보고,
최적의 각성상태에서 벗어났을 때 반응하는 당신의 경향을 살펴볼 수 있도록 도와줍니다.
당신이 가장 자주 하는 행동에 O 표를 하세요.
당신의 양육 스트레스에 반응하는 방식에 관하여 이것이 말해주는 것은 무엇입니까?

그림 4.2　당신은 수용의 창을 하고 있나요? 워크시트

의 수용의 창 작업은 가정 내에서 아동기 및 10대 자녀와의 병렬과정 작업을 하는 발판을 제공한다. 여기에 세 가지 성찰 연습이 있다. 즉 '당신은 수용의 창을 하고 있나요?' '당신의 수용의 창은 무엇인가요?' '당신의 이상적인 창을 창조해 보세요'이다.

'당신은 수용의 창을 하고 있나요?'라는 라벨이 붙은 워크시트는 부모가 최적의 각성 영역에 있을때(우리는 이것을 '최고의 자기 양육'이라 부른다), 과각성상태에 있을 때(상황에 과민 반응), 그리고 저각성상태에 있을 때(상황에 과소반응) 우리가 볼 수 있는 양육행동들의 종류가 개략적으로 적혀있다. 치료사는 워크시트(그림 4.2)를 출력해

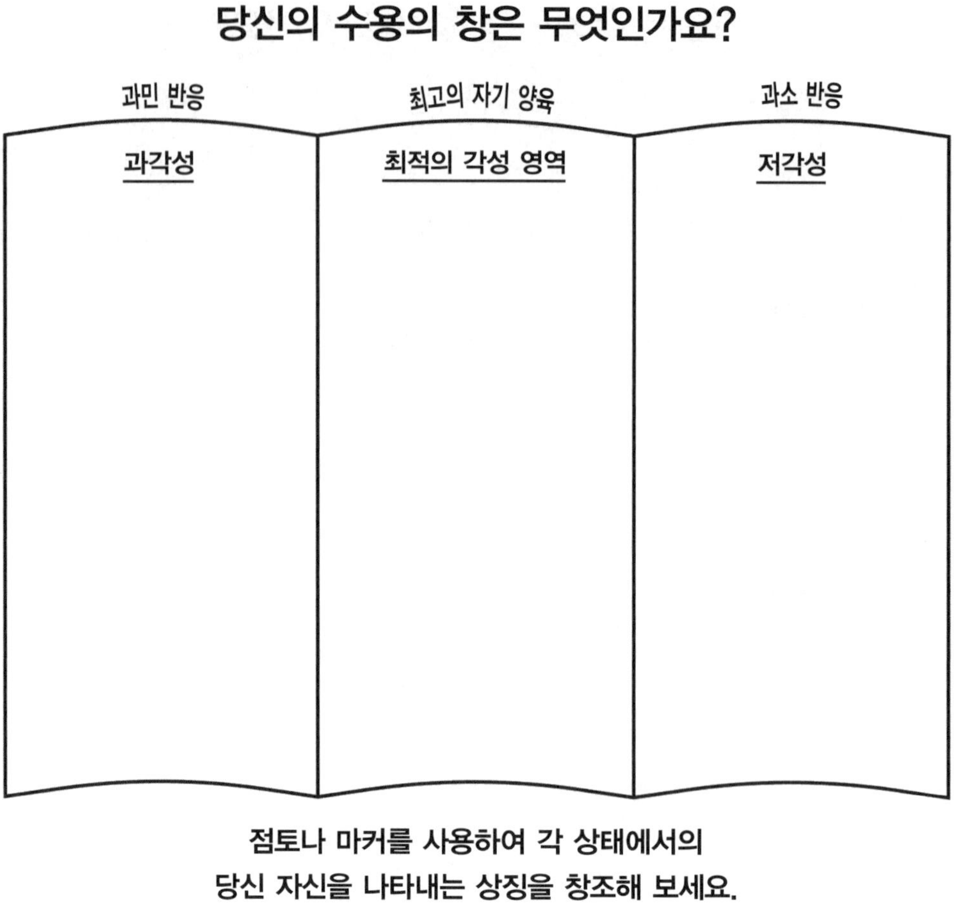

당신의 수용의 창은 무엇인가요?

과민 반응	최고의 자기 양육	과소 반응
과각성	최적의 각성 영역	저각성

**점토나 마커를 사용하여 각 상태에서의
당신 자신을 나타내는 상징을 창조해 보세요.**

그림 4.3 당신의 수용의 창은 무엇인가요? 뇌 반구 교차 작업

서 부모들에게 나눠주고 그들의 반응에 가장 비슷하다고 여겨지는 행동에 ○ 표를 하도록 하여 부모들로 하여금 어떤 반응을 하고 있는지 흥미 있게 살펴보는 시간을 가질 수 있다. 과민 반응과 과소 반응이 나타나는 패턴을 어떻게 느끼는지 알아보기, 그리고 과다 또는 과소 각성상태가 되었을 때 다시 최적의 각성상태로 돌아가기 위한 방법의 계획을 시작하는 창조 작업하기. 이 활동을 통해 수용의 창 개념과 양육행동에 관한 초기 심리 교육의 틀을 만들게 된다.

이것은 병렬과정 작업이다. 부모들이 자신의 패턴을 인식하고 변화시키려 노력함에

따라, 그들 자신과 자녀를 위해 현재를 바꾸는 시도가 참 힘들다는 깊은 연민이 발달하게 된다. 나는 내 자신의 삶에서 바꾸고 싶었던 패턴을 알아냈지만, 내가 반응하고 싶었던 방식이 아닌 방식으로 또다시 반응한다. 그때 나는 아이들이 변화하는 것이 얼마나 힘든 것인지에 대한 연민을 다시 하게 된다. 변화의 과정에서 우리가 부모들에게 연민을 가지고 그들이 현재 위치한 곳에서 만나게 되면, 부모들은 교정적 정서체험을 하게 된다. 이를 통해 자녀가 실패하는 상황에서 연민을 확장시키는 긍정적 영향을 갖게 된다.

두 번째 연습은 부모들이 스트레스에 대한 수용의 창을 뇌 반구 교차 작업을 통해 탐색하도록 하는 것이다. 이 도구는 '당신의 수용의 창은 무엇인가요?'라 부른다(그림 4.3을 보시오). 이 워크시트는 연습용 템플릿으로 출력하여 제공할 수도 있고, 편지를 접듯이 종이 한 장을 부모가 3등분으로 간단히 접어서 만들 수도 있다. 접힌 세 부분 중 왼쪽 판에는 부모가 과민상태일 때의 자신을 상징하는 창조활동을 하도록 한다. 가운데 판에는 최적의 각성 창에 있을 때의 상징을 창조해 보도록 한다. 오른쪽 판에는 반응이 저하된 상태의 자신을 상징해 보도록 한다. 수용의 창 스크립트(그림 4.4)는 치료사가 이 활동을 진행하는 데 도움이 될 수 있다. 이 연습은 다양한 방식으로 진행하거나 여러 번 반복하여 이루어질 수도 있다. 첫 연습에서 부모에게 다양한 각성상태에서의 자신을 경험하는 방식으로 상징들을 선택하거나 창조하도록 할 수 있다. 똑같은 컨셉으로 두 번째 연습에서는 각 각성상태에서 자녀에 대해 어떻게 생각하는지, 자녀 또는 양육 파트너에 대해 경험하는 것은 어떤 것인지에 대한 상징들을 선택하거나 창조해 보도록 한다. 이 작업은 반영적 애착 작업을 풍부하게 하고, 각성상태에 영향을 미치는 가족 구성원들을 보는 수용력을 성장시킨다. 또한 부모 자신이 이들 각성상태를 왔다 갔다 하는 움직임을 정확히 식별하고 조율할 수 있는 기술을 향상하도록 돕는다.

부모가 각 각성상태를 경험하고 있을 때 그것에 대한 감각을 통해 반응하게 되면, 최적의 각성 영역을 더 잘 유지하는 방법을 탐구하는 데 동기화가 된다. 우리는 수용의 창 안에 스스로를 지킬 수 있도록 하는 경험, 리듬, 관계의 조합으로 만들어진 각자의 독특한 특성들을 가지고 있다. 우리는 부모들이 양육역할에 가능한 한 많이 머무르기 위해서 직장생활, 가정생활, 자기돌봄 이 세 영역의 리듬 속에서 필요한 것이 무엇인지 찾아본다. 그 방법은 다음과 같다. "우리는 지금 수용의 창 안에 머무르는 데 당신에게 필요한 것이 무엇인지를 보여주는 개별 창문을 만들어 볼 것입니다. 창은 판유리 한

수용의 창 스크립트

이 연습은 양육자가 과각성, 저각성, 최적의 각성상태일 때의 반구 교차적 성찰을 돕기 위한 것입니다. '당신의 수용의 창은 무엇인가요?' 워크시트나 편지지처럼 3등분으로 접을 수 있는 종이 한 장을 부모에게 제공하세요. 마커, 점토, 플레이도를 준비하고, 다음과 같이 말하세요.

부모가 되는 것은 힘든 일입니다. 당신은 이미 자신이 최고의 자기 양육 상태일 때 그리고 수용의 창을 벗어났을 때 과민 반응을 하거나 과소 반응하는 행동 패턴을 찾아보았습니다.

가운데 판에 최고의 자기(self)를 나타내는 상징을 그리거나 창조해 보세요. 이것은 단단하게 연결되어 건강한 소통이 가능하게 하는 정서를 주로 포함합니다.

왼쪽 판에는 당신이 과각성상태일 때의 자신을 나타내는 상징을 창조해 보세요. 과각성은 주로 과민 반응을 수반합니다. 어떤 부모님들은 성질이 급하다는 보고를 하곤 합니다. 햄스터처럼 바퀴를 계속 달리고 있지만 아무것도 이루지 못하고 있거나, 과각성으로 인해 지나치게 스트레스를 받아 생각하기도 힘들다고 느끼기도 합니다.

오른쪽 판에는 당신이 저각성상태일 때 어떤지를 보여주는 상징을 창조해 보세요. 어떤 사람들은 느릿느릿함, 미루어 버림, 정서적 철회를 묘사합니다.

양육자가 이 작업을 완성하는 동안 관심을 가지고 조용히 주의를 기울이고 함께 머물러 주세요. 그러고 나서 그들이 표현한 상징이 무엇이며, 왜 그것을 선택하였는지에 대해 이야기 나누어 보세요. 세 가지 상징에 관한 작업과정을 거친 후, 다음과 같이 말하세요.

이 활동의 목표는 양육자로서의 우리가 최적의 각성 창(최고의 자기 양육 상태임을 느끼는 공간)을 벗어났을 때를 알아차리고 가능한 한 빨리 다시 돌아갈 수 있도록 하기 위함입니다. 다음에 이어질 연습은 당신이 이 창 안에 더 많이 머무를 수 있도록 돕는 작업입니다.

그림 4.4 수용의 창 스크립트

장일 수도 있고 여러 개의 판일 수도 있습니다. 창은 나무나 금속 프레임으로 만들어질 수도 있습니다. 추가 보호와 경계를 제공하기 위해 커튼, 블라인드, 그늘막을 필요로 할 수도 있습니다. 당신이 수용의 창에 머무르는 데 필요한 것이 무엇인지를 살펴보기 위해 다음 질문들을 활용해 보세요. 그리고 나서 최고의 부모-자기가 되는 데 필요한 것을 보여주는 하나의 창을 만들어 보세요."

나는 직장생활 창 하나(그림 4.5)와 가정생활 창 하나(그림 4.6)를 만들었다. 각각은 내 삶을 바탕으로 하는 활동들의 밸런스를 보여준다. 내가 만든 가족 창에서 볼 수 있듯이 가족시간은 나에겐 엄청난 닻이다.

이것은 단순히 하나의 예로 제공하기 위한 것이다. 이 연습을 부모들이 하게 되면, 실제적인 관점에서 자기 관리가 어떻게 되고 있는지 명확하게 표현할 수 있고, 또한 완전히 없어져 버린 것은 무엇인지 분명하게 확인할 수 있다. 개별 창들은 가족, 일, 친구, 지역사회 참여, 취미 등 삶의 개인적인 영역들에 대해 만들어질 수 있다.

치료사는 부모들이 현재 자신의 삶의 리듬과 스스로가 생각하는 최적의 상태에 대한 비교를 솔직하게 해볼 수 있도록 지지해 주어야 한다. 비전이나 목표가 없이 스스로 어디를 향하고 있는지를 알기란 어렵다는 점을 부모들이 알 수 있도록 상기시켜라. 창은 비전을 가지는 간단한 하나의 방법이다.

균형과 여유가 생기면서 이 활동이 진전될 수 있도록 하기 위해서는 목표 설정에 관해 부모들과 이야기를 나누어 보는 것이 필요하다. 몇몇 부모들에게는 균형 잡힌 삶이나 생활을 윤택하게 하는 리듬에 대한 템플릿이 없을 수 있다. 일에 관한 나의 최적의 각성 영역은 일주일에 15명의 내담자를 만나고(실상은 이보다 많이 만나고 있다), 일주일에 몇 개의 슈퍼비전을 하고(사실 이보다 더 많이 하고 있다), 법적 증언에 대비한 서류 작업을 위한 시간도 있어야 하며, 네 시간의 창조적 시간도 있어야 한다-지금으로선 이건 꿈만 같은 계획이다. 하지만 내가 무엇을 원하는지 아는 것을 통해 내담자를 늘리라는 요구에 "아니요."라고 말하고 창조적 시간을 가질 수 있는 경계를 세우도록 돕는다. 우리는 모두 어딘가에서는 시작해야 한다. '수용의 창 안에 머물기 위해서 당신에게 필요한 것은 무엇인가요?'(그림 4.7)는 이 과정에서 부모들에게 도움이 될 수 있다. 부모가 이것을 작성한 뒤에는 '당신이 최적의 각성 창에 머물기 위해서는 무엇이 필요한가요?'(그림 4.8)라는 빈 창 템플릿을 출력하여 사용할 수 있다. 이 활동은 임상가가 스스로 이 개념을 탐색하고, 부모들이 자신을 탐색하고 그 자녀들로 하여금 그

일주일 동안 일하는 시간
최적의 각성 창

그림 4.5   창조된 수용의 창 : 직장 관련

가족
최적의 각성 영역

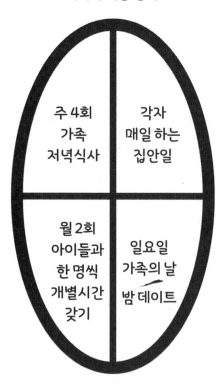

그림 4.6   창조된 수용의 창 : 가족 관련

수용의 창 안에 머물기 위해서 당신에게 필요한 것은 무엇인가요?

하루에 몇 시간 일하나요? 당신에게 가장 적정한 시간은 어느 정도인가요? _____

만약 당신의 일이 예약제로 하는 것이라면, 삶과 일의 균형을 잡기 위해 하루 몇 번의 예약을 잡는 것이 가장 좋은가요? _____

행정업무에 할애하는 시간은 얼마나 되나요? _____

수면시간은 얼마나 필요하나요? _____

일상에서 정기적으로 만나야 하는 사람은 어떤 사람인가요? _____
_____

로맨틱한 파트너와 함께 보내는 질적인 최적의 시간 리듬은 어느 정도인가요? _____
_____

아이들 각각과 함께하는 시간은 어느 정도인가요? _____
_____

어떤 시간인가요? 어떤 리듬인가요? _____
_____

원하는 음식 종류는 무엇이고 얼마나 자주 먹나요? _____
_____

당신에게 도움이 되는 운동은 무엇이고, 얼마나 자주 할 필요가 있나요? _____
_____

소셜 미디어에 얼마나 많은 시간을 할애하고 있으며, 그것이 적당한가요? _____

당신은 어떤 방식으로 일상에서 플러그를 뽑거나 체크아웃하나요? _____
_____

즐거움을 위해 무엇을 하나요? _____
_____

자기돌봄에 대해 어떻게 생각하나요? _____
_____

얼마나 규칙적으로 하나요? _____

당신은 어떻게 일로부터 벗어나나요? _____
_____

그림 4.7　당신에게 필요한 것은 무엇인가요?

당신이 최적의 각성 창에
머물기 위해서는 무엇이 필요한가요?

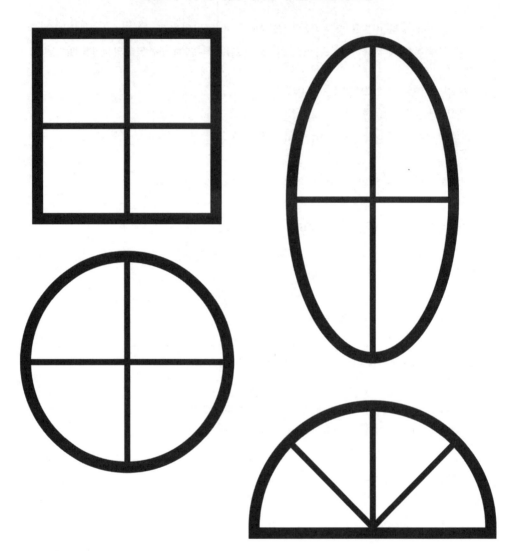

당신 가족의 삶을 나타내는 창을 선택하세요.

다양한 가족활동을 하는 데 보내고 싶은 일주일 동안의 시간을 판에 적으세요.

다른 범주(예 : 직장생활, 로맨틱한 파트너 관계, 여가시간, 사적 모임, 삶을 살 찌우는 개인활동 등)에 해당하는 다른 창들도 자유롭게 추가하세요.

필요에 따라 판은 자유롭게 추가하거나 제거하세요.

그림 4.8 최적의 각성 창 : 당신 자신의 것을 창조하시오

것들을 탐색하도록 돕는 방식의 병렬과정 기능을 의미한다. 창의적 임상가들은 창틀과 유리판을 만드는 데 필요한 재료로 피자 박스, 천 조각, 인쇄용지, 모루끈, 공예스틱, 투명 비닐 랩이나 기타 투명 재료 등을 제공하여 전체 활동을 더욱 재밌게 만들어 줄 수 있다. 경우에 따라서는 한 세션 동안 가족이 함께 참여하는 풍부한 활동으로 구성할 수도 있다.

위험 수준 평가

아동치료의 파트너인 부모들의 성찰과정을 돕기 위한 또 다른 부분은 부모들로 하여금 인식된 위험의 수준을 더 잘 이해하도록 돕는 것이다. 나는 강연 여행을 많이 한다. 여행 중 공항에서 종종 최근 테러리스트의 공격에 대한 위험 수준을 보여주는 화면을 보게 된다. 미국 공항들은 해당 시간 동안 비행하는 것이 얼마나 위험한지를 알려주기 위해 다섯 가지 색상으로 구분된 시스템을 사용한다. 이 시스템은 국토안보자문시스템이라고 불리며 다음과 같은 방식으로 위험도를 지도에 표시한다. 가장 낮은 단계는 '낮음(초록)'이며 이는 테러리스트의 공격 위협이 낮다는 것을 의미한다. 두 번째 단계는 '주의(파랑)'로 '일반적인 위험 수준'으로 해석된다. 노란색 막대는 '상승'으로 중대한 위험이 있음을 말한다. 그다음 '높음(주황)'과 가장 위기 수준인 '심각(빨강)'단계가 있다. 2001년 9월 11일 이후 수년 동안 공항은 거의 항상 위험 수준인 주황색을 유지해 왔고 이는 여행자들의 경계심과 피로감을 증가시켰다.

우리 치료사들은 이러한 위험 수준에 대해 이야기하며 그것을 양육에 적용한다. 색상은 그대로 두고 해당 단어를 다섯 등급으로 구분한다. 우리는 빈칸 형태의 등급 판을 만들어 부모와의 세션이나 워크숍에서 자주 사용한다. 우리는 부모들로 하여금 자신의 경험을 돌아보고 이 연속된 수준을 각각 따라가며 자녀의 문제행동을 확인해 보도록 한다. 부모로서 당신의 평정심이나 기반을 위협하는 것은 무엇인가? 위협적이거나 걱정스럽게 느껴지는 것들은 각각 사람마다 다르다. 무례함은 일반적인 범주이다. 많은 부모들이 무례함을 부모의 권위에 대한 위협 또는 통제권 밖으로 벗어났다는 표시로 보곤 한다. 하지만 무례함을 받아들이는 형태와 부모의 반응 정도는 각자 다양하다. 어떤 부모는 10대가 눈을 굴리는 모습에 대해 아주 무례하다고 볼 수도 있다. 이 부모에게 10대가 눈을 굴리는 행동은 위험 수준 5에 해당하고 엄청난 분노를 야기할 수 있다각 부모마다 자신을 촉발시키는 자녀의 행동이 다르다.
10대 자녀의 눈을 굴리는 행동에 대해 어떤 부모는 낮은 위험 수준인 '1'이라
볼 수도 있고, 어떤 부모는 '5'라고 인식하고 금방 폭발하기도 한다.
당신의 평정심을 위협/폭발하게 하는 자녀의 행동들을 빈칸 안에 적으시오.

5 심각한 위험	
4 높은 위험	
3 상승된 위험	
2 주의 (일반적 위험)	
1 낮은 위험	

그림 4.9 양육 위험 수준 평가

(그림 4.9를 보시오). 다른 부모들은 눈을 굴리는 행동을 평소에는 무시할 수 있다. 하지만 10대 아이가 문자 연락도 없이 늦게 귀가하여 이런 행동을 했을 때는 5에 체크할 수도 있다. 치료자는 부모로 하여금 스스로 점검해 보도록 하기 위해 다음과 같이 안내한다. "자녀의 행동 중 어떤 것이 당신을 짜증 나게 하나요? … 낮은 수준의 짜증에 해당하는 것 말입니다. 싫긴 하지만, 쉽게 받아들일 수 있는 것 말이지요." 부모들은 아들이 거실에 신발을 벗어두고 나오는 행동이나 딸이 주방 식탁에 앉아 숙제를 하며 혀를 차는 행동 등을 예로 들 수 있다. 그다음으로 치료자는 "당신이 대처하기에 조금 더 어렵다고 여겨지는 행동을 구별할 수 있을까요? 여전히 냉정을 유지할 수는 있지만, 스스로 '난 참아야 해.'라고 생각하는 것 말이지요."라고 묻는다. 그리고 마지막으로 "당신이 정말 화가 나서 후회할 말을 내뱉거나, 아이처럼 행동했던 순간들을 생각해 보면… 무슨 일이었나요? 당신을 폭발하게 만든 행동에 대해 설명해 주실 수 있을까요?"라고 묻는다.

부모가 자신을 이해하도록 돕는 것은 자녀와의 관계와 자녀에 대한 반응을 더 잘 이해할 수 있도록 돕는 첫 단계이다. 우리가 돌봄의 물줄기에 두는 가치에 충실하게, 트라우마플레이 치료사들은 훈련과정 동안 이 연습들을 모두 직접 경험한다. 그리고 난 후 양육자들의 자기 인식을 확장시키기 위한 이 연습을 부모들에게 친절히 안내한다. 이렇게 확장된 자기 인식은 부모가 자신의 수용의 창을 더 잘 이해하도록 돕고, 자녀가 수용의 창 밖으로 나갔을 때 안전하게 담아주는 역할을 하게 한다. 자녀의 큰 행동과 관련하여 부모 자신이 인식하는 위험의 심각성을 더 잘 이해하게 되면, 아이의 마음속에 깔려있는 욕구에 관심을 기울이기가 더 쉬워진다. 다음 장에서는 이 장에서 얘기한 기본적 자기 성찰에 기초하여 양육기술 연습에 대한 내용을 다루고자 한다.

CHAPTER 5

부모가 자녀를 SOOTHE 하도록 돕기

조절 조력 전략으로 깊이 들어가기

임상가들은 전문가로 성장하는 동안, 가족의 치유를 돕기 위한 다양한 변화이론과 치료 모델들을 접하게 된다. 외상을 입은 아동을 치료하는 임상가들에게는 트라우마로 인한 정서적 독을 제거하도록 돕는 기술이 필요하다. 또한 애착관계를 강화하는 기술도 필요하다. 나는 종종 임상가들과 아동의 치료과정에서 트라우마를 먼저 다루어야 할지 애착 강화를 먼저 해야 할지에 대해 논의하곤 한다. 이에 대해 정해진 답은 없으며 "체계가 담아줄 수 있는 것은 무엇일까?"라는 하나의 분명한 질문은 있다. 트라우마플레이 모델에서 우리는 파트너로서의 부모역할을 강화하는 것을 우선으로 한다. 이는 트라우마 내용을 다루는 것보다 먼저 이루어져야 한다. 우리는 현재의 양육자를 내담자의 이야기지킴이로 보고 내담아동의 이야기를 담아줄 수 있는 양육자의 능력을 강화하도록 우리가 할 수 있는 모든 것을 하고자 한다. 이와 동시에, 양육자가 그렇게 할 능력이 있음을 내담아동이 믿을 수 있는 신뢰를 쌓도록 돕는다. 이 책의 다른 장에서는 양육자의 이야기지킴이 능력을 확장하는 것에 대해 자세히 다룰 것이다. 대신 이 장에서는 아동을 생리적으로 진정시키는 파트너인 조절 조력자로서의 부모역할에 초점을 맞추고자 한다. 많은 부모들은 자녀의 경험에 대한 외부 모뎀이 되거나 공동 조직자로서의 역할을 안게 되었을 때, 그들이 얼마나 긍정적인 힘을 가질 수 있을지 스스로에 대한 믿음을 갖기 힘들어한다.

SOOTHE는 밴더빌트 아동병원의 국제입양클리닉에 있는 Linda Ashford 및 테네시

주 아동보호센터의 책임자였던 Patti van Eys와 협력하여 개발을 시작한 전략기술의 약자이다. 우리 세 사람은 모두 2007년에 밴더빌트대학교의 자금 지원을 받아 시범 프로젝트에 참여했다. 우리는 모두 복합외상체계를 연구했고, 양육자와의 분열을 경험한 아동들의 주요 외현화 행동에 대한 치료적 접근을 탐구하는 데 관심을 가졌다. 또한 우리는 신시내티 아동병원의 부모-아동 상호작용치료(PCIT) 훈련을 받았으며, 이 모집단을 대상으로 하는 기술 중심적이고 행동적인 접근에 익숙했다. 나는 애착을 바탕으로 하는 접근에 관심을 가지고, 부모에 대해 조절 조력자로서 초점을 맞추어 보길 원했다. 우리는 행동에 초점을 맞추어야 할지, 애착에 초점을 맞추어야 할지에 대해 토론하였고 여러 번의 미팅을 거쳤지만 결정을 내리는 데 어려움을 느껴 결국 그 답은 '그렇다'… 그리고 또 '그렇다'로 결론 내렸다. 부모들이 어느 하나를 거부하는 것보다는 두 가지 모두를 갖추는 것이 낫다는 판단을 한 것이다. 따라서 우리는 SOOTHE 전략을 디자인했다(Good year-Brown, 2010). 그런 다음 부모에게 제시하는 다음의 지시문을 만들면서 이 질문에 부모가 답을 할 수 있을지 고민하였다. "나는 언제 행동 관리를 사용하는가? 그리고 나는 아이들을 돌볼 때 언제 SOOTHE를 하는가?" 결국, 나는 양육자들이 행동 관리와 조절 조력의 기로에 서게 되었을 때 스스로에게 물어볼 수 있는 다음의 질문을 찾아내었다. "아이는 선택할 수 있는 마음상태인가?"

일상생활 훈련을 설명하기 위해 나는 딸 매디슨(현재 14세)을 예로 들어보겠다. 아이가 3세이었을 때, 쾌활했으나 강한 성격으로 조절문제를 야기할 수 있는 불안을 가지고 있었다. 금요일 아침 9시라고 가정해 보자. 매디슨은 잠을 잘 자고 건강한 아침 식사를 했다. 아이는 규칙적이었고 우리는 보너스 룸에서 인형과 놀고 있었다. 나가야 할 시간이 되어서 내가 "아가야. 이제 신발 신어. 가게에 가야 할 시간이야. 그리고 우린 공원에도 갈 거야."라고 말한다. 아이가 재빨리 신발을 신는다면 아무 문제가 없지만, 만약 아이가 오랫동안 꾸물거리거나, "안 해요."라고 한다거나 내 말을 무시하고 계속 놀면 나는 스스로 이 질문을 해본다. "아이는 선택할 수 있는 마음상태인가?" 지난 12시간 동안을 되돌아보고 나서 나는 '그렇다'라는 답을 내리게 된다. Maslow의 욕구체계 관점에서 보자면, 아이는 휴식을 취하고 엄마인 나와 연결되어 조절을 하고 있었으며, 퍼펫 인형으로 나와 스토리텔링을 하는 인지적 활동을 하고 있는 것이다. 그래서 나는 아이에게 두 가지 선택지를 줄 것이다. 나는 애착문제나 트라우마 병력이 있는 아이들을 위한 개입을 할 때, 다음의 두 가지 선택지를 제안한다. "너 혼자 신발을 신을 수도 있고,

내가 신발 신는 걸 도와줄 수도 있어." 여기서의 선택은 혼자 독립적으로 행동을 완료하거나, 양육자의 도움을 받는 것 이 두 가지이다. 선택지에 대한 이와 같은 말은 필요할 때 보호자가 도움을 줄 것이라는 신뢰를 쌓아가고 있는 위탁아동 또는 입양아동에게 특히 필요할 수 있다. 나와 안정 애착을 가진 매디슨에게 나는 다음과 같이 말할 수 있다. "두 가지 선택지가 있어. 신발을 빨리 신을 수도 있고 천천히 신을 수도 있어. 놀이시간을 더 가지게 되면 가게에 들렀다가 공원에 갈 순 없어." 매디슨이 빨리 신발을 신으면 우리 둘 다에게 좋았을 것이고, 그렇게 하지 않았다고 해도 두 가지 옵션 중 하나를 선택하면서 아이의 생각하는 뇌는 온라인상태가 되기 때문에 아이에게는 좋은 학습이 이루어지는 것이다. 신발을 신는 데 너무 오랜 시간이 걸려서 공원에 못 가게 되어버린 자연적인 결과는 여전히 좋은 학습이 될 수 있다.

내가 이 3세 아이를 다루는 다른 상황의 시나리오와 대조해 보자. 때는 밤 9시였고 하루종일 뛰어다닌 매디슨은 낮잠을 못 잤고 제대로 먹지도 못했으며 난 너무 지친 상태이다. 나는 "매디슨, 잠옷 갈아입고 이제 자자."라고 말한다. 아이는 꾸물거리며 "싫어요."라고 말하거나 내 말을 무시해 버린다. 내가 "너에겐 두 가지 선택지가 있어. 잠옷을 빨리 입거나, 그렇지 않으면 오늘 잠자리에서 책 읽는 건 없단다."라고 말한다면, 나는 아이를 실패하도록 만드는 것이다. 아이는 이미 자신을 통제하는 능력보다 더 힘든 하루를 보낸 상황이고, 아이가 내게 원하는 건 가까이 와서 자신을 더 효율적으로 조절 가능하도록 도와주는 것이다. 아이는 의식적인 선택을 할 수 있는 용량을 이미 초과한 상태이다. 이 방법을 실제 적용 시, 아이가 스트레스를 받고 있는 상태일 때는 평소 아이의 조절 능력보다 적어도 몇 살 더 어린 아이처럼 봐주는 것이 필요하다. 나는 저녁 9시에 매디슨에게 다가갈 때 유치원 아이가 아닌 한 살배기 아기를 대하듯이 할 것이다. 잠옷 바지 단추를 열어주면서 이렇게 말할 것이다. "오늘 낮잠을 못 잤지? 참 긴 하루였네. 엄마가 도와줄게. 자, 한 발 넣고… 아구, 잘했네. 그리고 다른 발도… 아구, 잘했네! 이제 이불 속에 쏘옥 들어가자." 아이들이 피곤하거나, 압도당하거나, 배고프거나, 안기는 것이 부족했거나, 지나친 요구를 받아서 마음을 선택하지 못하는 상황일 때, 아이에게 다가가 구조화를 도와주는 것이 부모의 일이다.

SOOTHE 전략은 아이가 마음을 선택하지 못할 때 부모들이 중요한 역할을 할 수 있도록 조절 조력 기술을 목록화해 놓은 것이다. 이제부터 그 자세한 내용들을 설명하고, 부모들이 적용하고 실행할 수 있는 몇 가지 도구들도 제공하고자 한다. 하지만 우선

SOOTHE 약어의 의미를 먼저 살펴보자.

S＝부드러운 목소리와 얼굴 표정(Soft tone of voice and face)
O＝구조화하기(Organize)
O＝선택과 빠져나가는 방법 제공(Offer choices and a way out)
T＝접촉과 신체적 근접성(Touch and physical proximity)
H＝내면의 불안에 귀 기울이기(Hear the underlying anxiety)
E ＝끝내고 놓아주기(End and let go)

나는 항상 이 전략을 설명할 때, 이것은 고도의 지식이 요구되지 않는다는 점을 알려주길 좋아한다. 사실 이 기술 중 많은 것들이 우리가 자주 사용할 수 있는 것들이긴 하지만, 필요할 때 의식적으로 실천하기는 힘든 것들이다. 아이가 감정 조절이 힘들 때 이러한 공동 조절 전략을 사용할 수 있도록 하기 위해서는 치료자와 문제를 분석하기 위한 시나리오나 집에서 해본 과제를 치료실에서 함께 연습해 보면서 기술을 향상시킬 수 있다.

부드러운 목소리와 얼굴 표정(S : Soft tone of voice and face)

부드러운 목소리 톤은 쉽게 여겨질 수 있지만, 종종 꽤 의식적인 노력이 요구될 수 있다. 아이가 지시를 듣고 나서 목소리를 높여 "아니, 안 할 거예요."라고 말할 때, 만약 부모가 "아니, 넌 해야 해!"라고 맞선다면, 부모와 아이는 점점 감정이 고조되어 더 이상 갈 곳이 없어지게 된다. 하지만 부모가 자신을 그라운딩(grouding)함으로써 아이들에게 닻을 내려줄 수 있다면―이것이 소곤거린다는 의미는 아니다(귓속말은 성학대 이력이 있는 내담아동에게는 외부 촉발 요인이 되기도 한다)―부모는 아이를 가라앉힐 수 있는 가장 좋은 기회를 갖게 된다. 아이의 닻이 된다는 생각은 어떤 부모들에게는 강력한 무엇이다. 아이들에게뿐만 아니라 부모들에게도 상징과 은유의 중요성은 과소평가되지 않아야 한다. 나는 자신을 더 크고, 더 강하고, 더 지혜롭고, 친절하다고 생각하는 데 큰 어려움을 겪었던 엄마와 함께 작업했다. 아이가 감정이 고조되기 시작하면 그녀는 어떻게 개입해야 할지 자신 없어했다. 처음엔 아이에게 진정하라고 친절하게 얘기했고, 그래도 아이가 진정이 안 되면 결국 소리를 지르곤 했다. 그녀는 이 패턴에 대해 계속 반복해서 얘기했다. 어느 날, 나는 그녀에게 이 감정의 에스컬레이션 과정을 보여줄 수 있는 모래상자를 만들어 보도록 권했다. 그러고 나서 나는 아이 아래에 닻을 내리는 아이디어를 제안하고 그녀에게 모래 피규어장에서 닻을 하나 고르도록 요청했다. 자신에게 공명이 느껴지는 상징을 발견하고, 그녀는 몇 초 동안 그것을 손에 쥐었다. 나는 그녀에게 그것을 손에 넣고 손가락으로 그것의 모양과 쥐어서 느껴지는 무게를 알아보도록 했다. 그런 다음 그녀는 모래상자 안에 그것을 넣었다. 그다음 주, 그녀가 다시 와서는 이렇게 말했다. "저는 그게 뭐였는진 모르겠어요. 근데 이번 주에 제가 소리를 지르고 싶을 때마다 저 닻을 잡고 무게를 느꼈던 기억이 나곤 했어요. 그리고 저에게 '닻이 되어라.'라고 혼잣말을 했어요." 그 이후 회기 동안, 그녀는 자신이 딸에게 닻을 내려주는 연습을 계속했다고 말했다. 또한 그녀는 "그것에 대해 충분히 이해하기 전에는 시각적으로 흡수할 수 있도록 직접 눈으로 봐야 할 필요가 있었다고 생각해요."라고 말했다. 지식을 머릿속에 흡수하는 포털에 시각적 상징을 보고 그것의 무게를 느끼는 것이 포함될 수 있다는 사실은 그녀에게 놀라운 것이었고, 나에게는 부모가 아이를 대하는 방법을 학습하도록 돕는 부모코칭을 단단하게 엮어주는 좋은 리마인더가 되었다.

신경언어학 연구는 사람들이 각자 다른 방식으로 배운다는 점을 우리에게 가르쳐 준다. 누군가는 청각 학습(듣기)을 통해 가장 쉽게 정보를 흡수하고 또 다른 사람들은 시각 학습(일러스트로 표현된 개념 보기, 말하는 사람의 시선 보기, 작성된 유인물 따라 하기 등)을 통해 더 잘 흡수한다. 또 어떤 사람들은 테스트에 대비해 반복해서 되뇌거나 필요한 준비가 충분히 되었다고 느끼기 전에, 배운 개념들을 신체적으로 느껴보는 운동경험이 수반되어야 하는 경우도 있다. 나의 초기 글들은 세 가지 학습 포털을 통해 아이들에게 치료적 개입을 목표로 하는 것의 중요성을 강조했다. 하지만 부모를 위한 또 다른 형태의 학습을 끌어내는 것도 마찬가지로 중요하다. 표현예술치료는 부모들이 새로운 정보를 흡수하고 치료적 움직임을 이끌어 낼 수 있도록 돕는 다양한 포털들을 제공한다. 부모가 자신의 패러다임을 바꾸는 데 어려움을 겪으면, 한 가지 치료방식(면담)에서 다른 방식(글쓰기, 그림으로 표현하기, 모래상자나 미술활동을 통하여 상징표현하기)으로 변화를 모색해 볼 수 있다. 특히 모래상자 작업과 연결해 보자면, 부모들은 문제로 인식되는 감정, 사고, 반응 패턴을 나타내는 피규어들을 고를 수 있다.

자녀 아래의 닻

그림 5.1 닻으로서의 부모

그런 다음 감정이나 사고, 반응 패턴의 변화에 따라 피규어들을 이리저리 움직이거나 하나의 피규어를 다른 피규어 옆으로 옮겨보기도 하고, 모래상자 밖으로 제거해 버리거나 다른 상징들을 추가하기도 한다. 모래 안에서 아이콘을 3차원적으로 이동해 보면서 부모는 우리가 희망하는 부모 자신의 내적 패러다임의 변화에 도움을 받을 수 있게 된다.

아이 아래에 닻을 내리는 얘기를 다시 해보자면, 나는 부모들에게 모든 것을 천천히 하도록 권한다. 특히 말하는 것은 더욱 그렇다. 우리는 부모들로 하여금 발을 어깨너비만큼 벌리고, 깊이 숨을 들이쉬고, 억양을 느리게 하고, 목소리 톤을 깊게 하는 연습을 하도록 한다. '닻으로서의 부모'(그림 5.1)라는 제목의 유인물에는 이 기술들이 명시되어 있다.

나는 종종 부모들에게 동물원의 엄마 고릴라로 자신을 상상해 보라고 부탁한다. 엄마 고릴라를 관찰해 본 적이 있는가? 엄마 고릴라는 엄청난 혼란 앞에서 침착함을 유지하는 놀라운 능력을 가지고 있다. 아기 고릴라들이 엄마를 끌어당기고 등 위에 올라타고, 거친 소꿉장난을 하며 이리저리 뛰어다니지만, 엄마 고릴라는 그냥 누워서 풀을 씹고 있다. 정말 위험한 일이 일어나지 않는 한… 아무것도 하지 않는다. 가끔 최악의 순간에 아이를 돌보다가 이성을 잃어버릴 것 같을 때, 나는 엄마 고릴라를 상상하며 나 자신을 그라운딩하는 데 도움을 받는다.

얼굴 표정보다 목소리 톤을 의식적으로 조절하는 것이 더 쉽다. SOOTHE전략에서 부드러운 얼굴 표정에 추가적인 관심을 기울이게 된 것은 Seth Pollak의 흥미로운 연구를 접하게 되면서부터이다(Fries & Pollak, 2004; Pollak, Cicchetti, Hornung, & Reed, 2000; Pollak & Sinha, 2002). 그는 한 여성의 가장 공포에 질린 표정과 가장 화가 난 표정을 찍었다. 그런 다음 그 두 이미지를 컴퓨터 프로그램으로 수십 퍼센트 단위로 변형시켜 90% 분노와 10% 공포, 70% 공포와 30% 분노 등의 방식으로 연속적인 얼굴 표정을 만들었다. 그러고 나서 외상을 경험하거나 불안한 아동 집단과 일반 아동 집단에 일련의 이미지들을 보여주었다. 이때 외상을 경험한 아동이 일반 아동에 비해 더 빨리 분노의 이미지를 보았다. 트라우마에 의해 수반되는 과각성 증상에 대한 충분한 이해를 한다면 이 발견은 이해가 가능하다. 두려운 대상에 대한 뇌의 신경생리학적인 반응은 무서운 것을 암호화하고 경계를 유지하기 때문에 계속 그것을 회피하게 한다. 분노에 대한 시각적 표시는 고함을 지르거나, 이름을 부르는 것 또는 신체에 상처를 입히는 것 이상의 더 두려운 일이 일어날 것임을 암시할 수 있다. 따라서 위험의 징후를 찾기 위해 환경을 끊임없이 스캔하는 습관이 생기게 된다. 부드러운 얼굴 표정은 위탁부모와 입양부모에게 특히 어려운 문제일 수 있다.

세 아이를 낳고 키운 엘리자베스를 예로 들어보자. 엘리자베스와 그녀의 남편은 힘든 환경에서 자란 한 아이를 입양하기로 결정한다. 그들은 가정폭력 속에서 자란 9세 소년 로니를 입양해서 함께 살게 된다. 친자녀를 기른 27년 동안, 그녀는 긴장되는 상황이나 아이들의 행동에 비명을 지르거나 아이들의 행동을 혼내고 싶을 때, 이를 악물곤 했다. 이를 악무는 방법은 그녀에게 유용했다. 그녀는 감정을 통제할 수 있을 때까지 이를 악물고 있었고, 그것은 그녀가 힘든 순간을 성공적으로 조절할 수 있도록 도와주었다. 로니는 도전적인 행동을 했고, 엘리자베스는 감정 조절이 필요할 때 자신의 이를 악물었다. 하지만 로니의 첫 번째 가정에서 그의 생모는 그를 '개자식'이라 부르며 얼굴을 때리기 직전에 이를 악물었다. 로니의 양엄마는 이를 악물고 있는 것이 로니를 자극한다는 사실을 전혀 모르고 있었다. 이를 악무는 표정이 로니에게는 공포에 기초한 경보 반응을 촉발시킨다는 것을 이해하게 되자, 그녀는 자신을 조절하는 다른 방법을 찾게 되었다. 이 작업에서 주의를 기울여야 할 점은 임상가가 부모들과 문제를 찾는 과정에서 어떤 얼굴 패턴이 아이를 자극하는 불씨가 될지 명확히 하는 것이다.

얼굴 표정 작업에는 약간의 뉘앙스와 놀이성이 필요하다. Nurture House에서 임상가가 접근하는 방식에는 여러 가지가 있다. 가장 간단한 개입 중 하나는 휴대용 거울과 마른 상태에서 지워지는 마커를 이용하는 방법이다. 그 거울은 내가 야드 세일에서 찾은 것이다. 금 테두리가 있으며 한쪽 면은 실제 크기로 비쳐지고, 다른 면은 확대해서 비쳐진다. 우리는 부모가 거울을 얼굴에서 충분히 멀리 떨어지게 해서 그들의 얼굴 전체가 비치도록 하였다. 그런 다음 아이에게 마커를 주고 부모가 가장 화난 얼굴일 때의 모습을 보여주는 요소들을 그려달라고 한다. 아이가 거울에 요소들을 그리면(종이타월로 닦으면 금방 지워진다), 거울에 비친 부모의 모습은 늘 우스꽝스럽게 보인다. 이는 부모와 자녀가 서로에게 반응하는 방식에 대한 대화가 심각해질 수 있는 상황을 완화하는 유머요소가 된다(Franzini, 2001; Fox, 2016; Fry & Salameh, 1987; Garrick, 2005, 2014; Isen, 2003; Newman & Stone, 1996; Nezu, Nezu, & Blissett, 1988). 유머는 옥시토신 배출을 증가시켜 스트레스 호르몬을 감소시키는 강력한 방법이며(Kirsch et al., 2005), 일반적으로 심신건강을 향상시킨다(Berk, Felten, Tan, Bittman, & Westengard, 2001; Nasr, 2013; Overholser, 1992). 유머를 공유하는 것은 사람들을 연결시키고 어렵고 힘든 것을 다루는 데 적절한 도움을 줄 수 있다(Fritz, Russek, & Dillon, 2017; Hasan & Hasan, 2009; Gladding & Drake, 2016; Goldin et al., 2006; Wild, Rodden, Grodd, & Ruch, 2003). 화가 났을 때의 부모 얼굴로 가장 많이 그려지는 것은 화가 난 눈썹이다. 우리는 Nurture House에 접착 눈썹과 콧수염을 비치해 두고 있으며, SOOTHE 전략의 부모훈련시간에 종종 사용하곤 한다.

우리집에서 가족들이 표정으로 소통하는 것에 대해 이야기를 나누었을 때, 당시 6세이었던 내 딸이 "엄마, 난 엄마의 반짝이는 눈을 사랑해요… 근데 가끔 엄마 눈에서 불이 나는 것 같아요. 난 불이 나오는 엄마 눈은 좋아하지 않아요."라고 말했다. 부모의 표정에 따라 아이들이 경험하는 정서적 영향은 아이의 입을 통해 나오게 된다. 안전한 보스를 감지하도록 연결되어 있는 아이들에게 우리의 신체상태를 숨기는 것은 불가능하다. 마스크 작업은 부모만 할 수도 있고 부모와 자녀가 함께 할 수도 있다. 부드러운 얼굴 표정에 관한 마스크 작업 중 내가 가장 좋아하는 지시문 하나는 다음과 같다. "당신이 화가 났을 때 당신의 모습이 자녀에게 어떻게 보일지 마스크 겉면을 디자인해 보세요." 부모가 이 작업을 완료하면, 다음과 같은 지시문을 제공한다. "당신이 그 얼굴이 되었을 때 당신 내부에서 소용돌이치는 모든 감정과 생각을 보여줄 수 있는 마스크 내부를 디자인해 보세요." 다시 말해, 부드러운 얼굴 표정에 관해 언어적으로 주고받는 것에서 상징 작업으로 이동하는 것은 분노로 비칠 수 있는 부모 자신의 취약한 감정에 충분히 관심을 기울이며 천천히 다가갈 수 있도록 돕는다. 아이들은 일정 기간 신체적으로 안전할 때조차도 안전감을 느끼는 데 어려움을 겪을지도 모른다. 임상가들은 동시에 두 가지 작업을 한다. (1) 부모가 자신의 표정을 더 잘 인식하여 표정을 부드럽게 하는 방법을 익히도록 돕는 것, (2) 상처받은 아이들이 필요할 때 안심할 수 있는 장치를 마련해 주는 것. 나와 함께 작업하는 많은 양부모들은 물론이고, 불안을 가진 아동의 친부모들도 아이를 학교에서 픽업해 오면서 생각에 잠겨있었던 경험들이 있다. 안심시켜 달라는 요청이 받아들여질 거라는 걸 아이가 배우게 되면, 아이는 아마 "엄마, 화나 보여요. 화났어요?"라고 말할 것이다. 때론 위험을 무릅쓰고라도 "나한테 화났어요?"라고 물어볼 수도 있을 것이다. 우리는 다음과 같은 방식으로 반응하도록 부모 교육을 한다. "오, 아가야. 엄마 표정이 너를 혼란스럽게 했다는 걸 알려줘서 고마워. 엄만 지금 전혀 화나지 않았단다. 난 그냥 해결해야 할 문제가 있어서 그걸 곰곰이 생각하는 중이었어." 임상가들은 건강한 뇌를 만드는 서브 앤 리턴(serve-and-return) 의사소통방식[1]에 관해 부모들과 많은 이야기를 나눈다. 그러나 부모와 임상가 둘 다 이러한 교류방식을 다룰 때 언어적 의사소통에 초점을 맞추는 경향이 있다. 아이가 웃으면 우리는 웃는다. 이것이 서브 앤 리턴 의사소통이다. 우리 뇌의 거울뉴런은 대인관계를 할 때 서로 간 경험을 공유하게 된다는 것을 의미한다. 따라서 부모가 웃고 그 반응으로 아이가 웃을 때, 아이가 반사적으로 입꼬리만 올리는 것이 아니라 부모의 신경화학적 경험을 반영하는 도파민과 옥시토신의 증가를 경험하는 것으로 보인다는 것이다. 부모와 아이는 기쁨의 경험을 함께 나눈다. 신경화학적 반응들이 이런 방식으로 공유된다면, 부드러운 얼굴 표정은 감정이 올라오는 아이들과의 교류에서 더욱 중요한 부

---

[1] 역자 주 : 아이와 부모가 주고받는 대화를 테니스에서 한쪽이 서브를 하고 다른 한쪽이 리턴하는 것에 빗대어 쓰는 상호작용의 커뮤니케이션을 말함. 아이가 교류하고자 서브 신호를 보내면(울든지, 옹알이를 하든지 등) 어른이 신호를 받아 리턴 신호를 보내는 상호작용을 말함.

분이다. 언짢은 표정을 보았을 때 우리의 거울 뉴런은 상대의 표정과 일치시키려는 선천적인 시도를 하는 내적 상태 그대로 반응할 수 있다.

몇 해 전, Nurture House 대기실에서 있었던 일이 생각난다. 엄마 말에 의하면, 에티오피아에서 입양된 8세 아이가 약속 장소에 오는 동안 '성질을 부렸다'고 했다. 어린 여자아이가 공 모양으로 몸을 웅크린 채 얼굴을 벤치 천에 밀어넣고 있었다. 나는 옆으로 다가가 부드러운 목소리로 인사하고 "네 모습이 네가 지금 힘들다는 걸 알려주는구나. 어머님, 무슨 일이 있었는지 좀 알려주시겠어요?"라고 말했다. 엄마는 몹시 화가 나서 이를 악물고 뻣뻣하게 앉아있었다. 나는 엄마가 설명해 주는 이야기에 귀를 기울였다. 이야기인즉슨, 방과후 프로그램에서 특별행사로 바운스를 임대해서 아이들이 점프 놀이를 하려고 기대하고 있던 타이밍에 엄마가 이 사실을 깜빡한 채 픽업을 간 것이었다. 아이가 얼마나 실망하고 속상했을지, 그리고 엄마에게 말로 설명하는 데 어려웠을 상황 등을 이야기해 주자, 아이의 자세는 좀 편해졌다. 아이에게 얼굴을 보여줄 수 있겠는지 물어보자, 쿠션에 얼굴을 파묻은 채 고개를 앞뒤로 세차게 흔들었다. 그래서 나는 "내 눈은 널 부드럽게 보고 있단다."라고 말했다. 엄마가 울기 시작하자, 아이는 손가락 사이로 나를 슬쩍 보았다. 다음 부모회기에서, 엄마는 그 순간이 강하게 와닿았다며, 딸에게 안전감을 느낄 수 있도록 하는 데 있어서 엄마 자신의 표정이 얼마나 딱딱했는지 또는 부드러웠는지를 되돌아보게 되었다고 했다.

부모가 서로 신뢰하고 건강한 상태라면 — 진정으로 서로 좋아하고 같은 팀이라 여길 때 — 얼굴 표정의 부드러움에 대한 부분들은 둘이서 함께 만들어 갈 수 있다. 나는 부모들에게 서로 상대가 화가 나서 일자 눈썹이 되면 놀려보라고 했다. 양육자(부부) 사이가 안전한 관계라면, 얼굴 표정을 부드럽게 하기 위해서 정확하고 도움이 되는 동맹 관계를 만드는 데 서로 도움이 될 수 있다.

구조화하기(O : Organize)

SOOTHE의 첫 번째 'O'는 '구조화'를 의미하며, 아이들의 외부 환경과 내적 경험을 구조화하는 것을 말한다. 접수면접에서 우리는 아이의 아침과 취침시간의 일과를 설명해 달라고 부탁한다. "취침시간 루틴에 대해 얘기해 주세요."라고 종종 물어보면 잠시 침묵이 흐른 뒤 "아시겠지만, 우린 9시가 되면 아이를 재우려고 노력해요."라고 답한다.

이는 다른 가족들에 비해 스케줄을 강하게 적용하는 편이며 일과를 만드는 데 도움이 필요한 가족이라는 적색 플래그를 뜨게 한다. 때로 부모와 아이 간의 좋은 관계가 부족하면 불안한 아동과 부모는 직감에 따라 행동하게 된다. 자녀의 필요에 따라 구조화를 더 제공할 수 있도록 부모를 지지해 줄 수 있다. 구조화를 만들어 가는 것이 즐거울수록 그것은 더 쉽게 여겨질 것이다. 때로 부모들은 최근의 아침과 저녁 일상을 되돌아보고 수정할 수 있는 지원이 필요하다. 접수면접 시 부모들이 아침시간이 정말 엉망이라고 말한다면, 현재의 아침 루틴을 다루는 작업부터 시작한다.

부모는 아이가 7시에 일어나 아침을 먹으면서 TV를 보고, 옷을 입고 신을 신어야 할 시간에 부모 말을 무시하고 있거나 완전 멍하게 있다고 설명할 수 있다. 이 경우 필요한 것은 일과의 순서를 조정하는 것이다. 옷 입고 신발 신기를 먼저 하고, 그다음에 아침을 먹으면서 TV를 볼 수 있도록 하는 것[2]이다. 어떤 가족의 경우, 아침 일과에서 TV를 보는 것은 없앨 수도 있다. 또 다른 가족의 경우, 가방 메고 등교하는 차 안에서 재미있고 짧은 두 개의 유튜브 클립을 보는 정도로 구조화할 수도 있다. 부모―또는 부모와 자녀 모두―가 일과를 구체화하는 데 도움이 되는 재미있는 방법 하나는 가족을 위한 맞춤형 보드게임을 만드는 것이다. 이 작업은 임상가의 도움을 받으며 세션 내에서 진행할 수도 있다. 일부 가족에게는 보드게임에 사용할 수 있는 빈칸 종이 템플릿이 제공될 수도 있다. 우리는 일어나는 것을 시작으로 잠자리에 드는 것으로 끝나는 템플릿 하나를 만들었다(그림 5.2를 보시오). 이것은 일과를 설계하면서, 필요에 따라 여러 번 복사해서 쓸 수도 있고 아이들이 직접 만들어 볼 수도 있다. 여기서 고려할 것은 이 작업의 목표는 (아이를 포함한) 온 가족이 받아들일 수 있는 '아이를 위한 맞춤형 스케줄'이 되어야 한다는 것이다. 어떤 가족들은 이 작업에서 자신들의 오솔길을 함께 만들어 보고 싶을 수도 있다. 어떤 가족들은 '미끄럼틀과 사다리 게임' 같은 집에 있는 오래된 보드게임을 골라서 다른 방식으로 활용하는 것을 즐긴다. 또 다른 가족들은 각 칸들 안에 하루 종일 자신들의 일정을 대략적으로 묘사하기를 원할 수도 있고 다른 가족들은 일과 중 가장 문제가 되는 부분에만 초점을 맞출 수도 있다. 그림 5.3은 아이가 아침 스케줄을 잘 마칠 수 있도록 돕기 위해 만들어진 보드게임이다.

이 과정의 또 다른 재미있는 부분은 가족 구성원이 각자 자신의 게임말을 만들 수 있

---

[2] 역자 주 : 집 안에서 신을 신지 않는 문화의 경우는 이 순서와는 다르게 조정할 수 있을 것으로 보임.

다 함께 보드게임 만들기

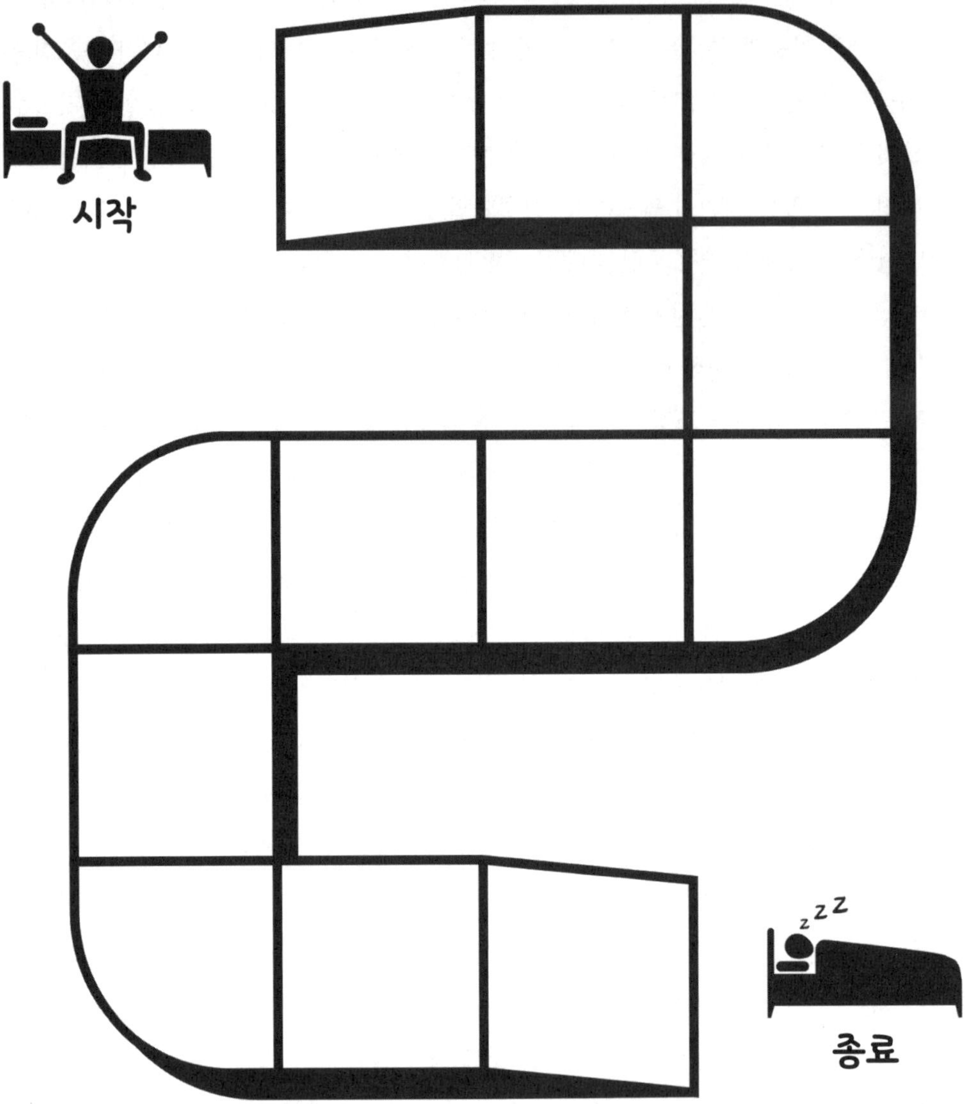

보드게임 템플릿으로 일과를 만들어 보세요.

아이의 하루, 공간에 따라, 일어나서 잠자리에 들 때까지,

아침 식사, 양치, 독서, 영상 보기 등등을 묘사하는 단어 쓰기 또는 그림 그리기를 해보세요.

가능하면 아이와 함께 만들어 보고, 함께 즐겁게 색칠도 해보세요.

그림 5.2 일과를 위한 보드게임 템플릿

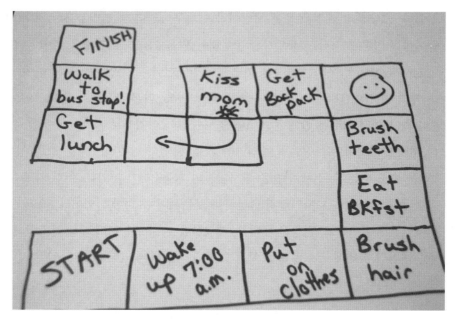

그림 5.3 아동의 아침 스케줄 예

그림 5.4 가족들을 위한 창조공간

다는 것이다. 모노폴리 게임을 해본 사람이라면 누구나 특정 게임말을 선호하며(내가 가장 좋아하는 말은 모자다), 서로 가장 좋아하는 말을 가지려고 경쟁을 벌일 수도 있다. Nurture House에서 우리는 가족을 미술실로 안내한다. 그곳엔 아이들 눈높이에 맞춰 여러 개의 병 안에 많은 재료들을 구비해 두고 있고, 다른 재료들은 부모의 도움을 받아 아이들이 쉽게 캐비닛 안에서 꺼내어 쓸 수 있다. 여기서는 가족이 사용할 수 있는 모든 재료를 사용하여 자신만의 게임말을 만들 수 있다. 일반적으로 구조화하는 데 혼란스러울 수도 있는데, 전체 연습은 투사활동의 기능을 할 수 있다. 어떤 가족 구성원이 어떤 종류의 게임을 디자인할지 협상하는 것은 매우 유익한 작업이다. 즉 가족 구성원들이 어떻게 협력하고, 결정을 내리고, 재료들을 나눠 쓰는지에 대해서, 그리고 각 구성원은 게임말 형태에서 어떻게 보이고 표현되길 원하는지 살펴볼 수 있는 것이다 (그림 5.4를 보시오).

게임말 만들기 작업을 위한 지시문에 포함될 내용

1. 가족 구성원들은 스스로를 슈퍼히어로로 디자인한다.
2. 가족 구성원들은 자신을 나타내는 동물을 선택하고 그 상징을 만든다.
3. 가족 구성원들은 모자를 게임말로 꾸미고 그 상징을 만든다.

앞에서 살펴본 보드게임 개입은 바쁜 가족 스케줄의 다양한 부분이나 가족이 지원할 수 있는 아이들의 일과를 부호화하는 재미있는 방법이 될 수 있다. 하지만 개별 아동들은, 특히 불안에 시달리는 아이들의 경우, 하루의 스케줄을 상기시켜 주는 것으로도 도움을 받을 수 있다. 어떤 아이들은 개별화된 스케줄로부터 도움을 받는다. 이것들은 다양한 방식으로 만들어질 수 있으며, 스케줄을 만들기 위한 많은 기본 템플릿들은 온라인에서 이용 가능하다. 우리는 색색의 사람 모양 용지와 바인더 링 세트를 갖추고 있다. 아이가 매일의 루틴으로 인해 정말 힘들어 보일 때마다, 휴대용 스케줄을 디자인해 볼 수 있도록 돕고, 그것을 학교 가방에 걸거나 필요하다면 허리띠에 걸어두기도 한다 (그림 5.5를 보시오).

분리불안을 가진 아이가 학교에 있고 부모는 집에 있을 때, 아이가 부모와 연결되어 있다고 여기게 하는 중간대상을 구체화된 스케줄로 제공해 줄 수 있다. 넘겨가며 보는

그림 5.5　휴대용 스케줄

카드 세트를 만드는 회기에는 부모와 자녀 모두 참여한다. 회기가 끝날 때, 스케줄 카드 사이에 끼워 넣고 추가할 수 있는 사람 모양 용지를 제공한다. 그 용지는 "이제 학교 수업시간 반이 지났어." "이제 한 시간 후면 학교가 끝나. 엄마가 널 데리러 가서 꼭 껴안아 줄게." "빨리 보고 싶어." 등의 내용이 적혀있는 것이다. 이 개별 카드는 아이에게 색다른 경험으로 다가가, 개인적인 그림 스케줄에 흥미를 유지하도록 돕는 데 활용될 수 있다.

새로운 경험으로의 이행

특히 양부모에게 자주 제기되는 또 다른 문제는 아이들에게 새로운 경험을 어떻게 소개하느냐와 관련이 있다. Nurture House에서 함께 작업하는 많은 가족들은 국제입양을 하였다. 이 아이들은 자원이 거의 없는 어려운 곳에 살다가 고급스러운 침실이나 놀이방, 보너스 룸이 갖추어진 집으로 온 경우들이 더러 있다. 이 아이들에게 '새로운 경험을 주기' 위해 축구팀이나 스포츠팀에 가입하게 하기도 한다. 여기서 주의해야 할 것은, 팀 환경에 아이가 적응하기 위해서는 몇 가지 연마된 기술이 필요하다는 것이다.

3세 때 국제입양되어 온 7세 아이가 생각난다. 그 아이는 감각처리 문제와 신체적, 인지적, 정서적, 사회적 발달 지연을 겪었고 7세까지도 여전히 발달을 쫓아가려 애쓰고 있었다. 그는 첫 축구 연습 때는 차로 도망가 버리는 반응을 보였다. 그리고 첫 경기 때는 팀 벤치 아래에서 태아 자세로 몸을 웅크리고 일정 기간 움직이지 않고 죽어있는 듯한 반응을 보였다. 그럼, 어떤 원인에서건(초기 방임, 학대, 자궁 내 독소 노출, 신경 발달 장애) 민감한 신경생리학 문제가 있는 아이가 축구팀에 들어가기 위해 어떤 도움이 필요할까? 아이는 TV로 축구경기를 먼저 봐야 할지도 모른다. 불편하게 느껴지는 새로운 변화에 익숙해지기 위해 집에서 정강이 보호대를 착용해 보는 것도 필요할지 모른다. 앞마당에서 스파이크를 신고 잔디에 신발이 박히는 경험도 해보아야 할지 모른다. 아이는 축구 연습에 가기 전에 경기 규칙을 배우고, 코치를 만나보고, 같은 팀이 될 친구들도 만나보고, 부모와 함께 마당에서 공차기를 해봐야 할지 모른다. 날씨, 코치, 팀원, 공, 규칙, 장비 등 모두 미리 탐색해 볼 필요가 있는 것이다. 많은 부모들은 이것을 과잉 대응이라 여기고, 우리가 '아기 같은' 행동을 감싼다고 생각할 수도 있다. '자기 스스로 끌어올려라'와 같은 의식은 이 아이에겐 더 독이 될 수 있다. 어떤 경우에는 도움이 되기도 하지만 말이다. 초기 발달단계의 관점에서 고려해 볼 때, 아이가 팀 스포츠를 이해하도록 그의 소우주를 확장시키는 준비를 하는 데 필요한 신경 배선의 비계를 얻지 못한 경우, 나는 '아기 같은' 행동을 충분히 수용한다.

　구조화 전략의 또 다른 예는 Nurture House 부모자녀관계 평가(NHDA)를 하는 동안 종종 보게 된다. 평가가 집중적으로 진행될 때 '성인은 아이를 두고 1분간 방을 떠나세요'라는 과제가 주어진다. 이 과제는 치료놀이 사정도구인 MIM에 있는 내용이지만(Booth & Jernberg, 2010), 원래는 Mary Main에 의해 처음 완성된 낯선 상황 실험에서 시작된 것이다(Ainsworth & Bell, 1970). 우리는 수천 명의 부모들이 이 과제를 수행하는 것을 관찰하였는데, 접근하는 방식들은 정말 다양했다. 이 과제 중에서 내가 가장 좋아하는 내비게이션 하나는 엄마가 먼저 과제를 큰 소리로 읽고(어느 정도의 구조를 제공해 주는 것이다), 극도의 불안을 보이고 있는 아들을 보며 "알아… 내가 밖에 나가 있는 동안 60까지 셀 수 있지? 좀 있다가 다시 돌아올게."라고 말하는 것이다. 문제의 아이는 엄마가 말한대로 큰 소리로 숫자를 세기 시작했다. 그동안 엄마는 문 앞에서 듣고 있다가 60이 되자 다시 들어갔고 아이는 이 방식으로 자신을 조절했다. 이 내담아동은 어머니의 조절 조력 없이 놀이실에 있게 되면 불안의 파도를 경험했다. 엄마는 아이의 패닉을 정확하게 해석했고 엄마 자신이 돌아올 때까지 아이에게 발달적으로 적절하고, 리듬감 있고, 구조화된 과제(큰 소리로 숫자 세기)를 준 것이다. 이것은 이 과제에 대해 아주 정교하게 잘 대응한 것이었다. 다른 많은 부모들은 아이에게 카드 내용을 말하면 안 되는 것처럼 여겨 화장실에 가거나 음성메시지를 확인해야 한다며 자리를 떠야 하는 이유를 만들어 내곤 한다. 몇몇 쌍(부모-자녀)은 이 과제를 하는 것이 불가능한 경우도 있다. 아이는 화를 내고 부모에게 매달리고 결국 부모는 아이와 함께 방에 머무르는 것을 선택한다. 대부분의 쌍에서, 부모는 성공적으로 방을 나갈 수 있다. 그때 정말 흥미로운 점이 보인다. 때론 아이는 치료사를 방에 없는 사람으로 취급하고 한자리에 조용히 앉아서 부모가 돌아오길 기다리며 부모의 부재를 견딘다. 다른 아이들은 부모가 나가면, 즉시 치료사에게 다가와 특정 놀잇감을 가지고 놀아도 되는지 묻고는 치료사를 조절 조력자로 대하며 그 시간을 보낸다. 또 다른 아이들은 일어나 놀지만 그 방에 함께 있는 치료사와 상호작용은 절대 하지 않는다.

나는 라이브 교육에서 러시아에서 1세 때 입양된 한 아이의 짧은 영상을 자주 보여준다. 그 아이는 엄마가 방을 나가면 심한 부동상태가 된다. 아이가 7세였을 그 당시, 거의 숨을 쉬지 못한 채 1분 동안 얼어붙은 상태로 앉아있었다. 엄마가 쾌활한 목소리로 "짠! 엄마 왔어!"라며 돌아오면, 아이는 참았던 숨을 내쉬며 축 늘어진다. 엄마는 다음 과제로 넘어가면서도 같은 목소리로 얘기한다. 우리가 비디오를 함께 보기 전까진 엄마는 자신의 갑작스러운 부재가 아이에게 얼마나 큰 충격인지 전혀 의식하지 못했다. 아이는 엄마가 돌아오기 전까진 공동 조직자를 잃어서 마비되어 버리는 공포상태가 되었다. 아이러니하게도, 이 사례는 조절장애 문제로 치료를 요청하고 있었다. 엄마는 비디오를 보자 아이가 '더 많은' 구조화를 필요로 한다는 것을 깨달았다. 더 적게가 아니라 말이다. '착한 엄마'가 되려 노력했으나, 그 방법이 아이에게는 적합하지 않았다.

Ed Tronick의 연구와 무표정 실험을 보면, 아이들이 절실히 필요로 하는 구조를 제공하는 존재가 없어지면 아이는 완전히 혼란에 빠져버린다는 것을 볼 수 있다. 엄마에게 먼저 그냥 아기와 놀아보라고 하기 때문에 처음에 웃음이 없는 무표정 실험을 보는 것은 불가능하다는 점을 발견한다. 카메라 하나는 엄마의 얼굴을 비추고 다른 하나는 아기의 얼굴을 비춘다. 그리고 우리는 분할된 두 개의 화면을 동시에 관찰할 수 있다. 엄마가 웃으면 아기도 웃는다. 아기가 옹알이를 하고 꺄르륵하면 엄마도 반응한다. 이렇듯 엄마와 아기는 무의식적으로 놀이시간의 즐거움을 함께 조절하고 맞춘다. 그런 다음, 연구자는 엄마가 아기에게 영향을 미칠 만한 반응은 하지 않도록 하고 무표정한 얼굴로 긍정적이건 부정적이건 아무런 신호를 보내지 않도록 한다.

부모의 반응이 갑자기 없어지면 아기는 어떻게 할까? 우선 아기는 더 노력한다. 마치 아기가 "아, 엄마의 정신이 딴 곳에 가버렸나 봐요. 제게 다시 관심을 주세요. 제가 얼마나 사랑스러운지, 저랑 노는 게 얼마나 재밌는지 다시 알게 될 거예요."라고 말하는 것 같다. 아기는 더 큰 소리로 꺄르륵하거나 옹알이를 하고 팔다리를 바둥거린다. 엄마가 여전히 반응하지 않으면 아기의 보상기전상실(decompensate)이 시작된다. 아기는 침을 흘리기 시작하고, 엄마의 얼굴에서 눈을 떼고, 벽을 쳐다볼 것이다. 어떤 아기들은 엄마가 더 이상 그들의 경험을 함께 구조화하지 않을 때 극심한 조절장애를 겪게 되고 심지어 장애가 생길 수도 있다. 우리가 배운 것은 피드백의 공백이 어린 아기들에게는 끔찍하게 무서운 일이라는 것이다. 앞에서 언급한 아기 엄마는 순간순간의 피드백이 어린 아기에게 얼마나 중요한지 배우는 데 도움을 필요로 했다. 엄마는 자신의 슈퍼파워 중 하나가 아들의 공동 조직자 역할임을 알게 되었을 때 놀라움을 금치 못했다. 나는 엄마가 느끼는 놀라움을 이해한다. 이 9세 소년은 1세까지는 지금의 집이 아닌 러시아에서 살았다. 아이는 자궁 내 발달의 모든 시간을 스트레스를 받으며 자랐다. 아이는 인생의 첫해를 30명의 아기들과 아주 큰 방에서 자랐다. 양육자의 관심을 끌기 위해서 가장 공격적인 시도들만이 아이를 얼러주고 맞춰주는 보상(조율)이 생기도록 했을 것이다. 9세인 이 아이가 엄마 없이 새로운 공간에 들어가는 등의 스트레스를 경험하게 되면, 생후 1년 동안 보살핌을 받고 자란 다른 9세 아이들보다 더 공동 구조화 대상으로서의 엄마를 필요로 한다. 신경가소성(neuroplasticity)[3]에서 나온 정말 기쁜 소식은, 이전에 상실한 경험들이 반복해서 주어질수록, 우선 타인을 통해 진정되는 신경 경로가 더욱 깊이 깔리게 되고, 결국 이 경로는 자기 진정을 위한 경로로까지 이어질 수 있다는 것이다.

---

[3] 역자 주 : 이미 형성된 대뇌피질의 뉴런 간 연접관계가 강화되거나 약화되는 것을 말함. 감각신경에 의해 전송되는 정보에 따라 스스로 자신의 신경망을 새롭게 구축하면서 그 형태를 바꾸어 나가는 것. 출생 직후 가장 활발하게 나타나는 현상으로, 강한 자극을 받으면 거의 활동을 하지 않던 시냅스가 활발해지고, 활발해진 시냅스는 이후에도 똑같은 상태를 유지하게 된다(김춘경 외, 상담학 사전, 학지사, 2016).

선택 제공(O : Offer choices)

부모가 지시를 내릴 때 선택권을 주는 것은 꽤 일반적인 구조이다. 나는 '두 가지 선택'을 구조화하는 방법을 먼저 이야기하고자 한다. 왜냐하면 이 개념을 이전에 충분히 소개하지 않았기 때문이다. 그리고 난 후 일반적인 두 가지 선택권을 제공하는 것이 조절 문제가 있는 아이들에게는 효과적이지 않을 수도 있다는 점에 대해서도 알아볼 것이다. 마음을 선택해야 할 때 대부분의 아이들은 일련의 두 가지 선택을 하는 데 잘 반응할 것이다. 태어나서부터 힘든 시작을 했고 지금도 여전히 양육자와 신뢰를 쌓고 있는 아이들은 다음과 같은 두 가지 선택이 제공하는 구조에 긍정적으로 반응할 수 있다. 첫 번째 선택은 스스로 신발을 신게 하는 것이고, 두 번째 선택은 당신이 어떤 방식으로든 지지를 해주는 것이다. 이 두 가지 선택은 힘든 환경에서 자란 아이가 일정 기간 부모에게 더 의지할 필요가 있다는 것을 인정하고, 아이의 신뢰 저장소를 채우기 위한 방법으로 어려운 일들을 함께 해볼 수 있도록 한다. 안정 애착을 가진 아이들과 자신의 선택을 통해 그 결과를 학습하는 아이들을 위해서도 신발을 스스로 신거나, 신지 않았을 때 자연적으로 따라오는 결과를 경험할 수 있는 선택권을 제공하는 방법이 좋다. 대부분의 경우, 우리의 돌봄을 받는 아이들은 시간이 지남에 따라 두 가지 선택 지시문의 조합을 필요로 할 것이다. 하나는 과제를 완료하기 위해 부모의 도움을 받을 수 있다는 선택, 또 하나는 그 시점에는 그냥 안 하고 싶다는 선택이다. 첫 번째 경우, (시각적 지시문과 같이) 부모들에게 두 손가락을 들도록 하고 다음과 같이 말해보도록 한다. "너에겐 두 가지 선택지가 있어. 카시트 벨트를 네가 직접 꼽을 수도 있고, 아니면 내가 도와줄 수도 있어." 어떤 아이들, 특히 취학 전 아이들은 '나 스스로 해야 해.'라고 여기기 때문에 즉시 스스로 하겠다는 선택을 할 것이다. 두 번째 경우, 또다시 부모들에게 두 손가락을 들도록 하고 이번에는 이와 같이 말한다. "넌 두 가지 선택을 할 수 있어. 동물들을 보러 갈 때 점퍼를 차에 두고 가거나 입고 가는 것 중 선택할 수 있는데, 더워서 벗게 되면 점퍼는 네가 들고 다녀야 해." 우리는 부모들과 함께 앉아서 아이의 문제를 분석하고 해결할 것이다. 우리는 아이가 선택할 수 있는 마음상태에 있는지 아닌지에 대해 의사결정 나무를 통해 부모들의 작업을 돕는다. 그리고 만약 아이가 부모의 도움을 받는 선택을 하거나 자연적이고 논리적인 결과를 경험하게 되는 두 번째 선택이 주어져야 한다면? 부모는 '두 가지 선택' 유인물에 발생할 수 있는 시나리오를 적는다(그

두 가지 선택 :

애착을 높이고 신뢰를 쌓는 데
초점을 맞출 때

당신은 _____을(를) 선택할 수 있습니다.
또는, 나는 당신이 그것을 하도록
도와줄 수 있습니다.

첫 번째 선택은 당신이 요청한 것을 하는 것을
의미합니다.
다른 선택은 어떤 식으로든
당신의 지지를 받아서 그것을 하는 것을 의미합니다.

두 가지 선택 :

좋은 결과를 선택하는 것을 배우는 데
초점을 맞출 때

당신은 _____을(를) 선택할 수 있습니다.
또는, _____.

첫 번째 선택은 당신이 요청한 것을 하는 것을
의미합니다.
다른 선택은 요청한 것을 하지 않아서 생기는
자연스러운 결과를 의미합니다.

그림 5.6 두 가지 선택 유인물

림 5.6을 보시오). 또한 우리는 양육이 힘들 때 가정에서 오려서 사용해 보도록 두 가지 선택 다중지시 유인물을 집으로 보낸다(그림 5.7을 보시오).

고작 1, 2초만 기다려 주고 아이가 부모의 말을 따르지 않는다고 판단하여 금방 지시를 반복하는 경향이 있는 부모들은 끊임없이 같은 걸 되풀이하고 있는 자신을 발견할 수 있다. 그들은 네다섯 번 지시를 반복할 때마다 점점 더 좌절하고, 분노가 폭발하여 부적절한 결과를 낳게 될 수도 있다. 따라서 우리가 부모들에게 제공하는 다른 안내는 감정이 더 올라오기 전에 머릿속으로 숫자 5까지 세면서 호기심 가득한 자세로 기다리며, 두 가지 선택을 제공하라는 것이다(PCIT에서도 추천되는 것이다). 어떤 아이들은

두 가지 선택 :
애착을 높이고 신뢰를
쌓는 데 초점을 맞출 때

당신은 _____을(를) 선택할
수 있습니다.
또는, 나는 당신이 그것을 하
도록 도와줄 수 있습니다.

두 가지 선택 :
좋은 결과를 선택하는 것을
배우는 데 초점을 맞출 때

당신은 _____을(를) 선택할
수 있습니다.
또는, _____

두 가지 선택 :
애착을 높이고 신뢰를
쌓는 데 초점을 맞출 때

당신은 _____을(를) 선택할
수 있습니다.
또는, 나는 당신이 그것을 하
도록 도와줄 수 있습니다.

두 가지 선택 :
좋은 결과를 선택하는 것을
배우는 데 초점을 맞출 때

당신은 _____을(를) 선택할
수 있습니다.
또는, _____

두 가지 선택 :
애착을 높이고 신뢰를
쌓는 데 초점을 맞출 때

당신은 _____을(를) 선택할
수 있습니다.
또는, 나는 당신이 그것을 하
도록 도와줄 수 있습니다.

두 가지 선택 :
좋은 결과를 선택하는 것을
배우는 데 초점을 맞출 때

당신은 _____을(를) 선택할
수 있습니다.
또는, _____

두 가지 선택 :
애착을 높이고 신뢰를
쌓는 데 초점을 맞출 때

당신은 _____을(를) 선택할
수 있습니다.
또는, 나는 당신이 그것을 하
도록 도와줄 수 있습니다.

두 가지 선택 :
좋은 결과를 선택하는 것을
배우는 데 초점을 맞출 때

당신은 _____을(를) 선택할
수 있습니다.
또는, _____

두 가지 선택 :
애착을 높이고 신뢰를
쌓는 데 초점을 맞출 때

당신은 _____을(를) 선택할
수 있습니다.
또는, 나는 당신이 그것을 하
도록 도와줄 수 있습니다.

두 가지 선택 :
좋은 결과를 선택하는 것을
배우는 데 초점을 맞출 때

당신은 _____을(를) 선택할
수 있습니다.
또는, _____

두 가지 선택 :
애착을 높이고 신뢰를
쌓는 데 초점을 맞출 때

당신은 _____을(를) 선택할
수 있습니다.
또는, 나는 당신이 그것을 하
도록 도와줄 수 있습니다.

두 가지 선택 :
좋은 결과를 선택하는 것을
배우는 데 초점을 맞출 때

당신은 _____을(를) 선택할
수 있습니다.
또는, _____

그림 5.7 두 가지 선택 과제 유인물

지시를 따르기 시작하는 데 몇 초면 된다. 일단 아이가 지시에 따르기 시작하면, 그가 한 선택으로 인해 모든 이가 감사히 여긴다는 것을 아이가 느낄 수 있도록 도와준다.

부모에게 좋은 지시를 내리는 훈련과 두 가지 선택 지시 절차를 알아보는 부모-자녀 상호작용 치료인 PCIT는 선택권을 제공하는 데 있어 제스처 단서를 사용하도록 한다 (Hembree-Kigin & McNeil, 2013). Mehrabian은 의사소통에 관한 두 가지 다른 연구를 살펴본 후 아주 놀라운 통계를 내놓았다. 우리의 의사소통 중 단지 7%만 언어적 내용으로 이루어져 있다. 7%라니, 놀랍다. PCIT는 부모에게 '좋은 지시하기'라는 활동지를 제공한다. 그것은 아이들에게 지시를 하는 과정을 11단계로 나누어 본다. 이 차원들은 한 번에 하나를 지시하기, 구체화하기, 긍정적으로 말하기, 친절함을 유지하기와 같은 것들이다. 의사소통 중 나머지 93%는 보디랭귀지(55%), 목소리 톤(38%)으로 나뉜다. 자, 우리는 이제 우리가 무엇을 말하는지가 어떻게 말하는지만큼 중요하진 않다는 것을 알게 되었다. 이것이 우리가 중립적인 어조로 지시를 전달해야 하는 이유이다. 트라우마 인지(Trauma-informed)[4]의 관점에서 보면, 아무리 긍정적인 지시라도 아이들에게 격한 어조로 전달하게 되면 조절문제를 지닌 아이들의 뇌를 공포로 무장시키고 지시에 순응하는 데 부정적인 영향을 미치게 된다. 생리학적인 면에서 보면 트라우마를 경험한 아이의 심리적 반응으로 부교감신경의 붕괴나 심박수, 혈압, 코르티솔 방출 등 교감신경의 항진이 나타날 수도 있다.

Nurture캠프에서 20명의 자원봉사자들에게 아이들을 위한 조절 조력자 훈련을 할 때, 나는 두 손가락을 올려서 "당신에게 두 가지 선택이 있어요."라고 말하는 것을 교육했다. 우리의 의사소통 중 55%가 비언어적이기 때문에 제스처 신호를 사용하면 당신이 하는 말의 힘을 획기적으로 높일 수 있을 뿐만 아니라 아이에게 시각적인 관심의 초점을 가질 수 있도록 한다. 게다가 선택을 제공하는 부모나 임상가가 구조를 정하는 데 도움이 되고, 두 가지 선택이 무엇이어야 하는지를 결정할 수 있는 잠시의 여유를 가질 수 있게 한다. 경험 많은 전문 상담자 한 명은 이 두 가지 선택 절차를 사용하는 것이 힘들었다고 고백하였다. 그녀는 손가락으로 반원을 그리며 "당신에게는 두 가지 선택이 있어요."라고 말하면서 그녀의 뇌가 "젠장 그게 도대체 뭐람?"이라고 소리칠 것만 같았다고 얘기했다. 이 감정은 스태프들 사이에서 깊은 공명이 되어 결국 우리

---

[4] 역자 주 : 트라우마를 겪은 대상의 정신적 외상을 이해하며 바라보는 태도를 말함.

그림 5.8　두 가지 선택 : 젠장! 그게 도대체 뭐람?

는 다음과 같은 문구가 적힌 티셔츠를 제작했다. 앞면에는 '두 가지 선택이 있습니다', 뒷면에는 '젠장 그게 도대체 뭐람?'이라는 문구가 있다. 아이들이 지시를 따르지 않는 스트레스 상황 속에서 부모들은 새로운 의사소통 방식을 배우고 있다는 점을 기억해야 한다. 그림 5.8의 만화는 부모가 아이들과 이 작업을 하면서 두 가지 선택을 찾아가고 있다는 것을 재미있게 보여주는 것으로 부모와 공유해 볼 수 있다.

때로는 두 가지 선택도 너무 많다. 여기, 나의 이야기를 해보겠다. 큰아이가 7세 때 일주일에 3일은 홈스쿨링을 했다. 그리고 2일은 내가 상담을 할 때 아이를 홈스쿨 협

동조합에 보냈다. 그는 상당히 불안한 아이였다(사실, 나는 큰아이를 생각하며 Worry Wars 커리큘럼을 썼다). 하루는 상담이 일찍 끝나, 아이를 일찍 데리러 가서 깜짝 놀라게 해줄 생각이었다. 그리고 아이와 데이트를 하면 아주 좋아할 것이라 생각했다. 나는 끝나기 30분 전에 짠 하고 갔고, 아이는 갑작스럽게 가방을 챙겨 나와야 해서 다소 당황하긴 했다. 하지만 그는 활기를 되찾았고, 차에 올라타 안전벨트를 맸다. 그때 나는 흥분한 눈으로 아이를 돌아보며 말했다. "짜잔. 오늘 엄마랑 아주 특별한 데이트를 할 거야. 새로 나온 이빨요정 영화를 보러 갈 수도 있고, 볼링을 하러 갈 수도 있어. 어떤 게 더 좋아?" 그때의 아이 모습은 혹성 지구의 감당하기 힘든 무게와 형체를 어깨에 짊어지고 있는 것만 같았다. 45분 동안 아이는 두 가지 선택을 하며 씨름했다. "만약 영화를 보러 갔는데 별로 안 재밌으면 볼링을 칠 수 있는 기회를 놓칠 거고… 볼링을 치러 가서 별로 못 치게 되면 영화를 볼 기회를 놓쳐버린 결과가 될 텐데…" 그냥 내가 아이에게 짠 하고 나타나서 그날 할 계획을 말해주었다면, 두 가지 선택을 해야 하는 압박을 그렇게 심하게 느끼지는 않았을 것이다. 우리는 15분 정도는 조정하는 시간을 가졌을 테고 그러고 나서 아이는 평소의 스케줄이 변경된 것을 받아들이게 되었을 것이다. 비록 변화가 새롭고 또는 신나는 것이라 해도, 그것은 여전히 변화이기 때문이다. 이 이야기의 결론은 때론 최선의 진정시키기 전략은 단 한 가지 선택만 제안하고 감정이 가라앉을 때까지 시간을 두고 기다리라는 것이다.

조절장애를 가진 아이들, 특히 초기 아동기에 많은 역경을 겪은 아이들에 관한 또 다른 시나리오가 있다. 초기 트라우마는 파충류 뇌간, 간뇌, 변연계 뇌의 기능에 영향을 미친다는 점을 기억하자. 또한 그것은 의사결정과 같은 실행적 기능기술을 지원하는 뇌 하부 비계의 온전한 상태를 손상시킨다는 점도 기억해 두자. 신경 비계가 부족한 아이들은 압도적인 수의 선택들 중 하나를 고르라고 하면, 그들의 각성 시스템이 '싸우고, 도망치고, 얼어붙게' 하거나 쓰러지게 할 수도 있다. 대니가 그랬다. 대니는 생애 첫 4년 동안 성 학대, 신체 학대, 극심한 방임을 받아왔다. 대니는 생물학적 가족을 떠나 건강한 경험들을 제공하기 위해 부단히 애쓰는 지금의 입양부모의 가정으로 왔다. 대니와 양엄마는 관계에서 안전감과 신뢰를 잘 쌓아오고 있었고, 대니가 가지고 있던 최악의 행동들은 상당히 가라앉아 있었다. 엄마는 아이가 한 달에 한두 번은 '완전히 정신적인 혼란상태'에 빠진다고 보고했다. 나는 그녀에게 언제 어디서 이런 일이 일어나는지 기본적인 정보에 대해 물어보았고, 그녀는 자조의 웃음을 띠며 다음과 같이 말했다. "아마도 이럴 때인 거 같아요. 아이가 발작을 일으키는 것은 주로… 매주 월마트에서 장을 볼 때예요." 엄마는 우리가 함께 연습했던 모든 전략들을 쓰고 있다고 설명했다. 그녀는 아이를 가까이 데리고 있으면서 엄마를 도울 만한 일을 분명하게 얘기해 준 뒤, 아이가 시리얼이나 캔수프를 가지고 오는 심부름을 하면 아이가 도와준 것에 대해 기쁘게 여겼다. 한 시간 동안의 장보기가 성공적으로 끝나면, 엄마는 "네가 엄마를 정말 잘 도와주었으니 사탕 코너로 가자."라고 했다. 사탕 코너로 이동해서 아이에게 수많은 사탕 중 하나를 고르도록 했다. 나는 재미로 하루는 월마트 사탕 코너에서 사탕 종류를 세어봤다. 적어도 50가지는 되었다. 엄마는 아이가 쇼핑을 하는 동안 밝은 조명, 시끄러운 소음, 환경의 과도한 자극들 속에서 자신을 관리하는 능력을 다 써버렸다는 사실을 알아차리지 못했다. 너무나 많은 종류들 속에서 하나만 고르라고 하는 것은 스트레스에 대한 수용의 창을 넘어서는 요구였던 것이다. 한번은, 결정을 하는 게 너무 힘들어서 맨 아래칸 선반에서 태아 자세로 웅크리고 있다가 15분이나 지나서 나온 경우도 있었다.

대니의 문제가 무엇인지 깨닫고 나서, 우리는 간단하게 실행 기능 사용 패턴을 수정하였다. 엄마는 마트에 가는 길에 아이와 이야기를 나누면서 가장 좋아하는 사탕을 몇 개만 골라보라고 했다. 아이는 마트에 들어서기 전에 인지적 선택을 내렸고, 마트에 가서는 허쉬초콜릿이나 리세스 과자를 자유롭게 주머니에 담았다. 아이는 장을 보면서 주머니에 있는 사탕을 만지작거리며 선택의 닻을 내릴 수 있었고, 계산대 줄에 서면 사탕을 먹기 시작했으며, 결제를 위해 먹은 사탕 봉지의 바코드를 스캔하곤 했다. 선택들이 너무 많은가, 아니면 너무 적은가? 임상가는 치료를 받으러 오는 아이의 욕구에 대한 공동 조사자 역할을 수행한다. 그리고 아이가 과각성이나 저각성 상태에 빠지지 않고 스트레스에 대한 수용의 창을 계속 성장시킬 수 있도록 건강한 매개변수를 디자인한다.

빠져나가는 방법 제공(O : Offer a way out)

SOOTHE 전략에서 부호화된 '제공'의 또 다른 의미는, 우리가 싸움, 도망, 얼어붙는 반응에 갇힌 아이들에게 거기에서 빠져나가는 방법을 제공하라는 뜻이다. 이 개념을 설명할 때 보여주는 영상이 있다. MIM에 있는 과제 중 '성인과 아이가 서로 로션을 발라주세요'라는 내용이 있다. 아이가 로션 바르기를 원치 않는 이유들은 감각예민성, 친밀의 문제, '그건 어린 아기나 하는 일'이라는 느낌 등등 다양하다. 하지만 이 불편함을 부모와 아이가 헤쳐 나가는 방식을 관찰하는 것은 적어도 임상가에게는 개입이 필요한 핵심적인 부분을 파악할 수 있도록 한다. 나는 앞서 불안이 높은 아이의 엄마가 아이를 놀이방에 두고 나갈 때 큰 소리로 수를 세어보도록 하며 구조화했던 장면을 언급한 적이 있다. 바로 그 아이가 로션을 바르는 걸 엄청 싫어했다. 다음은 그 아이와 엄마가 로션과제를 수행하며 나눈 대화 내용이다.

엄마 : 로션 어디에 바를까?

폴 : (얼굴을 찌푸리고 도전적으로 말하길) 머리카락에요!

엄마 : (웃음) 아니… (로션을 손으로 문질러 따뜻하게 데우면서) 피부에 조금만 발라
　　 도 될까?

폴 : (꽥 소리를 지르고 짜증 나는 목소리로) 아니요.

엄마 : 싫어?

폴 : (머리를 세게 흔들며) 싫어요.

엄마 : 몸 어디에 묻히면 좋을까?

폴 : 안 돼요. 머리카락만 돼요.

엄마 : (자신의 피부에 로션을 문지르며) 음, 난 네 머리카락엔 로션을 묻힐 수 없어.
　　 알지? 난 네가 로션 싫어한다는 거 알고 있어. (엄마가 로션을 거의 다 자신의 팔
　　 에 문지르며) 정말 빠르게 조금만 문질러 볼까? 괜찮아? 그리고 내 손에 로션이
　　 거의 묻어있지도 않아. 자, 그럼 등만 문질러 보자.

폴 : (의심스러운 표정으로 고개를 살짝 흔들며) 싫어요.

엄마 : 엄만 네 등을 문지르기만 할 거고 우린 로션이 있는 것처럼 하는 거야. 괜찮
　　 겠어?

[폴은 엄마 쪽으로 가서 등을 대주었지만, 엄마가 그를 만지려고 하자 당황한 어조로 "안 돼!"라고 말한다. 엄마는 "내 손엔 아무것도 없어. 전혀 기름지지 않아. 그러니 난 네 등을 문지르기만 할 거야."라며 안심시킨다. 폴은 긴장된 표정이었지만 엄마가 그의 등을 문지르도록 허락한다.]

엄마 : 등을 문질러… 그리고 내가 잠시 네 등을 문지른 후에는, 네가 엄마한테 로션
　　 을 발라줄 수 있어. (양육적인 톤으로) 기분 좋니? 또 문지르고 싶은 곳이 있니?

폴 : (속삭이는 목소리로) 그냥 등만.

엄마 : (속삭이는 목소리로 반응하며) 그냥 등만? (여전히 속삭이며) 눕는 게 더 편할까?

폴 : (잠시 동안 엄마의 무릎에 누운 후) 이제 내가 엄마한테 발라줄게요.

라이브 훈련에서 이 동영상을 보여주는 것은 때로 복잡한 일이기도 했다. 행동주의 임상가들은 종종 "음, 엄마가 아이에게 전혀 과제를 하도록 하지 않았어요. 엄마는 아이가 엄마 머리 꼭대기에 있는 걸 내버려 뒀어요."라는 반응을 보인다. 나는 항상 이 반응이 당황스럽게 느껴진다. 왜냐하면 여기서 나타난 모든 상호작용이 나에겐 높은 불안과 조절장애를 가진 아동이 안전한 보스인 엄마와 공동 조절을 통해 실제로 조율하고 있는 순간으로 보이기 때문이다. 만약 엄마가 아이에게 손이나 팔에 로션을 바르도록 계속 요구했다면, 아이는 통제불능의 혼란상태가 되어버렸을 것이다. 엄마는 아이와 가까이 있음을 느끼며 그에게 말하길 "난 네가 로션 싫어한다는 거 알고 있어."라고 했다. "나는 너에 대해… 기억하고 있단다."라는 말은 강력한 표현방식이다. 엄마는 자신이 이야기지킴이―어느 누구보다 아이를 잘 알고 있는―라고 아이에게 말하고 있는 것이다. 그녀는 아이가 좋아하는 것과 좋아하지 않는 것이 무엇인지를 안다. 그녀는 그 문제를 해결하는 방법으로 "싫어!"에 담겨있는 의미를 이전부터 알고 있었다. 그녀는 아이에게 탈출구를 제공한 것이다. 나는 이것이 자녀를 조절 조력하는 엄마의 능력에 대한 좋은 예라 생각한다.

만약 아이가 가슴에 팔짱을 낀 채 "싫어요. 안 할 거예요."라고 말한다면, 1.8미터 깊이의 진흙 구덩이에 빠져서 반항하고 있는 아이를 우리는 슈퍼부모 고글을 쓰고 볼 수 있다(그림 5.9를 보시오). 또한 어른의 도움 없이는 나갈 방법이 없다는 것도 볼 수 있을 것이다.

한 아이가 일주일 전에 그가 구덩이에 빠졌던 행동을 나타내면서, 작은 땅 파는 남자를 자기 키만 한 4개의 벽에 가두었다(그림 5.10을 보시오). 아이는 그가 구덩이를 더 깊이 만들고 있는 것처럼 느껴진다는 이야기를 했다.

이런 힘든 순간에 사다리를 던져주거나 계단을 만들어 주는 것은 어른들의 몫이다. 아동이나 10대 청소년은 스스로 구덩이에서 빠져나올 수 없다. 아이에겐 안전한 보스의 도움이 필요하다. 당신에게는 어린 시절 스스로 내린 결정에서 헤어 나오지 못해 어

그림 5.9 1.8미터 구덩이

쩌지 못했을 때의 기억이 있는가? 나는 10대 때, 엄마를 비난하고 냉소적으로 대했던 일들이 가끔 생각난다. 엄마가 내게 "왜 그냥 사과하지 못하니?"라고 했던 말도 기억이 난다. 하지만 나는 '아니요'에 너무 깊이 빠져있어서 빠져나갈 길이 보이지 않았다. 왜 사과를 할 수 없었는지도 몰랐고, 그냥 사과를 할 수가 없었다. 로션활동에서 폴이 "싫어요."라고 말할 때, 엄마는 해결책을 찾았다. 그녀는 우선 자신이 이야기지킴이가 되었고, 그 활동에서 같은 결과를 성취하기 위해 다른 길을 제시했다. 진흙 구덩이에 빠진 아이를 구하려면 우리는 어떻게 해야 할까? 안전한 보스는 사다리를 내려준다. 구

그림 5.10 구덩이

사다리는
무엇일까요?

나가는 방법은
무엇일까요?

그림 5.11 나가는 방법은 무엇일까요?

덩이에 빠진 아이는 스스로 나올 수 없으며, 길을 만들어 주는 안전한 보스를 필요로 한다(그림 5.11을 보시오). 우리는 아이를 위한 어떤 대안이 있을지 부모들과 함께 찾는 노력을 하는 것이다.

접촉과 신체적 근접성(T : Touch and physical proximity)

쌍둥이 자매의 상징적인 사진을 본 적이 있을 것이다. 그 자매는 신생아 간호방식을 바꾼 획기적인 사례가 되었다. 1970년대, 쌍둥이 여아가 중부 메사추세츠 메디컬센터에서 예정일보다 12주 일찍 태어났다. 당시에는 인큐베이터에 아기들을 함께 두는 간호방식이 없었다. 그래서 아기들을 각각 따로 분리하여 돌보고 있었다. 한 아기는 잘 크고 있었지만, 다른 아기는 조절에 문제가 있었다. 심장박동과 체온이 일정치 않았고, 생명유지가 힘든 상황이었다. 당시 신생아 중환자실을 담당하고 있던 선구적인 한 간호사가 규율을 어기고 순전히 본능에 따라 두 자매 중 강한 아기를 약한 아기와 같은 인큐베이터에 눕혔다. 그러자 바로 아기가 쌍둥이 자매에게 팔을 둘렀고, 몇 분 안에 약한 아기의 바이털이 조절되기 시작했다. 접촉과 연결. 즉, 경험이나 교육, 의식보다 기본적인 욕구가 더 우선인 것이다.

접촉은 아이가 감각 추구를 하고 감각 입력을 통해 도움을 받는 경우 특히 더 조절을 위한 도구가 될 수 있다. 우리가 아동에게 접촉이 수반되는 치료적 경험을 제공하면서 아동을 접촉하는 것이 치료과실을 일으킬 수 있다는 위험에 대한 임상가의 우려를 잠식시켜 줌으로써 부모와 아동 간의 건강한 접촉을 촉진하여 가장 우선적으로 필요한 애착관계를 강화시킨다. 나는 종종 성 학대, 신체 학대, 극심한 방임을 경험한 아동을 담당하는 사법기관이나 아동복지부 직원, 법의학자, 포렌식 면접관, 판사, 아동치료자들을 대상으로 한 학대 콘퍼런스에서 강연을 한다. 이러한 콘퍼런스에서 강연을 시작할 때면, 항상 청중들 중 한 사람이 손을 들고 성 학대를 당한 아이가 트라우마를 재경험하게 되는 위험성에 대해 질문을 하곤 한다. 나는 그 질문이 반가웠다. 왜냐하면 그것은 우리 공동체의 패러다임 전환을 시작할 수 있는 기회를 주는 질문이었기 때문이다. 그에 대한 짧은 답은 이것이다. "성 학대를 당한 아이들보다 더 좋고 안전하며 양육적인 접촉을 필요로 하는 사람은 없다고 생각합니다." 성 학대를 받고 방임된 아이들이 흔히 경험하듯이 성적인 접촉만이 아동의 유일한 접촉이라면, 이 아이는 좋고 안전하며 양육적인 접촉과 부적절한 접촉을 구별할 수 있는 능력을 키우지 못했을 것이다. 우리는 이러한 분별력을 '너의 머릿속 경고벨' 또는 '너의 위 속 어-오 버튼'이라고 말한다(Goodyear-Brown, 2013). 좋고 안전하며 양육적인 접촉을 많이 받은 아이들은 어-오 버튼을 가지며, 접촉의 경계가 침범당하면 불편감을 인식한다.

트라우마를 경험한 아동이 치료 작업에서 부드러운 터치도 위험하게 여기는 것을 처음 접하게 되었을 때, 나는 전문적인 패러다임 전환을 돕기 위해 어떠한 비유가 있을지를 찾아보았다. 고맙게도 현재 사용하는 비유를 나에게 소개해 준 한 FBI요원이 있다. 다학제 간 콘퍼런스에서 나는 그의 옆에 앉았다. 그는 인신매매와 관련된 비밀작전을 수차례 수행해 온 사람이었다. 우리는 오랜 시간 그 이야기를 하다가 늘 내가 흥미롭게 생각했던 주제인 위조지폐에 대해 물었다. 나는 "그럼 FBI요원들은 새로운 위조지폐를 어떻게 그리 빨리 찾아낼 수 있지요? 새로운 위조지폐가 나올 때마다 세미나를 하나요? 새 위조지폐가 발견되면 누구든 모든 요원들에게 사진을 찍어 이메일로 보내주나요?"라고 물었다. 그는 웃으면서 말하길 "아니요. 우린 위조지폐에 시간을 보내진 않아요. 우리가 하는 훈련은 진짜 달러 지폐를 살펴보는 데 있어요. 빛에 비춰보기도 하고 손에 쥐고 무게를 느껴보기도 하고 심지어 맛을 보기도 한답니다. 그래서 가짜를 보게 되면 바로 알아보는 거지요."라고 했다. 위조지폐를 식별하기 위한 훈련과 가짜 접촉을 구별하기 위한 아동 훈련 간의 유사점이 들리는가? 아이가 건강한 접촉을 많이 경험하게 되면, 그들은 접촉이 느껴졌을 때 가짜 접촉을 바로 알게 된다.

아동의 건강한 발달에서 건강한 접촉이 주는 이점에 대한 연구들은 활발히 이루어지고 있다(Courtney, 2014; Dunbar, 2010; Field, Diego, & Hernandez-Reif, 2007; Field et al., 1986, 2019). 그러나 많은 임상가들은 치료에서 접촉의 사용을 주저한다(Mckinney & Kempson, 2012). 접촉은 애착을 촉진하는 데 중요하다(Bowlby, 1969, 1988). 또한 공동 조절에서 자기 조절로 이동하게 하고(Feldman & Eidelman, 2007), 경계를 정하도록 해주며, 당신의 몸이 어디에서 끝나고 다른 사람의 몸이 어디에서 시작되는지를 알게 해주는 데 중요한 것이다. 이제부터 기술되는 내용은 다소 단순하게 보이기는 하지만, 우리가 훈련하는 대부분의 부모와 교사들에게 좋은 시작점이 될 수 있다고 생각한다. 우리는 완전히 통제불능의 아이 이미지를 보여주며 "이것이 코르티솔입니다."라고 말한다. 아이들이 심한 고통을 겪으면 스트레스 호르몬인 코르티솔이 아이들의 작은 몸에서 방출된다는 설명을 이어간다. 그다음, 두 마리의 침팬지가 서로 파고드는 사진을 보여주며 "저것이 코르티솔이었다면, 이것은 옥시토신입니다."라고 말한다. 옥시토신이 애착 화학물질이라는 설명을 이어간다. 그것은 수유를 할 때 엄마와 유아 모두의 뇌에서 분비된다. 또한 다른 형태의 양육적인 접촉, 유머, 놀이를 통해서도 분비된다. 다량의 코르티솔이 아동 발달 시스템에 독이라면, 옥시토신은 해독제가 된다(Thompson, Callaghan, Hunt, Cornish, & McGregor, 2007; Uvnäs-Moberg & Francis, 2003). 나는 이것을 놀이실과 관련하여 자주 이야기하며, 잘 갖추어진 놀이실과 잘 대응하는 치료자를 신경화학 복싱링이라 부른다. 부모들과 함께 작업할 때, 우리는 양육자로서 그들이 가지고 있는 슈퍼파워를 이해하길 원한다. 그래서 부모의 양육적인 접촉이 조절과 연결을 돕게 하는 맛있는 신경화학적 칵테일을 사용할 수 있게 되길 바란다.

접촉은 아이가 인지 에너지에 집중할 수 있도록 중요한 닻을 제공할 수 있다. 나는 앞에서 심각한 조절장애를 가진 입양아이들과 그들의 부모를 위한 집중 캠프에 대해 언급했다. 스태프와 훈련생들은 돌봄을 받는 아이들이 가진 욕구에 초점을 맞추는 훈련을 받았다. 아이들의 내적 분열과 그로 인한 문제행동들로 인하여 일주일 간의 캠프 작업은 조절과 연결을 향상시키는 데 초점이 맞추어졌다. 우리는 파충류 뇌간과 변연계 뇌에 새롭고 더 깊은 신경 경로를 놓기 위한 작업을 하고 있었기 때문에 그것에 대해 그렇게 오랫동안 관심을 두게 될 줄은 몰랐다. 우리는 생각하는 뇌 또는 실행 기능

그림 5.12 지지적인 접촉을 통해 아이들에게 닻을 내리기

에 초점을 맞추지는 않았다. 캠프 첫 2일간은 집단에서 책을 읽을 거라곤 생각조차 하지 못했는데, 3일 차에 *How are you peeling?*이라는 책을 읽기로 결정했다. 나는 첫 몇 페이지를 읽는 동안 조절불능의 행동이 나타날 거라 예상했고, 그에 대한 만반의 준비를 하고 "너의 몸이 움직이고 싶어 한다는 걸 내게 알려주고 있구나."라고 말할 준비까지 해두고 있었다. 나는 그룹에서 첫 세 페이지를 읽었다. 그리고 계속 읽었다. 난 아무 일 없이 그 책을 다 읽었고 어떻게 이런 일이 일어났는지 어안이 벙벙했다. 그 책 읽기 세션에서 찍은 사진 한 장을 보기 전까지는 말이다. 그림 5.12를 보고 세 아이들의 공통점을 찾아보라. 뭐가 보이는가?

각 스태프는 자신에게 배정된 아이의 등에 손을 얹고 있다. 나는 오랜 시간 그들과 훈련을 하였지만, 단 한 번도 "이야기시간에 아이의 등에 손을 얹고 있어야 합니다."라고 말한 적이 없다. 이렇게 하도록 훈련할 생각조차 못했다. 나는 단지 돌봄을 받는 아이의 욕구에 맞추는 방법을 가르쳤을 뿐이다. 이 세 아이들에게는 이야기에 집중하는 인지적 용량을 확보하기 위한 접촉의 닻이 필요했던 것 같다.

신체 접촉에 대한 대안으로 신체적 근접성을 시도함으로 인해 많은 아이들은 접촉에 의해 닻을 내리거나 조절이 가능해지는 반면, 일부 아이들은 접촉에 의해 촉발되거나 감정이 올라오기도 한다. 특히 그들이 위협을 느끼고 무장을 하고 있는 경우라면 더욱 그러하다. 임상 평가를 할 때, 접촉이 도움이 되는 때가 언제인지, 방해가 되는 때는 언제인지 잘 살펴보는 것이 중요하다. 나는 예전에 내슈빌 시내 학교에서, 개별화된 긍정적 행동지원계획(Positive Behavior Support Plans, PBSPs)을 개발하기 위해 행동문제가 있는 아이들을 대상으로 하는 다면적 기능 행동 사정(Functional Behavior Assessments, FBAs)을 진행하였다. 대상아동들 중 많은 수가 신체 학대, 체벌, 가정폭력을 경험했거나 여전히 경험하고 있었다. FBA를 진행했을때 데릭이라는 아이가 있었다. 그는 7세로 2학년이었으며, 쉽게 화를 내고 교실에서 지속적으로 말썽을 일으키는 아이였다. 일련의 사건들을 읽어보면, 담임교사가 상황을 더 악화시키는 선택을 지속적으로 해왔다는 점을 알게 될 것이다. 어느 날 아침, 데릭은 반 친구들과 함께 철자시험을 보고 있었다. 그의 담임인 로스 선생님은 데릭이 커닝하는 것을 책상에 앉아서 보고 있었다. 그녀는 교실 앞으로 그를 불러 세우곤 날카로운 말투로 "데릭, 네가 커닝하는 것 봤어. 네 시험지는 버려주렴."이라고 말했다. 그녀가 뭘 하고 있는 건가? 그녀는 상황을 악화시키고 있었다. 성적표에 대한 열쇠는 누가 쥐고 있는가? 그녀다. 그녀는 그냥 그의 성적을 기록하지 않는 선택을 할 수 있다. 하지만 그녀는 반 친구들 앞에서 아이를 당황하게 만들었다. 데릭은 일어나 천천히 교실을 가로질러 가서 쓰레기통 위로 시험지를 달랑거리며 '당신이 나를 어쩔 건데요?'라는 표정으로 서있었다. 로스 선생님은 일어나서 교실을 가로질러 데릭에게 걸어갔다. 그녀가 또 뭘 하고 있는 건가? 상황을 악화시키고 있었다. 딱딱한 미소를 지으며 "나는 너한테 쓰레기통에 시험지 버려달라고 말했어."라고 했다. 그는 몇 초 더 그녀를 빤히 보며 서있었다. 이후 그녀는 데릭이 시험지를 버리는 걸 '돕기' 위해 손을 아이의 등에 '살포시 올렸다'고 보고했다. 데릭은 주먹을 치켜들고 빙빙 돌아다녔다. 그는 그녀를 때리지 않았는데(내담아동의 관점에서 깊이 이해하자면 그렇다), 그녀는 그를 온몸으로 제지했다. 그는 10일 동안 정학 처분을 받았고, 그동안 학교는 그를 퇴학시키고 내년에 2학년을 다시 다니도록 하는 방안을 찾고 있었다. 그러나 FBA를 함께 살펴보니, 명확한 권고사항이 쓰여있었다. 이 학생은 훈육할 때 접촉을 하면 안 된다. 분명히 말해, 데릭이 조절이 가능한 상태일 때는 하이파이브, 주먹인사, 포옹인사가 금지되지는 않는다. 하지만 커닝 사건 당시 그의 편도체는 이미 무장상태였다. 폭주상태였던 것이다. 이 경우, 등에 '가벼운 접촉'을 하는 것만으로도 그의 감정은 촉발되었다.

신체 접촉이 촉발 요인으로 발견되면, 애착대상은 아동이 필요로 할 때 조절과 초점을 맞추기 위한 방법으로 신체적 근접성을 유지할 수 있다. 예를 들어, 교사가 사회수업을 진행하는 동안 두 학생이 서로 귓속말을 하고 있다. 교사는 수업을 멈추고 "얘들아. 잘 봐. 집중 좀 하자."라고 말할 것이다. 아마도 집중을 흐트리는 이러한 행동에 대해 여러 번 반복해서 말해야 할지도 모른다. 대신 교사가 그 두 학생이 있는 책상에 가깝게 천천히 다가가면서 이야기를 한다면, 그녀가 아이들을 쳐다보지 않고서도 그 아이들을 다시 집중하게 할 수 있다.

내면의 불안에 귀 기울이기(H : Hear the underlying anxiety)

SOOTHE의 'H'는 '내면의 불안에 귀 기울이기'를 의미한다. 아이들은 불안이 올라오면 그것을 통제하기 위해 안으로 파고 들어가곤 한다. 확실히, 치료실에서 만나는 많은 아이들은 통제 기반을 가지고 치료에 온다. 그들은 자신을 불안하게 만드는 무언가를 하라고 했을 때, "안 해요!"라는 다소 반항적으로 들리는 답을 할 수 있다. 하지만 그 밑에는 종종 불안의 강이 흐르고 있다. 더 크고, 더 강하고, 더 지혜로우며 친절한 부모는 아이가 자신의 의지대로 "안 해요."라고 하는 것인지, 기저에 깔린 불안에 대처하는 방식으로 "안 해요."라고 하는 것인지를 구분하기 위해 늘 노력한다. 이것은 쉬운 일이 아니다. 두 아이를 돌보고 있다고 해보자. 아이들이 보너스 룸에서 함께 뛰놀기 위해 신발을 벗었다. 갈 시간이 되어 "얘들아. 신발 신을 시간이야."라고 말한다. 그들은 둘 다 "싫어요."라고 말한다. 한 명은 단지 계속 놀고 싶어서 "싫어요."라고 말할 수 있다. 다른 한 명은 "난 아직 신발끈 묶는 법을 모르는데, 그걸 하라고 하면 내가 무능하게 느껴져요."라고 할 수도 있다. 만약 당신이 내면의 불안을 들을 수 있다면, "나는 네가 신발끈 묶는 걸 배우는 중이라는 걸 기억하고 있단다. 신발에 발을 넣으면 내가 묶는 걸 도와줄게."라고 말해줌으로써 아이에게 안전한 보스이자 이야기지킴이로서의 당신의 위치를 단단하게 만드는 순간으로 활용할 수 있다.

부모들은 종종 지시를 하거나 명령을 내리면 어떤 일이 있어도 그것을 고수해야 한다고 배워왔다. 하지만 그건 아니다. 수년 동안, 나는 이런 방식의 패러다임을 부모들이 바꿀 수 있도록 돕는 비유를 찾기 위해 노력해 왔다. 나는 우리를 환경에 대한 좋은 평가자 또는 좋은 리더로 만들 수 있다고 믿는다. 즉 우리가 내린 명령이 지금 바로 하기엔 너무 과하거나 어렵다는 것을 인식할 수 있는 그런 리더가 되는 것이다. 최근에 나는 Waze 앱을 알게 되었다. 그건 정말 대단하다. 교통 패턴을 실시간 모니터링하기 때문에 정말 빠르게 인기를 얻고 있다. 운전자로서 나에게는 목적지가 있고 그곳에 도착하기까지는 여러 경로들이 있다. 내가 65번 북부 도로를 한창 가고 있을 때, Waze가 갑자기 앞에 교통사고가 났다고 알려주었다. 사고는 방금 전에 일어났지만, 이미 2킬로미터 가까이 차가 막혔고 Waze가 다른 길을 알려주었다. 교통 앱에서는 이것이 고도의 기술력이라 생각하지만, 부모가 지시사항을 유연하게 바꾸는 것은 일관성이 없다고 생각되기 쉽다. 이미 내려진 지시가 아이에겐 너무 어려울 때, 그 상황을 파악하고 대안 경로를 찾아 타협하고 지시를 수정해 나가기 위해서는 부모에게 충분한 허용과 안심, 그리고 연습이 필요할 수 있다. 그림 5.13은 부모들이 이러한 변화를 가질 수 있도록 돕기 위한 유인물이다. 이 유인물을 부모에게 제공하면서, 우리는 더 나은 결과를 위해 자신의 지시사항을 재조정할 수 있는 양육상황을 일주일간 찾아보도록 요청한다. 그런 다음 부모코칭회기에 이에 해당하는 예를 가지고 오도록 한다. 여러 실제 적용사례와 치료자의 지지를 통해 부모들은 경로를 재조정하는 것이 약점이 아닌 강점이 된다는 관점으로의 패러다임을 전환할 수 있게 된다.

끝내고 놓아주기(E : End and let go)

SOOTHE 약자의 'E'는 '끝내고 놓아주기'를 의미한다. 아이와 감정폭발을 끝내는 것은 참 힘든 일이다. 내가 지역사회 정신건강센터의 치료 유치원에서 일할 때, 아이들은 종종 신체적 제재를 가해야 할 정도로 감정이 폭발하곤 했다. 상담자들은 매년 위기 개입, 언어적 접근을 통한 단계적 완화, 안전한 신체 제재 절차에 관해 자격과정을 이수했다. 제재를 통해 아이가 신체적으로 안전하다고 여겨지면 "너의 몸이 안전해질 때, 널 놓아줄 거야."라고 말하도록 우리는 훈련받았다. 그러나 그 방법을 적용했을 때, 아이의 몸은 잠잠해졌지만 마음속은 여전히 고조되어 있었다는 걸 발견했다. 그 증거로 아이의 몸은 매우 경직되어 있었고 호흡이 매우 얕고 빨랐으며, 숨소리 아래에서 중얼거리는 욕설이 들렸다. 아이를 놓아주면 한 시간 안에 미친 듯이 날뛰어서 다시 자제시켜야 할 정도로 공격적으로 변하는 악순환이 반복되곤 했다. 한편, 아이에게 더 많은 시간을 주고 아이와 함께 조절하고 연결을 유지하면서 안아주거나 양육적인 상호

방향을 알려주는 항공뷰

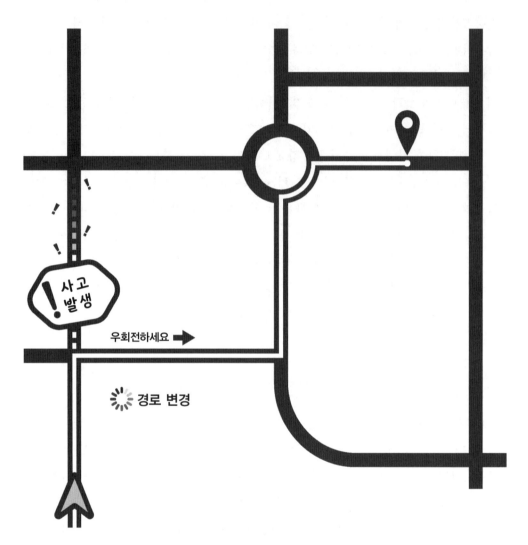

그림 5.13 대안 경로를 찾는 것이 현명할 수 있어요

작용을 했을 때, 아이의 감정이 많이 가라앉고 남은 하루 동안 아이의 문제행동들이 다시 나타나지 않는다는 점을 발견했다. 타인으로부터 너무나 많은 공격을 받아오면서 위험을 두려워하며 스스로를 무장하는 데 많은 시간을 보낸 이 작은 생명들이 자신이 아는 유일한 연결방법을 요구하고 있는 건 아닌가 하는 생각을 나는 종종 하곤 한다. SOOTHE에서 '끝내기'의 결론은 아이가 진정되어 진짜 기준선으로 돌아오는 순간을 부모가 알아볼 수 있도록 돕는다는 것이다. 즉 아이가 진정되려면 잠깐의 불을 끄는 것보다 몇 분 더 부모의 시간 투자가 필요하다는 점을 알도록 하는 것이다.

'끝내고 놓아주기'의 두 번째 측면은 부모가 폭발을 극복하는 방법에 관한 것이다. 우리가 만나는 아이들 중 일부는 스트레스/불안/화/에너지가 쌓여서 거의 폭발할 지경에 이르곤 한다. 폭발하고 나면 기분이 좀 나아지고, 다시 평정을 되찾을지도 모른다. 하지만 그 모든 화의 에너지는 공기 중에 떠다니게 된다. 수년 전 한 청소년이 그린 이미지들은 이 점을 드라마틱하게 잘 나타내 준다. 첫 번째 그림은, 그가 배 속의 토네이도로 인해 자기 내부에서 압력이 증가하는 것을 경험하는 그림이다(그림 5.14를 보시오). 두 번째 그림은 폭발하고 난 후 얼마나 행복한지 묘사하고 있긴 하지만, 방출된 에너지는 주변에 떠다니고 있다(그림 5.15를 보시오).

그림 5.14　내면의 화

아이가 물건을 파괴하거나 발로 차고 비명을 지르고 할퀴는 등 여러 가지 감정폭발을 일으켜 왔다면, 그 폭풍을 상대해 온 부모는 아마도 많이 지쳐있을 것이다. 한편, 아이가 폭발하고 난 후 감정이 가라앉을 때가 가장 연약해져 있는 상태이며 새로운 학습의 문이 열리는 순간이 된다. 그러나 부모들은 자신을 위한 휴식시간이 필요하다고 느낄 수 있다. 우리의 많은 내담아동들에게는 폭발한 후 누군가가 가까이 머물러 주는 시간이 아주 중요하다. 하지만 부모는 마음을 가다듬기 위해 각자의 공간과 거리를 두자고 요구할 것이다. 우리는 부모들이 언제든 사용할 수 있도록 짧은 도서 목록을 만들었다. 감정이 폭발한 후 부모와 아이가 함께 나란히 앉아서 부모가 큰 소리로 읽어줄 수 있도록 하는 것이었다. 그 책들의 제목은 다음과 같다. 심스 태백의 *This Is the House That Jack Built*(2009), 빌 마틴 주니어의 *Brown Bear, Brown Bear, What Do You See?*(1997), 오드리 우드의 *The Napping House*(2015), 루실 콜란드로의 *There Was an Old Lady Who Swallowed a Fly!*(2014). 이 목록은 안정감을 주는 운율이 있고 리듬의 반복을 통해 파충류 뇌간을 진정시켜 주는 책들의 예시이다. 당신은 뇌 일부가 다른 생각을 하고 있을 때 아이에게 그림책을 읽어준 적이 있는가? 나는 있다. 이 전략은 부모가 최적의 각성 수준으로 돌아가야만 쓸 수 있는 것이 아니다. 부모와 자녀가 함께 조절하면서 신체적

그림 5.15 방출된 화

SOOTHE!

S = 부드러운 목소리와 얼굴 표정(Soft tone of voice and face)

O = 구조화하기(Organize)

O = 선택과 빠져나가는 방법 제공(Offer choices and a way out)

T = 접촉과 신체적 근접성(Touch and physical proximity)

H = 내면의 불안에 귀 기울이기(Hear the underlying anxiety)

E = 끝내고 놓아주기(End and let go)

그림 5.16 SOOTHE 유인물

으로 근접성을 유지할 수 있도록 하는 구조화된 방법을 제공하는 것이다. 임상가들은 적어도 책 한 권을 읽을 때까지는 부모들이 훈육하지 않도록 요청할 것이다. 따라서 부모와 자녀가 생각하는 뇌를 조금 더 온라인상태로 만들 수 있는 시간을 가지도록 하는 것이다.

SOOTHE 전략들은 어려운 것이 아니다. 그것은 아동과 청소년이 감정이 올라올 때 뇌의 하부 영역을 조절하도록 돕는 양육행동들을 쉽게 흡수할 수 있게 하는 지시문 같은 것이다. 임상가들은 심리 교육의 속도를 가족들의 욕구와 역량에 맞추어 적용하는 데 임상적인 지혜를 사용해야 한다. 정보를 흡수하고 싶은 욕구를 가진 부모들은 스스로 성취하려 하고 당신이 제공하는 새로운 도구를 즉시 실행해 보려 할 것이다. 다른 부모들은 한 번에 하나의 SOOTHE 전략만 배우길 원하고, 많은 지지와 구체적이고 생생한 연습, 쉽게 해낼 수 있는 과제 등의 지원들을 필요로 할 수 있다. 여기 두 개의 유인물이 있다. 첫 번째는 SOOTHE 전략의 축약본으로, 출력해서 부모들이 필요할 때 상기할 수 있도록 돕기 위해 제공한다(그림 5.16을 보시오). 그림 5.17은 과제 시트이다. 이 시트는 부모들이 SOOTHE 전략을 배우고 나서 자신들의 양육행동을 시험하고 추적할 수 있도록 돕기 위해 만들어졌다.

이름 : _____ 주(week) : _____

S 부드러운 목소리	O 구조화하기	O 제공하기	T 접촉하기	H 귀 기울이기	E 끝내기
날짜 : ___ 사건 :	날짜 : ___ 사건 :	날짜 : ___ 사건 :	날짜 : ___ 사건 :	날짜 : ___ 사건 :	날짜 : ___ 사건 :
얼마나 도움이 되었나? ___	얼마나 도움이 되었나? ___	얼마나 도움이 되었나? ___	얼마나 도움이 되었나? ___	얼마나 도움이 되었나? ___	얼마나 도움이 되었나? ___
날짜 : ___ 사건 :	날짜 : ___ 사건 :	날짜 : ___ 사건 :	날짜 : ___ 사건 :	날짜 : ___ 사건 :	날짜 : ___ 사건 :
얼마나 도움이 되었나? ___	얼마나 도움이 되었나? ___	얼마나 도움이 되었나? ___	얼마나 도움이 되었나? ___	얼마나 도움이 되었나? ___	얼마나 도움이 되었나? ___
날짜 : ___ 사건 :	날짜 : ___ 사건 :	날짜 : ___ 사건 :	날짜 : ___ 사건 :	날짜 : ___ 사건 :	날짜 : ___ 사건 :
얼마나 도움이 되었나? ___	얼마나 도움이 되었나? ___	얼마나 도움이 되었나? ___	얼마나 도움이 되었나? ___	얼마나 도움이 되었나? ___	얼마나 도움이 되었나? ___

** 한 주 동안 일상생활을 진정시키기 위해 SOOTHE 전략을 사용한 세 번의 순간을 기록하시오. 그 사건을 기억하고 또 당신의 개입에 아이가 어떻게 반응했는지를 기억하는 데 도움이 되는 네 개를를 쓰시오. 다음의 척도에 따라 '얼마나 도움이 되었는지'을 숫자로 쓰시오: 1=전혀 도움 안 됨, 2=조금 도움 됨, 3=다소 도움 됨, 4=꽤 도움 됨, 5=매우 도움 됨.

그림 5.17 SOOTHE 부모 과제 시트

CHAPTER 6

부모들이 즐겁고 충분히 현재에 머물도록 돕기

정말 함께 즐거움을 공유하는 것이 중요한 걸까? 그렇다. 그게 가능할까? 때로는 그렇다. 이 장에서는 조절문제와 트라우마 반응을 완화하는 요인으로 아이들을 기쁘게 받아들이고 그들과 함께 즐거움을 나누는 것에 중점을 두어 다루고자 한다. 최근의 문화를 보면, 부모들에게는 매일 또는 매주 일과 중 즐거운 시간을 보낼 수 있도록 돕는 임상 또는 코칭 역할의 누군가가 필요해 보인다. 세 아이를 둔 워킹맘으로서 나는 가끔 나의 일부분만으로 아이들과 상호작용을 하곤 한다. 아이가 말하는 것을 부분적으로만 들으면서 영혼 없이 미소를 지어 보일 때도 있고, 내일 할 일을 생각하면서 아이와 대화하거나 책을 읽어주기도 한다. 그림 6.1은 케네디의 샌드플레이 미니시리

그림 6.1 딴 곳을 보는 엄마

즈에서 3D프린터로 제작된 인상적인 모래상자 피규어이다. 아이가 엄마의 다리를 잡아당기며 자기를 봐달라고 하는데 엄마는 폰에 깊이 빠져있는 요즘의 모습을 묘사한 것이다.

현재 우리 문화 속에서, 뇌는 하루 종일 무서운 속도로 움직이고 있고 주의는 여러 갈래로 나뉘는 훈련이 되고 있다. 아이들에게는 시간이 필요하다. 그들에겐 창의적인 노력이 생길 때까지, 다른 계획이나 주의 전환 없이 앉아있을 수 있는 시간이 필요하다. 아이들에겐 빈 상자, 마스킹 테이프, 다 쓴 오트밀 통이 필요하다. 상상력이 풍부하고 창의적인 놀이는 주로 조용히 휴식을 취한 후에 이루어진다. 우리가 부모들에게 부탁하는 것들 중 일부는 자녀들과 더 자주 레크리에이션을 하라는 것이다. 요즘 레크리에이션(recreation)이라는 단어는 오락이나 정보가 가득한 넷플릭스 시청, 영화 보기, TED토크 보기 등 수동적으로 수신하는 것을 주로 말한다. 어원인 크리에이트(create)는 능동적인 참여를 의미한다. 다 고갈되었다고 느껴지면, 우리는 가장 가까운 사람들과의 관계를 통해 스스로를 다시 채우곤 한다. 트라우마플레이 치료사들은 부모와 아이들이 즐거움을 나눌 수 있도록 물리적으로 경계 지어진 공간을 만들어 보도록 돕는 것으로 이 과정을 시작한다. 우리는 이 물리적 공간을 양육 누크(Nurture Nook)라 부른다. 이 공간은 부모가 '지금 그리고 여기'에 집중하도록 도와 부모-자녀 간 즐거움을 공유하고 완전하게 현재에 함께 머무를 수 있도록 한다. 나는 '함께 놀고 함께 있는 가족'이라는 만트라를 좋아한다. 우리는 놀이가 가족의 치유를 돕는 데 중요한 부분임(Gil, 2014)을 알고 있다. 자녀 또는 배우자와 온 마음으로 함께 시간을 보내는 것은 점점 더 어려워지고 있다. 놀이 그 자체, 관계에서의 놀이, 그리고 즐거움에 관련된 신경화학적 영향은 가족이 어려운 일을 다루는 데 완화제가 된다. 가족 내 갈등이 있든 없든 가정 내에 꾸며둔 양육 누크에서 매일 충분히 현재의 즐거움을 공유함으로써 가족이 더 힘든 순간들을 겪는 것으로부터 보호될 수 있다. Nurture House 다락방에 만든 우리의 첫 번째 양육 누크는 공간이 작았기 때문에 아주 친밀한 치료 작업이 가능했다(그림 6.2를 보시오). 이 방은 천장이 낮으며 방에는 자연광이 많이 들어오고 나무 경치가 잘 보이는 창문이 있는 벽감(오목하게 들어간 작은 공간)이 딸려있다. 벽감은 방 안에 있는 또 다른 작은 공간으로, 경계가 뚜렷하게 구분되어 있다.

임상가는 자신의 사무실에 양육 누크를 만들 수도 있고, 부모나 교사들에게 그들의 독특한 환경에 적합한 양육 누크를 디자인하도록 도울 수도 있다. 양육 누크는 방

그림 6.2 Nurture House 누크

이나 건물의 여유공간에 만드는 하나의 분리된 공간이다. 그곳은 아늑해야 한다. 공간의 협소함으로 인해 아동이나 청소년이 폐소 공포증을 느끼지 않도록 해야 하며, 안락한 공간을 통해 안전에 대한 신경지를 전달할 수 있는 곳이어야 한다(Goodyear-Brown, 2019). 트라우마를 경험한 많은 아동들에게, 넓은 공간은 과도한 경계심을 불러일으킨다. 아이는 위협적인 징후가 있는지 무의식적으로 환경을 계속 살펴보게 된다. 공간을 작게 만들면, 우리는 아이들이 '고유수용감각'(몸이 세상을 경험하는 방식)을 통해 안전하다고 느낄 수 있는 소통을 하게 된다. 은은한 빛은 내담자의 현실 초점을 안전한 공간의 중심으로 이동시켜 주기 때문에, 낮에 양육 누크에 자연광이 들어오고 따뜻한 느낌의 램프를 켜두는 것은 도움이 된다. Nurture House에는 회전식 태양열 크리스털이 있다. 그것은 아이에게 동화 같은 경험이 필요할 때, 벽과 쿠션을 가로질러 마법의 반짝임을 만들어 준다. 양육 누크에서 아이가 참신하면서도 촉각적인 무언가를 필요로 할 때, 새로운 감각경험을 제공하고 다양한 감각 욕구를 충족시키기 위해서 다양한 종류의 직물 베개를 사용하도록 추천한다.

우리는 오랜 기간 조절장애를 겪고 있는 많은 아이들을 만난다. 부모-자녀 쌍에게 이 좁고 친밀한 공간에서 우리와 함께 머물도록 하는 것은 일부 내담자들에게는 힘든 일이 될 수 있다. 그러한 가족을 위해서는 양육 누크에 머무는 시간을 짧게 할애하기도 한다. 세션의 처음 또는 마지막 몇 분을 양육 누크에서 보내도록 가족에게 소개할 수도 있다. 공간의 아늑함을 통해 과각성 반응이 완화되면, 트라우마를 겪은 아이들은 그들의 파트너로부터 오는 미묘한 단서들에 더 많은 주의를 기울일 수 있게 된다. 두 사람 간의 무의식적 교류는 관계의 구성요소를 형성하게 한다. 양육 누크는 소통의 순환이 풍부하게 열리고 닫힐 수 있는 공간을 의미한다. 주의가 흐트러지지 않고 순환이 이루어질 수 있도록 하는 곳이다. 이 방에서 치료사나 부모는 주된 놀이대상이 된다. 특히 아이가 심각한 트라우마나 방임을 경험하였다면 부모와 아이는 그들의 연결을 강화하기 위해 양육 누크를 이용하게 된다. 이 경우 치료사는 초기에 많은 구조를 제공하는 것이 좋다. 트라우마플레이 치료사들은 적정 수준의 중요성에 관해 많은 논의를 한다. 부모와 자녀 모두 견딜 수 있을 정도의 새로운 경험 제공하기, 그들의 잠재력을 경험하도록 하기, 서로를 기쁘게 받아들이도록 하기, 치료사와의 상호작용을 즐길 수 있도록 하기 등이다. 놀이는 과학에 기반하고, 예술적 적용을 입혀서 부모와 자녀 간의 관계에 마술적 변화를 가져오는 강력한 길을 제공한다(Kestly, 2015; Porges, 2015; Stewart, Field, & Echterling, 2016; Wheeler & Dillman Taylor, 2016).

기쁨은 부모와 아이들에게 구체적이고 명확하게 전달되기 때문에 나는 그것이 가족들에게 치유를 시작하도록 하는 주된 변화 요인이라 믿는다. 대부분의 가족들이 치료를 받으러 올 때쯤이면, 개인 구성원들은 서로에게 진저리를 치기도 하고, 부모들은 정말 지쳐서 효율적으로 대처하지 못하며, 아이들은 가족체계 안에서 너무 많거나 아니면 충분치 않은 통제나 힘을 휘두르고 있다고 여긴다. 양육 누크에는 부모와 아이가 실패하지 않을 것이라는 확신을 주는 안전한 치료자의 존재가 있다. 이를 통해 양육 누크는 부모와 아이가 시간을 즐길 수 있도록 촉진하는 공간이 된다. 때론 가족이 너무나 혼란스럽고 아이들의 행동이 통제불능이어서 함께 책 읽기와 같은 기본적인 리듬조차도 조절이 안 되는 경우도 있다. 출생 후 1년 이내의 초기 경험은 좋은 것이든 나쁜 것이든 양육자와 깊이 관련되어 있으며, 생후 첫해에 경험한 양육 패턴은 전 생애 발달에 영향을 미친다(Sroufe, Coffino, & Carlson, 2010). 아이들이 태어난 뒤 1년 동안 돌봄적 양육을 받지 못했을 때, 양육 누크는 그러한 경험으로 인한 방해를 차단하여 안전한 보스로부터의 돌봄과 양육, 기쁨을 흡수할 수 있도록 하는 보호공간이 된다. 양육 누크는 부모와 자녀가 서로 돌보고, 함께 뒹굴며, 함께 배우고, 서로 안전하게 소통하는 연습을 하도록 하는 공간이다. 일반적으로 치료자의 촉진적 안내를 받으며 두세 번의 세션을 경험한 후에 집에서 양육 누크를 만들어 보도록 권장한다. 양육 누크에서 상처 돌보기, 간식 나누기, 책 읽기, 포옹, 미러링 게임, 양육활동 등의 모든 것이 일어날 수 있다. 마음챙김 작업은 아동과 성인 모두에게 유익한 효과가 있으며(Kabat-Zinn, 2003; Shapiro, Carlson, Astin, & Freedman, 2006; Burke, 2010), 양육 누크에서는 부모와 아동이 마음챙김 훈련을 함께 하는 경험을 가지도록 한다. 모든 가족이 이 모든 영역들을 필요로 하거나 연습해야 할 필요는 없다. 다양한 세션 동안 양육 누크에서 어떤 경험을 할 것인지 조정할 때는 초기에 실시한 NHDA(부모자녀관계 평가)가 중요한 판단도구가 된다.

치료사가 안구운동 민감소실 및 재처리 요법(EMDR) 훈련(Shapiro, 2017)을 받은 경우, 양육 누크는 애착대상에 대한 자원을 만들고 강화하기에 완벽한 장소가 된다 (Gomez, 2012). 우선, 일부 가족들은 가정에서 하기 전에 치료자의 지지를 통해 위협적으로 여겨지는 양육 누크를 친밀하게 느끼고 함께 휴식하는 생생한 경험을 해보는 것이 필요하다. Nurture House에서 만나는 입양아이들 중 많은 수가 시설에서 삶을 시작했다. 이런 환경에서 성인과 양육적인 상호작용을 한다는 건 쉽지 않았을 것이다. 아이에게 수용의 창이 자라는 모습을 발견하기 위해서는 시간과 인내가 필요하다. 이 아이들은 생물학적으로 온전하게 유지된 가정에서 충분히 좋은 부모에게 자란 아이들에 비해 훨씬 덜 안긴다. 더구나 이 아이들 중 다수는 ('어떠한 대가를 치르더라도 내가 모든 것을 컨트롤해야만 해. 아니면 난 죽을지도 몰라.'라는 핵심신념을 가진) 통제 기반이 확고하게 굳어진 채 지금의 가정으로 오게 된다. 이 아이들은 친밀감을 위험한 것으로 인지하고 보호자에게 기대어 휴식하는 것을 극도로 불편하게 여긴다. 이를 위해, 입양 아동과 부모를 위한 초기 작업 중 일부는 편안한 접촉을 위한 아동의 수용의 창을 확장하는 것을 포함한다. 어떤 식으로 할까? 부모와 아이가 큰 소리로 책을 읽으면서 가까이 앉아있는 식으로 아주 간단하게 할 수 있다. 치료라고 하기엔 '너무 간단해' 보일 수도 있지만, 가정에서 책을 읽을 때 '가만히 앉아있지 못할' 정도로 통제불능인 아이들에 대해 호소하는 부모들을 우리는 많이 본다. 통제 기반이 단단하게 굳어진 아이들은 부모가 책을 읽어주는 것조차도 자신의 힘을 일부 포기하게 되는 것처럼 느낄 수 있다.

부모-자녀 쌍이 진정으로 편안하게 상호작용하고 공동주의(joint attention) 과제의 즐거운 피드백을 경험하기 위해서는 치료자의 실제적 지원이 필요할 수 있다. 과제가 조용하고 즐겁고 안전하다고 여겨지면, 이 연결된 순간들은 EMDR치료를 통해 더 향상될 수 있다.

나는 최근 걷잡을 수 없이 화가 폭발하는 한 입양소년을 만나고 있다. 생후 3일에 입양되었고 경도 자폐 진단을 받은 6세 리키는 건물 안으로 들어오는 걸 거부해서 가족들의 차에서 첫 세션을 가졌다. 우리는 차 안에서 적정 수준의 스토리텔링과 놀이 상호작용을 하기 시작했고, 결국 건물 안의 양육 누크로 이 작업을 옮겨올 수 있었다. 나는 함께 책 읽는 것조차도 상상하기 힘들다는 괴로움을 호소하는 가족들과 종종 만난다. 책을 함께 읽으려면 아이가 지적으로 호기심을 가질 수 있을 만큼의 충분한 내적 조절이 가능해야 하며, 일정 기간 엄마나 아빠 곁에 몸을 기대고 앉아있을 수 있는 신체 조절도 가능해야 한다.

나는 심각한 애착장애를 가진 아이들은 이것이 불가능할 수 있다고 본다. 우리는 이야기시간이 촉진되는 적정 수준에서 접근한다. 나는 부모와 아이 사이에 앉아 책의 첫 몇 장을 읽곤 한다. 이전에 나는 아이의 양말이나 주머니에 EMDR치료용 버저를 넣고 첫 몇 장을 읽은 후 부모와 자리를 바꾸었다. 나는 부모와 아이가 포근하게 껴안을 수 있도록 촉진하고 그들은 함께 책을 읽는다. 연결된 느낌, 아이가 이야기를 즐기는 것, 가까이에서 개인적인 이야기를 할 수 있는 대상으로서의 부모에 대한 신뢰는 양측성 자극(bilateral stimulation)을 천천히 발달시킨다.

그림 6.3은 엄마와 아들이 담요를 덮고 함께 휴식을 취하는 자세를 취하고 있는 세션을 찍은 것이다. 리키는 자신이 선호하는 양측성 자극법으로 손에 버저를 쥐고 있었고, 엄마는 책을 읽고 있었다. 이날은 엄마와 아이가 함께 책을 완독한 첫날이었다. 사실 처음 시작할 때 치료사는 과연 완독이 가능할지 의구심을 가졌다. 여기서 우리는 이것이 엄마가 아이에게 책을 읽어준 다섯 번째 성공경험이라는 것을 주목할 필요가 있다. 처음 몇 권의 책들은 어린아이의 관심을 끌 만한 그림들로 구성된 가벼운 책이었고, 발달적으로 적절한 흥미와 모험으로 편안한 관계에 접근할 수 있도록 해주었다. 우리는 이 세션들을 진행하는 동안 책 읽기 시간과 내용의 난이도를 적정 수준으로 맞추었다. 오늘의 책은 입양된 가시 돋친 고슴도치에 관한 이야기였다. 엄마가 '끝'이라는 단어로 이야기를 마무리했을 때, 부모도 아이도 흐뭇한 표정이었다. 다른 사람들이 보았을 때

그림 6.3 EMDR과 함께 휴식하며 껴안기

는 부모-자녀 간 일상적인 상호작용 리듬으로 보였겠지만, 우리 셋에겐 치유와 신뢰를 향한 큰 움직임이었다.

한편, 부모들은 아이들과 연결을 위해 얼마나 많은 시간과 에너지, 격려, 양육을 퍼부을 수 있을지 혼란스럽다고 말하기도 한다. 아이가 다음에 하고 싶어 하는 게 무엇인지를 하루 종일 골똘히 생각하고 있는데, 정작 아이는 2시간 뒤에 돌아와서는 '절대' 부모와 함께 시간을 보내지 않을 것이고, 자기가 원하는 걸 '절대' 모를 것이라 말할 수도 있다. 이러한 경험은 워낙 흔히 일어나는 것이라, 우리는 이를 보여주는 그래픽을 만들 정도였다. 우리는 이것을 '손상된 컨테이너'라 부른다(그림 6.4를 보시오). 2장에서 언급된 뇌 발달과 신경생리적 시스템에 관한 개념에서 살펴본 대로, 뇌가 스트레스를 받는 상황에서도 조절을 유지하기 위해 파충류 뇌에 필요한 비계를 가지고, 변연계 뇌는 스트레스 상황에서도 연결감을 유지하기 위해 필요한 비계를 가진다는 점을 우리는 이미 알고 있다. 그리고 그 결과, 생각하는 뇌는 아이가 숙제나 잠잘 준비와 같이 힘들거나 지루한 것을 해야 할 때 좋은 시간의 기억들과 연결시킨다. 우리의 내담아동 대부분

손상된 컨테이너

그림 6.4 손상된 컨테이너

은 태내에서의 위협, 방치, 학대 또는 유전적 소인에서부터 조절장애에 이르기까지 뇌 발달에 손상을 입었다. 이러한 뇌에서 즐거움의 순간은 오직 그 순간에만 붙잡힐 수 있 다. 일반적인 아동들은 일주일에 두세 번 정도 재미있고 연결된 시간을 가지는 것으로 단조로운 학교생활도 잘 지탱할 수 있는 반면, 트라우마가 있는 아동들은 다른 즐거운 순간들을 접하거나 재경험해 보지 못하며 지낸다. 즉 그들이 가졌던 모든 좋은 감정들 은 스트레스가 생기는 순간 모두 사라져 버리는 것이다. 나는 종종 이 아이들의 부모경험을 구멍 뚫린 스티로폼 컵에 비유한다. 부모는 아이가 건강한 생활기술을 쌓을 수 있도록 도우면서 양육과 즐거움을 쏟아붓는다. 하지만 엄마나 아빠가 쏟아부은 것이 마치 바로 다시 흘러나오는 것만 같다. 아이에게는 안으로 쏟아부어지는 것들을 보유할 능력이 없는 것이다. 우리는 부모들에게 '손상된 컨테이너' 유인물을 제공하고, 아이에게 쏟아붓는 돌봄을 아이가 붙잡을 수 있는지 확인하도록 요청한다. 그런 다음 아이에게 매일 적정 수준의 경험이 제공되는 것이 중요하다는 점을 논의하고 가족을 위한 가정 양육 누크를 디자인하기 시작한다.

가정 기반 양육 누크 만들기

Nurture House 양육 누크에서 부모-자녀 쌍 또는 그 이상의 가족 간 연결경험이 여러 번 성공적으로 이루어지고 나면, 우리는 어떻게 하면 가정에서 이러한 경험을 할 수 있을지 함께 고민하기 시작한다. 치료자는 그림 6.5에 제시된 활동지를 제공한다. 이 유인물은 부모-자녀 쌍이 가정 양육 누크를 디자인하는 데 도움을 주기 위한 것이다. 이 양육 누크는 다음과 같은 몇 가지 지켜야 할 수칙이 있다. 안락한 공간과 부드러운 직물 또는 벨벳 소재를 제공해야 한다(비록 치료 작업의 일부가 집이 아닌 공적인 장소에서 이루어진다 하더라도 말이다). 또한 아이가 보호받고 평온함을 느낄 수 있도록 어느 정도 경계가 있는 작은 공간이어야 한다(Goodyear-Brown, 2019).

노련한 치료사들도 피할 수 없는 함정 중 하나는 가정환경에 적용할 수 있는 아이디어를 부모에게 제공하지만 비계를 통해 성공적으로 구현할 수 있도록 충분히 구조화시키지는 못한다는 것이다. 이 질문들은 양육 누크를 구조화하는 의사결정에 도움을 주기 위한 것이다.

1. 가정 내 어디에 양육 누크를 만들길 원하는가?
2. 공간의 경계는 어떻게 정할 것인가?
3. 이 공간 안에서 아이가 어떤 감각경험을 하길 원하는가?(예 : 직물의 질감, 불빛, 냄새, 소리)
4. 양육 누크에서 재현하길 원하는 관계 패턴/경험은 무엇인가?

나만의 양육 누크
디자인하기

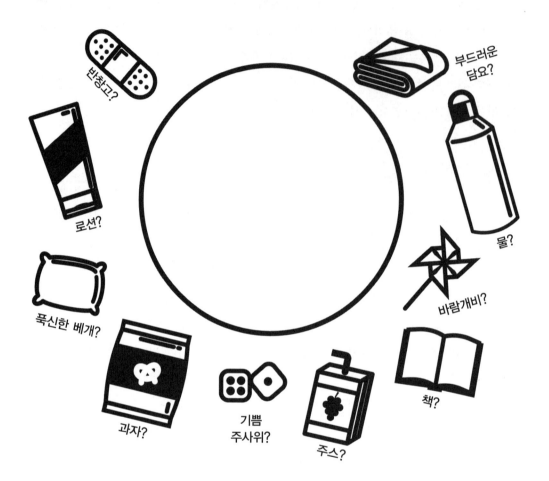

양육 누크에서 당신에게 필요한
아이템에 ○ 표 하세요.

추가되었으면 하는 아이템을 그리세요.

그림 6.5 양육 누크 디자인하기

하나씩 살펴보도록 하자. 부모와 자녀에게 양육 누크의 위치를 결정하도록 하는 것은 가정환경으로 상호작용을 옮기는 과정에서 발생할 수 있는 잠재적인 문제를 해결하는 데 도움이 된다. 양육 누크는 거실, 보너스 룸, 주방과 같이 번잡한 장소의 한구석에 정하지 않는 것이 좋다. 또한 타임아웃 또는 진정시키거나 반성하는 용도로 쓰이는 장소와도 분명히 구분되어야 한다. 이 장소들은 자극이 없는 상황에서 아이의 행동을 신체적으로 조절하고 생각해 보도록 하는 환경을 의미한다. 즉, 내담아동의 부정적인 상호작용, 문제행동, 감정폭발이 일어났을 때 가족으로부터 타임아웃(time-out) 또는 타임인(time-in)을 위해 사용되는 환경은 제외해야 한다. 반면, 양육 누크는 순전히 부모와 자녀 간의 즐거움을 위한 연결 장소이다. 이곳은 친밀감을 느끼고 관계의 즐거움을 기대하며 머무르는 장소이다. 따라서 어떠한 종류의 훈육이나 행동의 결과로 인해 가야 하는 곳과 혼동되어서는 안 된다.

두 번째 질문인 '경계는 어떻게 정할 것인가'에 대한 내용은 부모들이 아이들에게 시각적 지표를 제공하는 것에 관해 이해할 수 있도록 돕는 것이다. 공간의 경계를 만들기 위해 특정 담요를 깔아둘 수 있다. 둥근 쿠션을 사용할 수도 있고 여분의 침실에서 쓰는 침대를 사용할 수도 있다. 또는 들어갈 수 있는 공간이 필요하다면 플레이 텐트나 허글포드를 사용할 수도 있다. 많은 아이들은 자기도 모르게 요새를 만드는 데 마음이 끌리곤 한다. 따라서 낡은 시트와 칩클립으로 만든 반영구 요새도 양육 누크가 될 수 있다.

아동의 감각적 욕구는 각자 다르지만 주변세계와 연결되어 있다는 느낌과 밀접하게 연관되기 때문에, 양육 누크 시간임을 잘 느끼도록 해주는 재료는 무엇일지 부모-자녀가 함께 탐구해 보는 것이 필요하다. 아주 부드러운 천? 거친 천연섬유 재질? 실크 재질? 요즘 많은 아이들은 미는 방향에 따라 서로 다른 모양이 나와 감각적 자극이 들어오는 스팽글 쿠션을 즐긴다. 아이가 쿠션을 쓰다듬으면서 운동감각 조절이 사랑의 메시지를 받게 하는 변연계 뇌와, 양육과 정체성을 연결하는 생각하는 뇌의 닻 역할을 하게 된다. 즉 '나는 기쁨을 주고 양육될 가치가 있는 존재'라는 생각이 자랄 수 있게 된다.

일단 이러한 질문에 답하고 나면, 어떤 관계 패턴이나 애착 강화 경험을 가정에서 재현할 수 있을지에 대한 더 깊은 대화를 나눌 수 있다. 만약 임상가가 치료놀이 개입을 사용해 왔다면, 부모-자녀 쌍에게 가정에서 '아야-호 해줘 활동'이 가장 필요하다고 결정하여 반창고와 로션을 준비하는 것이 중요하다고 여길 것이다. 아이들이 계속 읽어달라고 요청하는 특정 책들을 양육 누크에 항상 구비해 두어야 할 수도 있다. 좋아하는 간식, 쪽쪽 빨아먹는 물통, 껌과 같은 것들은 만날 때 손에 들고 있어야 할 품목이 될 수도 있다. 부모가 가정에서의 양육 누크를 꾸미도록 도와줄 때, 우리는 부모에게 휴대폰을 무음으로 바꾼 뒤 밖에 두고 들어가도록 요청한다. 또한 누크 안에 들어갈 때는 부모와 자녀 모두 신발을 벗고 들어가도록 한다.

부모들은 그들의 양육 누크를 디자인하는 것에 대해 실질적인 지원을 받는 것을 감사하게 여긴다. (부모-자녀 쌍 간의 조율을 향상시키기 위해서) 거울 반응 활동이 필요한 경우, 양육 누크 안에 음악도구를 준비하는 것이 좋다. 우선 치료사는 놀이실에서 부모와 아동에게 드럼과 마라카스를 제공한 뒤 아동에게는 리듬을 만들도록 하고 엄마에게는 박자를 맞춰달라고 한다. 그러곤 서로 번갈아 가며 역할을 바꾸어서 음악을 만드는 작업을 한다. 감각 조절에 초점을 맞추는 것이 필요한 가족의 경우, 추얼리(씹을 수 있는 보석류)뿐만 아니라 포근한 담요나 무릎담요를 양육 누크에 넣어두는 것이 좋다. 경제적 여유가 있는 부모들은 바로 달려 나가 양육 누크에서 사용할 자신만의 파파산 쿠션과 많은 새 책, 반창고 등을 구입할 수 있을 것이다. 하지만 경제적 여유가 없는 가정에서는 치료과정 중에 양육 누크에서 필요한 여러 아이템들을 직접 만들 수도 있다. 예를 들어, 마라카스는 화장지 심 두 개를 장식하고 그 안에 콩이나 쌀을 넣은 뒤 매직랩을 덮어서 만들 수 있다. 치료사가 치료회기 중에 놀이를 하자고 제안하여 이 마라카스들을 놀이실에서 만들 수 있으며, 치료시간 이후에는 가정으로 가져가서 계속 놀 수 있도록 한다.

어떤 가족들은 가정에 꾸밀 양육 누크에 필요한 모든 물품들을 담아둘 양육 누크 가방 또는 바구니를 만드는 걸 즐긴다. 펠트 조각, 천 조각, 리본, 실, 바늘, 그리고 달구어지는 글루건 등이 가득 담긴 통을 제공함으로써 부모와 아이가 함께 양육 누크 가방을 풍성하게 채울 수 있도록 한다. 이 활동을 통해 부모-자녀는 매우 창의적이 될 수 있다.

시설에서 자란 아이들은 서로를 보살펴야 하는 것에 대한 내면화된 템플릿이 부족할 때가 많다. 대부분의 경우, 아기들은 관계 능력을 지니고 세상에 나온다. 다시 말해, 아기들은 다른 사람들과의 관계에서 공감하고 깊이 있게 보살피는 데 필요한 모든 요소들을 가지고 있다. 만약 그들에게 충분히 좋은 양육자(생애 첫해에 수천 번 욕구를 충족시키고, 적어도 그 시간만큼은 아이를 기쁘게 받아들이고, 일정하게 소통의 장을 열고 닫아주는 사람으로 정의됨)가 있다면, 그 아이는 이후의 삶에서 돌봄을 받고 또 타인을 돌볼 수 있도록 하는 신경 비계를 갖추게 된다. 우리가 '자연적인' 양육 능력이라고 말하는 것은 삶의 초기에 받았던 보살핌과 깊은 연관이 있다. 방임 또는 학대를 받는 등 양육적인 돌봄을 받지 못한 환경에서 자란 아이들과 함께 작업할 때 보면, 이 아이들에게는 충분히 좋은 양육과 관련된 정신적 도식의 템플릿이 없는 경우들이 종종 있다. 이런 이유로, 상처받은 아이들은 양육적인 접촉과 목소리 톤, 보살핌을 포함한 직접적인 돌봄을 불편하게 느끼거나 침범당한다고 여기거나 심지어 무섭다고 느낄 수 있다. 상처를 돌보는 작업 시 치료가 필요한 '애착인형'이나 중간대상으로 확장해서 접근할 수 있다. 우리가 만나는 아이들 중 일부는 치료에 들어왔을 때 자신의 부모로부터 직접적인 양육을 받지 못할 수도 있다. 이때 돌봄이 필요한 다른 대안적인 대상을 선택하여 양육자 또는 치료자가 그것을 돌보는 모습을 주의 깊게 관찰할 수 있도록 한다. 자녀에게 안전감을 구축하고 신뢰감을 채우기 위한 방법으로 양육 누크에서 대안적인 대상에게 양육하는 과정을 부모가 이해하도록 코칭하는 것이 필요하다. 부모들은 동물인형/미니어처/애착인형을 대상으로 자녀에게 직접 제공하고 싶은 양육과 동일한 수준의 사랑이 담긴 목소리 톤으로 말하는 방법을 배울 필요가 있다. 일부 부모들은 이미 놀이적인 성향이나 능력을 갖추고 있다. 반면, 다른 부모들은 가장놀이, 목소리 변조하기, 캐릭터 흉내 내기와 같은 활동을 몹시 불편해하기도 한다. 이러한 부모들은 아이가 애착인형이나 퍼펫으로 말하도록 요청하는 경우, 역할놀이 시나리오를 가지고 치료자와 따로 세션을 가지면서 놀이 능력을 키울 필요가 있다.

트라우마플레이에서는 이것을 대체물을 이용한 양육이라고 부른다. 입양된 8세 소년 지미는 수년 동안 엄마의 양육을 받지 못하고 자랐다. 우리 세 사람(아동, 양육자, 치료자)은 함께 초점을 맞추어 가는 작업을 하는 공간으로 모래상자를 활용하는 회기를 여러 번 진행하였다. 우리는 초기 돌봄에서 아기들에게 필요한 것들을 설명하기 위해 음식이나 부드러운 천으로 만들어진 애착인형 등등의 피규어들을 골랐다. 지미는 조잘대기 시작했고, 엄마와 나는 아기들에게 무엇이 필요한지에 대해 서로 질문하면서 이런저런 이야기를 나누었다. 그러고 나서 우리는 만약 아기가 필요한 것을 얻지 못하면 무슨 일이 일어날지 큰 소리로 대화하며 궁금해하기 시작했다. 이런 회기를 여러 번 가진 후, 나는 아이를 달래기 위해 엄마가 할 수 있었던 건 무엇일지 궁금해하며… 아이의 어린 시절과 연결하는 작업을 시작했다. 지미는 "엄마가 내게 애착인형을 주었어요!"라고 불쑥 말했다. 엄마는 활짝 웃으며 아이가 첫 생일에 그것을 어떻게 갖게 되었는지에 대해 이야기해 주었다. 마침내, 아이에게는 담요 하나와 애착인형이 있다는 것을 알게 되었는데, 애착인형은 '망가졌고', 담요는 '찢어졌다'고 아이가 말해주었다. 나는 엄마에게 가능하다면 다음 시간에 망가진 애착인형과 찢어진 담요, 그리고 실과 바늘을 가져와 달라고 요청하였다. 지미는 이 생각에 무척 흥분한 듯 보였고, 다음 시간에 그들은 봉합과 수선이 필요한 망가진 장난감들로 가득 찬 가방을 들고 왔다. 바늘이 위험할 수 있기 때문에 지미가 바늘에 실을 꿰고 사용하는 것을 도와줄 안전한 보스가 필요할 것이라는 점을 우선 설명했다. 날카로운 물건에 공격적 태도를 보였던 지미는 바늘을 다루는 데 엄청난 주의를 기울였다. 나는 "위대한 힘에는 그만큼의 책임이 따른다."라는 스파이더맨의 만트라가 떠올랐다. 지미와 엄마는 애착인형을 수선하기 시작했다. 그들은 수선하는 동안 애착인형이 어디서 왔는지에 대한 이야기를 나누었다. 그들은 찢어진 천의 한쪽을 다른 쪽에 연결하면서 수선을 했다. 양쪽을 실로 엮고 가까이 당기면서 지미의 내부에서는 병렬과정이 일어나고 있었다. 그는 엄마에게 물리적으로 뿐만 아니라 정서적으로 점점 가깝게 다가가기 시작했고, 자신의 이야기를 엄마와 나누며 일치시키는 작업을 하였다. 작업이 끝난 후, 지미는 "선생님 베개 하나가 구멍 난 걸 봤어요. 우리가 고쳐드릴까요?"라고 물었다. 나는 기쁜 마음으로 응했고, 지미와 엄마는 회색 실을 찾아 양육 누크의 베개를 바느질했다(그림 6.6을 보시오). 지미는 위험

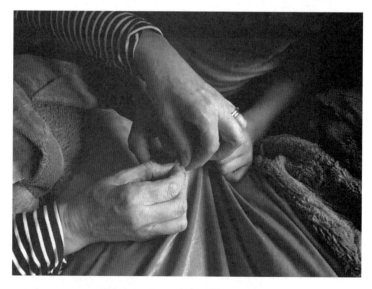

그림 6.6 누크에서 양육적 수선하기

그림 6.7 대체물을 이용한 양육

하다고 지각했던 안전한 보스의 도움을 허락함으로써 수행 능력을 높이는 경험을 하게 되었다. 그는 엄마와 연결되는 것을 느꼈고 '우리'라는 단어를 쓰며 나의 베개를 고쳐 주겠다는 제안을 한 것이었다.

힘든 환경에서 자란 많은 아이들은 사랑받으며 잠자리에 든 경험이 없다. 내가 하는 조언 중 하나는 어떤 아이들은 오직 대체물을 통해 양육을 수용한다는 점에 대해 우리가 이해해야 한다는 것이다. 나는 종종 아기인형, 베개, 담요를 제공하고, 아이가 지켜보는 상황에서 부모로 하여금 아기인형을 재우는 역할을 하도록 돕는다(그림 6.7을 보시오). 아이는 엄마 또는 내가 아기인형을 사랑스럽게 돌보는 것을 지켜본 후, 위험하다고 느끼던 양육을 직접 해달라고 요청하게 된다.

사랑언어와 기쁨 주사위

양육 누크에서 하는 놀이 중 하나는 사랑을 주고받는 다양한 방식을 연습해 보도록 하는 주사위 게임이다. 아동과 새로운 활동들을 해야 할 때, 우리는 부모가 그 활동의 방법과 이유를 이해하는 시간을 먼저 가진다. 몇몇 부모들은 '사랑언어'에 관해 미리 읽

기쁨 주사위 워크시트

모든 사람에게는 사랑을 주고받는 방식이 있습니다.
다음 주사위를 활용하여 사랑을 기쁘게 수용하는
당신의 주 출입구를 확인해 보세요.

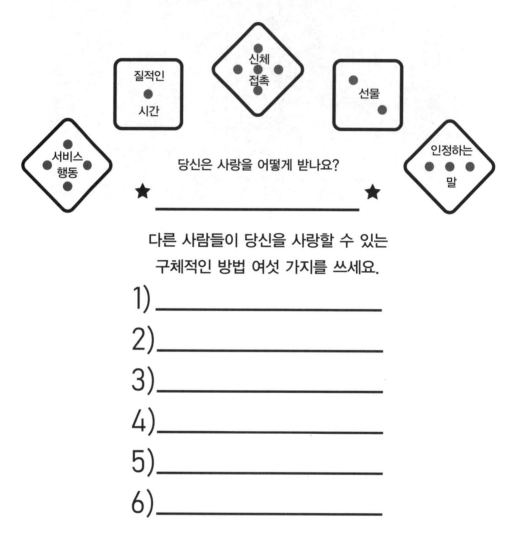

그림 6.8 기쁨 주사위 워크시트

어보고 치료에 오기도 한다. 이 부모들은 자신뿐만 아니라 자녀가 사용하는 사랑언어도 바로 찾아낼 수 있다. 한편, 다른 부모들은 자녀뿐 아니라 자신의 사랑 배선을 찾아내는 데 시간이 필요한 경우도 있다. 사랑언어는 Gary Chapman(1995)에 의해 알려졌다. 그는 사랑을 주고받는 데 다섯 가지 주된 방식이 있다고 언급하였다. 즉 질적인 시간, 인정하는 말, 신체 접촉, 서비스 행동, 선물이다. 우리는 이 게임을 하기 위해 쓰고 지우기가 가능한 6면체 큐브를 갖고 있다. 거기에 우리는 앞에서 언급한 내용에 해당하는 사랑언어를 한 면씩 쓴다(여섯 번째 면은 자유롭게 사용한다). 이 연습은 그 카테고리들을 처음 소개할 때 사용된다. 이 내용이 가족에게 생소하다면, 사랑언어에 대한 프로필을 알아보는 놀이활동을 해볼 수 있다(5lovelanguages.com 참조). 프로필은 "제가 당신의 방을 청소해 드렸어요.", "뽀뽀해 주세요.", "넌 멋진 아이야.", "함께 게임하자.", "침대 밑을 봐, 깜짝 놀랄 거야."와 같은 문구를 포함한 일련의 지시문으로 구성되어 있다. 모든 지시문을 복사해서 포춘쿠키에 들어있는 행운의 종이 크기만큼 자른다. 부모와 아동이 번갈아 가며 종이 지시문을 하나씩 골라 큰 소리로 읽는다. 부모와 아이는 탐정이 되어 그들이 가장 자주 선택하는 지시문이 어떤 것인지 발견하게 된다. 가족 구성원들이 그들의 주된 사랑언어를 확인하고 나면, 작은 주사위뿐 아니라 쓰고 지울 수 있는 주사위 등을 세션에서 각자 하나씩 가질 수 있도록 한다. 각자 그림 6.8의 복사본을 가진 후 자신의 주된 사랑언어를 작성하고 자신이 개인적으로 받길 원하는 사랑의 방식을 확인한다.

만약 아이의 사랑언어가 신체 접촉이라면 포옹하기, 하이파이브, 꽉 껴안기, 주먹인사, 등 쓰다듬기, 엄지 레슬링과 같은 여섯 가지 행동표현이 있을 것이다. 이 내용들을 유인물에 적고 나면, 치료사는 가족 구성원으로 하여금 각자 자신에게 맞는 여섯 가지 행동표현이 적힌 주사위를 만들도록 한다. 여러 가지 주사위의 예가 그림 6.9에 나와 있다.

애착을 증진하고 부모와 아이들이 서로 잘 조율할 수 있도록 도움으로써 치료자는 아이들이 양육을 받아들일 수 있는 최선의 방법을 찾아내어 기쁨을 느끼는 수준을 극대화할 수 있다. 사랑을 주고받는 것은 가족들이 생각하는 것 이상으로 복잡한 것일 수 있다. 부모가 신체 접촉을 받을 때 사랑받는 느낌을 가진다고 해보자. 이 부모는 자신이 받는 것과 같은 방식으로 자녀에게 사랑을 줄 가능성이 높다. 그래서 그 부모는 아이들을 자주 포옹하고, 책 읽을 때 가까이 밀착해서 껴안고, 쇼핑몰을 거닐 때 아들의

그림 6.9 개별 주사위

손을 잡고 다니려 할 수 있다. 아이도 신체 접촉을 통해 사랑을 받는다는 느낌을 가진다면 서로 간의 연결은 훌륭하게 이루어질 것이다. 하지만 그 아이가 인정하는 말을 통해 사랑을 받는다고 느낀다면 아이의 사랑 저장소는 그 엄마를 통해서는 채워지지 않을 것이다. 아이가 접촉을 불편하게 느끼는 감각적 차이가 있다면 더 심한 불일치가 일어날 것이다. 아이는 엄마의 '사랑'을 고통스러운 것으로 경험할 수 있다. 한편, 엄마는 신체 접촉을 많이 하는데 아이는 공공장소에서 자신을 만지는 걸 싫어하는 잠복기에 해당하는 연령인 경우도 있다. 이러한 불일치로 인해 애착관계가 더 단절될 수 있다. 그래서 부모와 자녀를 돕는 데 중요한 부분은 그들의 사랑언어에서 각자의 욕구를 만날 수 있도록 연습하는 것이다.

기쁨을 주는 주사위가 완성되면 각 주사위를 가지고 세션 중 행동으로 표현하는 활동을 한다. 그런 다음 부모와 아이가 매일 가정의 양육 누크에서 이 주사위로 5분 정도의 즐거운 시간을 가지도록 한다. 세션의 안과 밖에서 이루어지는 이 연습은 부모와 자녀가 그들의 사랑 연결을 더 강하게 하는 데 도움을 준다.

기쁨을 주는 이야기

가족과 함께 양육 누크 시간에 하는 또 다른 활동은 기쁨을 주는 이야기들이다. 여기에는 세 가지 목적이 있다. (1) 아이는 부모가 자신의 기쁨에 관해 이야기하는 것을 들으

기쁨을 주는 이야기 스타터

각 세션 동안, 다음 중 하나에 관한 이야기를 할 것입니다.

1) 자녀에게 새롭게 발전한 능력과 성과를 축하하세요. 예는 다음과 같습니다.

   a. 자전거 타는 법을 배운 것

   b. 20분간 큰 소리로 책 읽은 것

   c. 스스로 아침 또는 점심을 만든 것

2) 한 주 동안의 유머나 기쁨의 순간을 얘기해 보세요. 예는 다음과 같습니다.

   a. 농담했던 일

   b. 잠자기 전에 웃긴 춤을 추었던 밤

   c. 엄지 레슬링에서 아이들이 세 번 다 이겼던 일

3) 힘들었던 일을 스스로 잘 조절해서 친사회적 행동으로 보여준 구체적인 사건을 얘기해 주세요. 예는 다음과 같습니다.

   a. 여동생이 괴롭힐 때 엄마에게 와서 말해준 것

   b. 저녁 식사시간에 오랫동안 착석하고 예의 바르게 행동한 것

   c. 마지막 남은 쿠키를 형과 나누어 먹은 것

4) 돌봄의 순간을 구체적으로 묘사해 주세요. 예는 다음과 같습니다.

   a. 아이가 바보 같은 실수를 하고 와서 당신에게 도움을 요청했을 때

   b. 함께 애완동물을 돌보았을 때

   c. 좋아하는 음식을 만들어 다 먹어 치웠을 때

5) 필요한 것을 요청하기 위해 말로 표현한 모든 순간들

이야기의 시작은 다음과 같이 이루어집니다.

1) 네가 아기였을 때, 난 너를 꽉 껴안곤 했고, 너는…

2) 조니 자랑을 하자면… 정말 열심히 …를 했고 게다가 이번 주에는…

3) 이번 주 초에 정말 바보 같은 일이 있었는데, 그때 조니가…

4) 조니와 나는 함께 쿠키를 구웠어. 나는 달걀을 넣었고 그는 밀가루를 저었지…

5) 이번 주 초에 조니는 정말로 …가 필요했는데, 난 그걸 몰랐어. 조니는 내게 와서 좋은 말로 자신에게 …이 필요하다고 얘기해 주었어.

그림 6.10 기쁨을 주는 이야기 스타터

면 기분이 좋아진다. (2) 부모는 이후에 이어질 힘든 이야기를 하기 전에 긍정적인 내용으로 이야기하는 연습을 하게 된다. (3) 가족 내에서 스토리텔링 문화가 정착되면 부모는 아동의 이야기지킴이가 된다. 부모들이 기쁨을 주는 이야기를 만드는 데 도움을 주는 전략이 그림 6.10에 나와있다.

험벅스(Humbugs)

양육 누크에서 쉽게 해볼 수 있는 또 다른 개입은 부모와 자녀가 함께 마음챙김 연습에 참여할 수 있는 잠재력을 키우는 것이다. 이 사랑스러운 개입은 미주신경을 자극하고 부모와 자녀 간 사회적 유대감을 느끼도록 하는 호흡 작업과 콧노래가 결합된 것이다. 재능 있는 놀이치료자이자 Nurture House의 팀원인 Eleah Hyatt가 '험벅스'라 불리는 이 개입을 디자인했다. 치료목표는 다음과 같다.

1. 마음챙김과 미주신경 자극을 통해 마음을 가라앉힐 수 있는 이점 소개하기
2. 미주신경 자극 방식으로 자기 조절하는 법 가르치기
3. 미주신경 활성화를 통해 이완과 진정 상태를 만드는 방법을 부모-자녀가 인식하도록 돕기
4. 자신의 마음과 몸에 대한 조절감과 자기 강화를 증가시키기
5. 아동이 자기 조절 활동을 할 수 있도록 안전한 성인과 내담아동 간의 공동 조절 기회를 제공하기
6. 내담자로 하여금 마음-몸 연결에 대한 이해와 인식을 강화하도록 돕기

절차는 다음과 같다.

신체적 그리고 정서적 건강을 위해 장단기적으로 할 수 있는 도움이 되는 활동은 적절한 호흡기술을 배우고 사용하는 것이다. 복식호흡은 신경계를 이완시키고 스트레스와 긴장을 완화하며 혈압을 낮추고 마음을 진정시킨다. 또한 복식호흡 연습을 통하여 내부 장기 특히 소화기관을 마사지하고 톤을 잡아줄 수 있다.

호흡 조절이 부교감신경계를 촉발시키는 요인이 되는데, 이는 미주신경 자극과 관련된 것이다. 미주신경은 뇌의 밑부분에서 복부까지 이어지는 신경으로, 신경계의 반응

을 조절하고 심박수를 낮추는 역할을 한다.

미주신경은 집중과 진정 능력을 증가시키는 아세틸콜린이라 불리는 신경전달물질을 방출한다. 아세틸콜린이 증가하면 불안이 감소하는 효과가 있다. 미주신경 자극을 통해 우울증을 치료할 수 있으며, 이는 항우울제에 저항이 있는 사람에게도 효과가 있다. 미주신경활동을 자극하고 심박변화율을 증가시키는 방법에는 여러 가지가 있다. 노래하기, 흥얼거리기, 만트라 암송, 찬송가 부르기, 흥겨운 비트의 노래하기, 옴(Om) 외치기 등이 이에 속한다. 험벅스는 아이들이 치료회기에서 배운 마음챙김과 자기 조절 기술을 특정 대상과 연결시켜서 가정이나 학교에서도 기억할 수 있도록 시각적 리마인더 역할을 하는 창조활동이다.

이 활동은 내담아동에게 발달적으로 적절한 자기 조절과 마음챙김 기술을 제공하는 것부터 시작한다. 또한 치료자는 몸과 마음의 연결 그리고 심신의 안녕과 건강과 관련된 자기 조절 및 마음챙김 기술의 역할에 대한 심리 교육을 제공하기도 한다.

험벅스를 만드는 데 사용할 돌을 우선 선택하라. 만약 활동 장소에서 가능하다면, 내담아동과 마음챙김 산책을 하면서 돌들을 찾아볼 수 있다. 아니면 공예품 가게나 1달러 상점에서 구입할 수도 있다. 돌은 바지, 코트, 배낭 주머니에 들어갈 만큼의 작은 크기여야 하며, 두 개의 돌을 한 손에 한 개씩 쥘 수 있는 것이어야 한다. 내담자가 험벅스를 꾸미는 데 사용할 다양한 컬러와 질감의 꾸미기 재료들을 제공하라. 꾸미기 재료를 신중하게 고르면서 가능한 한 오감을 충분히 느낄 수 있도록 하라. 험벅스가 완성되고 나면, 내담자가 학교나 가정에서 자신을 진정시키고 조절해야 하는 상황에 대해 브

그림 6.11 험벅스

레인스토밍을 해보라. 이전에 배운 심신 진정을 돕는 콧노래나 옴을 통한 미주신경 활성화 방법을 적용하라. 양손에 자신의 험벅스를 부드럽게 쥐게 하고, 안전한 양육자 또는 부모, 치료자가 함께 콧노래를 부르거나 옴을 소리 내어 주어라. 내담아동은 자신이 만든 험벅스의 색상과 질감을 시각적으로 인식하면서 스스로 안정되는 연습을 할 수 있게 된다. 콧노래나 옴을 몇 번 반복한 후, 이 활동이 심신에 미치는 영향을 함께 느껴보라. 완성된 험벅스는 그림 6.11에 나와있다.

리허설 로즈

나는 내담자들로부터 배우는 걸 좋아한다. 최근 나는 입양아와 그의 엄마와 함께 애착 강화 작업을 하였다. 나는 함께 무언가를 만들어 보도록 하기 위해 조각용 점토를 가지고 양육 누크로 갔다. 나는 어떤 기적이 일어날 거라는 기대로 실제 활동을 계획하진 않았다. 아이(대니얼이라는 가명으로 칭함)는 학교에서 힘든 하루를 보냈고, 양육 누크에 도착해서도 그 일을 떨쳐버리지 못하고 있었다. 그는 아무 말 없이 눈도 마주치지 않고 돌처럼 굳어있었다. 놀이치료자의 팔레트를 참고하여(Goodyear-Brown, 2019), 나는 그를 풀어주기 위해 무엇이 필요할지 곰곰이 생각해 보았다. 운동감각적 개입은 아이가 얼어붙고 위축된 반응으로부터 빠져나오도록 가볍게 흔들기 시작할 때 할 수 있는 가장 효과적인 방법이 되곤 한다. 나는 엄마에게 그날 아이의 입장이었다면 어땠을지 그 답답한 사건들에 대해 이야기해 달라고 요청했다. 엄마가 얘기하는 동안, 나는 점토 한 덩이를 꺼내 엄마 앞에 놓고, 두 번째 덩이는 대니얼 앞에 놓았다(그는 즉시 그것을 옆으로 던져두었다). 그런 다음 나도 한 덩이를 가지고 왔다. 이완되고 안아주는 환경 안에서 부모와 아이가 속도를 늦추어 서로 껴안고 공감하도록 도와주면, 마법이 일어날 수 있다고 나는 믿는다. 공포에 기반한 뇌는 경보를 발견하면 위협감을 느끼게 된다. 이때 점토에 시각적 주의를 기울이고 운동감각적인 활동을 하도록 함으로써 위협감을 감소시킬 수 있다.

엄마는 작은 점토 덩이를 떼어내어 납작하게 만들기 시작했다. 그녀는 뭔가를 만들고 있다고 하며 대니얼에게 윙크를 했다. 그녀는 점토를 납작하게 원으로 만들어 4분의 1조각으로 만들었다. 이 작업을 세 번 더 하고 나서 하나씩 겹치기 시작했다. 대니얼이 손을 뻗으며 "엄마 그거 아니야."라고 말했다. 나는 대니얼에게도 그 자신의 점토가 있으며, 따라서 엄마가 만들고 있던 것을 수정하려면 엄마의 허락을 구해야 한다고 상기시켜 주었다. 아이는 한숨을 내쉬고 눈을 굴리더니 손을 뻗어 옆에 던져둔 점토 덩이를 움켜쥐었다. 나는 무엇이 만들어질지 궁금해하며 빨리 보고 싶다고 했다. 대니얼과 엄마가 작은 점토를 당기고 굴려서 평평하게 만들고 길게 연결을 하는 동안, 나는 힘든 그날에 관해 이야기를 이어갔다. 8~10개의 원이 만들어지자, 엄마는 나에게 웃으며 "잠깐만요."라고 말했다. 그녀와 대니얼은 눈맞춤을 했고, 대니얼은 미소를 지었다. 그러곤 길게 연결된 점토의 사슬을 끝에서 끝으로 말았다. 끝까지 다 굴리고 나자 아름다운 장미가 완성되었다. 정말 멋있었다.

나는 소리치며 "와우! 정말 멋진 꽃이네요… 그리고 저는 이 과정을 보면서 이것이 부모님과 아이들이 서로를 축하해 주는 데 좋은 개입이 될 수 있겠다는 생각이 들었어요. 제가 이걸 만들 수 있도록 도와주시겠어요?"라고 말했다. 대니얼은 나에게 동그라미 만드는 법을 보여주며 내가 만든 것이 너무 작은지 큰지 말해주는 것을 좋아했다. 나는 다른 색 점토를 보여주며 여러 색들의 장미를 만들어 달라고 부탁했다. 각각의 꽃잎은 서로에 대한 감사를 나타내는 것이었다. 처음 왔을 때 대니얼은 힘든 상태였지만, 나

그림 6.12 리허설 로즈

를 도와주기도 하고, 결국 그는 "써브웨이 샌드위치를 사주셔서 좋았어요." 또는 "이번 주에 포트나이트 스킨을 사주셔서 감사해요." 등의 말을 하며 동그라미 만드는 작업을 하게 되었다. 이 내담아동의 행동특성은 착하거나 친절한 걸 싫어하는 것처럼 보이지만, 다른 사람에게 긍정적으로 이야기하고 칭찬하는 것을 은근히 즐기는 것이다. 그들의 관계에서 긍정적인 측면에 대해 큰 소리로 리허설하며 만들었기 때문에 우리는 이것을 리허설 로즈라 부르기로 정했고, 각자 자신의 장미를 집으로 가지고 갔다(그림 6.12를 보시오).

펭귄 칭찬

선생님이 한 아이를 자리에 앉히려고 다른 두세 명의 아이들에게 "제자리에 앉아있으니 고맙구나." 식의 칭찬을 하는 걸 나는 좋아하지 않는다. 반면, 나는 가족 내에서 연습이 필요한 서로에 대한 진정한 감사와 친절에 대한 고마움의 표현은 매우 좋아한다. 최근 중국 여행을 하면서 아름다운 펭귄 한 쌍을 발견했다(그림 6.13을 보시오). 나는 그것이 서로 꼭 붙어있어서 끌렸는데, 펭귄 안에 빈 저장공간이 있고 뒷부분이 열린다

그림 6.13 함께 붙어있는 펭귄

그림 6.14 펭귄 오픈하기

는 것을 나중에 발견하게 되었다(그림 6.14를 보시오). 나는 그 펭귄 쌍이 너무 맘에 들어 즉시 양육 누크 활동 도입부에 사용했다. 부모와 자녀에게 조용히 한 주를 돌아보도록 한 후 상대가 자신에게 제공한 서비스가 있었는지 떠올려 보도록 했다. 아이가 말할 수 있는 예로는 엄마가 책 읽어준 것, 아빠가 핫도그 잘라준 것, 엄마가 학교에 데려다준 것이다. 부모가 말할 수 있는 예로는 아들이 쓰레기를 버리고 온 것, 딸이 엄마에게 차를 끓여준 것, 두 아이들이 저녁 식사 후 식탁을 정리한 것이다. 나는 참여자들에게 작은 포스트잇을 제공하고 최근 서로에게 감사한 점에 대해 적어보라고 한다. 그러고 나서 종이를 작게 접어 펭귄 뒷부분에 넣도록 한다. 잠시 옆으로 치워두었다가, 회기의 후반부에 감사 내용들을 읽어본다. 어떤 가족에서 그것은 빠져서는 안 되는 시작과 마침 의식의 일부가 되기도 한다.

지금까지의 모든 치료적 개입은 부모와 자녀가 기쁨을 경험하도록 강화하기 위해 양육 누크에서 할 수 있는 활동들이었다. 우리 가족이 좋아하는 몇 가지 다른 개입이 있는데, 그것은 더 넓은 물리적 공간을 필요로 한다. 첫 번째는 종이비행기 사랑 노트이다. 우리는 감사와 고마움의 힘을 굳게 믿는다. 이것은 부모와 자녀가 감사의 말을 적어 종이비행기 형태로 서로에게 보내며 즐겁게 해볼 수 있는 활동이다. 우리 슈퍼비전

종이비행기 사랑 노트

1.

여기에 사랑
노트를 적으시오!

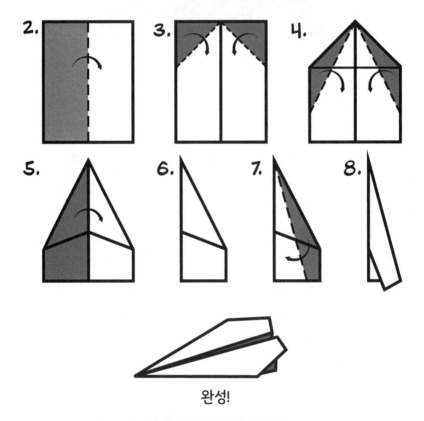

완성!

그림 6.15 종이비행기 사랑 노트

팀은 최근에 이 활동을 함께 해보았다. 각자 밝은 색상의 용지를 한 장씩 나누어 가진 후 팀 내의 다른 팀원에게 감사한 점을 생각해 보도록 하였다. 그리고 셋을 세고 난 후, 비행기를 날렸다. 부모와 자녀가 각자 종이 한 장씩을 골라 종이비행기를 접어 복도 아래로 날리거나 마당에서 날려보는 것도 재밌는 활동이 될 수 있다. 그림 6.15는 나처럼 종이비행기 접는 법을 알지 못하는 부모나 아이들을 위해 만든 종이비행기 만드는 법 유인물이다.

아름다운 손 작업

Kathryn Otoshi와 Bret Baumgarten이 쓴 놀라운 책 뷰티풀 핸즈(*Beautiful Hands*)(2015)는 손, 손가락, 핑거 페인팅을 사용해 꽃과 새, 나비, 무당벌레, 심지어 용까지 만들 수 있는 방법을 한 장 한 장 보여준다. 내가 가장 좋아하는 짝활동 하나는 부모와 자녀가 두 손으로 쌍을 이루어 나비를 만드는 작업이다. 날개를 찍고 나서는 손가락을 이용하여 몸의 중앙을 만들고, 엄지손가락으로는 나비의 머리를 만든다(그림 6.16을 보시오). 많은 경우, 아이들은 양육적인 신체 접촉을 꺼린다. 하지만 창작활동을 해야 하는 목표가

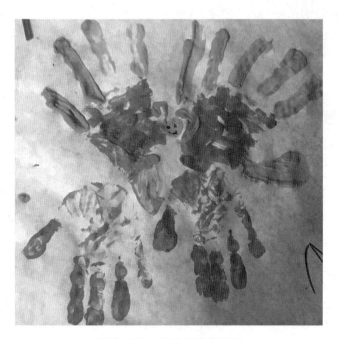

그림 6.16 함께 희망 만들기

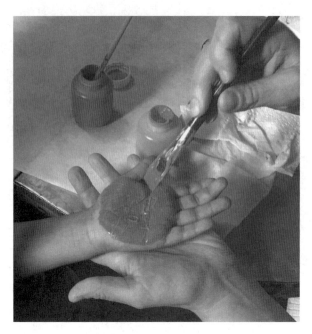

그림 6.17 양육적 접촉

그림 6.18 아름다운 새

있을 때는 서로의 손을 칠하기 위해서 자연스럽게 접촉을 하게 되며, 촉각을 싫어하는 내담아동에게조차도 이에 대한 거부를 줄일 수 있는 효과가 있다. 많은 부모들은 자녀에게 직접적인 양육을 제공하고 싶은 굶주림을 느낀다. 가족 내에서 특별한 무언가를 함께 만들기 위해서는 말이 별로 필요하지 않다.

우리는 양육 누크에서 함께 책을 읽는 것으로 시작한다. 그리고 치료자는 부모와 자녀가 함께 만들기를 원하는 디자인을 선택하도록 대화를 촉진한다. 우리가 보는 아이들의 많은 수가 주의유지시간이 짧기 때문에, 활동을 하기 전에 미리 물감, 종이, 붓, 손 씻을 곳이 준비된 장소를 마련하는 것이 좋다. 부모는 자녀에게 어떤 색을 손에 바르고 싶은지 물어보며 선택권을 주고 아이의 의견에 따른다. 부모는 자녀의 손가락에 물감을 칠하면서 아이의 손을 부드럽게 받쳐준다. 부모와 자녀 모두 손에 물감을 칠하는 데 눈의 초점이 맞추어져 있으므로 활동 시 주고받는 언어는 줄어든다(그림 6.17을 보시오). 여기 가족이 함께 만든 아름다운 손활동 작품이 있다(그림 6.18을 보시오). 많은 가족들은 자신의 작품을 집에 가져가 액자에 넣어둔다.

펀 시퀀스

부모들은 자아, 소비주의, 엔터테인먼트에 대한 문화적 메시지들의 바다에서 자녀를 키우고 있다. 이들 문화의 중심에서, 대부분의 부모들은 자녀가 힘든 일에서 오는 중압감을 받아들이고, 미뤄버리고 싶은 마음을 이겨내며, 팀의 일원이 되어 모든 사람과 함께 참여하는 것의 중요성을 알 수 있도록 하기 위해 열심히 노력한다. 부모들은 종종 보상과 결과의 기본에 충실하게 자녀와 대화한다. 시험공부를 열심히 한 보상은 A를 받는 것이고, 좋은 성적을 받으면 좋은 대학에 가서 결국에는 좋은 직장을 가지게 된다는 것이다. 반대로 공부를 하지 않으면 시험에 떨어지고, 낮은 성적을 받기 때문에 갈 수 있는 대학의 범위가 좁아져서 진로를 선택할 수 있는 폭이 좁아진다. 일상생활 속에서 부모들은 가족으로서의 임무를 다하지 않을 때 추가적인 책임을 지우기도 한다. 예를 들어 설거지를 하지 않았을 경우에는 저녁 식사 후 TV 시청이 금지되는 것이다. 공부도 잘하고 설거지도 잘해서 가족 내에서의 책임 완수를 잘하면 가족의 화합이 이루어진다. 하지만 이것은 가족의 즐거움과는 다른 것이다. 하기 싫었던 일들을 다 끝내지 못했다면, 가족 전체가 힘든 일들을 하고 난 보상으로 받아야 할 결과들을 받을 수 없는 걸까? 펀 시퀀스는 힘든 일들을 하고 난 후 가족이 함께 할 수 있는 활동이다. 자녀들에게 힘든 일이란 연령에 따라 차이가 있다. 자녀가 3세, 6세, 12세라고 하자. 12세 아이에게 책 두 챕터를 읽어야 하는 숙제가 있다. 그건 그 아이에게 힘든 일일 것이다. 9세 아이가 매일 밤 플래너에 사인을 받아야 하고, 다음 날 점심을 챙겨야 하는 걸 기억해야 하는 경우도 있을 것이다. 3세 아이는 변기훈련을 해야 해서 매일 여러 번 변기에 앉아야 하는 과업을 수행해야 할 수도 있다. 아이들은 모두 해야 할 과업을 가지고 있다. 자녀들이 해야 할 과업들을 존중하고 그 노고를 치하하는 부모는 그렇지 않은 부모보다 과업에 대한 건강한 균형을 발달시킬 가능성이 높다.

우리 가족은 최근 일주일간, 고등학교 3학년인 첫째 아들 샘은 논문초고를 마감하고 있었고, 고등학교 1학년인 딸 매디슨은 고대 그리스 시를 외우고 암송해야 했으며, 초등학교 4학년인 막내아들 니콜라스는 문법스쿨에서 발표해야 할 내용을 쓰고 암기해야 했다. 나에게는 트라우마플레이 모델에 관한 이틀간의 강연 여행과 10페이지 정도의 원고, 만나야 할 많은 내담자와 슈퍼바이지들이 있었다. 내가 여행을 가면 남편은 아이들을 라이드해야 해서 자신의 업무 일정을 조정해야 했다. 내가 집에 없을 때 큰 아이 둘에겐 막내를 돌봐야 하는 추가적인 책임이 있었다. 이렇듯 우리에겐 각자 큰 업무, 마감 기한, 힘든 일 등이 있었다. 우리는 개인적으로 일이 어긋나면 그로 인한 현실적 결과를 감당해야 하고, 개인적이든 가족 전체에게든 무슨 일이 생기게 되면 가족 구성원으로서 함께 그 결과를 감당하게 된다. 그렇다면 이행해야 하는 의무는 있는데 가족으로서 실제 생활 속에서 경험하는 펀 시퀀스는 없는 것인가?

우리는 이것을 가족 펀 시퀀스라고 부르는데, 가족과 함께 커피숍에 나들이를 나갔다가 발견한 디즈니 송 챌린지 보드게임에서 아이디어를 얻었다. 우리 가족은 일요일을 신성한 가족시간으로 보내면서 함께 하는 활동 목록을 정해둔다. 활동은 재밌는 것이어야 하며, 즐거움이 만들어지는 장소는 가족 단위에 초점을 맞추어 정해진다. 가족 펀 시퀀스를 위한 시간을 마련하는 것을 통해 가족이 같이 놀면서 함께 있다는 의식을 강화시킬 수 있다. 챌린지는 가족 모두가 즐길 수 있는 활동으로 찾아보아야 한다. 임상가는 그림 6.19에 나와있는 티켓의 복사본을 활용하여 내담가족들에게 안내하며 가족 간 펀 시퀀스에 대한 이야기를 나눌 수 있도록 촉진함으로써 가족이 이 과제를 성공하도록 도울 수 있다.

펀 시퀀스

가족 펀 시퀀스

이 티켓은 _____ 가족에게 _____ 할 수 있는 자격을
부여하는 것입니다.

_____ 에게 칭찬
(여기에 가족 이름을 쓰시오.)

가족 펀 시퀀스

이 티켓은 _____ 가족에게 _____ 할 수 있는 자격을
부여하는 것입니다.

_____ 에게 칭찬
(여기에 가족 이름을 쓰시오.)

가족 펀 시퀀스

이 티켓은 _____ 가족에게 _____ 할 수 있는 자격을
부여하는 것입니다.

_____ 에게 칭찬
(여기에 가족 이름을 쓰시오.)

이 도구는 가족들이 협력에 집중하고 함께 협력하여 성공을 거둔 것을 축하하기 위한 것입니다.
자녀를 가족 모임에 초대하세요. 가족이 펀 시퀀스를 얻는 데 도움이 될 수 있는 행동/성취/의사소통
패턴 종류들의 목록을 작성하세요.
추가 가능한 펀 시퀀스 목록을 만들기 위해 가족 구성원들과 함께 활동하세요.
다음과 같은 몇 가지 예가 있습니다. 호숫가에서 오후 피크닉하기, 한 시간 동안 보드게임하기,
베이킹 프로젝트하기, 숲속 산책하기.

그림 6.19 펀 시퀀스

CHAPTER 7

부모가 삼위일체의 뇌 훈련을 하도록 돕기

2장에서 삼위일체의 뇌(The Triune Brain)를 나타낸 그래픽을 소개한 바 있다. 그 장에서 우리는 부모들이 기준을 어디에 두어야 할지 그 단계를 정하는 방법으로 상향식 뇌 발달을 이해하는 것에 관해 알아보았다(Rothschild, 2000). 이 장에서는, 삼위일체의 뇌의 세 부분에 대해 부모가 최대한 지원할 수 있는 전략을 소개하고자 한다. 이를 통해 부모들은 자신들이 삼위일체의 뇌 중 어느 부분을 키우고 있는 건지 알게 될 것이다. 아이가 통제불능의 상태라면, 그것은 파충류 뇌가 아이에게 먹거나 자거나 꼭 안기는 게 필요하다고 소리치고 있기 때문일까? 상처받은 감정으로 인해 아이가 통제불능이 되었다면, 이 큰 감정을 부모와 함께 소통하는 것이 가장 도움이 되는 방법일까? 인지 왜곡으로 인해 잘못된 믿음을 갖게 되어 아이가 화가 나 있다면, 가장 도움이 되는 양육전략은 그 왜곡을 직면하도록 하는 것일까? 자녀에게 필요한 것이 무엇인지 재빨리 스캔하도록 부모를 훈련할 때 다음과 같은 질문을 통해 보는 눈을 키울 수 있다. 행동 아래에 깔려있는 욕구는 무엇일까? 조절의 문제일까? 소통의 문제일까? 아니면, 생각하는 뇌의 문제일까? 부모는 잘못된 답을 찾을 수도 있지만, 이 일련의 질문에 답을 구하는 훈련을 통해 점점 더 알아차리는 능력을 키울 수 있을 것이다.

감각 처리 문제들

감각 처리 문제는 치료에 오기까지 부모와 자녀 간의 갈등을 악화시키는 원인 중 하나이다. 자녀의 행동문제나 압도되는 감정들을 인식하고 그에 대한 정신건강 해결책을 찾고자 하는 부모들에게 작업치료사의 평가가 우선적으로 필요한 경우들이 많이 있다. 실제로, 첫 면담 시 자녀에 대해서 부모가 기술하는 내용을 듣고 몇 가지 질문을 하다 보면, 바로 다음 단계로 작업 평가를 추천하는 경우가 종종 있다. 아동에게 감각 처리 문제가 있는지 알아보는 것은 접수면접에서 기본이 되는 절차이다. 부모들은 처음에는 거의 대부분 "아니요."라고 답하지만, 치료자가 아이의 이전 행동들을 짚어보고 질 문하는 것을 통해 부모들은 자녀의 감각문제에 눈을 뜨기 시작한다. 우리가 부모들에게 '안전함을 느끼는 것'이라고 말해주는 아이들의 안전에 대한 신경지는 감각들 중 하 나 또는 그 이상이 과하거나 제대로 작동하지 않을 때 크게 악화될 수 있다(Kranowitz, 2005; Payne, Levine, & Crane-Godreau, 2015). 예를 들어, 엄마가 아이에게 변기훈련을 시키고 있는데 아이가 변기에 앉기를 거부한다. 엄마는 아이가 변기를 거부하는 것이 반항하는 것이라며 렌즈를 끼고 바라볼 수 있다. 즉 '아이가 그냥 안 하겠다고 하는 거 야.'라고 생각하는 것이다. 엄마는 아이가 화장실에 가야 한다는 것에 두려움이 있다는 것은 바로 알지만, 물 내리는 소리에 압도되고 두려워 변기 안에 소변보는 것을 공포스 러워한다는 것에 대해서는 알지 못할 수 있다. 아이가 청각적 암호화가 되어있다면 감 각 방어적 태도를 취할 수 있다. 아이가 큰 소리에 조절장애가 있을 때, 그 문제를 이해 하는 렌즈로 부모가 바라본다면 아이는 도움을 받을 수 있을 것이다.

우리는 대부분 5개의 감각에 대해서 알고 있지만, 실제로는 8개의 감각체계를 가지 고 있다. 이러한 신체적·감각적 자아의 요구를 깊이 있게 이해하는 것을 통해 우리가 아동을 조절 조력하는 데 도움을 받을 수 있다. Nurture House에는 여러 개의 그네가 있다. 그중에는 생각했던 것보다 자주 쓰이는 그네가 있는데 그림 7.1에 있는 것이 바 로 그것이다. 나라면 기절하거나 토했을 텐데 아이들은 그네에 앉아 빙글빙글 돌고 또 돈다. 아이들의 고유수용감각과 전정계의 욕구는 나와는 확연히 다르며, 아이들이 보는 세계에 대해 부모가 인지하는 감각적 인상과도 종종 다르다. 아이의 감각 욕구에 대해 함께 배우는 것은 아동치료에서 부모가 파트너가 될 수 있도록 돕는 작업 중 하나이다.

감각 대처 요령

지금은 18세인 아들 샘을 낳아 병원에서 집으로 데려오던 그 차 안의 일이 생생히 기억 난다. 우리는 미리 카시트를 준비하고, 진통 전에 전문 서비스 점검도 받았다. 아기의

그림 7.1 회전하는 그네

안전벨트를 감싸주는 목베개도 사두었다. 우리는 아이를 아주 조심스럽게 앉히고 벨트를 채웠으나, 아이의 머리는 축 늘어져서 가슴까지 내려왔고, 그 모습이 상당히 불편해 보였다. 아이는 바로 잠들어 버렸고 뭔가 이상해 보였다. 난 그때 완전 패닉상태였던 걸로 기억한다. 아기를 퇴원시키기 전에 병원에서 검사를 해야 했던 건 아닐까? 운전면허가 있어야만 아기를 가질 수 있다는 농담을 들은 적이 있는데, 그건 의료 전문가의 도움을 받아서 장비를 잘 갖추어야만 운전해서 아이를 데리고 갈 수 있다는 것을 함축한 이야기였던 건 아닐까? 등의 생각으로 매우 당황했던 것이다. 육아란, 어린 아기의 욕구를 알고 그것에 한 단계씩 다가가는 것이다. 아기가 배고프고 춥고 기저귀를 갈아야 할 때, 아이에게 필요한 것을 눈치채고 달래주며 진정시키고 따뜻하게 해주며 아이가 원하는 것을 맞추어 주면서 대부분의 부모들은 아이의 욕구에 빠르고 명확하게 반응하게 된다. 감각 처리 문제는 때론 당연시되는 부모자녀관계에서의 상호성 (reciprocity)에 걸림돌이 되기도 한다. 감각적 차이가 있는 아이들은 수유 후에도 한참 동안 울 수도 있고, 안고 달래주려는 부모를 밀어내려 할 수도 있다. 부모가 되기 전에 는 보통 기초 육아를 배우지 않는 것이 일반적이다. 더구나 감각 처리의 차이에 대한 전문적인 교육을 받는 것은 그보다 더 힘든 일이다. 하지만 적어도 20명 중 1명은 감각 처리장애(SPD)를 가진다(Miller, Fuller, & Roetenberg, 2014). ADHD나 자폐증, 영재와 같은 진단과 SPD와의 합병률은 평균 인구 대비 더 높은 것으로 나타난다. 부모들이 감 각적 차이에 대해 알기란 쉽지 않다. 따라서 부모들이 정신건강 전문가들에게 상담을 구할 때는 아이의 행동문제만을 가지고 내원하게 된다. 그 행동문제가 감각적 경험으 로 인해 만들어졌음에도 말이다. 임상가로서 우리는 아동의 감각 욕구에 관한 정보를 제공하는 홍보대사이며, 아이를 작업치료에 처음으로 의뢰하는 사람이다.

　새로운 가족과 접수면접을 할 때, 임상가는 "아이가 가진 감각문제에 대해 알고 있 으신가요?"라고 질문할 수 있다. 만약 이 질문에 부모가 처음엔 "아니요."라고 했지만, 추가 질문을 하면 "예."라고 답할 때마다 25센트씩 받을 수 있다면, 아마도 난 부자가 되었을 것이다. 따라서 아동치료사는 다음과 같이 질문하는 것이 중요하다. "아이가 옷 이 피부에 닿는 느낌에 대해 불평한 적이 있나요?", "아이가 청바지만 입나요? 아니면 드레스만 입나요?", "아이가 큰 소리나 밝은 빛에 대해 불평하나요?", "특정 음식을 거 부하거나, 음식의 질감에 대해 불평하나요?", "쇼핑몰과 같은 넓고 붐비는 장소나 아 주 좁은 장소에서 빙글빙글 도는 행동을 하나요?", "아이가 꽉 껴안고 신체 접촉을 과 하게 요구하거나 아니면 반대로 접촉을 싫어하나요?" 치료 초기에 아이의 감각 욕구를 정확히 이해하는 것은 부모로 하여금 조절 조력자가 되어 자녀의 몸이 필요로 하는 것 을 더 잘 이해하도록 도와준다. Nurture House에는 고유수용감각과 전정기관에 관련된 다양한 도구들이 있다. 그것은 아이들이 무엇을 조절해야 하는지 언급할 때 특히 도움 이 된다.

　감각적 차이에 관해 설명하기 위해 내가 알아낸 간단한 방법은 이 두 과정의 교차점 을 설명하는 것이다. 아이가 정보를 받아들이는 방식과 그것에 대처하는 방식이다. 아 이들이 정보를 받아들이는 것은 항상 그들의 모든 감각과 연관된다. 어떤 아이들은 신 경학적 역치가 낮거나 감각 자극에 관한 수용의 창이 좁다. 이 아이들은 전자레인지가 돌아가는 소리를 참을 수 없이 큰 소리로 인식하기도 한다. 반대로 어떤 아이들은 신경학적 역치가 높거나 감각 수용의 창이 너무 큰 경우도 있다. 이 아이들은 자극에 잘 반응하지 못할 수도 있다. 그래서 하고 있는 일에 집중하다 보면 전자레인지 돌아가는 소리는 못 듣기도 한다. 이 두 가지 양상들은 폭넓은 감각경험 범위와 환경으로부터 아이가 정보를 받아들이는 방식들로 높고 낮게 산재해 나타난다. 두 번째 차원은 아이들이 받아들이는 감각을 어떻게 다루느냐에 관련된 것이다. 주로 우리는 이것을 '자기 조절'이라고 부르는데, 이것은 수동적인 것에서 능동적인 것까지 행동의 연속을 가장 잘 정의하는 것이다. 수동적 자기 조절을 하는 아이들은 불편한 감각경험이 쌓일 때까지 그대로 받아들이다가 이후에 반응한다. 이 아이들은 운동장의 햇빛이 아무리 강렬해도 해가 쨍쨍 내리쬐는 운동장에 계속 그대로 머물기도 한다.

자폐와 SPD 진단을 받았던 6세 에드워드가 생각난다. 그는 단추가 달린 셔츠를 입어야 하는 사립학교에 다녔다. 아이는 엄마가 아침에 단추를 잠가줄 때 수동적으로 받아들였고 2시간 동안은 참아내다가 이후엔 통제불능이 되어 집으로 돌아오곤 했다. 집에 돌아오면 아이는 셔츠를 벗었고 더 이상의 폭발은 보이지 않았다. 아이가 하루 중 처음 몇 시간 동안 공포에 질려 했던 것이 무엇인지 찾기 위해 주의를 기울이고 신중하게 정보를 수집해 보니, 조절을 위한 아이의 내적 자원들은 촉각적인 대처의 사용이었으나, 일과 중 스트레스를 받는 상황(예 : 철자시험, 모르는 단어 발견, 운동장에서 공을 공유하지 않는 친구 등)에 대처할 수 있는 자원이 아이에겐 없었다는 것을 알 수 있었다. 능동적인 자기 조절이 가능한 아이들은 감각적으로 불편한 상황에 대처하기 위해 운동장에 있을 때 햇빛을 피해 움직인다.

Dunn의 감각 처리 모델은 아이의 감각 프로파일을 이해하는 것이 중요하다는 점을 알게 해준다(Dunn, 2007). 감각조절장애에 관해 신경학적 역치와 자기 조절 이 두 가지 기준을 교차하여 네 가지 유형으로 구분하고 있다. 첫 번째는 저등록형이다. 이 아이들은 역치가 낮은 편이므로 감각을 인식하기 위해서는 특정 감각 자극을 더 필요로 하며, 수동적인 자기 조절을 한다. 두 번째는 감각 방어형 또는 감각 회피형이다. 이 아이들은 역치가 낮아서 보통 하나 이상의 감각 자극도 너무 많거나 강하게 받아들이며, 능동적인 자기 조절을 한다. 세 번째는 감각 예민형이다. 이 아이들은 감각 정보를 흡수하는 데 낮은 역치를 갖고 있으며, 수동적 자기 조절 패턴을 보인다. 이들은 불편한 상황이 되면 아무런 촉발 사건이 없이도 침울해하거나 불안해하며 우울해 보일 수 있다. 대부분의 아이들은 네 번째 유형에 속하는데, 전형적으로 높은 역치를 가지고 있으며 자

감각 자극에 대한 신경학적 역치

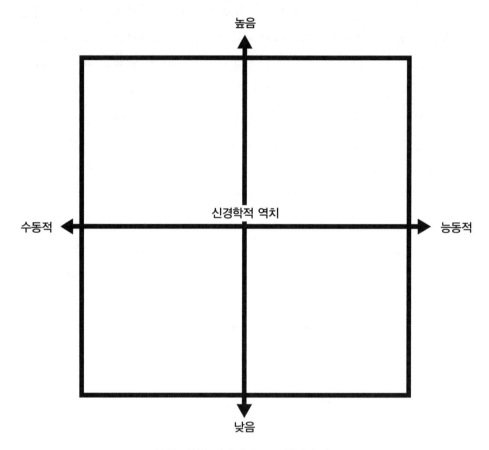

당신은 세상을 어떤 방식으로 경험하나요?
감각세계를 접하는 다양한 방식들을 알아본 후 당신은 어떤 방식으로 경험하는지
해당 사분면에 점을 찍어 보세요. 각기 다른 색깔 마커로 자녀들의 방식도 표시해 보세요.

그림 7.2 신경학적 역치 유인물. Dunn(2007) 모델에서 인용

기 조절 전략도 능동적이다. 이 네 번째 유형에 속하는 아이들은 심한 스트레스나 문제 행동을 보이지 않는다. 그림 7.2 유인물은 부모들에게 이 사분면을 설명하는 데 유용하다. 이 구분은 복잡한 트라우마 이력을 가진 아이들이 보이는 특성을 나타내 주지는 못한다. 그들은 때로는 감각 방어적이었다가 때로는 감각 추구형이 되기도 한다. 그들의 예민성은 하루에도 시시각각 또는 연중에도 계절에 따라 다양한 감각체계로 달리 나타

날 수 있다. 즉 한 영역에서는 감각 추구형(예 : 다양한 촉각을 느끼길 원함)으로 나타날 수 있지만, 다른 영역에서는 감각 방어형(예 : 솔기가 있는 양말 신기를 거부, 껌 씹는 소리를 싫어함)으로 나타날 수 있다. 그림 7.2를 부모들에게 소개할 때 이러한 연속성을 설명하면 더 도움이 된다.

부모-자녀가 감각처리 작동과정과 그것이 왜 중요한지에 대해 혼란스러워하거나 중요하게 생각하지 않을 경우, 나는 부모와 자녀가 이에 대한 인식과 지식을 확장할 수 있도록 돕는 것을 우선 목표로 잡는다. 우리는 놀이를 활용한 심리 교육을 통해 이에 대한 내용을 이해하도록 돕는다. 먼저 우리가 얼마나 많은 감각을 가지고 있는지에 대한 질문으로 시작한다. 대부분 다섯 가지 감각에 대해 알고 나열할 수 있지만, 다른 세 가지 감각체계에 대해서는 모른다. 우리는 모두 8개의 감각체계를 갖고 있다. 우리에게 익숙한 다섯 가지 감각은 다음과 같다.

1. 촉각 : 우리가 무언가를 만질 때 지각하는 것
2. 후각 : 우리가 냄새 맡는 것
3. 청각 : 우리가 듣는 것
4. 미각 : 우리가 맛보는 것
5. 시각 : 우리가 보는 것

부모와 아이들에게 익숙지 않은 감각체계는 다음과 같다.

6. 고유수용감각 : 자신의 신체가 공간적으로 어디에 있는지 감지하는 능력
7. 내부수용감각 : 자신의 몸 내부의 느낌을 알아채는 능력
8. 전정감각 : 몸의 균형감과 관련된 능력

그림 7.3 유인물은 부모가 자녀의 개별 감각 프로필을 발전시킬 수 있도록 돕는 데 활용하는 것이다. 앞에서 제시한 사분면 자료를 활용하여 부모들이 자녀가 각각 여덟 가지 감각에서 추구형인지 방어형인지 그 경향성을 알아볼 수 있다. 이 보충 시각자료를 통해 아이들의 욕구에 맞게 환경을 조성하기 위한 구체적인 전략들을 찾아볼 수 있다.

부모를 이 작업의 파트너로 참여하도록 하는 첫 번째 단계는 여덟 가지의 모든 감각

당신의 자녀가 가진 여덟 가지 감각

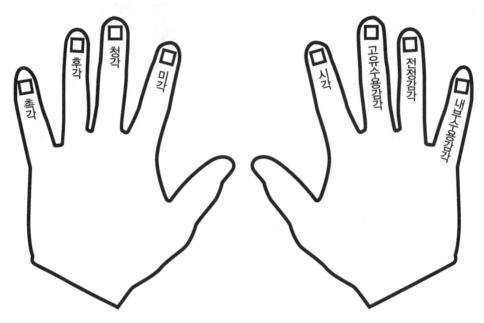

당신의 자녀는 어떤 영역에 대해서는 감각 자극을 더 필요로 하고, 어떤 영역에 대해서는 감각 자극을 회피할 것입니다. 빨강, 파랑, 초록 마커를 사용하여 자녀의 감각체계를 반영하는 손톱을 색칠하세요. 즉 감각 추구형은 빨강, 감각 방어형은 파랑, 균형 잡힌 것은 초록으로 색칠하세요.

그림 7.3　감각 손

들을 이해하도록 하는 것이다. 우리는 각각의 감각을 나타내는 아이템을 갈색 종이가방에 넣는다. 아이와 부모는 번갈아 가며 가방 안에 손을 넣어 물건을 고르고 꺼내서 그것이 어떤 감각을 나타내는지 알아맞힌다. 이 활동은 각 파트너가 가방 안에 있는 물건을 느껴보도록 하기 때문에 촉각에 민감하게 만드는 첫 번째 노출이 된다. 물건을 만지고 정확히 표현하며 신체적으로 조작할 수 있는 것은 기본 능력으로 간주되기 쉽다. 하지만 일부 아이들에게는 물체를 만지면서 느끼는 촉감이 매우 불안정할 수 있다. 특히 물체가 낯설거나 꺼림칙한 질감을 가지고 있다면 더욱 그렇다. 어떤 아이들은 몸에 로션 바르는 것을 참지 못한다. 어떤 아이들은 양말 솔기가 올바르게 연결되어 있지 않

그림 7.4 감각 메뉴 앞표지

그림 7.5 감각 메뉴 예시

감각 수딩 메뉴

애피타이저 : 내면을 기분 좋고 안전하게 느끼게 하는 맛 말해보기

빵 바구니 : 내면을 기분 좋고 안전하게 느끼게 하는 냄새 말해보기

메인 요리 : 만지거나 느끼거나 잡고 있을 때 내면을 기분 좋고 안전하게 느끼게 하는 것을 말해보기

사이드 요리 : 내면을 기분 좋고 안전하게 느끼게 하는 소리를 말해보기

디저트 : 내면을 기분 좋고 안전하게 느끼게 하는 그림 또는 시각 이미지를 말해보기

그림 7.6 감각 메뉴 템플릿

으면 완전히 '멘털이 무너져 버린다.' 자녀의 독특한 감각 스트레스를 이미 받아들인 부모들은 어느 정도 적응을 하고 있을 것이다. 그들은 솔기가 없는 양말 사는 법을 배운다. 변기 물을 내리기 전에 아이에게 먼저 말로 알려주고 아이의 귀를 손으로 막아주기도 한다. 가장 힘든 경우는 하나 또는 그 이상의 영역에서 감각 방어적이면서 동시에 다른 영역에서는 감각 추구형인 아이들이다. '감각 손' 유인물은 부모들이 자녀의 감각 추구 영역과 감각 방어 영역이 각각 어디인지를 생각해 볼 수 있도록 돕는 데 유용하다.

자녀의 감각 욕구에 대한 부모들의 이해가 확장되면, 우리는 아동이 각 감각을 경험하는 수용의 창을 넓히기 시작한다. 우리는 종종 아동이 특정 음식의 맛이나 냄새에 대한 혐오에서부터 선호에 이르기까지의 노출 반응/예방 위계를 놀이활동으로 만든다. 이 작업을 할 때 가능하다면, 감각경험으로 인한 불안을 외현화하기 위한 방법으로 Worry Wars 프로토콜을 활용하여 놀이치료와 EMDR치료의 통합적 접근을 한다(Goodyear-Brown, 2010b, 2011).

또한 이 작업에서는 아이에게 도움이 될 감각경험을 가능한 한 빨리 활용한다. 우리는 부모와 아이들을 위한 감각 수딩 메뉴를 만든다. 가족 세션 동안 각 가족 구성원별로 하나씩 만드는 것이 좋다. 우선 식사의 다섯 단계를 구분하여 각 단계를 다섯 가지 기본 감각과 하나씩 짝을 지어 카테고리별로 즐겁고 편안한 감각경험을 알아본다. 메뉴 표지와 완성된 메뉴의 예시가 그림 7.4와 7.5에 나와있다. 그림 7.6은 가족과 함께 만들기 위한 템플릿을 제시한 것이다.

부모-자녀 간 정서 입자도와 공유언어 만들기

아동의 기본 욕구뿐만 아니라 감정 조절 욕구를 다루기 시작하면, 부모의 활용자원을 키워 정서를 읽는 영역의 중심부에 있는 아동의 변연계 뇌와 연결되도록 돕는다. 아이들은 감정을 말하고 다스리는 훈련이 필요하다. 감정을 읽는 능력의 발달은 유아기에 시작되며 부모의 지원이 필요하다(Goleman, 2006; LeDoux, 1996). 아기가 울고 킥킥거리고 꽥 소리를 지르며 감정을 드러낼 때, 충분히 좋은 부모는 이것을 의사소통으로 만든다. 예를 들어보자. 아기가 평화롭게 잠을 자고 있는데, 침실 창문 밖으로 난 길에 큰 쓰레기차가 와서 쓰레기를 모아 넣으며 엄청난 충돌음을 낸다. 그 소리에 깜짝 놀라서 잠이 깬 아기는 숨이 넘어갈 정도로 심하게 울기 시작한다. 엄마는 아기를 달래는 데

그림 7.7 정서 읽기 능력을 확장하며 달래기

온통 집중하여 계단을 뛰어 올라와 아기를 안아 흔들고 달래며 "쉬, 쉬, 쉬, 괜찮아."라고 말한다. 그러면 아기는 진정되고 곧 평온해질 것이다. 아기의 생리적 진정과 정서적 어휘력 증진 이 두 부분에 다 초점을 맞추는 엄마는 계단을 뛰어 올라와 아기를 안아 달래면서, 다음과 같은 말을 할 수 있다. "괜찮아. 큰 소리 때문에 놀랐구나. 평화롭게 자고 있었는데 갑자기 큰 소리가 났어. 너무 무서웠지만, 이제 엄마가 있으니 안전해." 아기는 진정되고 평온해질 것이다. 한편, 피드백 고리에서는 전체 뇌에 초점이 맞춰진 학습이 일어날 것이다. 즉, 파충류 뇌간을 진정시키고 변연계 뇌와 연결하며 신피질에 초점을 맞춘 감정단어들이 아기에게 전달되면서, 뇌 하부로부터 들어오는 몸 전체에 대한 자극을 묘사하는 언어를 습득하게 되는 것이다(그림 7.7을 보시오).

그림 7.7에서 첫 번째 반응은 단순히 부모의 전형적인 목표인 아기를 조용하게 하고 안심시키는 반응이다. 이 반응은 아기의 날카로운 울음소리가 부모 자신의 교감신경계를 자극하여 정서적 평형이 깨어질 때 시급한 목표로 나올 수 있는 것이다. 그러나 두 번째 반응은 (특히 목소리 톤을 달리하고 공감하며 전달되는 경우) 아기를 조용하게 하고 안심시키는 목표를 달성하는 동시에 (1) 아기가 경험하는 감정에 단어를 연결하고 (2) 구체적인 상황에 대한 정서적 반응을 결합하여, 아기의 정서 읽기 능력을 확대하는 역할을 한다. 우리는 이 그림에서 말풍선 내용을 빈칸으로 만들어 Nurture House에 복사본을 대량 구비하고 있다. 아이의 상향식 두뇌 발달을 촉진할 수 있는 부모의 반응을 조직화하도록 연습하는 과정에서, 아기의 감정이 올라올 때 그 감정을 알아보고 부모

와 아이의 정서적 조율이 일어날 수 있도록 돕는 시나리오를 부모가 가지고 온다면, 이 말풍선 그림을 통해 다른 반응을 만들어 보게 할 수 있다. 현재 주어진 상황에 대해 역할극을 다시 해보도록 구체적인 도구를 제공하는 것이 앞으로 생길 수 있는 상황에 적용하는 발판이 된다는 점을 우리는 종종 발견하곤 한다. 또한 이것은 가족체계 안에서 병렬과정이 일어날 수 있도록 돕는 도구로 활용된다. 부모는 먼저 종이에 첫 번째 반응을 작성하고 치료자와 함께 몸 전체를 움직이며 역할극을 해본다. 이때 엄마나 아빠가 그 사건(예 : 블록으로 만든 탑이 무너진 것)으로 인한 정서상태를 연결하도록 하고 그때 무슨 일이 일어났는지 재연해 보도록 한다. 이 도구를 활용하여 두세 가지 상황 연습을 상담회기 동안 진행한 후, 빈칸으로 만들어진 말풍선 만화를 집에 가지고 가서 과제를 해보도록 한다. 임상가는 일주일 동안 내담자에게 정서적으로 힘들었던 상황을 언어화할 수 있는 하나의 순간을 정해서 그때 그들이 사용한 언어로 말풍선을 채워달라고 요청한다. 그리고 부모는 다음 회기에 그것을 가지고 와서 치료자와 함께 다시 해본다.

영아기에서 걸음마기가 되면 아기의 이동량이 많아지고 탐색하는 환경의 영역이 넓어지며 부모는 아기의 소우주를 확장하도록 지속적으로 돕게 된다. 예를 들어 엄마와 몇 발자국 떨어진 부엌 바닥에서 아기가 블록으로 탑을 쌓고 있다고 해보자. 엄마가 분주하게 냄비를 젓고 있을 때 뭔가 쿵 하는 소리를 들었다. 걸음마 아기가 꽥 소리를 지르고 손을 바닥에 내리치기 시작한다. 아빠는 달려와서 아기를 달래는 데 온 집중을 다하며 "괜찮아. 괜찮아."라고 말한다. 아빠는 아기를 다시 평온한 상태로 만들고자 차분하고 부드러운 목소리로 격려하는 반응을 보였을 것이다. 이 반응은 고조된 아기의 감정을 낮추기 위한 의도지만, 아기가 실제로 느끼는 감정과 일치하지 않을 수 있고, 부모의 반응이 자녀의 감정상태에 와닿지 않는다면 아기는 달래지지 않을 수 있다. 아빠는 아기가 진정될 때까지 안아서 편안하게 해주려 할 것이고, 다시 아기의 관심을 블록으로 돌리도록 한 후 하나씩 블록을 쌓는 시범을 보인 뒤 아기에게도 똑같이 쌓아보도록 할 수 있다. 일단 아기가 다시 놀이에 집중하면 아빠는 저녁 준비를 하고 있는 엄마를 도우러 간다.

달래기와 정서 읽기 능력 확장 이 두 가지에 모두 관심을 두는 아빠는 다른 피드백을 할 것이다. 아기가 소리를 질렀을 때 아빠는 도와주러 달려오겠지만, 아이의 정서에 더 가까이 다가가 목소리에서 느껴지는 강한 감정을 읽어주며 이렇게 말할 것이다. "아이

구. 우리 아기 너무 속상하구나. 더 높이 쌓으려 했는데 무너져 버렸네. 이럴 땐 아빠도 속상할 것 같아." 부모는 아이가 느끼는 감정을 해석한다. 그 감정은 좌절의 정도일 수도 있고 실망의 정도일 수도 있다. 시간이 지남에 따라 감정단어의 뉘앙스는 점차 확장된다. 하지만 정서 범주들이 초보 수준이고 매번 정서를 100% 정확히 맞히지 못하더라도 아기에게 정서를 읽어주는 것은 그와 관련된 내용을 아무것도 제공하지 않는 것보다 훨씬 도움이 된다. 이 두 번째 시나리오에서 아빠는 아기를 안고 달래는 동시에 힘들게 작업한 블록 구조물이 무너질 때 아이가 느꼈을 좌절감과 속상함을 말로 표현하고 있다. 아이가 받는 고통을 미러링하는 것은 아빠가 아이를 보고 있고 느끼고 있으며… 궁극적으로는 (비록 두 살짜리 아기가 아직 표현을 할 수는 없지만) 아이가 뭘 말하는지 안다는 것을 전달하는 것이다.

임상가들은 부모가 자녀의 정서 읽기 능력을 키우는 데 도움받을 수 있도록 앞에 나온 역할극 시나리오를 활용한다. Nurture House에서 부모와 자녀의 상향식 뇌 발달에 초점을 맞추어 작업하긴 하지만, 가족들과 많은 시행착오를 겪으면서 때론 하향식의 새로운 접근이 부모를 진정시키기에 더 도움이 된다는 것을 깨달았다. 부모들은 머리로 이해하는 지식을 통해 진정되곤 한다. 그들은 다른 성인과 생각을 나누는 것을 자연스럽고 일반적인 것으로 받아들인다. 이러한 전형적인 토크 형식 — 시각적 보조도구와 녹음도구와 같은 언어적인 요소가 포함된 아이디어를 나누는 형식 — 은 라포를 형성함과 동시에 부모들 자신이 가진 개념에 대해 알아보고 자녀의 일상적 경험에 적용함으로써 생각하는 뇌를 접하고 실행 기능을 표현하도록 한다. 부모가 자녀와 지금의 반응 패턴을 가지게 된 것은 긍정적 의도에서 시작된 것임을 격려하고, 부모가 이 작업을 진정으로 즐기도록 하는 것이 무엇보다 중요하다. 트라우마 놀이치료사들이 치료에서 핵심원리로 여기는 병렬과정은 임상가가 부모를 기쁘게 수용함으로써 시작된다. 즉 부모로 하여금 자녀에게 어떠한 반응을 하도록 하기 위해서 임상가가 부모를 기꺼이 수용하는 것이다.

일단 부모가 생각하는 뇌로 이해하고 어떤 반응을 해야 할지를 계획하고 연습할 시간을 가진 후에는 세션 안에서 그림 7.7의 그림과 같이 구체화된 상호작용을 부모와 치료자가 실시간으로 역할 연습해 볼 수 있다. 부모들은 역할 연습에 대해 대체로 어색해한다. 하지만 치료자의 지지적인 격려를 통해 부모의 부교감신경이 건강하게 반응하여 어색함을 떨쳐내고 몸 전체를 이용한 연습을 할 수 있게 된다. 만약 가정에서 자녀에게는 다른 반응을 하게 된다면 익숙해질 때까지 충분히 연습시킨다. 처음 몇 번은 아주 쉽게 연습하도록 하여 능력치가 올라가는 경험을 할 수 있도록 한다. 그런 다음 기준을 약간 올려볼 수도 있다. 이때 부모가 역할 연습 중간에 표류하거나 압도되는 느낌을 가질 수 있음을 이해해야 한다. 그들은 얼어버리거나 늘어지는 반응 패턴을 보일 수도 있다. 이것은 가정에서 자녀에게 어떤 반응을 해야 할지 확신이 없을 때 나타나는 생리적 반응의 거울이 되기 때문에 세션에서 부모가 이런 반응을 보이는 것은 좋다. 임상가가 희망하는 것은 자녀를 대할 때 부모가 겪는 고통을 조금씩 점진적으로 감당할 수 있을 만큼 한 단계씩 가지고 와서 다루는 것이다. 다시 말해, 해당 자녀로 인해 경험하는 부모의 신경생리적 반응의 어려움을 우선 치료자와 함께 다루어 보는 것이다.

또 다른 병렬과정으로, 부모들이 새로운 행동을 시도하고 새로운 사고를 적용하며 자녀들과 새로운 정서적 경험을 하는 위험을 감수하기 위해서는 상담공간 안에서 안전하게 우리(임상가)를 경험하는 것이 필요하다. 우리는 부모들이 자녀와의 관계에서 안전한 보스의 기술을 확장시키도록 한다. 그 첫 단계로, 부모와의 관계에서 우리 자신이 조절되고 그라운딩된 상태를 유지하는 것이다. 부모가 무기력이나 절망감에 압도된 모습으로 나타났을 때 임상가도 무력감을 경험할 수 있다. 치료사들은 무기력한 정서나 내러티브 자체에 빠지지 않으면서 부모들이 느끼는 고통을 함께하는 자아의 이중성을 잘 길러야 한다. 이 이중성은 궁극적으로는 우리가 부모에게 키우길 요청하며 그 방법을 안내해야 하는 것이기도 하다. 부모가 감정의 소용돌이를 겪고 있는 자녀에게 도움이 되기 위해서는 그 소용돌이에 함께 휘말리지 않는 것이 중요하다. 이것은 다소 혼란스러운 개념이다. 즉 부모는 자녀의 소용돌이에 들어가지 않으면서 그와 동시에 아이가 느끼는 큰 감정을 확인하여야 한다.

치료 환경에서는 아동에게 무언가를 제공하기 전에 그들이 경험한 것이 무엇인지를 확인하고 무조건적인 긍정적 존중의 태도를 취하는 것이 당연하게 여겨질 수 있다. 하지만 대부분의 양육자들(부모, 교사, 주간보호센터 담당자)은 이 기술을 직접 배우거나 지도를 받지는 못했다. 따라서 대부분의 부모들은 아이의 큰 감정을 보듬어 주고 반영해 줌으로써 아이를 진정시킬 수 있다는 점을 배울 필요가 있다.

놀이 세션을 관찰하다 보면 부모가 참아낼 수 있는 감정상태와 그렇지 않은 상태에 대한 풍부한 정보를 얻을 수 있다. 때로 부모들은 자녀가 보이는 감정을 참아내는 데 어려움을 보인다. 왜냐하면 예전에 이 감정이 드러났을 때 부정적인 결과가 있었기 때문이다. 33세인 세 아이의 엄마 제시카의 사례를 보자. 제시카가 어린 소녀였을 때, 그녀의 어머니는 우울했고 아버지는 항상 일을 했다. 제시카는 2학년 때부터 스스로 등교를 하고 집에 돌아와서는 혼자 숙제를 하고 가족을 위한 저녁도 준비했다. 그녀의 엄마는 소파에 파묻혀 살았고 제시카는 엄마에게 물을 가져다주거나 농담을 건네고 다리를 주물러 주면서 엄마를 돌보았다. 전이나 지금이나, 제시카는 엄마를 웃게 하기도 하지만 때론 아무런 노력도 도움이 안 될 때가 있었다. 어른을 돌보는 것이나 성인이 해야 할 일은 어린아이가 감당하기에는 벅찬 역할이다. 그녀는 어린 나이에 이런 일들을 요구받음으로 인해 무력감을 가지게 된 것이다. 그녀는 누구를 돌보아야 하는 존재가 아니라 돌봄을 받아야 하는 존재였다. 제시카는 자신의 감정을 억누르고 주어진 일을 수행하며 타인의 감정을 살피는 법을 배웠던 것이다. 다시 현재로 돌아와 보면, 제시카는 딸이 슬퍼하거나 강한 욕구를 드러내면 가슴에 답답함을 느끼고 분개한다. 이 상황은 제시카 안의 어린 소녀로부터 자신은 아이로서 돌봄을 받지 못했다는 감정이 촉발되는 것이었다. 이 엄마에게는 자기 연민을 확장하도록 하는 치료적 지지가 필요하다. 그것을 통해 그녀는 딸에게 더 많은 연민을 가질 수 있게 되기 때문이다. 그럼 우리는 어떻게 해야 할까? 천천히, 제시카가 자신의 어머니와의 애착관계에 관해 돌아보는 능력을 키울 수 있도록 돕는 것이다. 그녀의 어린 시절이 슬픔과 함께 떠오르고 어머니의 우울증이 연상되도록 말이다. 제시카가 아이였을 때 그녀에게 주어진 임무는 엄마를 슬픔으로부터 끌어내는 것이었다. 그래야 마주할 수 없는 엄마를 만나고 싶은 제시카 자신의 욕구를 채울 수 있었을 것이다. 제시카는 지금도 여전히 슬픔을 위험한 것이라 믿는다. 왜냐하면 그녀에게 슬픔은 딸을 앗아갈 수도 있고, 그녀를 무기력하게 하고 얼어붙게 하기 때문이다. 제시카는 슬픔으로부터 엄마를 건져내려 했듯이 자신의 딸에게도 행복해져야 한다고 요구하는 것이다.

여러 해 전, 나는 뇌암을 앓고 살아난 10세 소년 티모시와 상담을 했다. 그는 수차례 항암과 방사선 치료를 받으며 호전되고 있는 상태였다. 부모는 그를 돌보는 데 전념했고 엄마는 항상 진료를 받으러 아이를 데리고 다니며 입원을 해야 할 때는 병원에서 밤을 새우곤 했다. 아이의 머리는 복숭아 솜털처럼 다시 자라기 시작했고 내가 대기실로 마중을 나갈 때면 엄마는 아이의 머리를 쓰다듬고 있었다. 부모-자녀 쌍 세션에서, 티모시와 엄마는 서로 연결되어 보였다. 엄마는 티모시의 아기 때를 얘기하면서 눈물이 고였고, 티모시는 엄마의 손을 잡아주며 "괜찮아, 엄마."라고 말했다. 몇 번의 개인 세션을 가지고 나서야 티모시는 내게 그의 내적 세계를 조금 보여주기 시작했다. 나는 그에게 모든 의료 절차와 관련된 기저불안이 있는지 궁금했었다. 나는 진저브레드 윤곽을 그리고는 티모시에게 불안 버튼 활동[분노 버튼 활동의 변형(Goodyear-Brown, 2002)]을 제안했다. 그는 버튼은 밀어내고 마커를 달라고 했다. 나는 그의 앞으로 마커를 가져다주었다. 그는 잠시 생각하다가 주황색 마커를 골라 하트 안에 찡그린 눈, 코, 입을 그렸다. 그러고는 그 이미지에 화살표를 그렸다(당시 나는 그것에 관심을 두지 않았던 것 같다). 나는 하트를 가리키며 "이것에 대해 얘기해 줘."라고 말했다. 그는 "그건 제 마음이에요. 이름은 히디 하티(Hidey Hearty)예요."라고 대답했다. 나는 그 이름을 되뇌었고, 우리는 둘 다 잠시 그림을 보았다. 그러곤 티모시가 말했다. "그래요. 그건 숨어있는 마음이에요." 나는 울컥했다. 이 작은 아이가 자신의 큰 감정을 숨기는 데 이렇게 능숙했던 것이다. 나는 부모와 아이 간 역동을 완전히 이해하지는 못했으나, 고통이나 두려움, 슬픔을 표현했을 때 엄마가 받을 고통을 티모시는 알고 있지 않았을까 하는 생각이 들었다. 그래서 그는 암치료를 받는 동안 표현을 조절하는 법을 배웠던 것

그림 7.8　히디 하티(Hidey Hearty)

같다. 티모시는 그날 그가 그린 그림을 집으로 가져갔고, 나는 다른 내담아동들과 히디 하티를 다시 만들어 보곤 한다. 그는 아이들이 압도되지 않으면서 양육자와 연결을 유지하기 위해 어떻게 정서적 표현을 조절하는지 부모들에게 소개하는 아주 유용한 사례가 되었다. 이것은 부모와 가까이 머물고 싶어 하는 아동의 기본적인 애착행동이며, 정서적 격변기나 위협을 받는 시기에는 특히 더 그렇다(그림 7.8을 보시오).

너의 마음 색깔(Color-Your-Heart) 활동(Goodyear-Brown, 2002)은 많은 양의 감정 정보를 빠르게 수량화하고 치료 초기에 자녀의 내적 감정세계에 대한 부모의 인식을 형성하는 데 도움을 주기 때문에 트라우마플레이에서 평가도구로 사용된다. 부모들은 종종 "우리 아이는 항상 화를 내요."라고 한다. 이런 경우 화는 가장 파워풀한 감정이며 아이가 스트레스를 받았을 때 쉽게 표현되는 것이라는 점을 인식하는 것이 필요하다. 한편, 이것은 또 다른 '히디 하티' 현상일 수도 있다. 이때 아이의 진심은 분노나 짜증이라는 껍데기 밑으로 숨겨진다. 부모들은 자녀의 마음 색깔의 절반이 걱정, 두려움, 외로움으로 둘러싸여 있는 것을 보고 나서 이러한 인식의 변화를 일으키기 시작한다. 부모들은 자녀의 행동과 이 수치를 비교해 보면서 행동을 일으키는 기저의 정서적 동기가 항상 더 취약하다는 것을 볼 수 있게 된다.

분노의 이중성

분노가 담긴 정서적 표현이나 성향을 보이는 부모와 자녀가 다른 부분을 탐색해 보면, 분노를 초래하는 다른 더 취약한 감정들이 드러난다. 그림 7.9와 7.10을 보면, 두 개의 화산이 있다. 하나는 10대 아들이, 다른 하나는 엄마가 만든 것이다. 이 사례는 부모와 연결되어 있는 느낌을 갖지 못하고 주된 정서적 표현으로 짜증이나 좌절감을 보인다는 이유로 의뢰되었다. 나는 이 10대 아이의 분노에 깔린 감정들을 발견하기 위해 복합정서카드를 사용하였다. 그림 7.9에서 볼 수 있듯이 이러한 기저의 감정에는 '죄책감, 불확실감, 스트레스, 불안, 압도, 억울'이 포함되어 있다. 나는 부모의 분노경험 또한 궁금하여 분노 화산을 부모에게도 만들어 보도록 요청했다. 복합정서카드를 제공하고, 마찬가지로 분노에 깔려있는 더 취약한 정서로 드러나는 '압도된, 실망한, 걱정되는, 스트레스 받는'과 같은 정서들을 발견하였다(그림 7.10을 보시오). 나는 부모와 이 10대 자녀가 좌절하며 행동폭발이 일어나는 전후 감정들을 더 잘 알아차리도록 하기 위해

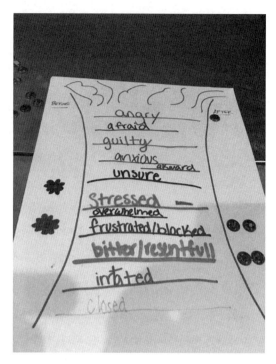

그림 7.9 10대 아들의 분노 화산

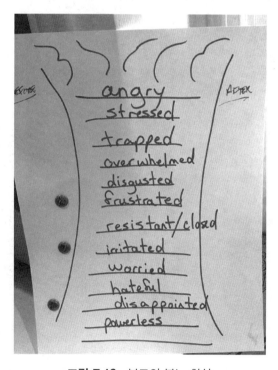

그림 7.10 부모의 분노 화산

일주일간의 작업에 참여하도록 요청하였다. 나는 스티커 세트를 제공하고, 분노를 표출하기 전과 후에 그들이 느끼는 감정 옆에 스티커를 붙이도록 했다. 아들의 분노표현은 스트레스와 관련되어 있었고, 부모의 분노는 실망감과 관련되어 있었다. 첫 주 활동을 통해 분노표현이 독이 되기 전에 가족 내 더 취약한 감정을 소통하고 가족 구성원들이 이에 대해 이해하고 공유할 수 있는 정보를 갖게 되었다.

부모와 자녀들은 동시에 여러 감정들을 가질 수 있다는 것을 이해하는 활동을 함께 할 수도 있다. 복합정서카드는 이를 이해하는 데 도움이 되는 유용한 도구가 될 수 있다. 기억 게임을 하는 것처럼 부모와 자녀들이 둘러앉아 복합정서카드를 펼쳐둔다. 그런 다음 우리는 가족 기억에 대한 이야기를 나눈다(항상 쉬운 기억에서 시작해서 점점 더 어려운 내용으로 옮겨간다). 나는 여러 가지 색깔 돌이 들어있는 큰 바구니를 제공하고 우리가 얘기한 기억과 관련된 감정들을 표시할 돌을 한 움큼씩 고르도록 한다. 순서는 아이가 먼저, 그다음 부모들이 한다. 때로 부모와 자녀는 정서경험을 함께 나누며, 그 이미지에서 같은 정서경험을 하는 것을 알게 된다. 반면, 부모와 자녀가 서로 다

그림 7.11 같은 사건에 대한 두 가지 정서 반응

른 정서경험을 하거나 같은 감정도 다른 강도로 경험한다는 점을 배우기도 한다(그림 7.11을 보시오).

복잡해질 때

우리가 느끼는 복잡한 작은 감정들과 함께 감각적 경험은 정서 수준에 암호화되고, 정서는 감각 수준에 암호화될 수 있다. 그림 7.12에 제시된 그림은 지금까지 내가 찾은 것 중에서 복잡함을 잘 나타내 주는 좋은 예이다. 평생 감각 방어와 감각 추구가 혼합되어 "나는 좋은 아이인가?", "나는 사랑받고 있나?", "이 세상에 내가 존재할 곳은 있나?" 등의 핵심질문들을 되뇌며 격렬한 정서상태가 반복되어 온 초등생 아이가 있었다. 그가 감기에 걸려 몸이 좋지 않은 날, 엄마는 아이를 학교에 보내지 않고 집에 데리고 있으면서 그림 7.12와 같은 그림을 그리며 시간을 보냈다. 그는 매우 똑똑한 아이였고 나에게 종종 해부학 그림을 그려주곤 했다. 이날 아이는 자신의 신체를 그렸는데, 뇌에서 시작해서 골반까지 이어져 흐르는 피를 그렸다. 아이는 엄마에게 이 그림을 내게 보낼 수 있을지 물어보았고, 엄마는 이 그림을 뭐라 부르고 싶은지 아이에게 물었다. 그는

그림 7.12 녹아내리는 내부

"내 몸속이 녹아내리는 것 같아요."라고 말했다. 나는 이것이 단순한 감각 또는 단순한 정서 수준으로 경험된 것은 아니라고 생각한다. 이것은 신체경험과 정서를 놀라운 정도로 잘 엮어서 표현한 것이다.

부모들이 자녀의 파충류 뇌의 조절 욕구, 변연계의 정서 읽기 욕구, 연결 욕구를 돕는 방법을 더 많이 이해하게 되면, 치료사는 부모들이 자녀의 사고세계를 알아차리고 그 사고세계가 감정과 행동 그리고 인지에 어떻게 영향을 미치는지 이해하도록 돕는 시간을 가진다. 이 작업을 할 때 우리는 부모와 자녀에게 인지 삼각형을 소개한다. 생각, 감정, 행동은 우리와 밀접하게 연결되어 있다(Goodyear-Brown, 2010a). 자녀에게서 특정 감정과 행동이 나타날 때 부모의 생각은 특히 더 복잡해지고⋯ 부모와 관련되어 자녀가 보이는 감정과 행동에 대해 부모가 반응하는 행동에 따라 아이들의 생각도 복잡해진다. 아이의 인지 삼각형과 부모의 인지 삼각형은 지속적으로 겹쳐서 일어난다. 그 과정을 천천히 따라갈 수 있는 가족의 경우, 이 상호작용들을 파악할 수 있게 된다. 이 작업을 위해, 자녀의 인지 삼각형(그림 7.13)과 부모의 인지 삼각형(그림 7.14)이 여기에 제시된다. 용기 있는 임상가들은 선로를 이탈한 양육의 순간을 확인하고 부모와 자녀의 생각, 감정, 행동들을 탐색할 수 있다. 경우에 따라, 부모의 삼각형 위에 자녀의 삼각형을 겹쳐놓으면 가족 내에서 일어나는 과정들의 상호 연결이 명확하게 나타난다. 결국 우리는 가족 내 힘든 사건과 관련된 부모와 자녀 모두의 생각, 감정, 행동을 담고 있는 별을 가지게 된다. 우리의 인지는 이야기를 구성하고 자아를 정의한다.

자녀의 인지 삼각형

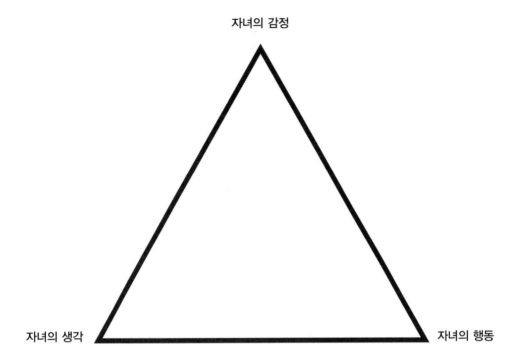

당신이 자랑스럽지 못한 행동을 했을 때를 적어보세요.

그림 7.13 자녀의 인지 삼각형

부모의 인지 삼각형

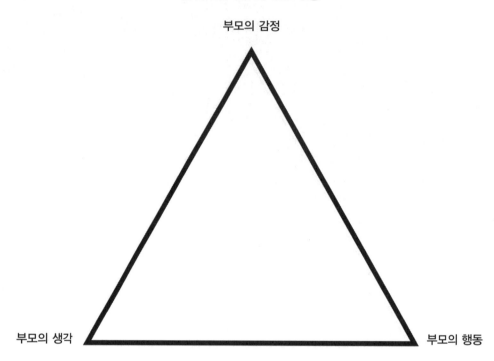

당신이 자랑스럽지 못한 행동을 했을 때를 적어보세요.

그림 7.14 부모의 인지 삼각형

부모가 바운더리를 정하고 큰 행동들을 다룰 수 있도록 돕기

큰 감정들(big emotions)을 확인한 후에는 이러한 감정들을 어떻게 관리하고 표현할지에 대한 건강한 바운더리를 제공할 필요가 있다. 아이들은 제한(limit)을 알고 안전한 보스가 그 제한을 지키도록 할 때 가장 안전감을 느낀다. 부모가 어쩔 줄 몰라 하면 아이들은 결국 부모보다 더 강한 힘을 느끼게 된다. 자신이 부모보다 더 강한 힘을 가지고 있다고 느끼게 되면, 매우 불안해진다. 아이가 조절감을 잃고 아무도 이것을 완화시켜 줄 수 없을 때는 특히 더 그렇다.

복잡하게 얽힌 작업

대다수의 치료사들은 부부치료가 부모코칭이나 부모와의 협업과는 다른 것이라는 점에 동의한다. 하지만 그 선이 모호하고 복잡하게 얽혀있다는 점에도 또한 동의한다. 아동 치료사들은 부부간의 양육태도에 대한 감정, 신념, 소통은 결혼생활에서의 핵심관계문제와 깊이 관련되어 있기 때문에 부부간의 관계에 대해 다루게 되는 경우가 많다. 문제가 되는 의사소통방식은 육아 스트레스로 인해 더 악화되곤 한다. 대부분의 엄마와 아빠들은 진심으로 자녀를 위해 최선을 다하길 원한다. 하지만 자녀에게 최선이라고 믿는 것이 배우자에게 받아들여지지 않을 때, 결국 역기능적 방식으로 자신의 욕구를 표현한다.

아동치료사들은 부모들, 특히 양육방식이 일치하지 않는 부모들과 치료를 진행할 때 화, 원망, 포기, 판단, 힘과 조절 욕구로 인해 서로 다투게 되는 지뢰를 밟지 않기 위해 조심하곤 한다. 촉발되는 요인을 살펴보며 진행하는 자녀 양육의 접근단계와 심리 교육은 서로 간 양육 불일치 지점에 기초하여 달라질 수 있다. 이것은 비단 자녀 양육뿐만 아니라 성인 파트너인 배우자에게도 적용되는 확장된 방식의 단적인 예이다. 임상가가 양육방식을 처음 탐색할 때는 서로 간 차이를 구분하는 데 어려움을 느낄 수 있다. 부모 각각이 다른 후크를 가지고 있을 수도 있고, 양육방식에서의 이들 후크를 이해하게 되면 부모 모두에게 도움이 된다. 부모는 서로 허용 정도에 차이가 있을 가능성이 큰데, 이에 대해서 진솔한 탐색이 이루어져야 한다. 그럼, 후크부터 살펴보도록 하자.

후크

부모와 자녀가 주고받는 의사소통에서 우리가 인지하는 표면적인 부분 그 아래에는 많은 것들이 일어나고 있다. 부모-자녀 간 소통의 고리는 계속해서 일어나고 또 일어난다. 이것은 부모와 자녀에게 좋은 소식이기도 하고 좋지 않은 소식이기도 하다. 아이들은 본능적으로 애착에 기반한 신체 근접성 추구 행동을 한다. 부모가 안정적으로 곁에 머무르고 있을 때는 부모와 자녀 간 사랑의 순간을 함께 많이 보낼 수 있지만, 부모가 활성화상태일 때는 이와 같은 사랑의 반응을 줄 수 없다. 부모들이 자녀에 의해 어떻게 촉발되는지 충분히 탐색할 수 있도록 돕는 몇 가지 활동이 있다. 부모와 치료자는 아이가 보이는 최악의 행동문제에 초점을 맞추어 많은 이야기를 나눈다. "자녀의 어떤 행동이 당신을 가장 자극하나요?"와 같은 질문은 평가단계에서 자주 들을 수 있다. 이걸 뒤집어 생각해서 부모 자신을 바라보면 어떨까? 만약 우리의 질문이 "당신이 최악의 양육 순간에 있을 때… 즉 당신이 한 행동이 싫어서 되돌리고 싶을 때, 당신과 자녀 사이에 무슨 일이 일어나고 있었나요?"라고 한다면 말이다. 우리가 질문하는 방식과 가족체계의 다양한 부분에 대해 탐색하는 방식은 더 깊은 정신화(mentalization)와 성찰을 위한 토대를 마련하는 시작이 된다. 자녀는 성인의 삶에 다른 어떤 관계보다 치유되지 않은 자기(self)를 촉발시킬 가능성이 높다.

자녀가 개별화되기 위해 부모의 통제에 맞서려 하면 부모는 통제력을 상실하는 고통을 경험하는 자기(self)를 촉발시킬 수 있다. 아이들은 천진난만함, 취약성, 비구조화가 혼란스럽게 뒤엉킨 상태에 있다. 잠을 안 자고 벌겋게 달아오른 얼굴로 보채며 울어대는 아기를 감싸 안고 달래본 경험이 있는 부모는 구조화하는 방법을 설명할 수 있다. "아기가 배고프면 먹여달라고 울고, 포옹이 필요하면 안아올려 달라고 울어요."라는 식으로 말이다. 이러한 고통의 표현은 건강한 근접 추구 애착행동이다. 하지만 미해결된 상처가 있는 엄마 자신(어린 시절 먹을 것에 대한 불안정감을 겪었던 엄마, 필요할 때 안아주는 사람이 없었던 엄마 등)의 초기 애착 상처는 자녀가 보이는 애착행동에 의해 촉발된다. 건강한 부모-자녀 쌍에서는, 자녀는 욕구를 표현하고 부모는 그것을 충족해준다. 아이가 계속해서 욕구를 표현할 때 부모가 그 욕구에 무관심하거나 분노하거나 압도되는 것으로 보이면, 아이는 방어기제를 발달시키기 시작한다. 아기가 가까이 다가와 팔을 벌리며 안아달라며 돌봄을 받고자 여러 번 시도를 하였지만, 엄마는 산후우울로 힘들어하는 상태라면 아기는 자신의 욕구보다 엄마의 욕구를 더 우선하게 된다.

초기 아동기는 타고난 자기중심성의 시기이다. 아기들은 생존의 과업을 가지고 태어났으나, 스스로 할 수 있는 것은 없기 때문에 성인을 불러 관심을 끌고 훈련시켜 그들이 필요한 모든 것을 제공받을 수 있도록 하는 데 초점을 맞추게 된다. 그들의 도구는 한정적이지만 강력하다. 아기들은 자신의 욕구를 충족시키기 위한 방법으로 애착 능력과 나름의 어휘와 같은 부드러운 배선을 가지고 태어난다. 울음, 킥킥, 구구, 이빨 없이 웃기, 격한 소리 지르기 등 이 모든 것들은 아기가 욕구를 충족하는 데 필요한 아기 어휘의 일부이다. 하지만 이 초기 애착 어휘의 어떤 부분이 단단하게 연결되고 어떤 부분이 버려지며 어떤 부분이 잘못 연결되는가는 아기의 근접 추구 행동이 양육자에게 어떻게 수용되는가에 달려있다. 우리가 세상에 태어났을 때, 조절은 거의 관계 안에서 일어난다. 아기가 관계를 조절로 인식하도록 하는 중요한 경험은 관계가 자원과 짝을 이루게 될 때 일어난다. 예를 들어, 배고플 때 엄마를 오도록 해서 안아올려 수유해 달라고 울어댄다. 젖이나 젖병은 아기에게 영양을 공급하는 자원이지만, 이 영양소는 감싸 안아주는 것, 사랑이 담긴 손길, 듣기 좋은 억양, 고주파의 모성어(motherese)[1], 애정 어

---

[1] 역자 주 : 엄마가 아기에게 하는 말. 아동은 상호작용을 통해 문법 규칙을 습득하게 되므로 규칙을 학습하기 위한 특정한 경험이나 훈련이 필요하다. 따라서 아동의 언어 발달에서 적절한 언어경험을 제공하는 엄마 또는 양육자의 역할이 중요하다. 영아기 때부터 엄마는 자녀에게 많은 말을 들려주면서 함께 시간을 보낸다. 이때 엄마가 아이에게 하는 말(child-directed speech, CDS)은 아이의 언어 발달에 많은 영향을 미친다고 본다. 엄마들은 성인에게 말할 때보다 아이에게 말할 때 훨씬 과장된 어조와 단순화된 문장을 사용하는 경향이 있다(곽호완 외, 실험심리학 용어사전, 시그마프레스, 2008).

자녀의 행동 중 어떤 것이
당신에게 후크가 되나요?

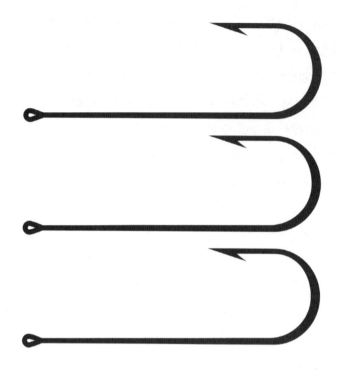

당신을 자극하는 아이의 행동 Top 3를 적어보세요.

그림 8.1 무엇이 당신을 후크하나요?

린 눈길과 짝을 이룬다. 먹을 것이 주어지는 동안 연결(connection)을 위한 정서적·육체적 욕구가 충족되기 때문에 아기는 만족감을 느끼게 된다. 조절은 초기 관계를 통해 이루어진다는 이해를 바탕으로 우리는 부모가 자녀의 신경생물학적 조절 조력자가 되는 것에 대해 언급한다. 하지만 이러한 내용은 단지 근사한 표현일 뿐이다. 부모가 리드해야 한다는 것을 설명할 뿐 부모와 자녀 간 상호 조절이나 서로 간 조절불능에 관한 것은 고려하지 않은 것이다.

　'자녀의 행동 중 어떤 것이 당신에게 후크가 되나요?'라는 유인물(그림 8.1)을 사용하여 부모를 자극하는 아이의 행동 Top 3를 적어보도록 하라. 예를 들면 눈 굴리기, 한숨 쉬기, 지시를 무시하기, 문 쾅 닫기 등등이다. 이 활동은 부모가 같이 진행하면 특히 더 재미있다. 치료사는 부모 각자에게 따로 작성하도록 한 후 서로 노트를 비교해 보도록 한다.

당신은 행동을 어떻게 보고 있나요?

후크가 확인되면 우리는 부모를 촉발시키는 인지 왜곡을 탐색해 본다. 글을 쓸 수 있도록 만들어진 실제 선글라스와 함께 그림 8.2의 유인물을 부모에게 제공한다. 두 쌍의 안경이 제공된다. 첫 번째 안경은 아이의 행동에 대해 첫눈에 보이는 대로의 생각을 나타낸다. 두 번째 안경은 행동 기저에 깔린 아이 욕구의 관점에서 다시 테를 구성해 본 것을 나타낸다. 이것은 시야를 더 넓혀 더 큰 그림을 보도록 하는 것이다. 이 활동은 아이가 예전에 보였던 큰 행동(big behavior)의 순간을 부모가 탐색해 볼 수 있도록 돕는다. 즉 아이의 기본 조절 욕구와 관련하여 부모가 직접 확인해 보도록 하는 것이다. 잘 먹었나? 수분 공급은 적절히 되었나? 잠은 잘 잤나? 감각적 욕구가 충족되었나?

　"관심 받으려고 저런 행동을 하고 있네!"라며 다소 부정적이고 나쁜 동기로 보는 대신에, "음, 아이에게 더 많은 관심과 연결이 필요하다면, 우리가 그걸 줄 수 있어!"라며 안도감을 가지고 이해하는 것이다. "아이가 관심 받으려고 저런 행동을 하고 있네."라는 부정적인 생각의 거품을 "아이가 정말 연결을 필요로 하고 있구나."라는 생각으로 전환함으로써, 아이의 행동이 상황을 조종하려는 것이 아니라 욕구를 표현하는 것임을 이해하고 수용하도록 한다. 안전한 보스로서 우리가 할 일은 아이가 자신의 목소리로 원하는 바를 요청하도록 돕는 것이다. 자녀의 행동에 부정적인 동기가 있다고 여기는 부모에게 내가 가장 먼저 하는 것은 이 유인물(그림 8.2)을 사용하는 것이다. 아이의 후크행동을 찾아서 치료자가 하나씩 평가해 본 후, 그 행동을 부모가 해석하는 과정을 성찰해 볼 수 있도록 돕는 것이다. 유인물의 상단에 있는 안경을 활용하여, 아이의 행동에 대한 부모의 자동 반사 반응을 적는다. 아이는 부모 말에 따르지 않고, 부모는 이에 대해 즉각적으로 '아이가 날 화나게 만들려고 저러는구나.'라고 생각한다. 부모는 첫 번째 안경에 이와 같은 '첫눈에 보이는 대로'의 해석을 있는 그대로 적는다. 적어보는 활동을 통해 자동적으로 떠오르는 생각을 인식하게 되며, 그런 다음 부모와 임상가는

당신은 행동을 어떻게 보고 있나요?

첫눈에 보이는 대로

다른 렌즈를 끼고

그림 8.2 당신은 행동을 어떻게 보고 있나요?

함께 다른 대안을 탐색할 수 있게 된다. 아이에겐 주의집중할 수 있도록 도와주는 것이 필요할 수 있다. 방 안에 여러 사람이 함께 있다면, 아이에게 지시를 내리기 전에 아이 이름을 부르고 눈맞춤을 하는 것이 좋다. 일반적으로 부모가 자신의 초기 해석을 발견 하고 나면, 아이가 보이는 행동에 대한 여러 가지 이유들을 탐색해 볼 수 있다. 이때 부 모가 다른 렌즈를 통해 아이를 바라볼 수 있도록 돕는 데 필요한 심리 교육, 반영적 애 착 작업, 이야기지킴이 등에 대한 설명이 제공될 수 있다. 임상가는 함께 작업하면서, 부모가 아이의 행동을 다르게 바라보고 수용할 수 있도록 생리적 전략, 인식 전환, 조 절 조력 등에 대한 이해를 돕는 두 번째 안경을 만들게 한다.

새로운 신경 배선 깔기

부모들이 행동을 바라보는 시선의 상당 부분은 자녀들이 하지 말았으면 하는 것에 초점이 맞추어져 있다. 그들은 자녀가 소리 지르거나, 거짓말하거나, 이기적으로 굴지 않기를 원한다. 나는 항상 부모들이 자녀에게 못 하게 하고 싶은 것에서 성장시키고 싶은 것으로 관점을 이동하도록 돕는다. 접수면접에서도 마찬가지이다. 뇌는 마치 키가 큰 풀과 같다. 한 번만 걸어가면, 풀은 다시 올라온다. 하지만 여러 번 그 길로 걸어가면 새로운 길이 생긴다(Hebb, 1949). 신경가소성(Jackson, 1958; Kay, 2009; Mundkur, 2005; Siegel, 2010)에 대한 이러한 은유는 종종 부모들이 무엇을 더 보고 싶은지 다시 초점을 맞추도록 돕는다. 나는 그림 8.3에 제시된 아름다운 그림을 제공하고 부모들에게 자녀들의 신경 배선에 어떤 종류의 행동이 놓이는 것을 보고 싶은지 묻는다.

그리고 나서 '신경연결통로' 유인물(그림 8.4)을 제공하고 이미 몸에 밴 적응적인 신경연결통로를 정의하는 데 더 깊이 들어가 보도록 돕는다(예 : 아이는 이미 자신이 필요한 것을 요청할 수 있다). 그다음 우리는 부모에게 아이가 깔기 시작했으나 부모의 도움을 요청하고 있는 신경연결통로를 찾아보도록 한다(예 : 아이는 내가 상기시켜 주

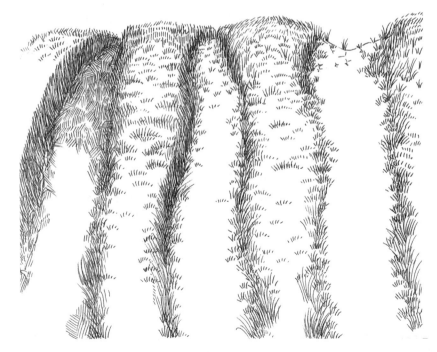

그림 8.3 키 큰 풀 사이로 난 길

신경연결통로

가장 잘 닦인 통로에 당신의 아이가 이미 숙달한 행동을 적으세요.
그다음엔 새롭고 더 깊은 신경연결통로를 만들기 위해
아이가 노력하고 있는 행동과 연습이 필요한 행동을 찾아보세요.

그림 8.4 신경연결통로

면 아침저녁으로 양치질을 할 것이다). 마지막으로, 깔리길 원하지만 발달상 아이에게 거의 나타나지 않는다고 여겨지는 신경연결통로를 확인해 보도록 한다(예 : 나는 아이가 TV를 켜기 전에 허락을 구하길 원한다). 각각의 행동은 뇌 속에 있는 연결통로를 의미하는 세 개의 통로 안에 적도록 한다.

House 규칙과 친절의 문화

함께 붙어있기(Stick Together). 상처 주지 않기(No Hurts). 즐거운 시간 보내기(Have Fun). 이것은 다른 많은 규칙들을 아우를 수 있는 간단한 규칙이다. 나는 치료놀이 훈련에서 이 규칙을 처음 접했다. 우리는 양육캠프에서 이 세 가지 기본 규칙을 적용했고, Nurture House에도 붙여두고 있다(그림 8.5를 보시오).

　내 생각에, 이 규칙 중 가장 중요한 것은 '함께 붙어있기'다. 두려움을 진정시키는 것은 '함께'이다. 비언어적 신호를 읽을 수 있는 것도 '함께'이다. 문제를 해결해 가는 것도 '함께'이다. 보고 들은 것을 느끼고 혼자가 아니라는 것을 아는 것도 '함께'이다. 일단 부모들이 이 말들을 마음에 새기게 되면, 다양한 상황에서 그것들을 사용하고 있는 자신을 발견하게 된다. 식료품점에서 아이가 다른 통로로 뛰기 시작한다. 이때 부모는 "기억해. 우린 여기 함께 있어야 해!"라고 말한다. 아이가 주차장에서 엄마로부터 멀리 떨어지기 시작하면, 보통 "멈춰!", "안 돼!", "이리 와."라고 한다. '함께 붙어있기'는 끊임없는 안전의 닻으로서 애착관계의 중요성을 확인함과 동시에 긍정적인 말로 표현할 수 있도록 해준다. 가족은 아이들이 가장 먼저 경험하는 팀이다. **함께 붙어있기**라는 문구는 팀 의식을 강화한다.

　서로 간 의견이 다를 때조차도 우리는 함께 붙어있다. 고통 속에 있을 때도 함께 붙어있다. 특히 두려움에 떨고 있을 때 우리는 함께 붙어있다. 축하할 일이 있을 때도 우리는 함께한다. 어려운 일이 있을 때도 함께한다. 힘들수록 우리는 딱풀처럼 꼭 붙어있다. Nurture House에는 자녀와 부모에게 이 규칙들이 가족 어휘목록이 되고 가족 문화의 일부가 될 때까지 배우고 실천할 수 있도록 돕는 다양한 활동이 있다. 정서적 상처, 언어적 상처, 신체적 상처는 모두 '상처 주지 않기(No Hurts)'에 해당한다. 모든 훈육의 완화제는 함께 즐거운 시간을 가지는 것이다. 그 이유는 부모와 자녀가 서로에게 충

그림 8.5 Nurture House 규칙

만함을 느낄수록 훈육은 레이더 스크린에 깜빡거리며 나타나는 신호처럼 느껴지기 때문이다. 때때로 부모들은 아이의 행동을 빨리 수정한 후 다시 즐거운 시간을 갖는 것에 어려움을 겪는다. 즉 놀이는 잘한 일에 대한 결과로 주어져야 하며 이런 과정이 좋은 학습의 기회가 될 것이라고 여겨 애정과 연결을 모두 보류해 버린다. 즐거움의 공유가 선행되어야 한다는 것을 부모들이 이해하도록 하는 데는 시간이 좀 걸릴 수 있다. 우리는 가족들이 자신들의 규칙을 함께 개발하도록 한다. 대체로 가족들은 Nurture House 규칙을 사용한다. 하지만 가족의 성장을 위해 보고 싶은 구체적인 성장 에지가 있다면, 규칙을 추가해서 적을 수 있도록 가족 워크시트에 빈칸을 만들어 두었다. 이 워크시트는 뒤쪽에 나오는 그림 8.9에서 확인할 수 있다.

얼음 큐브

이 활동은 내 친구이자 동료인 Amy Frew가 만들었다. 내용은 다음과 같다. 임상가가 냉동실에서 갓 꺼낸 얼음 몇 개를 부모와 아이에게 주고 함께 꼭 붙여보도록 한다. 아주 차가운 얼음 큐브는 탑처럼 쌓을 수 있지만 곧 미끄러져 버린다. 몇 분 기다린 후 다시 시도해 보도록 한다. 얼음이 조금 녹기 시작하면, 서로 잘 붙는다. 여기에는 강력한 은유가 있다. 부모와 아이가 덜 딱딱해지면(농담처럼 말하지만, 부모가 먼저 그렇게 되어야 할 것이다), 서로 한 팀이 되어 함께 붙어있기가 더 쉬워진다.

정전기 스틱

이 실험은 '함께 붙어있기' 규칙을 강화하는 데 도움을 준다. 풍선을 가져다가 누군가의 머리에 세게 문지르면 정전기가 발생한다는 것을 우리는 알고 있다. 이것은 그 자체만으로도 재미있는 활동이다. 또한 부모, 아이, 치료사 모두에게 기쁘고 웃긴 순간을 공유하고 서로 간의 유대를 강화하도록 해준다. 정전기가 생기면 풍선은 머리와 옷, 때론 벽에도 달라붙을 것이다! 이것은 아이들에게는 거의 마법으로 보이지만, 정전기 원리를 알고 있는 성인들은 마찰로 인한 것임을 알고 있다. 부모가 함께 붙어있기를 상기시키는 순간들은 부모와 아이 간의 마찰이 일어나는 때이기 때문에, 강력한 비유로서 이 활동을 해볼 수 있다.

함께 붙어있기 책갈피

Nurture House에는 다양한 종류의 강력 접착 테이프를 구비해 두고 있다. 치료사는 부모와 아이에게 모든 테이프를 살펴본 뒤 각자가 원하는 패턴이나 색상을 고르도록 한다. 부모와 자녀는 자신이 선택한 테이프를 똑같은 크기로 잘라 두 조각을 함께 붙여 책갈피를 만든다. 만드는 동안 우리는 아이와 부모의 독특한 특성에 관해 이야기를 나눈다(그림 8.6과 8.7을 보시오).

그림 8.6 아이가 선택한 패턴

그림 8.7 부모가 선택한 패턴

함께 붙어있기 게임

스퀴즈라는 만들기 장난감이 한동안 내 활동에 많은 변화를 가져다주었다. 특히 아이들에게 소품은 어려운 개념을 이해하는 데 도움을 줄 수 있다. Fat Brain Toys 제조사는 이 장난감을 '재밌는 작은 빨판'이라 부른다. 이 줄은 가운데 구부릴 수 있는 부분이 있고 양쪽 끝에는 흡착판이 달려있다. 짧은 것도 있고 긴 것도 있다. 큰 흡착판은 부모와 아이의 이마에 붙일 수 있고 마주 보면 서로의 코 간격이 몇 센티미터 이내로 들어오게 된다. 더 긴 줄은 부모와 아이가 움직일 수 있는 공간을 확보하는 것과 동시에 함께 붙어있는 상태가 유지되도록 해준다. 그림 8.8은 내 올케인 휘트니와 내가 사우스캐롤라이나 찰스턴 거리에서 함께 찍은 사진이다. 놀이실에서 나는 부모와 아이에게 이 줄을 제공하고 붙이도록 한 다음, 연결이 끊어지지 않게 방 안 다른 곳으로 이동하거나 놀이 작업을 하도록 요청한다. 나는 고학년이나 10대 아이들과 이 활동에서 힘들었던 점에 대해 살펴본다. 이는 누군가와 함께 삶을 살아갈 때 연결과 개인의 자율성을 유지해 나가는 데 어떤 어려움들이 있는지에 대해서 풍부한 이야기를 나눌 수 있도록 해준다(그림 8.8을 보시오).

그림 8.8 함께 붙어있기 스퀴즈 연결장치

자석

광택이 나는 커다란 금속 자석 더미를 사용하여 부모와 아이가 함께 자석의 끌어당기고 밀어내는 성질을 탐색하도록 한다. 같은 방향으로 두 뭉치의 자석을 마주하도록 놓으면 같은 극끼리 서로 밀어낸다. 아이들은 두 자석 뭉치를 서로 붙이려 애써보지만 밀어내는 힘을 느끼게 되고, 결국 자석 두 뭉치는 계속 멀어지게 된다. 그런 다음 우리는 자석 한쪽을 반대 극으로 돌려둔다. 그러면 서로를 끄는 힘이 너무 강해 이제는 떼어내기가 힘들어진다. Nurture House에는 모래놀이실에 금속 테이블이 있다. 부모와 아이들은 자석 하나는 테이블 아래에, 다른 하나는 위에 놓는 걸 즐긴다. 아래에 있는 자석을 움직이면 위에 있는 자석이 움직이는데 마치 마술 같다. 우리는 함께 붙어있을 때 어떻게 마법적이고 강력한 일을 해낼 수 있는지에 대해 이야기를 나눈다. 이것은 부모와 자녀가 서로 분리되어 있지만 계속 연결되어 있도록 하는 보이지 않는 힘이 있음을 알게 해주는 은유가 된다.

　함께 놀이하는 가족은 함께 머물게 된다는 것이 나의 신념이다. 우리 가족은 식료품을 정리할 때 음악을 틀어놓고 주방에서 춤을 춘다. 매번 그런 건 아니지만, 이런 시간을 충분히 가지면서 힘든 일을 함께 하면 더 쉬워진다는 걸 느낄 수 있게 되었다. 가족 규칙은 달라지고 발전하기 때문에 집안일 중 어떤 것이 함께 했을 때 가장 가치가 있는 일인지 물어보는 것이 중요하다. 놀이성이 집안일과 묶일 수 있다면, 힘든 일도 함께 해낼 수 있다는 메시지가 강화되면서 더욱 빨리 일을 끝낼 수 있게 된다. '가족 규칙 워크시트'(그림 8.9)는 가족들이 가정 내에서 만들고자 하는 문화를 탐색해 보도록 하는 닻의 역할을 할 수 있다.

　부모들은 가족 내에서 공정해지려 매우 애쓴다. 육아와 관련된 부모의 인지 왜곡을 찾아보는 것은 매우 중요하다. 부모가 짊어지고 있는 핵심 인지 왜곡 중 하나는 모든 것이 공정해야 한다는 것이다. 마누엘에게 20분 동안 TV 시청을 허락하면, 마리아에게도 똑같은 시간을 준다. 마누엘이 밤 9시까지 한다면 마리아도 그래야 한다. 우리는 "우리 가족 내에서는 모든 것이 공정하다."라는 말 대신에 "우리 가족 내에서는 누구나 자신이 필요한 것을 얻는다."로 대체한다. 때론 가족이 흡수할 수 있는 짧고 단순한 만트라가 인지 왜곡을 전환하는 가장 빠른 방법이 된다. Nurture House의 안내문 중 다음과 같은 말이 있다. "가족 내에서는 누구나 자신이 필요(need)로 하는 모든 것(all)을 얻

가족 규칙 워크시트

우리 가족에게서 더 원하는 건 뭔가요?

우리 가족에게서 덜 원하는 건 뭔가요?

우리가 그것을 하는 데 도움이 되는 규칙은 무엇인가요?

1)

2)

3)

가족 규칙들 :

1) 가족 내에서 우리는 _____ 한다.

2) 가족 내에서 우리는 _____ 하지 않는다.

3)

4)

그림 8.9 가족 규칙 워크시트

우리 가족 내에서는,

누구나 자신이 필요(need)로 하는

모든 것(all)을 얻으며,

누구나 자신이 원하는 것(want)

일부(some)를 얻는다.

그림 8.10 가족 만트라

으며, 누구나 자신이 원하는 것(want) 일부(some)를 얻는다"(내담자에게 제공할 수 있는 만트라가 그림 8.10에 나와있다).

임상가는 부모로 하여금 각 가족 구성원에게 필요한 것(need)이 충족되는 것과 원하는 것(want)에 대해 "그래."라고 말해주는 것이 어떤 의미인지 주의를 기울일 수 있도록 더 깊은 대화를 나눌 필요가 있다. 마누엘은 금요일까지 학기말 리포트를 제출해야 하기에 야구 연습이 끝난 후 밤에 2시간 동안 그것을 작성해야 한다. 그는 밤 10시까지 깨어있을 것이다. 그보다 4세 어린 마리아는 잠이 더 필요하고 오빠보다 일찍 학교수업이 시작된다. 그녀의 취침시간은 저녁 8시이며, 엄마랑 30분 동안 꼭 껴안고 이불 속에서 책 읽는 시간을 가진다. 두 아이들은 각자 자신이 필요한 모든 것을 얻는다. 더욱이, 학기말 리포트 작업은 집중을 많이 요하는 것이라 방과후에 마누엘에게 위로가 될 수 있는 20분간의 TV 시청시간을 줄 수도 있다. 비록 취침시간이 늦어지겠지만 말이다. 마찬가지로, 마리아의 취침시간은 훨씬 더 이르기 때문에 엄마와의 연결시간을 10분 정도 더 가질 수 있도록 그림책 한 권을 더 읽어주기로 결정할 수도 있다.

이 만트라를 실제 적용할 때 가족 세션을 가지는 것도 도움이 된다. 우리는 이 아이디어를 가족에게 소개할 때 '필요한 것 VS. 원하는 것 워크시트'(그림 8.11)를 사용한

필요한 것 VS. 원하는 것

필요한 것

가족이 충족시켜 줄 수 있는
기본 욕구들을 나타내는
아이콘을 그리세요.

원하는 것

가족 구성원으로서 가끔 누릴 수 있는
즐거움이나 추가적인 것들을 나타내는
상징을 그리세요.

그림 8.11 필요한 것 VS. 원하는 것

다. 각 가족 구성원에게 이 워크시트를 한 장씩 나눠준다. 그런 다음 모든 사람이 살기 위해 물이 왜 필요한지, 그리고 다른 마실 것들로는 어떤 걸 좋아하는지에 대해 이야기를 나눈다. 아이/청소년은 빨대가 꽂힌 컵에 어떤 음료가 들어갈지 결정할 수 있다. 어떨 때는 딸기셰이크, 어떨 땐 코카콜라가 된다. 대부분의 아이들은 밀크셰이크나 코카콜라를 멈추지 않고 계속 먹으면 속이 역하고 탈수되고 혈당이 비정상적으로 높아진다는 것을 인정한다. 따라서 균형을 잡는다는 것은 네가 필요한 모든 것(all)을 얻는 것(수분이 더 필요하면 물을 더 마셔야 한다)과 원하는 것 일부(some)를 얻는 것이 된다. 각 가족 구성원에게는 자신의 가족에게 필요한 것이라 생각되는 상징들을 물병 안에 그려

넣고, 때에 따라서 "그래."라며 허용될 수 있는 원하는 것들을 나타내 보도록 한다.

Nurture House에서 우리는 필요한 것과 원하는 것 사이의 차이를 구분하는 데 모래 상자 작업이 도움이 된다는 것을 발견하였다. 가족 구성원들에게 각각 작은 원형 모래 상자가 제공되고 그 안을 자신이 필요한 것과 원하는 것을 나타내는 작은 미니어처로 채워보도록 한다. 그다음엔 함께 만들 수 있는 큰 모래상자 하나를 제공한다. 대부분의 가족들은 그들이 원하고 필요로 하는 모든 것들을 쏟아 넣으면 상자 안이 카오스의 혼란상태가 되어버린다는 것을 발견한다. 이 연습에서는 모든 가족 구성원이 모래상자 안에 각자 필요한 것(need)을 어디에 둘 것인지 합의하는 작업이 필요하다. 음식으로 가득한 카오스 아이콘들은 모래상자의 한 영역에 배치할 수 있고 구성원 모두의 공통된 욕구를 표현하기 위해 하나의 음식 상징을 놓는 것으로 합의할 수도 있다. 각 가족 구성원들이 원하는 것(want)을 모래상자의 어디에 둘지에 대해서도 합의가 이루어져야 한다. 욕구 충족 방법에 관한 풍부한 대화와 치료자의 촉진적 연습이 이와 같은 방식으로 이루어질 수 있다.

한계 설정 시 감정을 인정하기

부모들에게는 종종 한계 설정 시 아이의 감정을 인정하는 방법을 알려줄 필요가 있다. 부모들은 자녀의 감정을 인정해 주면 그 감정이 공간을 다 차지해 버려 한계 설정을 불가능하게 만들 것이라 믿는다. 사실, 큰 감정을 인정해 주는 것은 그 감정을 완화하는 데 도움을 준다. Dan Siegel(2020)은 이 과정을 '길들이려면 이름을 붙여라(Name It to Tame It)'라고 한다. 부모에게 삼위일체의 뇌에 대한 이해를 높이는 입장에서 접근해 보면, 이것은 감정에 대해 언어적으로 분명하게 설명하는 변연계 뇌의 표현이며 하부 변연계 뇌 영역에서 신피질이나 생각하는 뇌로 다리를 놓고 있는 작업이라는 관점으로 부모와 이야기를 나눌 수 있다. 이 과정은 격한 감정에 힘을 빼주는 데 도움을 줄 수 있다. 아이의 깊은 감정에 맞추어 조율하고 반영하는 예들 중 내가 가장 좋아하는 것은 *How to Talk So Kids Will Listen and Listen So Kids Will Talk*[2] (Adele Faber & Elaine Mazlish,

---

[2] 역자 주 : 국내에서는 김희진 역, 어떤 아이라도 부모의 말 한마디로 훌륭하게 키울 수 있다(명진출판사, 2001), 김혜선 역, 하루 10분 자존감을 높이는 기적의 대화(푸른육아, 2013)로 번역 출간되었다.

1980/2012) 초판에 나와있다. 거기에는 아침을 먹으러 내려온 아이가 치리오스 시리얼을 달라고 하는 만화가 나온다. 안타깝게도 치리오스 통은 비어있다. 저자는 서로 다른 두 가지 반응을 보여준다. 첫 번째는 부모가 치리오스가 없는 걸 확인하고 아이에게 다른 걸 먹으라고 한다. 아이는 떼를 쓰기 시작하고 부모는 그 행동에 제한을 설정한다. 하지만 아이는 점점 더 감정이 올라와 폭발한다. 두 번째는 아이가 치리오스를 달라고 했을 때 제한을 설정하기 전에, 치리오스에 대한 아이의 간절한 욕구에 대한 감정에 초점을 맞추어 주며 "네게 줄 수 있는 치리오스가 있으면 좋겠어… 네 그릇에 치리오스를 가득 채워줄 수 있음 좋으련만."이라 말한다. 분명히, 이 반응을 통해 바라는 바는 아이가 조절할 수 있도록 돕는 것이지만, 여기서 더 중요한 것은 치리오스가 없기 때문에 아이가 경험하고 있는 상실과 실망의 감정에 부모가 무게를 둔다는 것이다.

특히 어려운 환경에서 자란 아이들의 경우, 원하는 것과 필요한 것의 균형을 잡는 것이 쉽지 않다. 부족한 환경에서 자란 아이에게 원하는 것이 있을 때 강하게 "안 돼."라는 반응을 하게 되면, 우리는 의도치 않게 아이가 원하는 것을 필요한 것으로 더 절실하게 느끼도록 만들어 버릴 수 있다. "제 것도 충분히 있나요?"라고 물어보는 아이에게 강한 "아니(no)."라는 답은 아이를 힘들게 한다. 부드러운 "아니."는 **안 돼, 그만, 멈춰, 아니야**를 피하고(Hembree-Kigin & McNeil, 2013), 일부분에 있어선 "그래(yes)."를 하는 시도이다. 어떤 "그래."는 감정을 인정해 줌으로써 이루어진다. 즉 가게에서 계산할 때 아이 눈에 들어온 것이 그래놀라 바든 장난감이든 다른 무엇이든 아이가 필요하다고 느낄 수 있는 그 감정을 인정해 주는 것이다. 한계 설정을 하는 동안 아이가 느끼는 강렬한 욕구를 인정해 주는 것은 아이와 부모가 계속 연결을 유지하는 데 도움이 된다.

양육방식

한 가족 내에 설정되어 있는 제한의 수와 종류들은 부모의 양육방식과 관련이 있다. 부모들마다 양육방식이 다른 것은 드문 일이 아니다. 양육방식에 따라 부모는 착한 경찰/나쁜 경찰이라는 정해진 역할을 수행하게 되며 일정 기간 자신의 역할을 담당하다 보면 억울함을 느끼게 되는 경우가 많다. 양육방식에 대한 Diana Baumrind의 연구(1989)는 40년간 양육 실제에 영향을 주었고 양육태도를 허용적, 권위주의적, 권위 있는, 방임적 태도라는 네 가지 유형으로 나누어 분류하였다. 허용적인 부모는 아이와 경계를 정하지 않고 집에서 아이 마음대로 하도록 놔둔다. 권위주의적 부모는 군대식으로 "내가 하라는 대로 해. 아니면 나가."라는 식이다. 여기엔 협상이나 타협의 여지가 없다. 이와는 대조적으로, 권위 있는 부모는 우리가 부모를 대상으로 자녀 훈육 전략을 교육할 때 '안전한 보스'라 부르는 유형이다. 이 부모들은 기본 규칙과 경계를 세우지만, 그 과정에서 아이가 자신의 의사를 표현할 여지를 많이 준다. 즉 부모가 최종 결정을 내리긴 하지만 원하는 것, 필요한 것, 선호하는 것이 뭔지 자녀가 하는 말을 듣는 걸 행복하게 여긴다. 권위주의적인 부모의 자녀는 종종 지나치게 순종적이거나 반항적이 된다. 허용적인 부모의 자녀는 그들을 시중들기 위해 부모가 존재한다고 여기는 작은 나르시시스트가 될 수 있다. 이 아이들은 경계를 내면화하지 않고 타인을 거의 존중하지 않는다. 양육과 구조화의 균형을 잡는 것을 통해 자신이 사랑받고 있다는 것을 알면서도 타인의 욕구도 존중할 수 있는 아이로 키울 수 있다. 네 번째 유형인 방임적 또는 무관심한 부모는 기본적 요구는 제공하지만, 자유를 허용하는 것이 아이에게 해가 될 정도로 거의 완전한 자유를 허용한다. 이 부모들은 종종 냉정하고 무반응적이다. 규칙도 없고 양육도 없으며 자녀에게 무슨 일이 일어나도 별로 신경 쓰지 않는 것 같다. 이 유형의 부모에게서 자란 아이들은 주로 중독이나 자살생각 또는 자살시도를 하게 된다. 양육태도 유형표(그림 8.12)는 구조화와 양육의 연속되는 표 안에서 자신이 어디에 속하는지 생각해 볼 수 있도록 도와준다. 이 표를 부모 모두에게 제공하고 각 부모가 어디에 속하는지, 이로 인해 양육 시 어떤 영향을 미치게 되는지, 그리고 변화를 위해 노력하고 싶은 의향이 있는지 등의 반영적 대화를 할 수 있다.

　부모들은 그들이 받는 스트레스의 양에 따라 극단을 오갈 수도 있다. 양육 파트너의 태도가 얼마나 강하거나 약한지, 또는 양육방식에서 차이를 보이는 시댁이나 처가 식구들의 방문 등과 같은 다른 요인들에 따라 영향을 받기도 한다. 부모들에게 소개하는 또 다른 도구는 '양육진자' 유인물(그림 8.13)이다. 이것은 뉴턴의 요람 세션에서 실제 진자로 놀이시간을 가진 후 테이크 홈 도구로 활용하는 것이 가장 재미있다. 우리는 각 추에 붙일 스티커를 만들었다. 각각의 스티커(양쪽에 하나씩)에는 각 2개씩 방임적, 허용적, 권위적, 공격적, 권위주의적이라고 적혀있다. 한쪽 추의 움직임과 상호작용으로 인해 힘과 영향력을 미치는 것을 볼 수 있기 때문에 우리는 이 진자 사용을 좋아한다. 각 부모의 양육방식은 배우자의 양육방식과 가정의 전체 분위기에 영향을 미친다.

　솔직히 말해보자. 사람들은 어느 누구도 권위주의자로 보이길 원치 않는다. 왜냐하

당신은 어디에 속하나요?

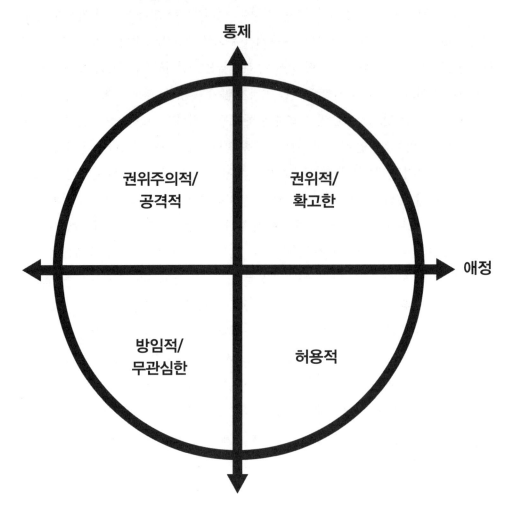

대부분의 양육은 애정과 통제의 연속선상에서 일어납니다.
대부분의 부모는 통제적으로 보이는 걸 원치 않습니다.
하지만 기대가 충족되지 않을 때는
건강한 기대와 바운더리를 정해주어야 하기도 합니다.
당신이 어떤 양육방식을 취하는지 사분면에 솔직하게 이니셜로 표시하세요.
그러고 나서 당신의 어린 시절을 돌아보고,
당신 어머니의 양육방식을 잘 설명할 수 있는 사분면에 M 자를 표시하고
아버지의 양육방식을 가장 잘 설명할 수 있는 곳에 D 자를 표시하세요.

그림 8.12 부모 양육태도 유형표

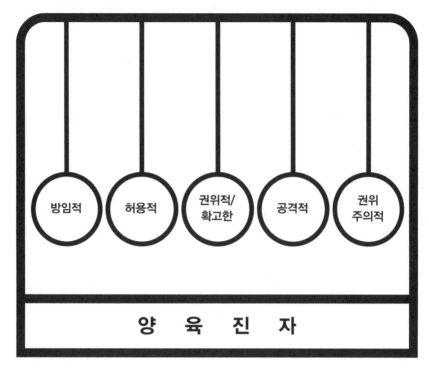

그림 8.13 양육진자

면 그것은 독재와 같은 말이기 때문이다. 같은 이유로, '만만한 상대'나 '호구'로 보이길 원하는 사람도 거의 없다. 그래서 부모가 자신에게 이것을 적용해 보기 전에 타인과의 관계에서 사용해 보는 것이 도움이 된다. 많은 부모들은 자신의 부모와 연결하여 원가족을 확인하고 돌아보게 된다. 우리는 접수면접에서 이에 대해 먼저 가볍게 살펴본다. 평가 양식에는 현재의 양육방식에 대해 솔직하게 답하는 것이 포함된다. 즉 내담아동이 욕구를 표현할 때 어느 정도의 훈육이 필요하다고 생각하는지, 현재 그에 대한 훈육을 어떻게 하고 있는지 물어본다. 나는 "양육 파트너 중 주로 한 명은 더 허용적이고 한 명은 더 권위주의적이에요."라는 설명을 하고 나서, 그들의 파트너십은 어떠한지 얘기해 달라고 요청한다. 첫 만남이고 라포를 형성하며 정보를 수집하는 단계이므로, 이 문제에 대해서는 차후에 다시 다루어야 할 내용으로 부모 반응이 어떠했는지 정도로만 간단히 기록해 둔다.

때에 따라서는 가족생활에서 가장 가치를 두는 것이 무엇인지 얘기해 보는 것이 더 쉬운 접근일 수 있다. 어떤 부모들은 규칙과 그것을 따르는 것이 중요하다고 생각한다. 왜냐하면 규칙은 모든 것을 안전하게 유지하고 일이 순탄하게 돌아가게 하기 위한 구조화를 제공한다고 여기기 때문이다. 다른 부모들은 관계와 친밀감에 가장 가치를 두고, 규칙은 부모-자녀 간 연결에 장벽이 된다고 여긴다. 또 다른 부모들은 '힘든 일을 우선으로 하는 것'(이 표현은 Nurture House에서 자주 사용하는 표현이다)을 중요시할 수 있다. 놀이시간이나 부모와의 연결이 이루어지기 전에 숙제, 집안일 등이 먼저 끝나야 한다는 것이다. 이러한 대화는 부모가 양육진자를 쉽게 탐색해 볼 수 있도록 도와주며 연속된 양육 반응 중 자신은 어디쯤에 해당하는지 성찰해 볼 수 있도록 돕는다(그림 8.13을 보시오). 우리는 뉴턴의 요람을 사용하는 걸 좋아한다. 그 이유는 그것이 부모들을 운동학적으로 참여할 수 있도록 하고 심리 교육과 성찰 작업을 더 오랫동안 지속할 수 있도록 돕는 좋은 도구이기 때문이다.

'아니야'의 뉘앙스

아이에게 "아니야(no)."라고 말하는 것은 수치심의 독을 유발하고 학습을 중단시킨다고 믿는 사람들이 있다. 어떤 식으로 '아니'를 말하며, 왜 '아니'라고 하고 대신 어떤 것을 제공하느냐에 따라 아이들이 학습하고 발달하는 것은 달라질 수 있다고 나는 생각한다. 부모가 '아니'를 할 때는 분명하게 표현해야 하며 한계를 설정하는 그 시점의 아이의 발달적 욕구에 맞추어야 한다. "내가 이전에 그렇게 말했기 때문에."라는 식의 오래전부터 해오던 방식을 고수하는 양육 반응은 어떤 상황에서는 여전히 관련이 있을 수 있겠지만, 지나치게 같은 방식으로 해왔던 반응이라면 학습이나 발달을 저해하는 요인이 될 수도 있다. 그럼 어떻게 해야 할까? Nurture House에서는 트라우마플레이 연구소에서 개발한 제한 설정의 세 가지 방법을 부모들에게 지도한다. 외상을 입은 아동을 치료하기 위한 유연 순차적 놀이치료 접근인 트라우마플레이에서는 치료 중 아동의 욕구를 따르는 것이 중요한 핵심가치 중 하나이다. 부모가 제한을 설정하거나 시행할 때에도 동일한 모토가 적용된다. 자녀가 제한을 어겼을 때 스스로에게 "여기에 어떤 훈육이 필요한가?"라는 질문을 해보아야 한다. 나는 Vygotsky의 연구와 근접 발달 영역과 관련된 내용들로부터 많은 도움을 받았다. 훈육(discipline)이라는 단어는 '지침과 훈련'의 의미를 가지는 라틴어 disciplina에서 유래되었다. 어원인 discere는 '배우다'라는 의미이다. 트라우마플레이 치료사들은 행동수정은 적어도 하나 이상의 발달이 함께 진행되면서 이루어지는 것이 가장 도움이 된다고 여긴다. 대부분의 부모는 아이가 위험한 순간에는 제한을 당장 따라야 한다고 여길 것이다. 아이가 공을 잡으려고 거리로 뛰쳐나가면 부모는 "안 돼!"라고 소리친다. 그때는 아이가 그 말에 따라야 한다. 그러나 이러한 방식의 훈육은 단지 극도로 위급한 순간에만 필요하다. 아이들이 본연의 성인으로 자라도록 돕는 것은 묘목이 나무로 자라도록 키우는 것과 같다. 우리는 그들의 뿌리가 깊숙이 내려지길 바라며 잘 자랄 수 있도록 가장 좋은 토양에 심어지길 바란다. 이를 위해 우리는 훈육이 필요한 순간에 아이가 표현하고 있는 세 가지 욕구를 보여주는 그래픽을 가지고 부모들과 함께 작업한다(이 장의 뒷부분에 제시된 그림 8.14를 보시오).

'아마도'의 함정

많은 부모들이 만든 함정 중 하나는 '아니'를 분명하게 말하지 않는 것이다. 조절장애 아이들의 질문에 답을 할 때 위험한 단어는 '아마도(maybe)'이다. 우리가 치료에서 만나는 많은 아이들은 불안 문제, 경직된 사고, 강박 성향을 가지고 있다. 그들 중 대다수는 많은 구조화를 필요로 한다. 아이가 늦은 밤에 영화를 보러 가도 되냐고 물어볼 때, 부모는 "아마도."라고 대답하는 것이 아이에게 합리적이고 친근하게 대하는 것이라 여길 수 있다. 이 모호한 반응으로 인해 아이는 늦은 시간에 영화를 보러 갈 수 있다는 가능성을 열어두고 집요하게 허락을 구하는 행동을 촉발할 수 있다. 이 소년은 학교 과제나 집안일 그리고 심지어 친구와 노는 것도 거부한 채 밤늦은 외출을 허락받기 위해 지나치게 집중하면서 계속된 요구를 반복할 수 있다. 또는 부모가 어떤 일을 하라고 했을 때 반복해서 허락해 달라고 말하며 적극적으로 협상을 시도하고 부모의 분명한 답을 요구한다. 부모들은 이러한 무단행동에 분노하게 되고, "글쎄, 네가 참을성 있게 기다리지 못했기 때문에…" 또는 "네가 들볶는 바람에…"라며 결국 전날 부모가 말했던 "아마도."라는 답은 "안 돼."로 변하게 되는 경우가 흔하다. 여기에서 문제는 부모가 이 문제에 대해 많은 노력을 기울였음에도 불구하고 아이에게 말도 안 되는 소리는 하지도 말라는 톤으로 "안 돼."라고 말하고 스스로 좌절감을 느끼게 된다는 것이다. 하지만 이런 양육 실수는 자주 일어난다. 안전한 보스로서 명확한 답을 주어야 하는 상황에서 부모가 자신의 양가감정이나 나쁜 사람이 되기 싫은 마음으로 인해 아이의 요구에 희망적인 환상을 가지게 만든다. 따라서 분명한 답을 요구하는 아동과 10대에게는 "그래.", "안 돼." 또는 "x, y, z를 다 끝내면 오케이."라고 명확한 답을 하는 것이 가장 평화를 가져다줄 수 있는 방법이다.

'그래'라고 하기

부모가 "그래(yes)."라고 답하면, 아이와 신뢰를 쌓는 데 큰 도움이 된다. 특히 초기 방임이나 학대를 경험한 아동에게는 더욱 그렇다. 텍사스 크리스천대학교 아동발달센터에서 개발한 신뢰 기반 관계 개입은 '그래'가 주는 장점에 대해 강조한다(Purvis, Cross, Dansereau, & Parris, 2013). Daniel Siegel은 그의 저서 *The Yes Brain*(Siegel & Bryson, 2018)에서 '그래'라는 말을 들었을 때 신경생물학적 즐거움을 경험한다는 것을 뒷받침하는 과학적 근거에 대해 언급한다. 부모로서 나는 선뜻 하고 싶지 않은 것에 대해서는 어떠한 여지도 주고 싶지 않다. 내가 처음 "그래."라고 허락하는 방법을 배우는 중이었을 때, 나는 그 한 주 동안 내가 아이들을 양육할 때 그 부분과 관련해서 어떻게 반응하는지 유심히 살펴보았다. 당시 내가 알게 된 것은, 내가 "아니.", "지금은 아니야.", "나중에." 등의 부정 반응을 많이 한다는 것이었다. 왜냐하면 그 방법이 부분적으로 "그래."를 의미하는 창의적인 방법을 생각해 내는 것보다 더 쉽고 에너지 소모가 덜하기 때문이었다. 특히 내 마음이 다른 곳에 가있을 땐 더욱더 그랬다.

   인도에서 입양된 어린 소녀 토냐는 나에게 "그래."라고 말해주는 것이 얼마나 중요한지 알게 해준 아이다. 토냐는 2세 때 입양되었다. 어느 날 양부모가 예고 없이 고아원에 방문했다. 그 고아원은 아이들이 생활하는 장소를 참관하는 것이 허용되지 않는 곳이었다. 하지만 그날은 모든 보모들이 식사를 하러 가고 없었다. 안으로 들어간 양부모는 최소 12명가량의 아이들이 시멘트 바닥에 있는 양동이 안에서 쌀 한 줌을 쥐려고 서로 밀치고 있는 모습을 보았다. 음식불안이 없었던 안정애착 아동에 비해 이 같은 경험을 한 아이에게 "그래."라고 답하고 신뢰감을 쌓아가는 과정은 훨씬 더 어렵다. 음식과 관련해서 "안 돼."라는 말이 촉발시키는 불안은 앞의 사례처럼 방임이나 학대로 인한 것일 수 있다. 이 아이들은 신진대사활동이 빨리 일어나 더 자주 먹을 것을 찾게 되기도 한다. 어떤 아이들은 배고픔에 대한 민감성이나 내부수용감각이 올라간다. 배고픔이 몸 전체를 통해 느껴지는 것이다. 따라서 언제, 어떻게 '그래'라는 답을 해야 하는지는 아동의 상태에 맞추어 이루어져야 한다. 즉 음식과 관련된 아이의 고통을 수용의 창으로 충분히 이해하면서 고려해야 하는 것이다. 예컨대 나는 저녁 식사를 준비 중이고, 5시 30분에 저녁을 먹을 거라고 얘기한 상황이라고 하자. (만족을 지연시키는 수용의 창이 넓은) 내 아들이 밖에서 놀다가 5시에 들어와서는 "엄마, 그래놀라 바 하나 먹어도 돼요?"라고 묻는다. 아이는 음식불안이 없고 애착이 안정적이기 때문에, "안 돼."라는 말을 쉽게 받아들이고 잠깐 졸라보고는 다시 30분 더 놀기 위해 밖으로 뛰어나갈 것이다.

고아원 바닥에서 먹을 것을 찾아 기어다녔던 아이에게 "안 돼."라는 말은 받아들이기 힘들다. 이 아이가 가지는 핵심질문은 "제가 먹을 수 있는 것이 충분히 남아있을까요?"이다. 만약 내가 "그래놀라 바는 안 돼."라고 한다면, 아이의 뇌는 공포에 휩싸이고 편도체는 완전히 녹아내려 버릴 것이다. 이 아이를 위해서 나는 곁에 쪼그리고 앉아 사랑이 가득한 눈맞춤을 하며 "좋은 말로 네가 원하는 게 뭔지 알려줘서 고마워."라고 말할 것이다. 이와 같은 즉각적인 대답 외에 여러 가지 대응방법들이 있다. 사실 나는 힘든 과거가 있는 이 아이들에게 음식문제가 꼭 넘어야 할 언덕이라고 보지는 않는다. 하지만 치료자로서 우리가 하는 일은 이 변수들 내에서 가족이 무엇을 보듬고 어떤 작업을 할 수 있을지 이해하는 것이다. 나와 함께 작업하는 부모들 중 일부는 건강한 식습관에 대한 신념과 통제가 강해서, 저녁 식사 30분 전에는 간식을 허용하지 않는다. 우리는 이 부모들도 부분적인 '그래'를 하도록 도울 수 있다. 아이가 말해준 걸 기쁘게 반기며 부모는 "우리 팬트리로 같이 가서 하나 골라보자. 애플 바, 초코칩 바 어떤 게 좋아?"라고 말할 수 있다. 아이가 고른다. "그린빈을 다 먹을 때까지 주머니에 넣어둘까, 접시 바로 옆에 놓아둘까?" 이렇게 일련의 선택권을 주는 것은 변형된 '그래' 중 하나이다. 이를 통해 아이의 욕구가 완화되고 30분 동안 기다릴 수 있는 수용의 창을 넓히는 데 도움을 줄 수 있다. 이 반응을 할 때 중요한 부분은 아이가 그래놀라 바를 가지고 뭘 할지 결정하는 동안 부모가 곁에 꼭 붙어있는 것이다. 특히 복합 트라우마를 가진 아이들의 경우, **자원과의 관계**(relationship with resource) 짝 짓기가 중요한 치료목표가 된다. 그것은 부모와 아이를 위한 양육 누크를 발전시키기 위해 우리가 찾은 강력한 요소 중 하나이다. 웃음, 양육, 욕구와 만나기 이 모든 것이 부모와 함께 양육 누크에서 이루어진다.

바운더리가 정말 필요한가?

그렇다. 아이들에게 바운더리는 물만큼이나 꼭 필요한 것이다. 놀이치료에서 치료사
가 바운더리 정하는 것을 불안해하면 아이의 안전에 대한 신경지가 손상될 수 있다. 이
때 치료자는 의사결정을 할 때 내적 갈등을 일으키게 되고, 내담자에게 온전히 집중하
지 못하고 자기 혼자만의 대화(예 : "어머나, 아이가 모래상자 밖으로 모래를 쏟으려 하
네… 허용할까, 제한을 줄까, 제자리에 담도록 할까? 지금 답을 알아야 하는데… 내가
잘못된 걸까? 내가 너무 통제적인가?")에 집중하게 된다. 이 내적 독백의 시간 동안 아
이는 안전한 성인에 의해 충분히 닻을 내리지 못한 채 놀이실에서 표류하는 느낌을 받
을 수 있다. 슈퍼바이저의 역할 중 하나는 임상가로 하여금 자신의 바운더리를 명확히
하고 그것을 설정하는 연습을 하도록 돕는 것이다. 우리는 종종 비대면 슈퍼비전 시간
에 역할놀이로 이 연습을 한다. 이 과정은 부모훈련에도 동일하게 적용된다. 부모가 자
신의 바운더리를 깊이 성찰하지 못한 것은 아이가 거부하지 않았거나 경우에 따라서는
너무 잘 따라주었기 때문일 수 있다. 바운더리를 정할 필요가 있는지를 결정하는 데 너
무 많은 에너지를 쓰다 보면, 부모들은 아이와 충분히 함께 머물러 있지 못하게 된다.
그래서 우리는 이미 세워진 바운더리와 만들어지고 있는 바운더리를 치료자와 부모가
함께 찾아내는 작업을 한다. 때로 부모의 바운더리는 필요 이상으로 경직되어 있다. 이
것은 주로 핵심불안이나 통제불능에 대한 두려움, 또는 본인이 양육된 방식에서 비롯
된다고 볼 수 있다. 이때 치료자의 임무는 부모가 자신의 바운더리를 성찰할 수 있도록
하고, 부모의 경직성이 완화되면 어떻게 될지 생각해 보며 다시 한번 시도해 볼 수 있
도록 돕는 것이다. 어떤 부모들은 바운더리가 거의 없다. 이때 치료자는 부재한 바운더
리가 적절히 만들어질 수 있도록 돕는다. 바운더리가 없으면 결국 우리는 참다가 분개
해 버리게 된다(Brown, 2015).

　　양육을 할 때 가장 최악인 순간은 주고 주고 또 주기만 할 때이다. 아이가 자꾸 더 요
구하거나 바운더리를 침범하면, 우리는 아이들을 '버릇없고 권리만 누리는 이기적인
녀석'이라 말하며 분노를 표출하게 된다. 이것은 블로거이자 작가인 Rachel Wolchin의
"주는 사람이 제한(limit)을 두어야 한다. 받는 사람은 절대 안 할 것이기 때문이다."라
는 말을 떠올리게 한다. 아이들은 받는 사람이다. 그들은 많은 시간과 관심, 에너지, 자
원들을 우리가 주는 만큼 받을 것이고 다시 돌아와서는 더 달라고 할 것이다. 그건 괜찮

다. 그것은 발달적으로 적절한 것이고 자신의 방식으로 다시 되돌려 주기 때문이다. 여기서 치료자들이 할 일은 걷잡을 수 없는 분노가 넘쳐나는 것으로부터 부모 자신과 그들의 자녀를 보호하도록 돕는 것이다. 이것은 바운더리를 명확히 하는 것에서부터 시작된다. Brene Brown의 리더의 용기(*Dare to Lead*)에 "분명한 것이 바로 친절이다. 불분명한 것은 친절하지 않은 것이다."라는 말이 있다. 나는 부모들과 이 말을 종종 나눈다. 부모들은 자녀에게 필요한 구체적인 바운더리 설정 작업을 연습하면서 이 말을 외치곤 한다.

바운더리 작업

트라우마플레이에서 우리는 부모와 세 단계의 바운더리 작업을 한다.

1. 우리는 바운더리를 분명히 정하고 침착하게 시행하며, 아동이나 10대 그리고 부모들이 모두 따뜻함을 느끼도록 한다. 분명하지만 친절한 태도로 대한다.
2. 우리는 부모가 자신의 바운더리를 성찰할 수 있는 안전한 공간을 제공한다(여기에는 부모 자신의 취약한 원가족에 관련된 작업이 포함될 수 있다. 소화 가능한 수준의 심리 교육과 효과적인 바운더리를 설정해야 할 때 허락을 구하는 것도 포함된다).
3. 생생한 역할 연습을 하기 위해, 부모가 새로운 기술을 연습하는 동안 임상가인 우리가 아이 역할을 맡는다.

우리는 슈퍼바이지나 부모들과 역할 연습 시, 타임아웃이 필요한 경우에 신호를 만들어 줄 것을 요청한다. 이것은 유용한 두 가지 목표를 위해 사용된다. 첫 번째 목표는 감정에 휩싸여 정신이 없을 때 느끼는 체감각을 인식하도록 하며 자신에 대한 외적 지시를 할 수 있도록 돕는다. 바운더리가 침범당했을 때의 스트레스에 대한 신경생리학적 반응에 주의를 기울이도록 하는 것은 부모가 바운더리를 다르게 설정할 수 있도록 돕는 첫 번째 단계이다. 부모들은 바운더리가 침범당했을 때 무기력해진다는 인지 왜곡을 할 수 있다. 이렇게 자리 잡은 인식은 신체표지(somatic marker)[3]와 함께 나타나며,

---

[3] 역자 주 : 경험을 통해 특정 감정과 몸의 상태가 신경계에 생물학적 잔재를 남기는 것. 신체표지는 일종

부모들이 자신의 몸이 무엇을 말하고 있는지 인식하도록 돕는다. 이것은 바운더리 설정이 필요하다는 인식의 시작이 될 수 있다. 일단 치료자인 당신이 부모들과 좋은 관계와 라포를 형성하게 되면, 부모는 새로운 행동을 시도할 수 있게 된다. 당신이 부모에게 새로운 반응 패턴을 탐험해 볼 수 있도록 돕는 안전기지가 되는 것이다.

역할 연습에서 신호를 주는 것의 두 번째 목표는 속도를 늦추어 당면한 바운더리 문제에 대해 부모 자신의 마음을 선택할 수 있도록 하는 것이다. 충동적인 8세 딸아이에게 양육 시 소극적인 태도를 보이는 아빠와 역할 연습을 할 때, 아이 역할을 맡은 내가 모래를 한 움큼 쥐고 그의 얼굴에 던지려는 제스처를 취하고 있다고 상상해 보자. 대부분의 부모는 그 상황을 교감신경계에서 잠재적 위협으로 경험하고, 목소리를 높여 "안 돼!"라고 소리치며 반응할 것이다. 그 아빠의 경우는 몸 안에서 부교감신경이 활성화되어 타임아웃 신호를 보내지 못하고 대신 웃어 넘기는 반응을 하게 된다. 사실 웃음은 억눌린 불안감을 완화시켜 주는 것이다. 이 아빠에게는 바운더리가 필요하다고 느낄 때 이러한 행동이 나온다는 점을 알아본 후, 제한을 할 때 어떤 말을 쓸지 그리고 다른 대안들은 무엇이 있을지 찾아본다. 그리고 다시 역할 연습을 하면서 새롭게 만든 반응을 할 때 어떤 느낌이 드는지 살펴본다. 대부분의 부모는 역할 연습을 좋아하지 않고 피하려고 무척 애를 쓴다. 이때는 단순히 정보를 제공받아 인지적인 과정을 거치는 것이 아닌 **생리학적인 개입이 들어간 부모코칭이 가장 효과가 있다.** 부모들은 우리와 실제 역할 연습을 하면서 제한 설정을 통해 그들의 방식을 조절하는 법을 배우고 있는 것이다. 더구나 부모와 함께 역할 연습 시 아이 역할을 하는 것은 치료자에게도 아이스러운 행동을 해야 하는 흔치 않은 상황 중 하나이다.

부모코칭 워크숍에 다니고 있는 부모를 둔 대니 실크라는 아이가 있다. 그는 부모에게 자신들의 정원 내부 이미지를 만들어 달라고 부탁했다. 거기에 어떤 식물을 키울 건지, 문은 어떤 걸 달 건지, 산책로와 벤치는 어디에 둘 건지 등등이 포함된 이미지로 말이다. 그런데 정원에 필수적으로 있어야 할 물은 넣었을까? 바운더리가 없는 아이는 정원에 뛰어 들어와 화단을 망가뜨리고 길을 진흙탕으로 만들어 버리는 등의 일을 저지르는 큰 동물에 비유된다. 정원을 망가뜨리는 행동에 "안 돼."라고 말하는 부모에게

의 감정적 기억이자 뇌가 과거에 습득한 정보를 재예시화한 것이다. 이런 감정적 기억은 무의식적으로 저장되고 작동되다가 비슷한 순간과 맞닥뜨리는 순간 등장해 우리가 선택하도록 만든다(엘리에저 스턴버그, 뇌가 지어낸 모든 세계, 조성숙 역, 다산사이언스, 2019).

아이는 행복한 정원에 대한 바운더리를 유지하는 시각적 이미지를 만들어 내라는 요구를 하고 있는 것이다. 이걸 어떻게 해야 할까? 글쎄, 아이가 부모에게 떠넘겨 버리는 문제는 아이 자신이 감당해야 할 문제가 될 필요도 있다.

　실크는 스쿨버스에 가방을 두고 내리는 10대 아이의 한 예를 보여준다. 가방을 버스에 두고 집에 가서 숙제를 하려고 하자, 그제야 그 사실을 알게 된다. 엄마는 "너 이런 일이 이번 주만 해도 두 번째야! 넌 정말 무책임하구나! 학교까지 다시 가서 찾아오려면 저녁 식사시간이 얼마나 늦어질지 아니? 정말 넌 너밖에 모르는구나!"라고 소리친다. 이 비난은 학교에 갔다 오는 내내 계속된다. 이 아이는 엄마가 투덜대고 불평을 하겠지만 엄마의 분노 폭풍만 잘 견뎌내면, 자신은 다른 어떤 것을 하지 않고도 필요한 것을 얻을 수 있다는 걸 배우게 된다. 그것은 매번 엄마에게만 문제가 될 뿐 변화되는 건 없다. 그러면 이 10대가 이 문제를 감당하게 하려면 우리는 어떻게 하면 될까? 다음 번에 아이가 버스에 가방을 놓고 와서 도움을 청하러 달려와 "내일 시험이 있는데 내 노트가 전부 가방 안에 있어요! 그걸 가지고 와야 해요!"라고 말하면, 엄마는 아이의 걱정에 초점을 맞추며 "어쩌니! 어젯밤에 이 시험이 이번 학년 성적의 절반을 차지할 거라고 하더니… 버스에 가방을 놓고 내렸구나. 딱해라! 그래서 어떻게 할 거야?"라고 답한다. 이 10대 아이는 허를 찔린 뒤, '그게 무슨 말이지? 내가 뭘 할 거라니? 어떻게 할진 늘 엄마가 알아서 해줬잖아?'라고 생각할 것이다. 그러곤 "절 학교에 데려다 주실 수 있어요? 그게 정말 필요하거든요."라고 말할 것이다. 그러면 엄마는 "이런, 너한테 정말 큰 문제구나. 나도 널 도와주고 싶어. 근데 같이 갈 친구 없니? 같이 다녀오면 비용을 나눌 수 있어 돈도 절약될 텐데 말이야." 또는 "널 위해 우버앱을 쓸 수 있으니 기뻐. 그리고 비용이 얼마나 드는지 알 수도 있고 말이야." 또는 "내가 데려다 주면 나한테 택시비를 줘야 해. 난 우버보다 10% 할인해 줄 수도 있고 좀 더 빨리 다녀올 수도 있을 거야. 결정되면 알려줘. 난 저녁을 먹으러 가야겠구나." 등의 반응을 할 수 있다. 이것이 반복되는 실수를 **자신이 감당해야 하는 문제로 받아들이기**의 시작이 된다. 집에 노트를 가지고 가는 걸 우선순위로 하지 않아 시험을 망치게 되면, 그것 또한 아이에게는 좋은 학습경험이 될 것이다.

훈육의 세 뿌리

안전과 제한 지키기

훈육의 순간에 최우선으로 요구되는 것은 안전감을 제공하는 것이다. 안전을 위한 훈육의 예는 주변 환경과 관련된 것일 수도 있고(예를 들어, 포크를 전기 콘센트에 꽂으려고 할 때), 가정에서 형제나 어른들과의 관계와 관련된 것일 수도 있다(불만이 있다고 여동생을 때릴 때). 또는 지역사회에서 주의해야 할 행동에 관한 것일 때도 있다(이웃들이 조용한 저녁을 즐기고 있을 때 10대 청소년이 현관 앞에 나가 음악을 크게 틀어놓는 것). 아이가 하고 싶어 하는 것에 즉각적으로 분명한 제한이 주어져야 하는 경우, 그 대상에 대한 제한을 주는 것과 동시에 그것을 대신할 수 있을 것들을 함께 제시하도록 부모에게 요청한다. 제한 설정 모델은 Garry Landreth(2002)에 의해 만들어졌으며, 여러 세대의 놀이치료자들이 배우고 익혀서 실제로 적용하고 있다. 이 방법을 배우는 건 쉽지 않다. 그래서 부모들이 이 방법을 익히는 데는 도움이 필요하다. 최근에 한 슈퍼바이지가 한 아이와의 세션 중에, 그 아이가 유성펜 뚜껑을 열며 "난 선생님 얼굴에 콧수염을 그릴 거예요."라고 말했다고 했다. 그 슈퍼바이지는 슈퍼비전에서 이에 대한 연습을 해왔기 때문에, "오. 너 정말 유성펜으로 그리고 싶은가 보구나. 하지만 내게 그릴 수는 없어. 대신 종이나 카드보드에 그릴 순 있어."라고 곧바로 말해주었다고 한다. 아빠가 자동차를 손보는 동안 차고에서 망치를 두드리던 아이가 도자기 접시에 망치질을 하려 한다. 성인은 "망치는 도자기에 쓰는 게 아니야. 망치는 나무나 땅바닥에 쓰는 거야."라고 말해줄 수 있다. 물건 사용에 제한을 주는 것은 아이에게 '나는 나쁜 아이'라는 인식을 덜 느끼게 하면서 구조화와 자기통제 능력을 내면화할 수 있도록 한다.

아이들이 새로운 것을 배우거나 연습하도록 하기

훈육에서의 두 번째 뿌리가 필요한 순간은 아이들이 새로운 것을 배우거나 무언가를 더 자주 연습해야 할 때이다. 이 경우, '다시 하기'가 가장 효과적인 훈련 전략이다. 아이가 "우유 줘."라고 요구할 때, 현명한 부모는 아이에게 '요청하는' 말로 다시 얘기해 보도록 한다. 노크 없이 아이가 방으로 들이닥치면 현명한 부모는 "넌 문 열기 전에 노크하는 법을 배우는 중이란다. 밖으로 나가서 다시 들어와 보렴."이라고 말한다. 이것이 아이로 하여금 연습을 해보도록 하는 것이다. 임상가로서 우리의 목표 중 하나는 부모들이 내담아동으로 하여금 새로운 신경 경로를 깔고 그 길을 다지는 기회를 제공하도록 돕는 것이라는 점을 꼭 기억하자. 이것은 연습, 연습, 더 많은 연습을 필요로 한다. '다시 하기' 전략의 긍정적인 측면도 앞에서와 마찬가지로 아이에게 자신을 나쁜 아이로 인식하지 않게 하면서 부모와 아이에게 특정 기술을 배우고 연습할 수 있도록 상기시켜 준다는 것이다. 아이가 동생이 갖고 노는 장난감을 갑자기 잡아채 가는 경우가 종종 있다. 아이의 욕구를 이해하는 부모는 아이에게 동생과의 상호작용을 다시 해 보도록 할 것이다. 즉 장난감을 다시 동생 손에 돌려주고 난 후 아이로 하여금 잡아채 가는 대신에 말로 요청해 보도록 연습을 하는 것이다. 언뜻 보기엔 이 전략은 그다지 어렵지 않다. 하지만 이 같은 '다시 하기'를 아주 많이 반복해야 한다면, 부모들은 벽돌벽에 머리를 쾅 부딪치는 듯한 느낌을 받을 수 있다. 이때 치료자는 치어리더가 되어 신경생물학적 배선이 깔리는 방식을 부모에게 상기시켜 주는 역할을 해야 한다.

욕구충족 합의하기

마지막으로, 어떤 경우에는 아이에게 가장 중요한 것은 자신의 요구가 충족되기 위한 합의를 하도록 하는 것이다. 이 전략은 트라우마와 방임을 경험한 아동이나 여러 번 양육자가 바뀐 아이들에게 특히 중요하다. 이 아이들에게는 자신의 욕구를 일정하게 충족시켜 주는 대상이 없었다. 그래서 그들은 신뢰 기반에 비해 통제 기반을 발달시켰다. 이 아이들에게는, 관계 안에서 한 사람이 원하는 것과 다른 사람이 원하는 것을 알아차리고, 서로가 원하는 것에 대한 타협점을 찾아 합의해 나가는 것이 신뢰와 관계를 키우는 가장 중요한 방법이 된다. 사실 부모자녀관계를 떠나서라도, 아무런 이의나 토론, 타협, 합의 없이 또는 대안적인 관점에 귀 기울이지도 않고 한 사람이 다른 한 사람에게 복종하도록 하는 것은 건강한 관계가 아니라고 나는 생각한다. 타협은 훈육의 세 가지 유형 중 적용하기에 가장 어렵다. 왜냐하면 타협을 구조화하기 위해서는 성인에게 더 많은 정신적 에너지와 시간이 요구되기 때문이다. 하지만 그들이 다양한 상황에서 자신의 요구를 충족하기 위해 타협할 수 있는 능력을 가진 건강한 성인이 되도록 해준다. 그림 8.14에 제시된 나무그림에서, 뿌리는 훈육과 관련된 세 가지 뿌리 욕구를 부모들에게 상기시켜 주는 것이고, 가지는 대안과 함께 설정되는 제한과 타협을 요구하는 것을 통해 성장하는 모습을 보여주는 것이며, 가운데 기둥은 성장을 위한 중심전략으로서 '다시 하기'를 나타낸다. '다시 하기'들은 형태와 크기가 다양하다. Nurture

훈육의 세 뿌리

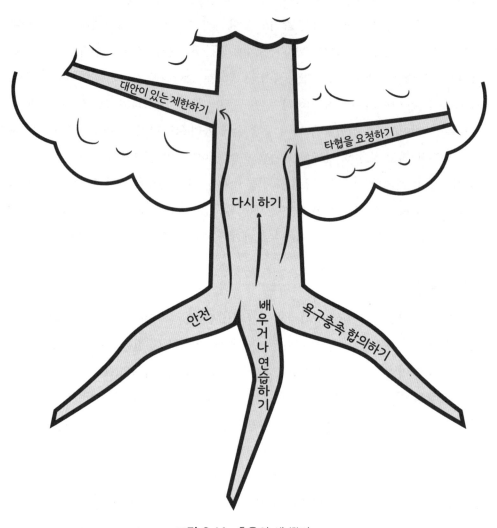

그림 8.14 훈육의 세 뿌리

House에서는 팀 활동에서 하루에 50번 정도의 다시 하기 연습을 한다. 이때 신체적인 재연(뛰는 대신 걷기, 장난감을 달라고 요청할 때 손을 내밀기 등)과 친절한 말투(말하는 것이 아니라 물어보는 식으로 요청하기 등)로 '다시 하기' 연습을 하여 새로운 신경 배선을 까는 것이 기본 전략이다. 이를 위해, 우리는 '훈육의 세 뿌리' 유인물을 개발했다(그림 8.14를 보시오). 이 유인물은 아이에게 지시나 행동수정이 필요할 때 어떻게 반응해야 할지 의사결정을 돕는 나무로 활용할 수 있다.

테이크 투(Take Two)

'다시 하기' 개입은 시나리오를 다시 재연해 봄으로써 부모와 자녀 모두에게 자신의 반응을 조금 바꾸어 볼 수 있도록 해준다. Nurture House에는 촬영용 슬레이트가 있고, 부모와 아이가 '다시 하기'를 배우도록 돕기 위해 치료사들은 3D 재생도구를 사용한다. 테이크 투 개입에서 내가 가장 좋아하는 부분은 부모들이 연습이 필요한 의사소통 문제 장면을 보여주는 역할을 맡아서 해보도록 하는 것이다. 불친절한 말을 사용할 수도 있고, 거친 말투를 쓸 수도 있고, 폭발하기 전에 자녀에게 반응할 수 있는 시간을 주는 걸 깜빡한 장면일 수도 있다. 테이크 투 보드에 따라 그 장면을 재연해 보는 것은 부모에게는 좋은 학습이 되고 아이에게는 좋은 모델링이 되며 두 사람 모두에게는 교정적 정서체험이 된다. 그림 8.15의 유인물에는 부적절했던 아이의 행동을 부모가 간단히 기술하도록 하는 칸이 있고, 그 아래 다시 하기를 위해 주어졌던 부모의 지시, 아이의 반응, 그리고 그 결과를 기록할 수 있는 칸이 있다. 예를 들어, 한 아이가 아빠에게 우유를 달라며 "나 우유 먹고 싶어."라고 요구한다고 하자. 아빠는 "난 네가 정중하게 부탁하면 좋겠구나."라고 지시를 할 수 있다. 아이의 반응은 "우유 좀 먹어도 될까요?"가 될 수 있다. 그 결과 아이는 한 잔의 우유를 마시게 된다. 그림 8.16에 있는 두 번째 유인물은 부모가 가정에서 일어나는 여러 상황에서 연습하고, 그것을 기록한 뒤 다음 세션에 가지고 와서 살펴볼 수 있도록 제공한다.

장면 : 사건명

부모의 지시 : 아이가 다른 방식으로 의사를 표현하도록 연습시키기 위해 당신이 한 표현을 짧은 문장으로 쓰세요.

아이의 반응 : 아이가 한 말이나 행동

결과 : 두 번째는 어떻게 끝났나요?

그림 8.15 테이크 투 유인물

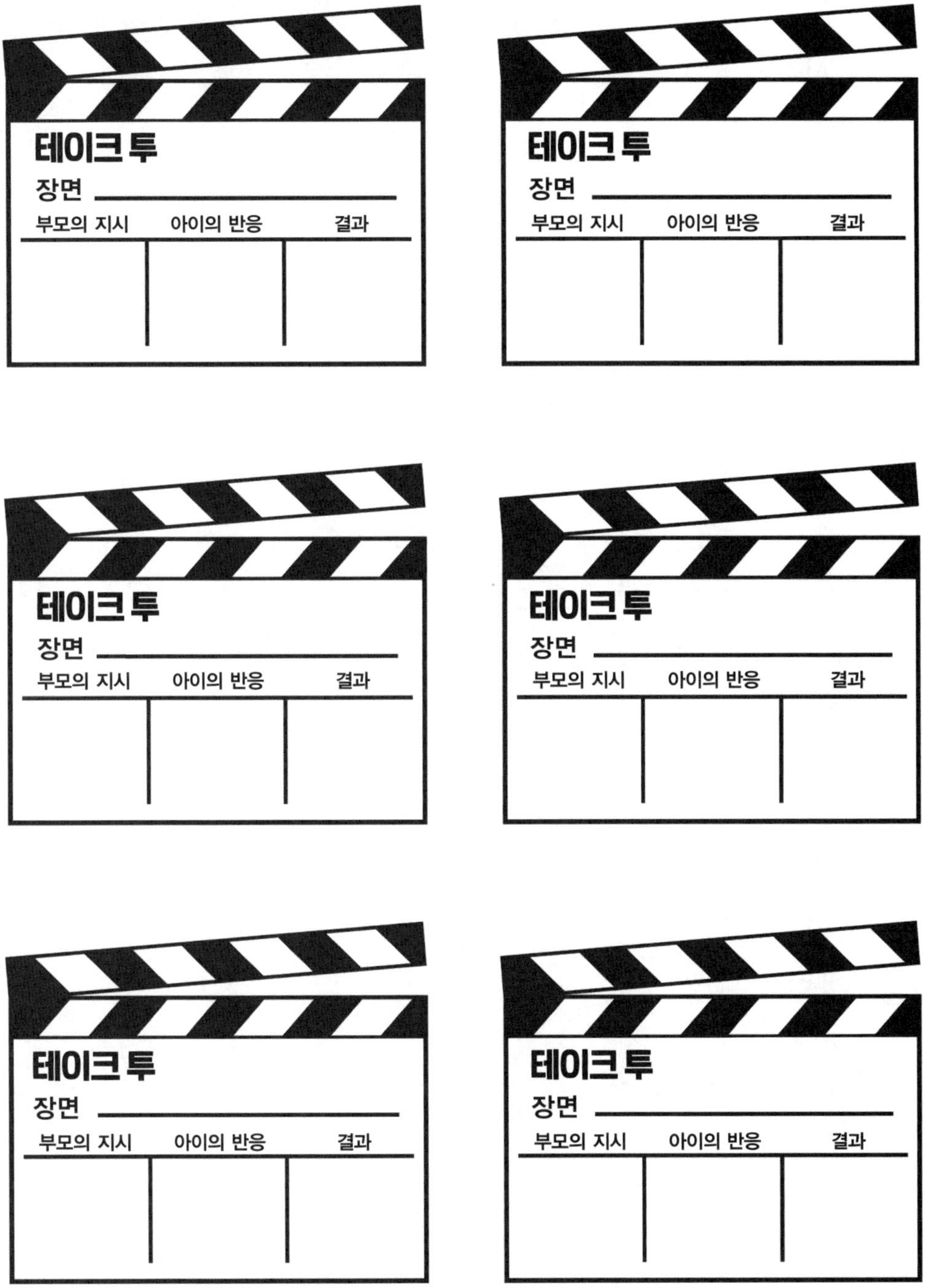

그림 8.16 테이크 투 부모 과제

CHAPTER 9

부모가 자녀의 더 강한 이야기지킴이가 되도록 돕기

이야기는 이 세상에서 우리 자신을 이해하는 방법 중 하나이다. 부모는 우리에 관한 이야기를 들려주는 첫 존재이며, 그들이 들려주는 이야기들은 우리의 개인적 특질이 형성되어 온 역사를 말해준다. 부모는 자녀의 인생 초기 가장 강력한 이야기지킴이다. 역사(history)라는 단어 안에는 '그의(his)'라는 단어와 '이야기(story)'라는 단어가 들어가 있다. 인생 초기 이야기에 대해 자전적 기억을 할 수 없거나 말로 표현하지 못하는 어린 시기의 아이에 관한 이야기들을 부모들은 간직하고 있다. 아이들에게는 이 이야기지키기 능력이 정말 필요하기 때문에 부모는 아이에 관한 일관적인 내러티브를 충분히 제공해 주어야 한다. 하지만 내가 만나는 아이들의 양육자는 아이에 관한 내적 내러티브를 가지고 있지 않아 혼란에 빠져있는 경우가 많다. 따라서 우리의 목표는 이야기지킴이를 강화하는 것이 된다. 아동치료사들은 가족과 작업할 때 돌봄의 물줄기 개념에 따라 우리 자신의 애착 역사, 양육에 대한 가치관과 신념, 그리고 안전기지와 안전한 안식처가 되는 방식을 찾아보며 자신에 대한 탐구로 시작한다. 또한 우리의 또 다른 역할은 부모들을 충분히 지속적으로 수용함으로써 부모도 그와 같이 할 수 있도록 안내하는 것이다. 치료사의 일은 상담대상 '그 하나로 끝'이 아니라, 관심과 연민 그리고 가족역동을 촉발시키는 우리의 반응으로 이루어지는 계속되는 과정에 놓여있다. 트라우마플레이 임상가들은 부모와 자녀의 힘든 이야기들을 자신의 보살핌 속에 담을 능력을 갖추기 위해 우선 그들 자신의 역사를 이해하는 작업을 한다. 판단 없이 누군가의 이야기를 담아주고 공유하는 경험을 할 수 있도록 돕기 위해 부모의 초기 역사를 담아주는 방법에 대해서는 이미 3장에서 살펴보았다. 이 장에서는 임상가가 부모-자녀-가족 내러티브 구성을 촉진하기 위해 사용할 수 있는 놀이 기반 전략의 여러 가지 예를 제시하고자 한다. 함께 만든 이야기는 늘 치료적이며 가족 구성원들 간의 연결을 강화시켜 준다. 아이가 자신에 관한 정보 없이 살아왔거나, 잘못된 정보로 인해 자세한 내용을 모르고 있었거나, 인지 왜곡을 바꾸고 애착을 강화해야 할 때 그 이야기는 특히 더 중요하다. 이 장에서는 모래상자, 미술, 언어적 스토리텔링 형식, 그리고 당연히 놀이 속에서 이루어지는 작업들의 예를 보여줄 것이다. 노래, 시, 시각적 매체, 그리고 기타 다른 매체들을 통해 아동과 양육자가 힘든 것들에 다가갈 수 있도록 돕는 표현매체들을 지속적으로 확대해 갈 수 있다. 표현치료는 내담자가 우뇌에 있는 지식을 쉽게 포착하여 좌뇌의 내러티브와 짝을 지어 주제에 접근하도록 해준다(Graves-Alcorn & Green, 2014; Graves-Alcorn & Kagin, 2017; Landgarten, 1987; Lowenfeld, 1950; Malchiodi, 2013, 2020; Rose, 2017; Salters, 2013).

MIM에는 부모에게 **"당신이 작은 아기였을 때…"로 시작하여 당신의 자녀가 아기였을 때의 이야기를 말해주세요**라는 지시문이 있다. 우리는 Nurture House 부모자녀관계 평가에 이 지시문을 넣어 수천 개의 아기 이야기들을 들었다. 임상적 보고는 매우 다양하게 나타날 수 있다. 이 중 또렷이 언급되는 것은 아이를 처음 만났을 때 부모가 받은 첫 인상에 관한 것이다. 특히 위탁이나 입양가정, 그리고 (산후우울, 영아기 의료적 외상 또는 애착에 영향을 미칠 만한 극심한 스트레스를 가진) 생물학적 원가정의 가족들과 함께 우리는 관계 내에서 양육과 역량, 조절을 키우는 데 초점을 맞춘 스토리텔링을 만든다. 우리는 이것을 '이야기를 기쁘게 나누기'라 부른다. 보통 치료를 시작할 때나 치료가 끝나는 시점에 부모가 치료자에게 이야기하는 방식으로 이루어지는데, 이때 부모는 자녀를 꼭 껴안고 간식을 즐기며 진행하게 된다(6장 참조). 수년간 이 과정을 통해 우리가 배운 것은 모든 부모가 이야기의 시작과 중간 그리고 끝을 아우르거나 부모와 자녀 관계가 된 것을 축하하는 내용을 기술적으로 잘 풀어내지는 못한다는 것이다. 그래서 우리는 '이야기를 기쁘게 나누기 세트(부모용)'를 개발했다. 우리는 부모코칭 세션에 이것을 가지고 들어가서 부모들이 이야기를 만들고 리허설해 보며 이 과정을 경험해 보도록 한다. 이 템플릿은 부모들이 치료 환경에 적용하면서 스토리텔링의 구조에 익숙해질 수 있도록 도와준다. 그래서 더 힘든 가족 이야기들을 나누어야 하는 시점이 되었을 때, 이야기의 구조에 대한 걱정을 하지 않고 모든 에너지를 이야기 내용에 집중할 수 있도록 해준다.

양육 내레이션

최근에 삼위일체의 뇌에 관한 글을 쓰다가 손가락이 키보드에 걸려 **neocortex**(신피질) 단어를 잘못 눌러 끝에 't'를 붙이는 실수를 했다. 백스페이스키를 누르기 직전에 새로운 단어인 **neocortext**를 보고는 '그래. 이거야!'라고 생각했다. 이 새로운 단어는 우리가 가족들과 지금 시도하고 있는 '일관성 있는 이야기 만들기'를 설명하는 완벽한 표현이 될 수 있겠다는 생각이 강하게 뇌리를 스쳤다. **Neo**(new : 새로운), **cor**(core 또는 essence : 핵심 또는 본질), **text**(story : 이야기)를 모두 합치면 '새로운 핵심 이야기(new core story)'라는 뜻의 단어가 나온다. 이것이 트라우마 재작업의 목표 중 하나가 아닐까? 트라우마로부터 살아남은 존재가 가지는 강점들을 통해, 트라우마 이야기로 인한 상처나 부당함, 갑작스러운 상실로 인해 생긴 독이 빠져나오고 새로운 부호화(encoding)가 이루어지도록 하는 것이 목표이다. 이야기의 본질에 대한 새로운 부호화를 위해서는 부모 지원 인지 연결 작업(parent-assisted cognitive interweaves, PACIs)이 포함된다. 이 부호화 작업은 자녀의 치유과정에 부모가 치료자와 파트너가 될 수 있도록 돕는 가장 중요한 작업 중 하나이다. 더욱이, 정서를 읽는 능력에는 누군가로부터 감정의 수용을 받아 본 경험이 필요하다(Panksepp, 1998; Panksepp & Biven, 2012). 따라서 이 장에서는 전체 이야기 중 일부를 선택하여 부모와 자녀, 또는 가족 전체가 공유하는 선형적인 이야기들, 인식들, 감정들, 그리고 체감각 경험들을 불러일으키는 '새로운 핵심 이야기(new core story, neocortext)'를 만들어 가는 방법에 대해 깊이 있게 다루어 보고자 한다.

옛 호피 속담에 "이야기를 지배하는 자가 세상을 지배한다."라는 말이 있다. 부모는 자녀의 이야기지킴이이며, 부모가 들려주는 이야기는 자녀가 스스로에게 하는 이야기를 지배하는 데 큰 영향을 미친다. 이야기를 통해 우리는 자신에 대한 감각을 형성하게 된다. 우리가 자전적 기억을 갖기 전의 경험에 대한 것들도 모두 포함해서 말이다. 아기 때의 이야기를 주기적으로 하지만 단지 '기억'만 말하는 내담자들이 있는데, 그 이유는 그들이 계속 반복해서 이야기만 들었기 때문으로 보인다. 우리 자신과 세상에 관한 이야기들을 공유할 때, 부모의 목소리가 가지는 힘은 이혼과정 중에 부모따돌림증후군(Parental Alienation Syndrome, PAS)을 다루는 기초 작업을 할 때나 가족에 대한 따뜻한 기억을 남기는 발판을 마련하는 작업 시 필요한 부분이 되곤 한다.

자신과 세상에 대한 감각을 형성하는 데 있어서 이야기가 가지는 힘의 관점에서 보면, 부모가 이야기를 들려주어야 하는 시기와 방법에 대해 신중하고 사려 깊게 고려하여 이루어지도록 하는 것이 좋다. 이는 누구든 직감적으로 할 수 있는 것이라 생각되지만, 적절한 스토리텔링을 어려워하는 부모들이 많다. 어떤 부모는 이 과제를 소리 내어 읽다가 기쁜 마음으로 아이와 몸을 기대거나 아이를 들어 올려 무릎 위에 앉히고는 아기 때 얼마나 귀엽고 포근했는지, 첫말이 무엇이었는지, 새로 태어난 아기를 본 사람들이 얼마나 흥분했었는지를 이야기한다. 다른 부모는 이 과제를 읽고 "네가 작은 아기였을 때…"라고 말하고는 긴 침묵을 하기도 한다. 그러면 부모 중 한 명이 "넌 아주 통통했단다."나 "넌 계속 울었어." 또는 "넌 일 년 동안 밤에 잠을 통 안 잤단다."라고 말하기도 한다. 내가 듣고 있기 가장 힘들었던 이야기는 몸이 무거워 운동이 필요했던 한 아빠가 들려준 이야기다. 그의 이야기는 이랬다. "네가 아기였을 때 나는 아침 달리기를 하려고 널 조깅 유모차에 태우곤 했지. 네 팔이 너무 뚱뚱해서 유모차 밖으로 자꾸 빠져나왔고 난 네 팔을 다시 넣기 위해 달리기를 멈춰야 하곤 했지. 네가 태어난 첫 1년 동안 난 운동을 제대로 못 했던 것 같아!" 어떤 이야기는 지금까지도 충격적이고, 어떤 이야기는 항상 나를 미소 짓게 한다. 어떤 부모들은 자녀가 아기였을 때 겪은 스트레스에 사로잡히거나 몰두한 나머지 이야기 속에 들어있는 구체적인 세부내용들을 기억하는 데 어려움을 겪기도 한다. 또 다른 부모들은 아이의 어린 시절에서 가장 힘들었던 부분만을 떠올리며 다음과 같은 이야기를 들려주기도 한다. "네가 작은 아기였을 때, 넌 항상 울었어. 넌 분유를 줘도 안 좋아했고 잠을 자지도 않았어. 엄마랑 아빠는 너랑 밤을 새웠어!"

다음과 같이 남달랐던 이야기도 있다. 엄마가 과제를 소리 내어 읽고는 얼굴에 함박웃음을 띤 채 딸아이의 눈을 바라보며 기쁨이 가득 찬 목소리로 "네가 아기였을 때, 귀여운 작은 옷을 입히고 작은 아기 선글라스를 씌우고 유모차에 태워 산책하곤 했단다."라고 말했다. 딸은 이때 우유를 달라는 듯한 아기 제스처를 하며 "그리고 난 이렇게 몸으로 사인을 보내곤 했어요."라고 덧붙인다. 엄마는 같은 몸짓을 하며 "그래, 그랬어. 이런 사인을 했지. 근데 그게 무슨 말이었어? 나한테 뭐라고 한 거야?"라고 말했다. 딸은 "우유."라고 말하고, 엄마는 "그래, 넌 목 마르면 우유를 찾았어. 우린 산책도 하고 쉬면서 우유도 먹고 강아지를 쓰다듬어 주기도 하고 그러다가 시계를 보고는 내가 '아빠 올 시간이다. 집에 가야겠어.'라고 하면 넌 '구구, 가, 가'라며 함께 서둘러 집으로 돌아오곤 했지."라고 답한다. 분명, 이 어린아이는 이 이야기의 작은 부분들까지도 이미 알고 있고, 이전에도 이 이야기를 엄마와 나누었을 것이다. 엄마의 이야기는 시작과 중간 그리고 끝이 분명했다. 이야기 안에는 엄마의 돌봄, 원하는 걸 소리 내어 요구하는 딸의 능력, 아이의 요구를 충족시키는 엄마의 패턴에 대한 세세한 내용이 담겨있었다. 딸의 어린 시절 엄마가 경험한 핵심 이야기가 다음과 같이 딸의 핵심 이야기로 번역될 수 있다. "나는(I'm)… 사랑스러워. 나는(I'm)… 원하는 걸 요청할 수 있어. 나는(I'm)… 이렇게 보여." 이 어린아이에게는 강한 '나는(I'm)'이 된다.

명확하고 일관성 있는 이야기는 시작과 중간, 끝이 있다. 특히 어린 시절 부정적인 경험(Adverse Childhood Experiences, ACEs)을 한 경우(Anda et al., 2006; Dube et al., 2003; Felitti et al., 1998), 그 사건과 관련된 그들의 내러티브를 일관성 있게 가져오도록 돕는 것이 안전한 보스의 일 중 하나이다. 그러나 아이가 일관성을 가장 필요로 하는 때는 그것을 얻기 힘들 때일 경우가 많다. 나는 한 아버지가 자신의 이야기에 충분한 일관성을 가지기 전에 부모-자녀 쌍 작업으로 타임라인을 만들도록 한 적이 있다. 나는 그때 내가 실수했다는 걸 알게 되었다. 에드워드는 결혼 초기에 약물중독에 걸렸던 35세의 아빠였다. 그와 그의 아내는 이혼을 했고, 당시 미취학 아동이었던 두 자녀는 엄마와 함께 살면서 가끔 그를 만났다. 그는 결국 재활 프로그램에 들어가 몇 달간 치료를 받으며 감독하에 자녀들을 만났다. 그는 프로그램에 참여하며 무엇보다도 아이들과의 새로운 관계를 만들길 원했다. 나는 그의 딸을 만났으며 자연스럽게 치료 면회를 감독하게 되었다. 우리는 스트레스가 적은 놀이 세션들을 가지며 너와 나를 **다시** 알아가기 시작하였다. 나는 그에게 딸의 리드를 잘 따라가는 방법을 훈련하였고, 아이는 아빠와 노는 걸 즐거워했다. 나는 아빠와 추가 세션을 가지고 그가 더 크고, 더 강하고, 더 지혜로우며, 친절하게 담아주는 그릇이 될 수 있도록 준비했다. 우리는 그의 딸이 가지는 큰 감정들을 반영하고 담아주는 연습을 했다(나는 이 역할 연습에서 딸 역할을 했다). 그리고 그를 중독에 이르게 한 사건들을 수집하여 세부내용들을 찾았다. 마침내, 나는 그들이 타임라인 작업을 할 준비가 되었다고 느꼈다. 나는 공작용 판지 몇 장을 테이프로 붙이고 긴 리본을 중앙에 붙인 뒤, 딸에게 아빠와 집에 같이 살 때의 이야기를 해달라고 부탁했다. 다음은 가족의 익명성을 보호하기 위해 세부사항들을 변경하여 기록한 세션의 일부이다.

아빠 : 아이 침대는 테디베어로 가득 차 있었어요…

딸 : 토끼인형도 있었어요!

아빠 : 그리고 아이는 인형들이랑 자고 싶어 했어요.

패리스(저자) : 그랬군요!

아빠 : 모든 봉제 동물인형이랑 잤어요. 애착담요가 아니라 모든 테디베어들이랑요.

패리스 : 기억나니?

딸 : 네. 재밌었어요! (타임라인에 다시 집중하며) 그때 엄마와 아빤 이혼했어요…
　　그땐 아빠가 이혼을… 했어요…

아빠 : 네가 다섯 살 때 이혼했나? 내가 지금 몇 살이지?

딸 : 서른다섯이요.

아빠 : (생각에 잠겨 얼굴을 찡그리며) 그럼 이혼한 지 4년이 지났구나.

딸 : 전 네 살이었어요. (침묵) 그때가 무슨 반일 때지? 그때 난 어떤 놀이를 시작했
　　는데… 음, 아니아니. 난… 그때 축구를 시작했어요(타임라인을 응시하며 한 손으
　　로 마커를 들고 있고 다른 한 손으로는 손가락으로 머릿결을 넘긴다).

아빠 : (잠시 말이 없다가 치료자를 보며 미안하다는 듯이 웃으며) 이 타임라인 때문
　　에 힘든 시간을 보내고 있네요. 제 생각엔 저희 둘 다 힘든 것 같아요.

패리스 : (안심시키며) 그럼, 당신이 이혼했을 때 아이가 네 살이었군요.

딸 : (그 내용을 적은 후 펜을 테이블 위에 떨어뜨린다.) 이젠 아빠 차례예요.

[아빠가 펜을 집는 동안 나는 그와 관련된 추억을 떠올리게 한다.]

패리스 : 그 당시 기억나는 게 무엇이 있을까?

딸 : 음. 우린 모두 오래된 집에 살았고 크루톤이었나 암튼 거기에 앉았어요.

아빠 : 퓨톤. (함께 웃음)

패리스 : (그들과 함께 웃음) [농담을 이어가며] 그 크루톤 퓨톤.

딸 : 그때 엄마, 아빠가 이혼한다고 했는데, 전 그게 무슨 뜻인지 몰랐어요. 그리고
　　저한텐 더 이상 함께 살지 않을 거라 얘기했어요. 그러곤 아빠는 할아버지, 할머
　　니와 살기 시작했어요.

패리스 : 그럼, 그때 너는 살던 집에서 계속 지냈던 거니?

딸 : 네. 그리고 주말 같은 날에는, 우린 아빠랑 같이 있었어요.

패리스 : 아빠가 약을 하기 전 아니면 후에 엄마랑 이사를 한 거니?

딸 : (확고하게) 그 후에요.

패리스 : 그때 기억나는 게 있니?

딸 : (창밖을 바라보며) 처음으로… 아빠가 깨어나질 않았어요. 아빠가 깨지 않았
　　을 때가 기억나요… 아무것도 기억나지 않는데, 아빠가 깨지 않았던 그때가 기
　　억나요.

패리스 : 타임라인에 그걸 올려놔야 할 것 같구나. 왜냐하면 그건 네가 많이 얘기
　　한… 아빠가 잠들었고… 깨질 않았고…

아빠 : (마커를 손에 든 채) 그러니까, 아빠가 어느 날 아침에 일어나지 않았어. (글을
　　쓰며 천천히) 아빤… 안… 일어… 났어… 한 번.

딸 : 아빤 아주 여러 번 일어나지 않았어요.

아빠 : (아이가 말하는 걸 듣고 있다는 표현으로 고개를 반복해서 끄덕이며) 아빤 아
　　주 여러 번 일어나지 않았어.

[바로 거기에서, 이야기를 담아주는 것이다.]

패리스 : 그리고 넌 아빠가 이전과는 뭔가 크게 달라졌다는 걸 알아차렸구나. 그때
　　무슨 생각을 했니?

딸 : 걱정이요.

아빠 : 그때 난 콜로라도로 갔었어. 두 달간 입원해 있었단다.

패리스 : 둘 다 제게 아빠가 콜로라도에 있었다고 했던 게 기억나네요. 아빠 보러 거
　　기 간 적 있니?

딸 : (더 열심히 참여하는 태도로) 네. 한 번이요.

패리스 : 아빤 언제 돌아왔어?

딸 : 1년 전 요맘때?

패리스 : 그때 아빠가 정말 집에 돌아온 것처럼 느꼈니? 아빤 무슨 일을 하고 있
　　었니?

딸 : 아빤 집에 페인트칠을 했어요.

패리스 : 무슨 일이라도 있었나요?

아빠 : 전 놀이방에 페인트칠을 했어요.

패리스 : 무슨 색으로 하셨어요?

[아빠가 대답하기 시작하지만, 딸이 아빠의 말을 가로채 "아빠… 이렇게… 음… (창밖의 파란 하늘을 가리킴) 파란 하늘! 아빠 벽 주변을 파랗게 하고 태양도 그리고 나무들도 그리고, 집을 노랗고 빨갛게 만들었어요."라고 말한다.]

패리스 : 아빠가 그린 것들에 대해 정말 자세히 기억하고 있네. 그게 너한테 중요했고, 아빠가 너를 위해 집을 고치는 데 시간을 썼다는 의미였나 보구나.

아빠와 딸 모두 입이 귀에 걸릴 만큼 미소 짓고 있었다. 비록 정말 싫었던 일들을 다루는 과정은 힘들었지만, 타임라인 밖으로 나오는 것을 통해 두 사람 모두 성취감을 공유할 수 있게 되었다. 딸이 아빠가 돌아왔다는 증거로 보너스 룸 벽을 세세하게 리허설하는 아이의 이야기를 들으며 아빠는 정말 환하게 웃었다. 분열된 가족 시스템에서 트라우마와 관련하여 타임라인 작업을 할 때, 가능한 한 트라우마(이 사례의 경우는 두 가지 트라우마 : 중독과 이혼)가 발생하기 전의 안전한 연결의 장소에서 시작하여 가장 힘들어하는 부분을 다루고 난 다음, 타임라인의 공유공간에 이름을 붙인 후 연결이 복원되는 위치에서 마무리되도록 하는 것이 가장 좋다. 이 세션에서 내가 배운 또 다른 교훈은 자녀와 함께 내러티브를 구성하기 전에 부모가 그 사건에 대한 내러티브를 일관적으로 만들 수 있도록 하는 데에 충분한 지원이 있어야 한다는 것이다. 이 딸의 경우 세션 초기에 우리가 보고 싶은 것보다 더 많은 구조화를 제공했다. 부모-자녀 쌍 타임라인 작업을 적절히 준비하기 위해서는 부모와 자녀가 함께 작업하기 전에 부모의 타임라인/스토리 작업을 구체화하는 데 초점을 맞춘 추가 보조 세션이 필요하다.

우리는

"당신이 어린 아기였을 때…"라는 지시문을 시작으로 NHDA(부모자녀관계 평가)를 하는 동안 부모들이 하는 이야기를 돌아보면서, 우리는 이야기에서 나오는 두 번째 핵심 이야기들을 발견하게 된다. 나는 그것을 '우리는(We are's)'이라 부른다. 아빠가 운동을 너무 하고 싶었는데 아들이 너무 뚱뚱해서 조깅 유모차를 자꾸 멈춰야 했다는 걸 아들에게 말하면, 이 부모-자녀 쌍은 다음과 같은 핵심 이야기를 공유하게 될 수 있다. "우린 내(아빠)가 원하는 것과 네(아들)가 필요로 하는 것을 끊임없이 협상해야 해." 엄마

가 동네를 매일 산책했던 일을 말해주는 이야기에서 엄마와 딸은 다음과 같은 핵심 이
야기를 공유하게 될 것이다. "우린 멋진 팀이야. 우린 함께 세상을 탐험하며 즐기고 있
어. 우린 예측 가능한 루틴 속에서 살고 있어." 부모와 자녀가 댄스를 할 수 있도록 이
끌어 주는 핵심인식은 '우리는'에 귀를 기울이다 보면 들을 수 있다. 아빠와 아들 이야
기는 '네가 필요한 걸 해결한 후에 다시 트랙으로 돌아갈 수 있어.'라는 믿음을 낳을 수
도 있다. 엄마와 딸 이야기는 '우린 함께 세상을 탐험할 수 있어.'라는 믿음을 낳을 수
있다. 강아지를 쓰다듬기 위해 멈추었을 때 '우린 함께 새로운 걸 경험할 수 있어.'라는
믿음을 낳을 수 있다.

　수천 개의 이야기를 들으며(또한 보며) 나는, 긍정적인 (아이들을 위한) '나는'과 (부
모-자녀 쌍을 위한) '우리는'을 만들고 전달하는 법을 배우는 것이 부모들에게 필요하
다는 것을 더 확신하게 된다. 세대 간 트라우마, 부정적인 자기 대화(self talk), 가족 안
에서의 스트레스, 사랑이 담긴 이야기를 듣지 못한 결핍 등으로 인해 부모들은 건강하
지 못한 스토리텔링 패턴을 갖게 된다. Nurture House에서는 애착 강화 세션을 할 때,
부모들에게 아이가 새로운 능력이 생겼을 때나 능력이 향상되었던 일, 기쁨의 순간, 함
께 웃었던 순간, 새로운 경험을 함께 했던 순간 등 '이야기를 기쁘게 나누기' 활동을 하
도록 한다. 우리는 부모들이 '이야기를 기쁘게 나누기' 활동을 할 때 이야기를 구조화하
는 데 도움이 되는 스토리텔링 템플릿을 개발했다. 부모와 자녀 간의 불화가 생긴 순
간들이나 트라우마 내용이 들어간 이야기를 준비하는 것도 이 활동의 일부이다.

　이야기지키기 활동의 두 번째 방법은 부모가 과거를 돌아보고 '나는'과 '우리는'의
핵심내용들에 초점을 맞추도록 하는 것이다. 이 방법을 설명하기 위해 한 사례를 예
로 들어보자. 양가불안이 있는 9세 입양아 대니(가명)가 있다. 대니는 양엄마와 비슷
한 덩치였고, 엄마 말에 의하면 '24시간 내내' 분노표출을 했다고 한다. 대기실에서 아
이는 엄마의 가슴이나 겨드랑이 사이에 머리를 파묻고 있었다. 아이는 대기실에서 치
료실로 옮기는 것조차 힘들어했고, 내가 데리러 나가자 거의 얼음이 되어있었다. 나는
그가 좋아했던 방 두 곳을 알고 있었고, 아이에게 두 곳 중 하나를 선택하도록 하자 그
는 엄마에게 귓속말을 했다. 우리는 이전부터 자신이 원하는 것을 말로 표현하도록 대
니를 돕고 있었다. 그래서 엄마는 "기억하지? 대니. 패리스 선생님에게 네가 직접 말할
수 있어."라고 말했다. 나는 "난 지금 대니 얘길 들으려고 여기 있단다. 가능한 일이면
난 '그래'라고 답할 거야."라고 말했다. 난 일주일 만에 처음으로 햇살이 비치는 날이

라 대니가 뒷마당에 나가 세션을 시작하길 원할지도 모른다는 생각을 했다. 나는 아이에게 말할 기회를 여러 번 주고 나서 엄마에게 일어서도록 요청했다(대니는 여전히 엄마에게 '꼭 붙어'있었다). 나는 "대니가 원하는 걸 말하는 게 정말 어려워 보이는구나. 우리 몸을 움직여 보자. 가끔은 그게 도움이 되기도 하거든."이라 말하고, 방을 가로질러 모래놀이실과 대기실 사이에 있는 아늑한 복도로 몸을 움직이기 시작했다. 대니의 얼굴에 작은 미소가 비치기 시작했고, 함께 천천히 걸어가자 엄마의 겨드랑이 사이에서 머리를 내밀었다. 하지만 복도 안으로 들어가 방 사이에 서서 선택을 해야 하는 상황에 직면하자, 그는 다시 엄마의 어깨로 머리를 숙였다. 엄마는 계단에 앉았고 (대니도 엄마와 함께 앉았다) 나는 재빨리 EMDR 버저를 그의 양말에 끼워 주었다. 나는 재빨리 기어를 바꾸며 "어머님, 대니가 지금 자기가 원하는 걸 말하기가 너무 어려운 것 같네요. 아이에게 잠시 시간을 주고 저랑 얘기 좀 해요. 대니가 이번 주에 한 일 중 힘들었지만 엄마와 함께 있어서 해낼 수 있었던 이야기 좀 해주실래요?"라고 말했다. 그림 8.10에서 보았던 만트라는 연결로 인한 희망적인 결과를 낳게 하며 힘든 이야기들을 엮어갈 수 있도록 한다. 즉 우리가 함께 뭉치면, 힘든 일도 할 수 있다. 이것은 가족이 겪은 힘들었던 초기 경험의 순간에 대한 이야기를 부모와 자녀가 함께 지켜나갈 수 있도록 해준다. 이런 경우 아이가 그 이야기를 다시 하면 언제든 부모도 내러티브할 준비가 되어 있는 것이 큰 도움이 된다. 이야기를 다시 하는 것은 양육자와 연결되어 있다는 걸 느끼기 위해서거나, 세부내용을 명확히 하거나 질문하고자 할 때 또는 단지 부모가 이야기를 담을 수 있는 충분히 강한 대상인지 확인하고자 할 때 나타날 수 있다.

제3의 귀

수동적 듣기의 힘에 대해서 부모들은 이해하는 데 종종 어려움을 겪는다. 특히 아이들은 잘못한 일이나 무서웠던 일에 대해 이야기할 때 즉각적이고 무의식적인 방어를 하게 될 수 있다. '누구에게(to)' 말하는 것이 아니라 '어떤 것에 관해(about)' 말하는 것은 아이들로 하여금 듣는 자세를 취하게 만든다. '어떤 것에 관해' 말하는 것은 두 사람이 제3자에 대해 불평을 늘어놓는 것이 아니라, 제3자가 이야기에 대해 반응하거나 그것을 인정 또는 부인하지 않고 그냥 이야기를 듣는 경험을 하도록 하는 것이다.

아이가 부모의 시선을 강하게 받거나 부모가 하는 말에 대답을 해야 하는 잠재적인

그림 9.1 제3의 귀로 듣기

압박감을 받게 되면, 부모가 하는 말을 있는 그대로 듣기 힘들어진다. 부모가 치료사에게 이야기를 들려주는 상황에서 아이가 곁에서 수동적 듣기를 통해 이야기를 흡수하게 되면, 방어가 줄어들고 이야기 내용과 그 밑에 깔려있는 메시지들을 스펀지처럼 빨아들이게 된다. 부모로부터 오는 정서적 강도는 자녀가 아닌 치료사에게 담기게 된다. 이렇게 하면 스포트라이트를 피하면서 세부내용들을 소화할 수 있는 여유공간이 생기게 된다. 15세 입양아인 존이 바로 그 사례 중 하나이다. 존은 많은 두려움과 싸웠고 최근 강박-충동 장애 진단을 받았다. 그는 정신과 상담을 매우 무서운 것으로 여기고 있는데, 엄마가 그들이 경험한 내용을 이야기해 주면 마음을 진정시킨다. 그는 그네에 앉아 (그림 9.1을 보시오) 테라테퍼(TheraTapper)를 달라고 한 다음 엄마에게 정신과 의사들을 만났을 때 있었던 일들에 대해 이야기해 달라고 할 것이다.

　때로 부모들은 자신이 안고 있는 고통이 너무 커서 아이의 고통을 충분히 받아주길 힘들어한다. 이를 설명하는 데 도움이 되는 한 사례가 있다. 한 아빠가 4세 아들 리키와 2년 동안 만나지 못한 엄마와의 면접교섭을 진행하라는 지방법원의 명령에 따라 나에게 서비스를 신청했다. 엄마는 갑자기 정신건강에 문제가 생겼고 불현듯 아이의 삶에서 사라졌다. 아빠가 출근한 후 엄마가 양육하면서 아이에게 학대를 가했을 거란 의심도 있었다. 우리는 '안녕'이라는 첫 번째 세션을 Nurture House 주방에서 가지기로 했다. 아빠도 참석해서 모두 함께 쿠키를 굽기로 했다. 엄마는 적절하고 양육적인 태도를 보였다. 엄마와 아빠는 서로를 존중하며 치료사와도 상호작용이 잘 이루어졌다. 엄마는 내담자와 몇 차례 더 상담에 참여했으며, Nurture House 뒤뜰에서 타이어 그네를 밀어주기도 하고 아이와 미술 작업도 하고 유치원에서 있었던 일들에 대해 듣기도 하며 새로운 추억을 쌓아가기 시작했다. 그러던 어느 겨울 아침, 아빠와 리키는 대기실에서 기다리고 기다리고 또 기다렸다. 엄마는 오지 않았다. 리키가 느낀 극심한 혼란과 슬픔은 아빠와 나에게도 뚜렷하게 느껴졌다. 리키가 대기실에 있는 큰 창문 밖 마당을 내다보며 "아마 엄마는 못 왔을 거야. 왜냐하면…"이라고 말하던 장면을 나는 절대 잊지 못한다. 아빠와 나는 아이가 적당한 단어를 찾는 동안 기다렸고, 결국 아빠가 "추워서 못 왔나보다."라고 말했다. 우리는 엄마와 연락하려 최선을 다했지만 성공하지 못했다. 그러던 어느 날, 리키의 아빠가 경찰로부터 전화를 받았다. 엄마는 아파트에서 쇠약해진 상태로 발견되었다. 그녀는 재입원하였고 아들과의 만남은 무기한 중단되었다.

그다음 이루어진 몇 번의 상담은 엄마의 갑작스러운 부재로 생긴 아이의 슬픔에 대한 애도 작업으로 이루어졌다. 아빠 또한 엄마의 부재를 슬퍼하고 있었다. 그건 자신이 느끼는 것이 아닌 자녀가 느끼는 상실을 이해하면서 느끼게 되는 슬픔이었다. 부모에게 자신의 상처에도 불구하고 자녀가 상처받은 이야기를 잘 담아줄 수 있도록 격려하듯이, 상처받은 아이들을 위해 담아주는 환경을 잘 만들어 주는 것은 임상가들에게도 가장 힘든 일 중 하나이다. 이 작업을 위해서는 우선 부모의 큰 감정을 인정하고 그것이 무엇인지 이름을 지어보도록 도와야 한다. 이 사례의 경우, 아빠는 엄마로부터 두 번째로 버림받은 것으로 인식하고 참담해했다. 그와 동시에 면접기간 동안 경험했던 과각성상태로 인한 긴장(마음 졸이며 앞으로 일어날 일을 걱정하는 마음)이 풀어지며 안도감을 느끼기도 했다. 마지막으로 그는 아들이 엄마의 부재로 인한 고통을 참고 지낼 필요가 없을 정도로 아빠 자신이 충분히 좋은 부모가 될 수 있기를 간절히 소원하였다. 나는 아빠와 리키가 함께 이야기를 담아둘 수 있는 공간을 만들어야겠다고 생각했다. 미취학 아동의 경우 놀이를 통해 이야기가 나오기 때문에, 나는 아빠와 리키가 함께 놀이하도록 하였다. 리키의 요청에 따라 우리 모두는 Nurture House에서 가장 작고 안락한 공간인 양육 누크로 가는 계단을 올라갔다. 리키는 집에서 장난감 몇 개를 가지고 왔다. 거의 대부분의 경우, 내담아동이 집에 있는 장난감을 놀이실에 가지고 오면 그것은 의미 있는 대상일 가능성이 크고, 현명한 치료사는 호기심과 연민을 가지고 다가

가게 된다. 리키는 다스 베이더 레고 인형과 자신이 레고로 만든 의료용 헬리콥터를 가지고 왔다. 리키 아빠는 일찍부터 아동 중심 부모놀이치료 기술을 훈련받아 왔다. 그는 이전 세션에서 이 기술을 성공적으로 해냈다. 다음은 리키가 만든 놀이와 그에 대한 아빠의 반응이다. 다스 베이더가 모래상자 안의 또 다른 피규어와 싸우고 있는 장면이다.

리키 : 다스 베이더가 다쳤어!

아빠 : 오, 저런! 다쳤구나.

리키 : 치료하러 병원에 가야 해요! (헬리콥터를 들고 프로펠러 돌아가는 소리를 내기 시작한다. 나는 엄마의 초기 입원기간에 대한 주제를 여기서 듣기 시작했다.)

아빠 : 오, 좋아. 그를 태우고 갈 헬리콥터가 있구나.

리키 : 넵. 헬리콥터가 착륙하려 하고 있어요.

아빠 : (쿠션을 치우며) 여기가 착륙 장소야.

[리키가 헬리콥터를 착륙시키며 말하길 "우리가 빨리 다스 베이더를 도와야 해요!"]
[임시 환자이송용 들것을 만들고는 "좋아. 우리가 병원에 데리고 갈 수 있어. 이제 그는 괜찮을 거야!"]

리키 : 그를 안에 태워요.

[아빠는 헬리콥터로 들것을 가지고 와서 다스 베이더를 안에 싣는다. 놀이성이 풍부한 목소리로 "좋았어. 이제 이륙해도 좋아."]

리키 : 알았다 오버! (아빠 목소리를 흉내 내며) 바람이 분다. 이륙이 힘들다.

아빠 : 할 수 있어!

[리키가 프로펠러 소리를 내며 공중으로 높이 헬리콥터를 올려보지만, 그의 손이 흔들리기 시작하고 헬리콥터가 기울어지더니 다스 베이더가 밖으로 튕겨 나와 쿠션 위로 떨어진다.]

리키 : 이런! 다스 베이더가 더 다쳤어… 그를 잃었어!

아빠 : 오! 다 괜찮을 거야. 헬리콥터가 다스 베이더를 구하러 올 거야. 그는 괜찮을 거야.

리키 : (천둥소리를 더 크게 내고 헬리콥터를 흔들며) 그를 데리러 갈 수가 없어.

아빠 : 그들이 도움을 더 줄 거야. 그는 괜찮을 거야.

자. 그럼 놀이치료사의 관점에서 잠시 얘기를 해보자. 다스 베이더는 선한 사명을 띠고 출발하였으나 결국 남을 해치고 어둠의 편에 선 상처받은 인물이다. 어떤 면에서는 아이가 엄마를 대표하는 인물로 이 피규어를 선택한 것이다. 치료적 재결합과정에서 그녀가 건강한 방식으로 엄마로서의 능력을 되찾을 것이라는 희망이 있었다. 헬리콥터가 그녀를 태우고 병원으로 가려 하지만 폭풍이 몰아친다('갑작스럽게' 엄마의 기능이 떨어지며 그를 만나러 오지 못하게 된 상황에 대한 은유적인 표현). 그리고 모두가 최선을 다했음에도 불구하고 다스 베이더는 구조용 들것에서 떨어져 전보다 더 큰 부상을 입었다. 나는 이 모든 것을 리키의 입장에서 들었다. 엄마가 건강한 재결합을 시도하다가 갑작스럽게 사라져 버린 그 상황에 대한 은유적 내러티브를 말이다. 하지만 아빠는 이 트라우마 이야기를 담아주기 힘들어한다. 그는 다스 베이더가 결국엔 필요한 도움을 받을 수 있기를 바란다. 여기에 흥미로운 질문이 있다. 아빠의 잠재의식 속에는 아들이 엄마를 다시 만나면서 그의 삶에서 건강한 역할을 해주길 바랐고, 그로 인한 죄책감이 역전이 감정을 일으켜 아빠로 하여금 이 은유적 이야기를 방어적 태도로 듣게 했던 것일까? (법원 명령이 없었더라도, 아빠는 치료적 재통합을 시도하면서 가장 방어적인 선택을 하고 있었다.) 아빠는 다스 베이더를 구할 수 있다는 희망을 계속 전달하고 있었다. 하지만 나는 아빠가 아들의 큰 감정을 담아줄 수 있는 충분히 크고, 충분히 강하고, 충분히 지혜로우며 친절한 그릇이 되어야 했다고 생각한다. 놀이에서 아들이 표현한 내용은 다스 베이더는 전보다 더 아프고/다치고/망가졌고, 아무리 구조해도 다시 건강해질 수는 없다는 것이다. 이것이 리키 이야기의 전부일 수도 있고 결말이 될지 아닐지 알 수 없지만, 무슨 일이 일어났는지 이해하려는 아이의 시도라는 점을 기억해야 한다.

나는 상담이 끝난 후 아빠와 몇 분 동안 이야기를 나누었고 위에서 말한 내용들에 대해 언급했다. 그날 늦게야 아빠가 내게 답을 보내왔다. 리키가 엄마를 다스 베이더와 동일시했고, 다스 베이더는 도움을 받을 수 없는 상처의 세계에서 길을 잃었으며, 이 힘든 이야기를 담아줄 아빠가 리키에게 필요하다는 걸 이해하게 되었다는 것이다. 아빠의 반응은 리키가 지금의 현실을 받아들이도록 돕지는 못했다. 아빠는 리키가 현실을 받아들이도록 돕기보다는 엄마와 건강한 상태에서 끝내길 너무나 원했기 때문에 그

와 같은 반응을 계속 보였던 자신을 돌아볼 수 있게 되었다. 지금까지도 나는 자신의
큰 감정을 직시하고 아동의 힘든 이야기를 담아주는 용량을 늘리는 이 아버지의 능력
에 대해 경외심을 가지고 있다.

　이 세션 몇 주 후에 있었던 상담에서, 나는 리키와 아빠에게 커다란 종이 한 장을 제
공했다. 나는 아빠를 상징하는 사람 형태를 크게 그렸고 리키는 훨씬 작게 그렸다. 그
러고는 밴드 세트를 주고 아빠와 아들에게 각자가 안고 있는 현재의 상처를 표시해 보
도록 했다(그림 9.2를 보시오). 그들의 상처를 함께 인정함으로써 가족의 내러티브는
더 단단해졌다.

그림 9.2 병렬 상처

마커스가 도움을 받아들이는 법을 배우다

임상가들은 어린아이들은 구체적 사고를 하므로 사랑과 소속감과 같은 내적 상태에 대해 구체화된 표현으로 확신을 주어야 한다는 점을 부모들이 알 수 있도록 도와야 한다. 부모가 이러한 성장을 할 수 있도록 돕는 또 하나의 방법은 중간대상의 힘에 관해 알려주는 것이다. 어린아이들은 부모로부터 분리되어 혼자 다른 환경(학교, 교회, 축구수업)에서 용감하게 적응해야 할 때 부모의 양육과 연관된 구체적이고 물리적인 닻을 통해 마음을 진정하게 된다. 취학 전 아동이 보이는 전형적인 분리불안은 초기 애착 트라우마에 직면하게 되면 기하급수적으로 심해질 수 있다.

  여기에서 얘기할 어린 소년 마커스는 태어나자마자 입양되었다. 그는 필로폰에 중독된 채로 태어났고 한 달 이상 입원하여 엄청나게 고통스러운 해독과정을 견뎌야 했다. 그의 양엄마는 아이의 고통 앞에서 느꼈던 무력감에 대해 상세히 이야기하였다. 그녀는 아이가 안정되길 절실히 원했으나, 아이는 몇 시간 동안이나 몸을 흔들고 토하고 땀을 흘리며 울어댔다고 한다. 초기 세션 동안 엄마는 이러한 세부내용들을 공유하면서 다시 그녀 자신의 고통을 다루었다. 그녀의 아들에게는 이 시기에 대한 자전적 기억도 없고 이 경험에 대해서 알고 있는 이야기도 없지만, 부모가 자신의 상처를 돌보려 애쓰는 노력들에 대한 반응에서 나오는 몸의 기억이 있다. 그는 어느 누구든 자신을 도와주도록 허락하지 못한다. 첫 세션 동안, 나는 상처를 확인하는 작업으로 (치료놀이 모델에서 따온) 아야-아야(boo-boo) 루틴을 사용한다. 아이는 조절불능상태가 되어 아빠 무릎에서 뛰어내려 외계인 피규어를 찾으러 방을 가로질러 돌아다닌다. 나는 그를 트래킹하며 "상처에 주목하는 게 힘들 수 있어요, 아버님. 우리가 상처를 돌보는 동안 마커스가 놀잇감을 보거나 가지고 놀면 좀 더 안전감을 느낄 거예요."라고 말한다. 마커스가 돌아와 아빠 무릎에 앉는다. 나는 아이의 손에 거스러미가 있는 걸 발견하고 로션을 발라준다. 그런 다음 그의 무릎에 난 흉터를 발견하고 "오, 이건 오래된 상처 같네."라고 말한다.

  마커스는 다시 뛰어내리려 하고, 나는 초점을 이동해서 그가 쥐고 있는 액션 피규어 무기에 관해 질문한다. 그는 다시 아빠에게 돌아온다(자신을 돌보도록 허락하는 것에 대한 두려움은 장난감을 갖고 신체적으로 움직이거나 관심을 자신의 신체에서 장난감으로 이동함으로써 완화된다). 그가 신경생리학적으로 안정이 되면 나는 아빠에게 "아버님. 이건 오래된 상처 같네요. 마커스가 어쩌다가 이 상처를 입게 되었는지 얘기해 주실래요?"라고 질문한다. 아빠는 양육적인 톤으로 아이가 차도로 너무 빨리 달려나가다가 넘어져 무릎이 까인 이야기를 들려준다. 부모들은 주로 "제가 밴드를 붙여주었어요."나 "제가 치료해 주었어요."와 같이 아이를 보살핀 소소한 이야기들을 들려줄 것이다. 임상가로서 우리의 일은 이야기를 천천히 진행하며 부모가 취했던 구체적인 보살핌을 아이가 들을 수 있도록 돕는 것이다. 기억하자. 자궁 안에서나 병원에서 두 달간의 해독치료를 반복했던 그때의 오래된 이야기 안에는 마커스가 받았을 상처에 대한 도움은 존재하지 않았다는 점을 말이다.

　나는 궁금해하며 "아이가 다친 걸 어떻게 아셨어요?"라고 물어본다. 아빠는 "음, 아이가 우는 소리를 듣고 현관 앞으로 달려가 보니 아이가 넘어져 있었어요. 전 차도로 달려가 아이를 들어 올렸어요."라고 답한다. 나는 "아이를 들어 올렸을 때 어땠나요?"라고 아빠에게 물어본다. 아빠는 "글쎄요. 아이가 내 목에 작은 팔을 감쌌어요. 자신을 돌봐주는 사람으로 저를 신뢰한다고 느껴져서 정말정말 기뻤어요. 아이를 집 안으로 데려와서 아일랜드 식탁 위에 앉힌 뒤 수건에 물을 적셔 왔어요. 긁힌 부분을 닦아낸 뒤 밴드를 붙여줬어요."라고 답한다. 나는 "어떻게 하셨는지 보여주실 수 있을까요? 여기 밴드가 아주 많이 있어요."라며 부탁한다. 아빠는 밝은 파란색 밴드를 골라 마커스의 상처에 붙인다. 외계인 피규어로 열심히 놀고 있던 마커스는 탱크와 외계인을 부딪치면서 "피가 많이 났었어요."라고 말한다. 나는 "피가 많이 났던 걸 기억하는구나. 아버님, 또 어떤 걸 도와주셨나요?"라고 묻는다. 아빠가 대답하길 "전 뽀뽀를 해주었어요."라고 한다. 나는 "보여주실래요?"라고 요청한다. 마커스는 여전히 상처를 돌보는 활동을 무시한 채 외계인 피규어를 가지고 놀고 있었지만, 아빠는 마커스의 무릎에 붙인 밴드에 뽀뽀를 한다. 나는 아이가 아야-아야 하는 걸 돌봐주는 부모의 본능을 불러일으킨다. 마커스는 "이제 떼도 돼요?"라고 묻고, 나는 "밴드 떼고 싶다고 알려줘서 고마워… 아버님, 떼주실 수 있을까요?"라고 말한다. 아빠가 밴드를 떼는 동안 나는 "아버님, 마커스가 또 차도로 뛰어간 적이 있나요?"라고 물어본다. 아빠는 "네! 무릎이 다 아물면, 다시 튼튼해진 몸으로 바로 달려가곤 했어요."라고 답한다.

　이 스토리텔링은 치료의 초반에 양육 누크에서 이루어졌다. 마커스의 아버지는 나의 내레이션을 통해 아이의 몸이 충동적이거나 조절이 안 되는 것은 그의 생물학적 기능이 스트레스를 표현하는 것이라는 점을 배우게 되었다. 아빠는 "너의 몸이 내게 …를

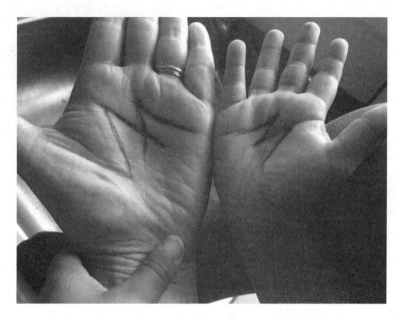

그림 9.3 연결

알려주는구나."라고 말하는 것을 배웠고, 마커스는 그의 몸이 주는 신호와 자신의 욕구를 알아주는 양육자의 능력 안에서 더욱 안전해지게 되었다. 우리는 마커스가 도전을 받았을 때 '나는 할 수 있어.'라는 의식과 능력이 샘솟도록 촉진하는 부모-자녀 간 양육과 돌봄의 순간순간을 조용한 스토리텔링을 통해 따라가 보는 세션들을 가졌다. 우리는 그가 부모님과 연결되어 있다는 인식을 높이는 데 초점을 맞춘 여러 가지 활동을 했다. 첫 방문 때, 나는 그에게 엄마와 함께 유성펜으로 M 자를 쓰는 아이디어를 소개했고, 그들은 서로 떨어져 있어도 함께 있다는 것을 기억할 수 있었다. 마커스는 그 후로도 여러 세션에서 이 M 자를 써달라고 요청하곤 했다(그림 9.3을 보시오).

이 작업에서는 뉘앙스와 적정 수준에 지속적인 초점을 맞추는 것이 필요하다. 즉 아동의 성장 가능한 부분을 찾아 근접 발달 영역으로 끌어 올려주어 아이의 탱크를 가득 채우고 최적의 각성을 재설정할 수 있도록 기어를 바꾸어 준다. 치료자는 종종 이 작업을 탐구처럼 느낄 수 있다. 우리는 무언가 튕겨 올라오는 것을 보거나 아이가 가장 무서워하는 것의 미묘한 부분들을 발견하면서 알아볼 수 있다. 이런 식으로 여러 번의 세션을 가진 후에, 몇 번은 마커스의 엄마와 그리고 몇 번은 아빠와 함께 부모코칭 세션을 가졌다. 두 사람은 그들이 배워가고 있는 것과 인식이 전환된 것에 대해 너무나 이야기하고 싶어 했다. 엄마는 최근 학교에서 찍은 마커스의 사진을 내게 보여주었다. 그녀는 마커스의 멍한 눈, 찡그리는 듯한 미소, 경직된 몸을 통해 전달되는 얼어붙어 있는 그의 반응을 발견했던 것이다. 부모는 마커스가 자신의 몸을 편안하게 느끼도록 정말 도와주고 싶었고, 그의 초기 금단 증상과 현재 세상에 대해 그의 몸이 반응하는 방식과의 연관성을 이해할 수 있게 되었다.

마커스의 탄생 스토리에 대한 '새로운 핵심 이야기' 강화하기

마커스의 부모에 대한 건강한 애착이 깊어지자, 그는 자신의 이야기를 더 들을 준비가 되었다. 우리는 이 작업을 하기 위해 모래상자를 사용했다. 모래상자는 가족 구성원들이 단어와 상징들을 조합하고 연결하며 마음 들여다보기를 함께 하는 동안 가족들로 하여금 트라우마를 구분할 수 있도록 강한 경계를 가진 공간 역할을 한다(Carey, 1999; Homeyer & Sweeney, 2016; Malchiodi & Crenshaw, 2015; Miller & Boe, 1990). 마커스는 최근 자신의 생모에 대해 엄마에게 질문을 했다. 그 정보는 엄마가 세션 시작 시 대기실에서 나누었던 이야기였다. 나는 할 수 있는 일이라면 뭐든 해봐야 한다고 믿는 사람이다. 마커스가 자신의 이야기를 궁금해하며 질문을 해서 나는 그의 욕구에 따라 모래놀이실에 엄마를 초대하는 것으로 기어를 바꾸었다. 아동대상 EMDR 고급과정을 훈련받아 이전에 마커스가 테라테퍼에 능숙해질 수 있는 경험을 제공한 적이 있었기 때문에 나는 버저를 가지고 왔다. 나는 그에게 주머니나 신발 안에 그것을 넣어보도록 했고, 그는 처음엔 양말 안에 넣겠다고 했다. 나는 엄마에게 생모 맨디와 아기 때의 마커스를 대표할 피규어를 골라달라고 부탁했다. 우리는 병원침대와 아기침대 같은 것들이 필요하다는 걸 깨달았고, 마커스는 음식도 필요하다고 불쑥 말했다. 나는 음료와 아기 젖병을 찾아주었고, 엄마는 내레이션을 시작했다. 엄마는 사회복지사로부터 맨디가 진통을 하고 있다는 전화를 받았던 일을 얘기해 주었다. 엄마는 자신을 나타내는 피규어를 골라 전화하는 시늉을 하며 "전화 줘서 정말 기뻐요! 이 순간을 정말 기다렸어요! 최대한 빨리 갈게요!"라고 말했다.

　액션 피규어를 가지고 놀며 (겉으로 그렇게 보이지 않을 수도 있지만) 유심히 이야기를 듣고 있던 마커스는 "잠깐만요. 사회복지사요?"라고 말하기 시작했다. 나는 "어머님, 사회복지사 피규어도 고르는 게 좋을 것 같아요."라고 말했다. 엄마가 피규어를 고를 때 나는 사회복지사에 관해 더 물어보았고, 엄마와 나는 전화하는 상황을 함께 재연

그림 9.4 마커스를 안고 있는 생모

하였다. 나는 마커스가 나오고 있다며 흥분된 목소리로 사회복지사가 전화하는 모습을 재연했다. 맨디는 엄마에게 병원에 오는 길에 특별한 소다 하나를 가져다 달라고 요청했다. 마커스는 이 부분에서 안심하는 것으로 보였다. 엄마는 마커스의 생모 또한 돌

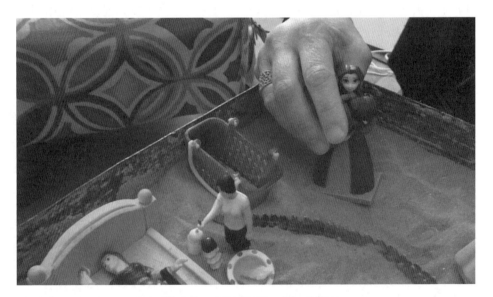

그림 9.5 마커스를 안고 있는 양엄마

보고 있다는 점을 이해한 것이다. 그림 9.4는 갓 태어난 마커스가 맨디의 가슴에 누워 있는 모습을 보여준다. 그다음 이미지(그림 9.5)는 양엄마가 병원에 도착하자마자 아기 마커스를 안고 있는 장면을 보여준다. 그가 태어날 때 나쁜 약물이 몸속에 있었기 때문에 병원에 오랫동안 있어야 했던 일을 모두 함께 이야기했다. 마커스가 자궁에서 자라는 동안에도 생모가 약을 끊을 수 없었던 일에 대해서도 이야기했다. 그래서 마커스의 몸에서 그 약물을 제거해야 했고, 그 과정에서 그가 생후 첫 달 동안 몸을 떨고 땀을 많이 흘렸으며 상당히 많이 아팠다는 이야기를 나누었다. 나는 어린 아기가 빨리 좋아지지 않았다면 이 세상을 어떻게 느끼기 시작했을지 모르겠다고 얘기했다. 내가 주로 묻고 엄마가 답을 하는 방식으로 이루어진 이 내레이션이 끝난 후, 우리는 그를 보러 병실로 달려온 다른 가족들(아빠, 형들)을 나타내는 피규어들을 고르는 것으로 끝을 맺었다. 나가기 전에 마커스가 아기 마커스 피규어를 아빠 피규어에 묶어도 될지 물어서 나는 고무줄을 찾아주었고 우리는 함께 잘 묶어주었다. 마커스는 다른 아이들도 이 방을

그림 9.6 마커스와 꼭 붙어있는 아빠

그림 9.7 내러티브가 끝난 후의 자발적인 포옹

많이 사용하기 때문에 다음 주에 오면 이 피규어들이 다시 분리되어 있을 수도 있다는
걸 이해했다. 그런데 마커스가 그다음 주에 왔을 때 피규어들이 여전히 꼭 붙어있는 걸
보고는 기뻐했다(그림 9.6을 보시오). 방을 떠날 때 마커스는 자발적으로 엄마 품으로
뛰어들어 엄마의 목덜미를 꼭 껴안았다. 엄마가 그의 이야기를 들려준 것에 대한 감사
와 강한 연결의 순간으로 보였다(그림 9.7을 보시오).

놀이실에서 기존 행동의 활성화에 관하여 작업하기

트라우마를 입은 아이들이 하나의 행동에서 다른 행동으로, 조절불능에서 조절로 그리
고 또다시 원래대로 빠르게 전환되는 것을 보면 정말 놀랍다. 이런 빠른 변화는 부모에
게는 혼란스럽다. 분노하고 소리 지르며 욕설을 퍼붓고 차 문을 발로 차던 아이의 행동
이 Nurture House 로비에 들어서자 싹 없어져 버리는 걸 본 부모는 자신만이 아이의 행
동을 감당하고 있으며 단 둘이 있을 때는 아이가 잘못된 행동을 보이다가도 다른 사람
이 있을 때는 '정상적'이고 '착한' 모습을 '보이는' 선택을 하는 것으로 여긴다. 부모들
은 이 갑작스러운 변화가 아이가 자신의 행동을 조절하는 선택을 하도록 한다고 여긴

다. 이는 치료사나 새로운 환경이 아이에게는 부모보다 더 두려움을 유발하는 대상이라는 점을 의미한다. 아이의 자의식이나 자신의 가장 추한 부분이 보이는 것에 대한 두려움이 행동을 억제하게 한다. 부모는 자신이 아이에게 세상에서 가장 안전한 존재라는 점을 스스로 치료적으로 재구조화할 필요가 있다. 즉 가장 크고 깊은 분노의 순간에 아이를 돌볼 수 있는 존재로 자신을 인식할 수 있도록 하는 것이다. 부모와 아이들에겐 때론 떨어져 있는 점들을 연결하는 도움이 필요하며, 치료실에서 기존의 행동이 활성화되는 것에 관한 이해에도 도움이 필요하다.

어느 날 아침, 나는 엘리엇과 그의 어머니를 맞이하기 위해 로비로 갔다. 엘리엇은 어린 아기였을 때 아프리카에서 입양된 10대 소년이다. 그의 엄마는 뻣뻣한 자세로 앉아있었고, 그는 바닥을 응시하고 있었다. 방에는 분명 긴장감이 돌고 있었다. 나는 주방으로 그들을 안내하며 "뭔가 큰일이 있었던 것 같네요."라고 말했다. 다음은 엄마가 이야기해 준 내용들이다. Nurture House로 오는 길에 엘리엇은 놀이터에서 놀 수 있는지 물었다. 엄마는 "그래."라고 답했다. 엘리엇은 엄마에게 같이 밖으로 나가자고 말했고, 엄마는 외투를 가져오지 않아 밖에 나가면 너무 추울 거라고 설명했다. 그러곤 바로 창문을 통해 아이를 가까운 곳에서 지켜보고 있을 거라고 덧붙였다. 엘리엇은 통제 불능상태가 되어 엄마는 자기를 싫어하는 나쁜 엄마고 자기는 가족을 떠날 거라며 소리를 질렀다. 엄마는 당황했다. 활성화 작업을 진행하면서, 나는 엘리엇에게 뒷마당에서 느낀 감정을 명명해 보도록 했다. "외로움." 그리고 나서 외로울 때 가장 먼저 머릿속에 떠오르는 것을 그려줄 수 있는지 물었다. 그는 그림 9.8의 오른쪽에 보이는 아기

그림 9.8 어린 자아/텅 빈 마음

침대를 조용히 그렸다. 우리는 으스스할 정도로 조용한 고아원의 영아동에서 보낸 그의 영아기에 대해 이야기를 나누었다. 아기침대에 있는 아기 엘리엇을 보니 기분이 어떤지 그려달라고 하자 그는 왼쪽에 검은 하트를 그리고는 **텅 빈(empty)**이라는 글자를 썼다. 그다음 나는 엘리엇을 위한 **가장 큰(biggest)** 부분을 살펴보며 큰 소년 엘리엇은 지금 자신의 마음을 표현할 수 있는 힘이 있으며 그 말을 들어줄 엄마가 있다는 점을 설명해 주었다. 엄마는 작업하는 동안 눈물을 흘렸고, 그가 느꼈을 깊은 고립감에 대한 연민의 우물을 다시 열게 되었다. 그녀는 다시 그의 이야기를 담아주고 싶어 했다. 그리고 그는 아기침대에 누워있는 아기보다 더 효과적으로 의사소통할 수 있는 지금의 자신에 대해 자신감을 얻게 되었다. 우리는 밖에서 있었던 일로 돌아가 건물 입구에서의 상황을 역할놀이 해보기로 했다. 엄마가 안에 있고 싶다고 말하자 엘리엇은 "엄마가 그러면 전 정말 외로울 것 같아요."라고 표현했다. 엄마는 그가 감정을 공유해 준 것에 고마워했고, 몇 분 동안 밖에 함께 나갔다가 그다음엔 같이 들어와서 앉아있기로 타협을 했다. 부모-자녀 쌍에서 일어나는 활성화의 순간을 추적하고, 부모가 보는 앞에서 자녀가 가진 취약성의 원인을 내레이션하는 것은 양쪽 모두에게 도움이 된다.

부모와 함께 하는 스토리 기반 심리 교육

3세 소녀 타니카는 제3세계 국가에서 2년 전에 입양되었다. 그녀의 양부모에게는 두 살배기 친자녀가 있다. 그들은 두 아이 사이에 엄청난 차이점을 발견하곤 상담을 요청했다. 타니카는 태어나 다리 밑에 버려졌다. 발견된 아이는 고아원으로 보내졌다. 생후 12개월에 타니카는 많은 아이들과 한 방에서 잠을 잤다. 얇은 매트리스에서 자다가 떨어지면 바닥에서 굴러다니며 잤다. 타니카는 한밤중에 일어나 침대에서 침대로 옮겨다니며 하이파이브를 했다. 일단 그녀가 하이파이브할 정도로 깨어있는 사람을 발견하게 되면, 그 사람과 함께 침대 안으로 기어 올라가곤 했다. 그런 식으로 그녀는 자신이 할 수 있는 자원을 이용하여 기본적인 접촉의 욕구와 신체적 편안함을 얻기 위한 힘겨운 노력을 했다. 트라우마와 관련된 여러 가지 핵심개념들(편도체 경보, 상향식 뇌 발달)을 다룬 회기가 끝나기 10분 전에 아이 아빠는 딸이 깰 때 보이는 흥분상태의 성향을 설명했다. 그는 "아이는 아침 6시 30분에 초록색으로 변하는 알람시계를 가지고 있어요. 아이가 얼마나 오랫동안 그래왔는진 확실치 않지만, 항상 초록으로 바뀌는 그 순간을 기다리며 시계를 쳐다보고 있어요. 그게 트라우마 때문일까요?"라고 물었다. 아빠와 나는 호기심 모자를 쓰고 그 표현에 깔린 욕구를 함께 생각해 보았다. 타니카의 초기 삶의 실타래를 발달과정에 따라 현재까지 끌어당겨 보는 것을 통해 우리는 연민의 우물을 열게 되었다. 우리는 타니카가 "난 당신 곁에 있어야 해요."라고 한 말을 이해하게 되었다.

치료실로 그것(It)을 가져오기

부모가 자녀와 또는 부부간의 의사소통 사이클을 변화시키도록 돕기 위해서는 우선 그 사이클을 이해하는 것이 필요하다. 사이클을 이해하기 위해서는 문제가 있거나 혼란스러운 소통이 일어났을 때 호기심과 연민의 마음을 가지고 집중하는 것이 필요하다. 트라우마플레이 슈퍼비전에서는 이 과정을 **치료실로 그것(It)을 가져오기**라고 부른다. "그것이 뭐지?"라는 질문의 답을 찾는 것이다.

'그것'

그것(It)은 여러 형태를 가질 수 있지만, 한 사람의 의사소통이 다른 사람의 의사소통을 촉발시키는 순간을 나타낸다. 그것(It)은 개인 간에 생길 수도 있고 개인 내적으로 생길 수도 있다. 개인 간으로는, 아이가 세션이 진행되는 동안 칭얼거리기 시작할 때 턱을 조이는 작은 행동을 보이는 것으로 그것(It)이 나타날 수 있다. 자녀와 함께 하는 놀이, 모래놀이, 미술활동, 단어들의 내용이 잘 맞지 않을 때 부모가 미소를 지어 보이는 것으로 그것(It)이 나타날 수도 있다. 개인 내적으로는, 상호작용을 하는 동안 부모가 공백상태가 되거나 '체크아웃'해 버린 것처럼 보일 수도 있다. 이런 반응을 언급하며 부모에게 그 당시 내적 상태가 어땠는지를 물어보면, 놀이 참여와 대립, 현재 상태 등에 관한 부모 자신의 수용의 창을 깊이 있게 성찰하게 된다. 때론 그것(It)은 아이의 잘못에 대한 부모의 수용을 의미하기도 한다. 트라우마 인지 양육은 부모가 아이의 의사소통을 액면 그대로 받아들이는 대신 이전의 충족되지 못한 욕구나 압도되는 감정에 대처하기 위해 선택한 방식이 지금의 잘못된 소통방식으로 나타난다는 점을 이해할 수 있도록 한다. 가장 파괴적인 부모-자녀 상호작용 사이클 중 하나는 애착문제가 있는 자녀가 부모의 도움은 필요 없다며 혼자 모든 걸 할 수 있고 그게 더 좋다고 거짓 신호를 보내는 것이다. 부모가 이런 신호를 액면 그대로 받아들이면, 아이는 누군가를 믿고 위험을 극복하는 도움을 받을 기회를 놓치게 된다.

개인 간에 일어나는 과정은 부모-자녀 회기에서 아동 또는 청소년과 함께 탐색해 볼 수 있다. 트라우마플레이 슈퍼비전 그룹에서 한 노련한 임상가가 개인 간 과정을 상담실로 불러오는 데 초점을 맞춰야 할 필요성을 보여주는 강력한 사례를 공유해 주었다. 트라우마플레이에서 우리는 외상을 입은 아이들이 자신의 생리를 진정시키는 법을 배우도록 돕기 위해 병렬과정 작업을 종종 한다. 놀이적 요소가 있는 다양한 바이오피드백 도구를 활용하여 부모들에게 자녀의 생리 반응을 보다 효과적으로 조절할 수 있도록 돕는 훈련을 하는 것이다. 이 임상가는 한동안 가족과 함께 상담을 진행해 왔으며 엄마 및 내담아동과 강한 치료 동맹을 맺고 있었다. 그녀는 조이(6세, 국제입양)에게 휴대전화로 청진기, 산소포화측정기, 심장박동 앱을 사용하는 방법을 가르쳐서 치료 중간중간 심장이 얼마나 빨리 뛰는지를 알 수 있도록 했다. 이전의 바이오피드백 작업은 다양한 각성상태에 대한 아이의 수용의 창을 넓히는 데에만 치료 초점을 맞추고 있었다. 그는 상향 조절 활동을 하면서 맥박을 재어보고, 놀이 형태의 하향 조절 활동을 하며 다시 맥박을 재어보았다. 이 작업을 통해 그는 이전에 이해했던 것보다 자신의 내적상태에 미치는 더 많은 영향에 관해 배울 수 있다며 기뻐했다.

이 특별한 세션에서 엄마와 내담아동, 치료자는 모두 함께 춤을 추며 심박수를 높이고 심장이 얼마나 빨리 뛰는지 비교했다. 그러고 나서 치료사는 엄마가 아이를 꼭 껴안고 책을 읽어주도록 하였다. 엄마는 선반에서 어린이 고전 **엄마, 난 도망갈 거야**(*The Runaway Bunny*)를 골라 읽기 시작했다. 이 책은 이야기 서술 형식에 익숙지 않은 아이들을 위해 엄마로부터 도망가는 토끼의 모습을 한 페이지씩 보여주고 있다. 한 페이지에는 "나는 아무도 모르는 꽃밭에 크로커스로 필 거야."라고 하고, 이에 엄마 토끼는 "네가 아무도 모르는 꽃밭에 크로커스로 피어나면, 난 정원사가 되어 널 찾아낼 거야." 라고 답한다. 몇 번이고 아기 토끼는 엄마로부터 떨어지려 하고 엄마는 아기와 가까이 있기 위해서 무엇이든 한다. 산소포화측정기가 조이의 손가락에 그대로 있었기 때문에 우리는 이전에는 이해하지 못했던 패턴을 알아차릴 수 있었다. 조이의 자세는 편안했고 책을 읽는 내내 엄마에게 기댄 채 아무런 표정 변화 없이 있었지만, 토끼가 도망가는 페이지에서는 심박수가 크게 증가했고 엄마 토끼가 늘 곁에 있을 거라는 믿음을 주는 장면에서는 심박수가 느려지곤 했다. 이 세션은 놀라웠고 내적 상태를 외부 모니터링할 수 있는 기회를 제공해 주었다. 즉 아기 토끼가 엄마 토끼로부터 분리되는 위협을 감지하고 반응하는 안전에 대한 내부수용감각을 모니터링할 수 있게 되었다. '치료실로 그것(It)을 가져오기' 만트라에 기반을 둔 그 임상가는 "우리가 책을 읽는 동안 너의 몸은 우리에게 정말 중요한 것들을 말해주고 있었어! 아기 토끼가 도망가는 이야기에서 너의 심장이 빨리 뛰었지… 그건 무언가 신나거나 무서울 때 우리 몸이 보여주는 신호 같은 거야. 네 겉모습만 보고는 심장박동이 빨라진 걸 몰랐을 거야. 네 표정과 몸은 여전히 편안해 보였거든. 어머님, 다른 때도 이런 경우가 있는지 궁금하네요. 몸 안에서는 스트레스를 받고 있지만, 겉으로는 괜찮다고 하는 식 말이에요. 제 생각엔 옛날에는 이 방법이 조이에게 도움이 되었겠지만, 지금 조이는 당신과 함께 있으니 조이의 몸이 무엇을 말하고 있는지 그리고 그가 필요로 하는 그것(It)을 더 빨리 도울 수 있는 방법이 무엇인지를 배우게 되면 정말 도움이 될 것 같아요."라고 말했다.

이 임상가는 조이가 시설에서 자랐을 때 아무리 무서워도 침착하고 괜찮은 척해야하는 걸 배웠던 이전의 경험에 대해 트라우마 인지 가설(Trauma-informed Hypothesis)을 세우기 시작했다. 시설 직원과 시설에 있는 다른 아이들에게는 울고, 소리 지르고, 고통스러워하는 아이를 받아줄 인내심이 없었기 때문에, 그는 자신의 고통을 감추는 법을 배운 것이다. 몸은 있는 그대로 반응한다고 하는데, 이 경우 조이의 내적인 혼란과 겉으로 보이는 침착함 사이의 부조화로 인해 아이는 양엄마로부터도, 또한 자기 자신으로부터도 위로받지 못했던 것이다. 트라우마 치료사들은 적정 수준에 맞게 두려움에 접근하는 방식을 배운다(Goodyear-Brown, 2019). 이 사례의 경우, 조이가 가면을 쓰게 된 이유와 핵심공포에 대한 내러티브를 공유하는 것도 필요했지만, 몸과 마음의 내적 일치를 위한 작업을 놀이방식으로 바로 진행해 보았다. 임상가는 조이와 엄마가 함께 탐정이 되어 조이의 몸이 흥분과 공포에 관해 무엇을 말하고 있는지 알아보자고 이야기했다. 슈퍼비전에서 우리는 새로운 자극에 대해 그의 몸이 반응하는 방식을 알아볼 때 스트레스를 적게 주면서 살펴볼 수 있는 놀이적인 방법들이 무엇이 있을까 의논했다. 우리는 스파게티 통에 손 넣기, 부드러운 플란넬 천 만지기, 엄마에게 안기기 등이 포함된 촉각경험 메뉴를 만들어 그 경험을 하는 동안 심장박동수를 기록하는 활동을 개발했다. 이 활동을 통해 조이는 자신의 심박수가 새로운 상황에 어떻게 반응할지 예측할 수 있을 것이고, 심박수를 낮추는 데 필요한 것이 무엇인지도 더 잘 예상할 수 있을 것이다. 조이가 내적 상태를 정확하게 조율하는 능력을 갖춤으로써 이 어려운 부분에 접근하는 것이 용이해지는 것이다. 우리는 아이의 힘든 이야기를 담아주는 데 엄마의 도움을 요청할 수도 있다.

애착치료자로서 나는 엄마, 난 도망갈 거야에 나오는 다양한 은유를 좋아한다. 엄마 토끼와 아기 토끼는 자아 정체성, 독립성, 자아감이 성장하기 위한 아이의 분리 욕구와 자녀의 환상적인 자기-정의와 자율성을 수용하는 부모의 적응력과 유연성 간의 복잡하고도 중요한 내용들을 잘 나타내 주고 있다. 아기 토끼는 **내가 …될 수 있어요? 내가 …되면 우리는 어떻게 되지요?**라는 질문을 한다. **아이의 개별화 과정 동안 난 어떻게 연결을 유지하지?**라는 엄마 토끼의 무언의 질문을 통해 엄마는 아이 양육과 안내에 필요한 어떤 역할이든 하게 된다. 각 장면마다 엄마는 다른 역할을 시도하며 아이에게 안전을 제공하기에 충분한 신체적 근접성을 유지하며 아이 곁에 가까이 머무르고 있다. 이 책은 신생아기부터 지속적으로 엄마가 아기의 모든 욕구를 충족시켜 준다는 점에서 매력적이고 희망적이며 포근한 내용으로 보이지만, 조이에게는 무서운 시나리오이다. 그는 생후 3년 동안 수천 번의 욕구를 수용받지 못했고 3세 반이 될 때까지 가정도 없었다. 화해(rapprochement)[1]와 개별화 시기에 해당하는 연령인 그는 그 시기보다 훨씬 이전의 발달과업인 애착문제에 직면하게 된다. 아이의 대상영속성(눈에 보이진 않지만 그 대상은 존재한다는 것에 대한 이해)을 발달시키는 상호작용은 그에게 제공되지 않았다. 현재 엄마의 역할과 아울러 그 시기와 관련된 초기 경험에 대한 이야기를 만들어 보는 것은 조이에게 중요한 것이다.

내레이션이 필요하다

조니는 겨우 9세이었지만 14세는 되어 보이는 남자아이다. 이 점은 그의 주된 발달투쟁을 더 어렵게 만들었다. 조니는 출생 직후 국내입양된 아기였으나 자궁 안에서 병을 앓았고 심각한 질병을 가진 채 태어났다. 치료를 추천받았을 당시 그는 집에서 통제가 안 될 정도로 분노폭발을 보였으며 부모는 그를 어떻게 해야 할지 확신을 잃은 상태였다. 이에 대한 해결책으로 한 발짝 나아가기 위해서는 조니가 양엄마와 함께 자신의 이

---

[1] 역자 주 : 말러(Margaret Mahler)가 제안한 용어로 생후 18개월에서 2세까지 계속되는 인간 발달의 분리 개별화(separation-individuation) 과정에서 제4위 하위 국면을 말한다(이철수 외, 사회복지학 사전, 비상, 2009).

야기를 정리해 볼 필요가 있었다. 이 내담자의 이야기 중 일부는 EMDR국제협회의 학술지인 *Go With That Magazine*에 실려있다. 어느 날 조니가 와서 그의 초기 방임을 상기시키는 행동을 보였을 때, 나는 그의 초기 삶을 내레이션하는 것이 중요하겠다는 생각이 들었다. 나는 엄마에게 모래상자 안에 조니에 대한 가장 초기 기억을 나타내 줄 수 있는지 물어보았다. 엄마는 피규어들을 모았고, 조니는 큰 짐볼 한쪽에 몸을 숨기고서 눈만 살짝 올려서 모래상자가 꾸며지는 것을 유심히 관찰하고 있었다.

　우리가 조니의 출생에 대한 이야기를 나누었을 때, 엄마는 조니를 데리러 가니 기저귀만 찬 채 병원침대에 누워있었다고 설명해 주었다. 기저귀만 차고 있어서 아기가 춥진 않았을까 걱정되었다는 얘기도 덧붙였다. 나는 싸개로 어떤 담요가 좋았을까 말하며 몇 개의 천 조각들을 제공했다. 조니는 하나를 지목했고 그 순간, 양육이 필요했던 자기-대상인 아기를 이야기 속에서 돌보기 시작했다. 어려운 환경에서 자란 아이들은 종종 치료자로부터 직접적인 양육을 받기 전에, 선택한 자기-대상을 치료자가 돌봐주는 것을 관찰하면서 대리적인 양육을 우선적으로 경험할 필요가 있다(Goodyear-Brown, 2010). 나는 조니가 가리킨 천을 엄마에게 주었고, 엄마는 병원침대에 누워있는 아기 주변에 아주 조심스럽게 그것을 넣어주었다. 그러고 나서 나는 "병원에서 아기를 집으로 데리고 갔을 때 어땠는지 보여주세요."라고 말했다. 조니는 몸 상반신을 짐볼 위로 올려서 공을 모래상자 가까이 굴렸다가 다시 멀어졌다. 나는 "엄마, 집에 가는 가방을 싸야겠어요!"라고 말했다. 난 항상 양육과 관련된 내레이션을 할 때는 내담부모의 이름을 부르는 대신 '엄마', '아빠'라 부른다. 특히 엄마나 아빠가 가지는 그 역할 기능에 대해 아이가 확신을 가지지 못하는 경우에는 더욱더 그렇게 한다. 엄마는 "맞아. 담요가 필요할 거야. 젖병도…"라고 말했다. 조이도 이때 합류해서 "그리고 쪽쪽이도요."라고 말했다. 나는 조니에게 웃어 보이며 아기를 집으로 데려올 때 넣을 물품에 공갈 젖꼭지도 필요하다고 확인해 주었다. 그 이후로, 우리는 조니의 최근 이야기를 더 많이 나눌 수 있었다. 큰 소년의 모험에 관한 이야기에 대해서 말이다. 우리는 그네를 타면서 종종 이 내용을 다루었다. 가장 최근에는 그네를 성공적으로 타서 용기가 부쩍 자란 날, 조니가 나무, 풀, 그네를 그렸다(그림 9.9를 보시오). 웃고 있는 얼굴은 그의 얼굴이다. 내가 그림에 있는 눈알 단추에 대해 물어보자, 그는 "저건 나를 보는 당신들이에요."라고 답했다. 그가 그네를 능숙하게 탈 수 있게 되자, 그는 더 힘든 내용에 적정 수준으로 조금씩 접근하기 시작했다.

그림 9.9 나를 보고 있는

Nurture House에서는 수많은 '집으로 오는 이야기'들을 내레이션한다. 우리는 아이가 모래상자 뒤에서 유심히 지켜보는 가운데 러시아에서 아이를 데려오기 위해 루블을 들고 비행기를 타는 부모의 모습을 재연했다. 우리는 한 아시아 여성이 그 부부가 그녀의 아이를 데리고 가는 것을 몇 시간 동안이나 지켜보고 있었던 순간을 내레이션했다. 사랑으로 키워줄 사람이라 믿고 아이를 부탁하고는 강둑을 따라 걸어가는 그들을 한참이나 서서 보고 있는 그 순간을 이야기했다.

정서적 통합 촉진하기

힘든 감정을 표현하는 데 늘 어려움을 겪고 있던 알리시아는 부모가 이혼을 준비하는 동안 그 문제가 더 심해졌다. 현재 그녀의 부모는 이혼소송 중이고, 아이는 종일제 베이비시터가 돌보고 있다. 한편, 부모는 예전과 같이 아이들을 양육할 경제력을 확보하기 위해 과도하게 오랜 시간 근무를 하고 있으며, 함께 살지 않는 한쪽 부모는 예전에 비해 훨씬 적게 만나는 걸로 리듬이 바뀌고 있다.

음악 레슨이 있는 어느 날 오후, 부모 사이의 긴장이 절정에 달한 적이 있었다. 엄마가 자녀를 양육하는 시간에 알리시아를 음악수업에 데려갔고 동생의 수업이 끝나지 않아 기다리고 있는 중에 아빠에게서 계속 전화가 왔었다. 다른 많은 아이들도 대기실에 있었는데, 아빠가 나타나 엄마에게 소리를 지르고 부정적인 말을 하기 시작했다. 아이들은 아주 불편한 대화가 이어지는 것을 보았다. 트라우마플레이에서는, 힘든 일이 있었음을 우리가 알고 있다는 걸 아이들도 알게 해주는 것이 매우 중요하다는 점을 기억하자. 그래서 다음 상담시간에 나는 알리시아와 모래놀이실로 가서 "피아노 레슨이 끝나고 힘든 일이 있었다고 엄마가 전화로 알려주셨단다. 로비에서 아빠가 엄마에게 소리를 쳤다고 하시더구나."라고 말했다. 기분이 어땠는지 물어보는 대신에 나는 "난 네가 그 일에 관해 여러 가지 큰 감정들을 가지고 있을 거라 생각해."라고 말했다. 나는 손바닥을 펴서 모래를 부드럽게 만지며 말을 하고 있었다. 알리시아는 내 손이 상자 안에서 왔다 갔다 하는 걸 지켜보며 "이제 익숙해진 것 같아요. 지금은 신경 안 써요."라고 말했다. 나는 질문을 했다. "그럼 일어난 일을 생각하면 어떤 기분이 드니?"라고 말이다. 알리시아는 "정말 아무것도 느껴지지 않아요."라고 답했다. 나는 알리시아에게 복합정서카드를 주었고, 그녀는 불편한 듯 눈을 굴렸다. 나는 "피아노 레슨이 있었던 날, 다른 사람들이 가까이 지켜보고 있는 상황에서 부모님이 소리 지르는 걸 벤치에 앉아 듣고 있었을 때를 생각하면서 이 카드들 중 지금 네 눈에 띄는 카드 세 장을 뽑아 봐."라고 말했다.

　알리시아와 나는 일 년 동안 함께 상담을 해오고 있었다. 비록 그녀가 눈을 굴리며 불쾌감을 표현하긴 했지만, 나에 대한 신뢰가 있었기 때문에 그녀는 그 작업을 기꺼이 수용했다. 나는 그녀에게 카드를 하나씩 골라서 숨겨두면 내가 그 카드를 찾을 거라 말해주고 조금 재미가 가미된 활동으로 진행했다. 그녀는 한참 동안 카드를 훑어보다가 마침내 카드 세 장을 골랐다. 우리는 이 작업을 하면서 알리시아의 숨겨진 감정을 내가 찾을 수 있도록 돕는 게임 하나를 개발했다. 내가 방을 돌아다닐 때 그녀가 '뜨거움'과 '차가움'을 눈 신호로 알려주는 것이었다. 그녀가 확인한 감정들은 **스트레스 받는, 혼란스러운, 확신이 없는**'이었다. 나는 그녀에게 그 카드를 모래상자에 꽂아두게 했고 우리는 몇 분 동안 그것을 바라봤다. 나는 "여기 있는 세 장의 감정카드를 각각 나타내 주는 상징을 찾아볼 수 있겠니?"라고 말했다. 그녀는 활짝 웃으며 "그럴 줄 알고 다 생각해 뒀어요."라고 답했다. 그녀는 오랫동안 내 내담자였고, 게슈탈트의 상징성을 우뇌를 통해 좌뇌의 언어적 내러티브로 구체화하는 나의 성향을 이미 알고 있었을 것이다.

아이러니하게도, 그녀는 다른 아이가 만든 불타는 머리카락이 달린 진흙 머리 피규어를 골랐다. 뇌가 거의 불붙어 있는 것처럼 보이는 이 피규어를 골라 '스트레스 받는'이라 적힌 카드 앞에 놓았다. 두 번째 상징을 고르는 데는 시간이 오래 걸렸다. 부모의 이혼과 그로 인한 반감에서 느껴지는 '혼란스러운' 감정을 나타내기 위해 토네이도를 골랐다. 혼란스러움은 소리 질렀던 일이 왜 일어났는지에 대한 서로 다른 두 가지 설명에 관한 것이었다. 이 두 가지 버전의 설명은 정리되지 않았고, 누구를 믿어야 할지 확신이 서지 않는 결과를 낳게 되었다. '확신이 없는'이라고 적힌 마지막 카드는 교차로에 있는 두 개의 다른 길을 나타내었다. 알리시아는 한참 동안 선반 앞에 서서 살펴보다가 영화 '메리다와 마법의 숲'에 나오는 세쌍둥이 피규어를 골랐다. 세 명의 빨간 머리 소년들은 항상 제멋대로였다. 흥미롭게도 자아가 하나도 아니고 둘도 아닌 셋이었다. 나는 그녀가 보여주는 두 가지 다른 종류의 자아가 하나는 엄마에게, 다른 하나는 아빠에게 향한 것이 아닌가 하는 생각을 했다. 나는 마지막 세 번째 자아는 알리시아가 상황을 분명히 보는 여행을 하고 있는 진정한 자아를 나타내는 것이길 희망했다.

정원 타임라인

아이들과 청소년들은 스트레스와 부정적인 인생 사건에 압도당한 개인 역사의 짐을 지고 상담에 오곤 한다. 그 사건으로부터 온 압박으로 인해 인간적인 승리와 강점에 대한 기억들이 사라지고, 자신의 역사가 비일관적이고 냉소적인 내러티브로 변하게 된다. 놀이치료와 내러티브 접근은 불일치한 아이의 이야기를 예술적이고 표현적인 매체를 통해 이끌어 낼 수 있도록 도와준다. 아이들은 안전하고 지지적인 치료 환경의 맥락 속에서 자신의 이야기를 목격하고 트라우마를 통합하고 삶의 경험을 이해함으로써 트라우마 내러티브의 짐으로부터 벗어날 수 있게 된다.

아이가 자신의 이야기를 목격하고 일관성 있는 이야기를 전개할 수 있도록 돕는 놀이 기반 접근방법 중 하나는 정원 타임라인 만들기다. 아이의 개인 역사를 시각적으로 표현하는 것은 그 이야기 전체를 시각적으로 담아주는 그릇이 될 뿐만 아니라 더 깊은 작업으로의 노출을 위한 적정 매개체 역할을 하게 된다.

이 개입은 내러티브와 이야기 작업이 발달적으로 필요한 이유를 알려주면서 시작한다. 즉 자신만의 독특한 이야기의 중요성과 가치 그리고 삶에서 경험한 사건을 통해 지금 우리의 모습이 만들어진 방식을 강조하며 시작한다. 정원에 대한 은유는 과정 (process)이 있다는 점과 시간에 따라 전개된다는 점에서 인생 이야기에 적용될 수 있다. 씨앗을 심듯이 때론 인생의 사건들이 우리 삶에 심어지고, 창조된 정원의 형태는 그 안에 있는 씨앗을 반영해 주는 것이다. 나는 상담과정을 통해 우리 자신을 돌보는 것은 정원을 가꾸고 잡초를 치우고 햇볕과 비를 적당히 쬐고 적셔 식물을 잘 키우는 것처럼 힘들지만 중요한 작업이라는 얘기를 자주 하곤 한다. 정원을 잘 관리하기 위해서는 성장에 방해가 되는 돌이나 바위, 건강하지 않은 토양이 있는지 잘 살펴봐야 한다. 나는 누구나 자신의 '정원' 이야기에 돌이나 건강하지 않은 토양을 가지고 있다는 것을 항상 확인하곤 한다. 사람에 따라 더 많거나 더 적을 수는 있지만, 누구에게나 자신의 정원을 돌봐야 하는 책임이 있다. 은유에 대한 언급이 다 끝나면, 아이에게 자신의 정원 타임라인을 만들어 보도록 한다. 종이를 길게 연결해서 종이 한가운데에 줄을 긋거나 색테이프로 윗부분과 아랫부분을 나누는 선을 만든다. 선의 맨 끝에 치료사가 아이의 인생 이야기의 시작을 의미하는 출생일을 적는다. 거기서부터 아이는 좋은 것이든 나쁜 것이든 자신의 삶에 일어난 사건들을 시간순으로 표시한다. 좋은 기억들에는 선 위쪽으로 꽃이 달린 식물 줄기를 그리거나 붙인다. 이에 해당하는 것들로는 긍정적인 경험, 삶의 덧셈, 의미 있는 사람 등이 있다. 자신에게 얼마나 '긍정적인' 느낌을 주는지에 따라 줄기의 길이를 선택한다. 치료사는 식물의 줄기에 나타난 긍정적인 삶의 사건을 이야기하고, 아이는 꽃을 완성한다. 죽음, 상실, 사람, 트라우마 사건과 같은 나쁜 기억들에는 선 아래쪽으로 종이 돌을 잘라 붙인다. 그 기억이 얼마나 부정적이거나 '무거운' 느낌을 주는지에 따라 돌의 크기를 선택할 수 있다. 치료사는 아이가 구분해 주는 대로 돌에 라벨을 붙인다. 특히 '막혀있거나 불분명한' 느낌을 주는 기억들에는 선 아래에 진흙 웅덩이를 만들어 꽉 막혀버린 부분임을 표시하고 여기에도 치료사가 라벨을 붙인다. 아이가 자신의 삶의 이야기를 되짚어 보고 시간순으로 정원 타임라인을 만들고 나면, 아이와 치료사는 삶의 이야기 전반을 돌아보며 의미 있는 주제와 회복력, 변화를 함께 들여다본다.

아이의 삶의 내러티브 작업을 통해, 아이는 안전한 환경 안에서 자신의 의미 있는 인생 사건을 되짚어 보고 그 사건과 연관된 감정을 재경험하며 새로운 방식으로 다룰 수 있게 된다. 이 과정을 통해 아이는 기억을 유지하게 되고 나쁜 사건들로 인한 조절불능 상태가 되지 않는 법을 배우게 된다. 그뿐만 아니라 목적과 의미가 함께 어우러진 다양

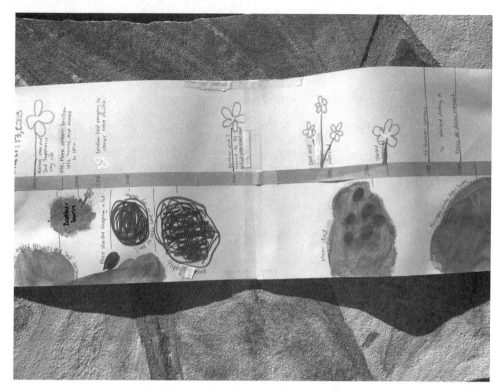

그림 9.10 정원 타임라인의 예

한 이야기 속에 담겨있는 구원의 아름다움을 배우게 된다. 아이들은 모든 것이 더러운 흙처럼 보일 수 있는 자신의 이야기 속에서 아름다움을 발견할 수 있는 힘을 갖게 된다. 정원 타임라인의 예는 그림 9.10에 나와있다.

난 여전히 서있어요

당신에게는 몇 해 동안 함께 가고 있는 내담자들이 있을 것이다. 나에게도 한 명 있다. 토머스는 내가 처음 만났을 때 아기였다. 그의 친할아버지는 나를 찾았고 양가 네 명의 조부모가 모두 참석하는 접수 세션을 주선해 주었다. 토머스의 부모는 둘 다 중독문제가 있었고 그의 삶에 들어왔다가 다시 없어지곤 했다. 접수면접 시, 조부모들 중 어느 누구도 토머스의 부모가 양육권을 되찾을 수 있을 거란 희망을 갖지 않았다. 토머스는 속내를 보이지 않고 공룡이 가득한 모래상자를 조용히 꾸몄다. 종종 공룡들이 파벌을 나누어 싸웠고 사상자가 나고 다시 전쟁이 시작되곤 했다. 나는 토머스의 엄마와 간헐적으로 연락을 했다. 그녀는 토머스를 무척 사랑했지만, 약물 투여로 인해 원가족 내에서 통제와 역기능적 패턴에 갇혀있다는 느낌을 받고 있었다. 토머스의 아빠는 아들의 인생에서 분명한 자리를 얻지 못하고 있었으며 스스로 자기 파괴적인 선택을 했다. 중독과 재활을 거치면서 아들과 더 깊은 연결을 원하는 마음이 있었던 시점에, 토머스의 아빠는 부모코칭 세션에 참여하기 시작했다. 나는 그가 어떤 아빠가 될 수 있는지 안내하기 위해 노력했다. 그리고 그 기간 동안 여러 번 실망스러운 일이 일어났고 그때마다 세션이 중단되고 그는 아들의 삶에서 강제 퇴출되곤 했다. 갑작스러운 트라우마와 고통을 통해 얻는 성장이 이루어지는 일련의 사건들을 거치면서 두 부모는 다른 선택을 하기 시작했다. 그들은 토머스의 부모 자리를 찾기 위해 열심히 노력하여 약물중독에서 벗어났음을 법원에 증명하고 토머스를 매일 돌보기 시작했다. 그들은 법원 명령서에 따라 법원이 그들을 안전하고 일관된 양육자로 인정할 때까지 다른 사람이 밤새 집에 함께 있어야 한다는 규정을 준수했다. 3년 동안 이 어린 소년이 부모 중 한 명 또는 두 명 모두와 헤어지고 다시 만나는 과정을 거친 끝에 마침내 법원은 엄마와 아빠의 공동양육권을 허락했다.

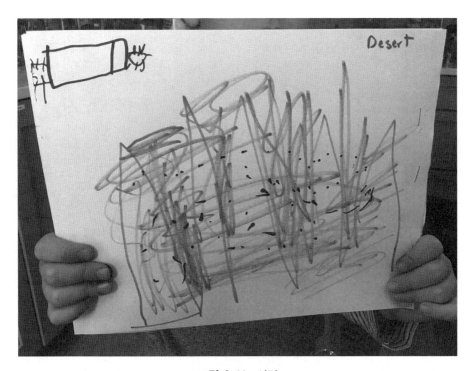

그림 9.11 사막

그림 9.12 평화로운 땅

그림 9.13 용암맨으로부터 도망치는 가족

그림 9.14 매직카펫그네

　법원 판결 후 가진 첫 세션에서 토머스는 도착하자마자 "마커랑 종이가 필요해요." 라고 했다. 그는 그리고 또 그렸다. 모두 다섯 페이지를 그리고는 책을 만들 수 있도록 스테이플러를 달라고 했다. 책이 완성되자, 그는 밖으로 나가자고 하며 "이제 난 선생님을 하고 선생님은 학생을 하세요."라고 했다. 그는 흔들의자에 앉아 그가 만든 이야기를 시작했다. "처음엔 사막이었고 거긴 헬리콥터가 있었어요. 하지만 착륙할 곳이 없었어요"(그는 그림 9.11에 있는 이미지를 가리켰다). "오랜 시간이 지나서 평화로운 땅이 되었어요"(그림 9.12를 보시오).

　토머스는 그 당시에 보았던 영화 '스파이더맨' 이미지와 용암맨 그림을 엮어서 보여주었다. 그리고 그는 책 마지막 페이지에 동적 가족화를 추가해 완성했다. 그는 "용암맨이 가족을 쫓아왔지만 그들은 함께 RTV에 올라타 도망갔어요."라고 말했다(그림 9.13을 보시오). 그는 이야기를 다 읽고 난 후 의자에서 내려와 "그네 타고 싶어요."라고 말했다. 우리는 매직카펫그네로 가서 엎드렸다. 그네는 그림 9.14에 나와있다.

그는 엎드린 채 밀어달라고 부탁했다. 나는 그가 날고 있는 것처럼 보인다고 반영해 주었다. 토머스는 활짝 웃으며 그네 앞쪽으로 몸을 숙이고는 슈퍼맨처럼 주먹을 내밀었다. 잠시 후 그는 "이제 충분히 높아요. 다른 걸 해볼게요."라고 했다. 나는 그에게 줄을 꽉 잡으라고 했고, 그는 끙끙대며 무릎을 세웠다. 그는 무서워하는 걸로 보였고, 우리는 다음과 같은 대화를 주고받았다.

패리스(저자) : 해냈구나! 좀 무서웠던 것 같은데도 해냈어!
토머스 : (활짝 웃으며) 네! 이제 일어나 볼게요…

나는 그가 용기를 내는 모습을 지켜보았다. 그는 비틀거리며 일어서려는 자세를 취하고 있었다. 그가 서있는 자세를 유지하려 애쓰고 있을 때 나는 "해냈구나!"라고 말해 주었다.

토머스 : 'I'm still standing(난 여전히 서있어요)' 노래가 생각나요!
패리스 : (토머스의 상황에 이미 그 노래 가사를 느끼며) 나도 그 노래 알아. 엘튼 존 노래지. 네가 그네 타는 동안 그 노래를 찾아볼게.

나는 이 노래의 버전을 어린이 영화 '씽'에서 찾아서 틀었다. 흥에 겨워 그네를 타며 목청껏 가사를 따라 부르며 축하의 숨을 내쉬며 느꼈던 정서 강도[2]를 이루 형언할 수가 없다. 후렴에서 'I'm still standing(난 여전히 서있어요)'을 반복할 때마다 그는 더 높이 그네를 탔다. 이 이야기를 엄마, 아빠와 함께 나누며 우리는 모두 함께 눈물을 흘렸다. 지난 3년간 부모님이 가족의 재결합을 위해 열심히 노력하여 이 소중한 소년의 안전한 보스, 양육자, 이야기지킴이가 된 것에 감사했다.

가족 구성원 모두가 많은 고통을 겪고 난 후 평화와 재결합이 이루어지게 되었다는 이 이야기를 당신과 나누고 싶었다. 당신이 부모들의 이야기지킴이로서의 역량을 여전히 키우고 있는 중이라 할지라도, 당신은 내담가족의 이야기지킴이라는 크나큰 특권을

---

[2] 역자 주 : 정서를 경험할 때의 느낌이나 반응의 크기. 정서 강도는 정서마다 다르며, 자율신경계의 각성 수준과 밀접한 관련이 있다. 자율신경계의 각성 수준(예 : 심장박동률이나 혈압이 올라가고 호흡이 가빠짐)이 높을수록 정서 강도는 높아진다(한국교육심리학회, 교육심리학 용어사전, 학지사, 2000).

그림 9.15 '우리가 함께 꼭 붙어있으면' 만트라

가지는 존재이다. 나는 이 글을 처음 시작했던 방식대로 마무리하고 싶다. 부모와 아이가 함께 꼭 붙어있다면 어려운 일들을 해낼 수 있다는 큰 희망을 가지고서 말이다. 마지막 유인물을 실어두었다(그림 9.15를 보시오). 졸업하는 가족들에게 부담 없이 이것을 나누어 주길 바란다. 이것은 'When we stick together, we can do hard things(우리가 함께 꼭 붙어있으면 힘든 일을 해낼 수 있어)'라는 진실을 상기시키는 간단한 방법이다. 아동치료사와 양육코치들에게도 마찬가지다!

Ainsworth, M. D. S., & Bell, S. M. (1970). Attachment, exploration, and separation: Illustrated by the behavior of one-year-olds in a strange situation. *Child Development, 41*(1), 49–67.

Anda, R. F., Felitti, V. J., Bremner, J. D., Walker, J. D., Whitfield, C., Perry, B. D., et al. (2006). The enduring effects of abuse and related adverse experiences in childhood: A convergence of evidence from neurobiology and epidemiology. *European Archives of Psychiatry and Clinical Neuroscience, 256*(3), 174–186.

Applegate, J. S., & Shapiro, J. R. (2005). *Neurobiology for clinical social work: Theory and practice.* New York: Norton.

Badenoch, B. (2008). *Being a brain-wise therapist: A practical guide to interpersonal neurobiology.* New York: Norton.

Badenoch, B., & Kestly, T. (2015). Exploring the neuroscience of healing play at every age. In D. Crenshaw & A. Stewart (Eds.), *Play therapy: A comprehensive guide to theory and practice* (pp. 524–538). New York: Guilford Press.

Bailey, R. A. (2015). *Conscious discipline: Building resilient classrooms.* Loving Guidance.

Baumrind, D. (1989). Rearing competent children. In W. Damon (Ed.), *Child development today and tomorrow* (pp. 349–378). San Francisco: Jossey-Bass.

Berk, L. S., Felten, D. L., Tan, S. A., Bittman, B. B., & Westengard, J. (2001). Modulation of neuroimmune parameters during the eustress of humor-associated mirthful laughter. *Alternative Therapies in Health and Medicine, 7*(2), 62–76.

Booth, P. B., & Jernberg, A. M. (2010). *Theraplay: Helping parents and children build better relationships through attachment-based play* (3rd ed.). San Francisco: Jossey-Bass.

Bowlby, J. (1969). *Attachment and loss: Vol.1. Attachment.* New York: Basic Books.

Bowlby, J. (1973). *Separation: Anxiety and anger: Vol. 2. Attachment and loss.* London: Hogarth Press.

Bowlby, J. (1980). *Loss: Sadness and depression: Vol. 3. Attachment and loss.* London: Hogarth Press.

Bowlby, J. (1988). *A secure base: Parent–child attachment and healthy human development.* London: Routledge.

Brown, B. (2015). *Daring greatly.* New York: Avery Press.

Burke, C. A. (2010). Mindfulness-based approaches with children and adolescents: A preliminary review of current research in an emergent field. *Journal of Child and Family Studies, 19*(2), 133–144.

Carey, L. (1999). *Sandplay therapy with children and families.* Lanham, MD: Rowman & Littlefield.

Chapman, G. (1995). *The five languages of love.* Chicago: Northfield.

Cicchetti, D., Rogosch, F. A., & Toth, S. L. (2006). Fostering secure attachment in infants in maltreating families through preventive interventions. *Development and Psychopathology, 18,* 623–649.

Colandro, L. (2014). *There was an old lady who swallowed a fly!* New York: Scholastic.

Courtney, A. J. (2014). Overview of touch related to professional ethical and clinical practice with children. In J. A. Courtney & N. D. Nolan (Eds.), *Touch in child counseling and play therapy: An ethical guide* (pp. 3–18). New York: Routledge.

Dewdney, A. (2015). *Llama llama red pajama.* New York: Viking.

Dunbar, R. I. (2010). The social role of touch in humans and primates: Behavioural function and neurobiological mechanisms. *Neuroscience and Biobehavioral Reviews, 34,* 260–268.

Dunn, W. (2007). Supporting children to participate successfully in everyday life by using sensory processing knowledge. *Infants and Young Children, 20*(2), 84–101.

Erikson, E. H. (1993). *Childhood and society.* New York: Norton.

Faber, A., & Mazlish, E. (1980/2012). *How to talk so kids will listen and listen so kids will talk.* New York: Scribner.

Feldman, R., & Eidelman, A. I. (2007). Maternal postpartum behavior and the emergence of infant–mother and infant–father synchrony in preterm and full-term infants: The role of neonatal vagal tone. *Developmental Psychobiology, 49,* 290–302.

Field, T. (2019). Social touch, CT touch and massage therapy: A narrative review. *Developmental Review, 51,* 123–145.

Field, T., Diego, M., & Hernandez-Reif, M. (2007). Massage therapy research. *Developmental Review, 27,* 75–89.

Field, T., Schanberg, S. M., Scafidi, F., Bauer, C. R., Vega Lahr, N., Garcia, R., et al. (1986). Tactile/kinesthetic stimulation effects on preterm neonates. *Pediatrics, 77,* 654–658.

Fonagy, P., Gergely, G., Jurist, E., & Target, M. (2002). *Affect regulation, mentalization, and the development of the self.* New York: Brunner-Routledge.

Fosha, D. (2003). Dyadic regulation and experiential work with emotions and relatedness in trauma and disorganized attachment. In M. F. Solomon & D. J. Siegel (Eds.), *Healing trauma: Attachment, mind, body, and brain* (pp. 221–281). New York: Norton.

Fox, E. (2016). The use of humor in family therapy: Rationale and applications. *Journal of Family Psychotherapy, 27*(1), 67–78.

Franzini, L. R. (2001). Humor in therapy: The case for training therapists in its uses and risks. *Journal of General Psychology, 128*(2), 170–193.

Fries, A. B., & Pollak, S. D. (2004). Emotion understanding in postinstitutionalized Eastern European children. *Development and Psychopathology, 16*(2), 355–369.

Fritz, H. L., Russek, L. N., & Dillon, M. M. (2017). Humor use moderates the relation of stressful life events with psychological distress. *Personality and Social Psychology Bulletin, 43*(6), 845–859.

Fry, W. F., Jr., & Salameh, W. A. (Eds.). (1987). *Handbook of humor and psychotherapy: Advances in the clinical use of humor.* Sarasota, FL: Professional Resource Exchange.

Garrick, J. (2005). The humor of trauma survivors: Its application in a therapeutic milieu. *Journal of Aggression, Maltreatment and Trauma, 12*(1), 169–182.

Garrick, J. (2014). The humor of trauma survivors: Its application in a therapeutic milieu. In J. Garrick & M. C. Williams (Eds.), *Trauma treatment techniques* (pp. 169–182). New York: Routledge.

Gaskill, R., & Perry, B. (2012). Child abuse, traumatic experiences, and their impact on the developing brain. In P. Goodyear-Brown (Ed.), *Handbook of child sexual abuse* (pp. 29–67). Hoboken, NJ: Wiley.

Gaskill, R. L., & Perry, B. (2014). The neurobiological power of play: Using the neurosequential model of therapeutics to guide play in the healing process. In C. A. Malchiodi & D. A. Crenshaw (Eds.), *Creative arts and play therapy for attachment problems* (pp. 178–194). New York: Guilford Press.

George, C., Kaplan, N., & Main, M. (1985). *Adult Attachment Interview.* Unpublished manuscript, Department of Psychology, University of California, Berkeley. Retrieved from *www.psychology.sunysb.edu/attachment/measures/content/aai_interview.pdf.*

George, C., Kaplan, N., & Main, M. (1996). *Adult Attachment Interview* (3rd ed.). Unpublished manuscript, Department of Psychology, University of California, Berkeley. Retrieved from *http://library.allanschore.com/docs/AAIProtocol.pdf.*

Gil, E. (2014). *Play in family therapy.* New York: Guilford Press.

Gladding, S. T., & Drake Wallace, M. J. (2016). Promoting beneficial humor in counseling: A way of helping counselors help clients. *Journal of Creativity in Mental Health, 11*(1), 2–11.

Glynn, L. M., & Sandman, C. A. (2011). Prenatal origins of neurological development: A critical period for fetus and mother. *Current Directions in Psychological Science, 20*(6), 384–389.

Goldin, E., Bordan, T., Araoz, D. L., Gladding, S. T., Kaplan, D., Krumboltz, J., et al. (2006). Humor in counseling: Leader perspectives. *Journal of Counseling and Development, 84*(4), 397–404.

Goleman, D. (2006). *Emotional intelligence: Why it can matter more than IQ.* New York: Bantam.

Gomez, A. (2012). *EMDR therapy and adjunct approaches to complex trauma, attachment, and dissociation.* New York: Springer.

Goodyear-Brown, P. (2002). *Digging for buried treasure: 52 prop-based play therapy interventions for treating the problems of childhood.* Nashville, TN: Author.

Goodyear-Brown, P. (2010a). *Play therapy with traumatized children.* Hoboken, NJ: Wiley.

Goodyear-Brown, P. (2010b). The worry wars. Retrieved from *www.parisgoodyearbrown.com.*

Goodyear-Brown, P. (2011). The worry wars: A protocol for treating childhood anxiety disorders. In A. A. Drewes, S. C. Bratton, & C. E. Schaefer (Eds.), *Integrative play therapy* (pp. 129–152). Hoboken, NJ: Wiley.

Goodyear-Brown, P. (2013). Tackling touchy subjects. Retrieved from *www.parisgoodyearbrown.com.*

Goodyear-Brown, P. (2019a). *Trauma and play therapy: Helping children heal.* New York: Routledge.

Goodyear-Brown, P. (2019b, March). Parents as partners: Enhancing co-regulation and coherence though an integration of play therapy and EMDR. *Go With That EMDRIA Magazine, 28–33.* Retrieved from *https://issuu.com/emdriagwt/docs/emdria_march_2019_magazine__3_.*

Goodyear-Brown, P. (2020). Prescriptive play therapy for attachment disruptions in children. In H. G. Kaduson, D. Cangelosi, & C. E. Schaefer (Eds.), *Prescriptive play therapy: Tailoring interventions for specific childhood* (pp. 231–250). New York: Guilford Press.

Goodyear-Brown, P., & Andersen, E. (2018). Play therapy for separation anxiety in children. In A. A. Drewes & C. Schaefer (Eds.), *Play-based interventions for childhood anxieties, fears, and phobias* (pp. 158–176). New York: Guilford Press.

Graves-Alcorn, S. L., & Green, E. (2014). The expressive arts therapy continuum: History and theory. In E. Green & A. A. Drewes (Eds.), *Integrating expressive arts and play therapy with children and adolescents* (pp. 1–16). Hoboken, NJ: Wiley.

Graves-Alcorn, S. L., & Kagin, C. (2017). *Implementing the expressive therapies continuum: A guide for clinical practice.* New York: Routledge.

Hasan, H., & Hasan, T. F. (2009). Laugh yourself into a healthier person: A cross-cultural analysis of the effects of varying levels of laughter on health. *International Journal of Medical Sciences, 6*(4), 200–211.

Hatigan, J. D., Lambert, B. L., Seifer, R., Ekas, N. V., Bauer, C. R., & Messinger, D. S. (2012). Security of attachment and quality of mother–toddler social interaction in a high-risk sample. *Infant Behavior and Development, 35,* 83–93.

Hebb, D. (1949). *The organization of behavior.* New York: Wiley.

Hembree-Kigin, T. L., & McNeil, C. B. (2013). *Parent–child interaction therapy.* New York: Springer.

Hoffman, K., Cooper, G., Powell, B., & Benton, C. (2017). *Raising a secure child: How Circle of Security parenting can help you nurture your child's attachment, emotional resilience, and freedom to explore.* New York: Guilford Press.

Homeyer, L. E., & Sweeney, D. S. (2016). *Sand tray therapy: A practical manual* (2nd ed.). New York: Routledge.

Hong, R., & Mason, C. M. (2016). Becoming a neurobiologically-informed play therapist. *International Journal of Play Therapy, 25*(1), 35–44.

Hughes, D., & Baylin, J. (2012). *Brain-based parenting: The neuroscience of caregiving for healthy attachment.* New York: Norton.

Isen, A. M. (2003). Positive affect as a source of human strength. In L. G. Aspinwall & U. M. Staudinger (Eds.), *A psychology of human strengths: Fundamental questions and future directions for positive psychology* (pp. 179–195). Washington, DC: American Psychological Association.

Jackson, J. H. (1958). Evolution and dissolution of the nervous system. In J. J. Taylor (Ed.), *Selected writings of John Hughlings Jackson* (pp. 45–118). London: Staples Press.

Jung, C. G. (1939). *The integration of the personality.* New York: Farrar & Rinehart.

Kabat-Zinn, J. (2003). Mindfulness-based interventions in context: Past, present, and future. *Clinical Psychology: Science and Practice, 10,* 144–156.

Kay, J. (2009). Toward a neurobiology of child psychotherapy. *Journal of Loss and Trauma, 14,* 287–303.

Kestly, T. (2015). *The interpersonal neurobiology of play: Brain-building interventions for emotional well-being.* New York: Norton.

Kirsch, P., Esslinger, C., Chen, Q., Mier, D., Lis, S., Siddhanti, S., et al. (2005). Oxytocin modulates neural circuitry for social cognition and fear in humans. *Journal of Neuroscience, 25*(49), 11489–11493.

Kranowitz, S. C. (2005). *The out-of-sync child: Recognizing and coping with sensory processing disorder.* New York: Berkley.

Landgarten, H. B. (1987). *Family art psychotherapy: A clinical guide and casebook.* New York: Brunner/Mazel.

Landreth, G. (2002). *Play therapy: The art of the relationship* (2nd ed.). New York: Brunner-Routledge.

LeDoux, J. E. (1996). *The emotional brain.* New York: Simon & Schuster.

Lowenfeld, M. (1950) The nature and use of the Lowenfeld world technique in work with children and adults. *Journal of Psychology, 30,* 325–331.

MacLean, P. D. (1990). *The triune brain in evolution: Role of paleocerebral functions.* New York: Plenum Press.

Main, M., & Cassidy, J. (1988). Categories of response to reunion with the parent at age 6: Predictable from infant attachment classifications and stable over a 1-month period. *Developmental Psychology, 24*(3), 415.

Main, M., Hesse, E., & Kaplan, N. (2005). Predictability of attachment behavior and representational processes at 1, 6, and 18 years of age: The Berkeley Longitudinal Study. In K. E. Grossmann, K. Grossmann, & E. Waters (Eds.), *Attachment from infancy to adulthood* (pp. 245–304). New York: Guilford Press.

Malchiodi, C. A. (Ed.). (2013). *Expressive therapies.* New York: Guilford Press.

Malchiodi, C. A. (2020). *Trauma and expressive arts therapy: Brain, body, and imagination in the healing process.* New York: Guilford Press.

Malchiodi, C. A., & Crenshaw, D. A. (Eds.). (2015). *Creative arts and play therapy for attachment problems.* New York: Guilford Press.

Martin, B., Jr. (1997). *Brown bear, Brown bear, what do you see?* New York: Holt.

Martin, E. E., Snow, M. S., & Sullivan, K. (2008). Patterns of relating between mothers and preschool-aged children using the Marschak Interaction Method Rating System. *Early Child Development and Care, 178*(3), 305–314.

McKinney, K. G., & Kempson, D. A. (2012). Losing touch in social work practice. *Social Work, 57*(2), 189–191.

Miller, C., & Boe, J. (1990). Tears into diamonds: Transformation of child psychic trauma through sandplay and storytelling. *Arts in Psychotherapy, 17,* 247–257.

Miller, L. J., Fuller, D. A., & Roetenberg, J. (2014). *Sensational kids: Hope and help for children with sensory processing disorder (SPD).* New York: Penguin.

Montirosso, R., Cozzi, P., Tronick, E., & Borgatti, R. (2012). Differential distribution and lateralization of infant gestures and their relation to maternal gestures in the Face-to-Face Still-Face Paradigm. *Infant Behavior and Development, 35*(4), 819–828.

Mundkur, N. (2005). Neuroplasticity in children. *Indian Journal of Pediatrics, 72,* 855–857.

Nasr, S. J. (2013). No laughing matter: Laughter is good psychiatric medicine: A case report. *Current Psychiatry, 12,* 20–25.

Newman, M. G., & Stone, A. A. (1996). Does humor moderate the effects of experimentally induced stress? *Annals of Behavioral Medicine, 18*(2), 101–109.

Nezu, A. M., Nezu, C. M., & Blissett, S. E. (1988). Sense of humor as a moderator of the relation between stressful events and psychological distress: A prospective analysis. *Social Psychology, 54,* 520–525.

Ogden, P., Minton, K., & Pain, C. (2006). *Trauma and the body: A sensorimotor approach to psychotherapy.* New York: Norton.

Otoshi, K., & Baumgarten, B. (2015). *Beautiful hands.* San Francisco: Blue Dot Press.

Overholser, J. C. (1992). Sense of humor when coping with life stress. *Personality and Individual Differences, 13,* 799–804.

Panksepp, J. (1998). Affective neuroscience: The foundation of human and animal emotion. *Consciousness and Cognition, 14,* 19–69.

Panksepp, J., & Biven, L. (2012). *The archaeology of mind: Neuroevolutionary origins of human emotions.* New York: Norton.

Payne, P., Levine, P. A., & Crane-Godreau, M. A. (2015). Somatic experiencing: Using interoception and proprioception as core elements of trauma therapy. *Frontiers in Psychology, 6,* 93.

Perry, B. D. (2000). Traumatized children: How childhood trauma influences brain development. *Journal of California Alliance for the Mentally Ill, 11*(1), 48–51.

Perry, B. D. (2006). Applying principles of neurodevelopment to clinical work with maltreated and traumatized children: The neurosequential model of therapeutics. In N. B. Webb (Ed.), *Working with traumatized youth in child welfare* (pp. 27–52). New York: Guilford Press.

Perry, B. D. (2009). Examining child maltreatment through a neurodevelopmental lens: Clinical applications of the neurosequential model of therapeutics. *Journal for Loss and Trauma, 12,* 240–255.

Pollak, S. D., Cicchetti, D., Hornung, K., & Reed, A. (2000). Recognizing emotion in faces: Developmental effects of child abuse and neglect. *Developmental Psychology, 36*(5), 679–688.

Pollak, S. D., & Sinha, P. (2002). Effects of early experience on children's recognition of facial displays of emotion. *Developmental Psychology, 38*(5), 784–791.

Porges, S. W. (2009). The polyvagal theory: New insights into adaptive reactions of the autonomic nervous system. *Cleveland Clinic Journal of Medicine, 76*(Suppl. 2), S86–S90.

Porges, S. W. (2011). *The polyvagal theory: Neurophysiological foundations of emotion, attachment, communication, and self-regulation.* New York: Norton.

Porges, S. W. (2015). Play as neural exercise: Insights from the polyvagal theory. In D. Pearce-McCall (Ed.), *The power of play for mind–brain health* (pp. 3–7). Retrieved from *https://mindgains.org/bonus/GAINS-The-Power-of-Play-for-Mind-Brain-Health.pdf.*

Powell, B., Cooper, G., Hoffman, K., & Marvin, R. (2007). The Circle of Security project: A case study—"It hurts to give that which you did not receive." In D. Oppenheim & D. F. Goldsmith (Eds.), *Attachment theory in clinical work with children: Bridging the gap between research and practice* (pp. 172–202). New York: Guilford Press.

Powell, B., Cooper, G., Hoffman, K., & Marvin, R. S. (2009). The circle of security. *Handbook of Infant Mental Health, 3,* 450–467.

Provence, S., & Lipton, R. C. (1962). *Infants in institutions*. Oxford, UK: International Universities Press.

Purvis, K., Cross, D., Dansereau, D., & Parris, S. (2013). Trust-based relational intervention (TBRI): A systemic approach to complex developmental trauma. *Child and Youth Services, 34*(4), 360–386.

Purvis, K. B., Cross, D. R., & Sunshine, W. L. (2007). *The connected child: Bring hope and healing to your adoptive family*. New York: McGraw-Hill.

Ray, D. C. (2016). *A therapist's guide to child development*. New York: Routledge.

Rose, R. (Ed.). (2017). *Innovative therapeutic life story work: Developing trauma-informed practice for working with children, adolescents and young adults*. London: Jessica Kingsley.

Rothschild, B. (2000). *The body remembers: The psychophysiology of trauma and trauma treatment*. New York: Norton.

Salters, D. (2013) Sandplay and family constellation: An integration with transactional analysis theory and practice. *Transactional Analysis Journal, 43*(3), 224–239.

Schaefer, C. E., & DiGeronimo, T. F. (2000). *Ages and stages: A parent's guide to normal childhood development*. Hoboken, NJ: Wiley.

Schore, A. N. (1996). The experience-dependent maturation of a regulatory system in the orbital prefrontal cortex and the origin of developmental psychopathology. *Development and Psychopathology, 8*(1), 59–87.

Schore, A. N. (2001). The effects of early relational trauma on right brain development, affect regulation and infant mental health. *Infant Mental Health Journal, 22*, 201–269.

Schore, A. N., & Schore, J. R. (2008). Modern attachment theory: The central role of affect regulation in development and treatment. *Clinical Social Work Journal, 39*, 9–20.

Shapiro, F. (2017). *Eye movement desensitization and reprocessing (EMDR) therapy: Basic principles, protocols, and procedures* (3rd ed.). New York: Guilford Press.

Shapiro, S. L., Carlson, L. E., Astin, J. A., & Freedman, B. (2006). Mechanisms of mindfulness. *Journal of Clinical Psychology, 62*, 373–386.

Siegel, D. J. (2010). *Mindsight: The new science of personal transformation*. New York: Bantam.

Siegel, D. J. (2020). *The developing mind* (3rd ed.). New York: Guilford Press.

Siegel, D. J., & Bryson, T. P. (2011). *The whole-brain child: 12 revolutionary strategies to nurture your child's developing mind*. New York: Bantam Books.

Siegel, D. J., & Bryson, T. P. (2018). *The yes brain: How to cultivate courage, curiosity, and resilience in your child*. New York: Bantam Books.

Siegel, D. J., & Hartzell, M. (2013). *Parenting from the inside out: How a deeper self-understanding can help you raise children who thrive*. New York: TarcherPerigee.

Sroufe, L. A., Coffino, B., & Carlson, E. A. (2010). Conceptualizing the role of early experience: Lessons from the Minnesota Longitudinal Study. *Developmental Review, 30*, 36–51.

Stein, D. E. (2009). *Pouch*. New York: Putnam.

Stewart, A. L., Field, T. A., & Echterling, L. G. (2016). Neuroscience and the magic of play therapy. *International Journal of Play Therapy, 25*(1), 4–13.

Taback, S. (2009). *This is the house that Jack built*. Charlotte, NC: Baker & Taylor

Thompson, M. R., Callaghan, P. D., Hunt G. E., Cornish, J. L., & McGregor, I. S. (2007).

A role for oxytocin and 5-HT(1A) receptors in the prosocial effects of 3,4 methylene-dioxymethamphetamine ("ecstasy"). *Neuroscience, 146*(2), 509–514.

Uvnäs-Moberg, K., & Francis, R. (2003). *The oxytocin factor: Tapping the hormone of calm, love, and healing.* Cambridge, MA: Da Capo Press.

van der Kolk, B. A. (2005). Developmental trauma disorder. *Psychiatric Annals, 35*(5), 401–408.

van der Kolk, B. A. (2015). *The body keeps the score: Brain, mind, and body in the healing of trauma.* New York: Penguin Books.

van Rosmalen, L., van der Veer, R., & van der Horst, F. (2015). Ainsworth's strange situation procedure: The origin of an instrument. *Journal of the History of the Behavioral Sciences, 51*(3), 261–284.

Verny, T. R., & Kelly, J. (1988). *The secret life of the unborn child: How you can prepare your baby for a happy, healthy life.* New York: Dell.

Vygotsky, L., & Cole, M. (1978). *Mind in society: The development of higher psychological processes.* Cambridge, MA: Harvard University Press.

Wheeler, N., & Dillman Taylor, D. (2016). Integrating interpersonal neurobiology with play therapy. *International Journal of Play Therapy, 25*(1), 24–34.

Wild, B., Rodden, F. A., Grodd, W., & Ruch, W. (2003). Neural correlates of laughter and humour. *Brain, 126*(10), 2121–2138.

Winnicott, D. W. (1953). Transitional objects and transitional phenomena—A study of the first not-me possession. *International Journal of Psychoanalysis, 34,* 84–97.

Wood, A. (2015). *The napping house.* Boston: Houghton Mifflin Harcourt.

찾아보기

지은이 |

Paris Goodyear-Brown(LCSW, RPT-S)은 고통 속에 있는 가족들을 위해 25년 동안 임상치료를 진행하고 있다. 그녀는 외상을 치료하기 위한 단계적 놀이치료 모델인 트라우마플레이(TraumaPlay) 창시자이며, 트라우마플레이 연구소(TraumaPlay Institute) 설립자이자 Nurture House 임상 책임자이며, 밴더빌트대학교 부교수이다. Goodyear-Brown은 강연가, 임상가, 다작 저술가로서 국제적인 명성을 얻고 있다. 그녀는 트라우마 회복, 애착 회복, 불안 감소에 초점을 둔 놀이 기반 개입에 관한 임상적인 활동을 해 온 것으로 잘 알려져 있다. 국제놀이치료학회로부터 Public Education and Promotion Award를 수상하였고, 트라우마와 놀이치료에 관한 TEDx 강연을 하였으며, 아동심리치료와 관련된 수많은 책과 칼럼, 논문의 저자이기도 하다. 그녀는 부모와 자녀가 힘든 시기를 함께 겪으면서 서로를 기쁘게 받아들이도록 돕고, 다른 임상가들이 이 일을 준비할 수 있도록 돕고 있다.

옮긴이 |

강은주

서울아동청소년상담센터 소장

숙명여자대학교 아동복지학과 아동상담전공(석사)
가톨릭대학교 심리상담대학원 상담학전공(석사)
숙명여자대학교 아동복지학과 아동심리치료전공(박사)

전 고려대학교 사범대학 가정교육과 강사
전 가톨릭대학교 아동학과 강사
전 남서울대학교 아동복지학과 겸임교수

중앙육아종합지원센터 상담위원
서울가정법원 면접교섭상담위원
한국놀이치료학회 이사
한국임상모래놀이치료학회 이사

주요 저·역서
놀이치료에서의 부모상담(공역, 시그마프레스, 2009)
아동상담(공저, 양서원, 2011)